美国
公募基金

投资行为与行业演进

燕翔　沈重衡 ◎ 著

中国财经出版传媒集团

经济科学出版社
Economic Science Press

· 北 京 ·

图书在版编目（CIP）数据

美国公募基金：投资行为与行业演进／燕翔，沈重
衡著． -- 北京：经济科学出版社，2025.3. -- ISBN
978 - 7 - 5218 - 6545 - 5

Ⅰ. F837. 125

中国国家版本馆 CIP 数据核字第 2024DD0904 号

责任编辑：周国强
责任校对：王京宁
责任印制：张佳裕

美国公募基金：投资行为与行业演进

MEIGUO GONGMU JIJIN：TOUZI XINGWEI YU HANGYE YANJIN

燕 翔 沈重衡 著

经济科学出版社出版、发行 新华书店经销

社址：北京市海淀区阜成路甲 28 号 邮编：100142

总编部电话：010 - 88191217 发行部电话：010 - 88191522

网址：www. esp. com. cn

电子邮箱：esp@ esp. com. cn

天猫网店：经济科学出版社旗舰店

网址：http：//jjkxcbs. tmall. com

固安华明印业有限公司印装

787 × 1092 16 开 22.75 印张 430000 字

2025 年 3 月第 1 版 2025 年 3 月第 1 次印刷

ISBN 978 - 7 - 5218 - 6545 - 5 定价：88.00 元

（图书出现印装问题，本社负责调换。电话：010 - 88191545）

（版权所有 侵权必究 打击盗版 举报热线：010 - 88191661

QQ：2242791300 营销中心电话：010 - 88191537

电子邮箱：dbts@ esp. com. cn）

前　言
投资逻辑与商业逻辑

美国公募基金行业诞生至今已逾百年，在全球范围内资产规模最大，对各国资产管理行业发展具有重要借鉴意义。本书系统研究了美国公募基金的投资行为和行业发展演进。主要包含三方面内容：一是从机构投资者视角，剖析美国公募基金的投资行为，包括收益率持续性、投资风格、持仓特征等；二是从产品角度，分析美国公募基金不同产品类型特征，包括主动被动产品、成长价值产品等以及明星基金经理现象；三是从行业发展角度，审视美国公募基金行业发展趋势，包括基金资金来源、产业结构变迁、差异化竞争等。

美国基金业发展特征

经过一百年的发展，美国公募基金从管理规模占 GDP 不到 5% 的边缘行业，成长为管理规模占 GDP 超 70%、影响千万家庭财富的关键行业。其行业发展呈现出一系列重要的总量和结构性特征。

一是美国公募基金中权益产品占绝对主导地位。公募基金发展之初基本全是主动权益类产品，20 世纪 70 年代后随着金融创新产品不断多样化，债券基金、货币基金、FOF、REITs 等形式产品先后出现。权益类产品规模（包括主动和被动）占比虽有所下降，但 2023 年底依然有近 60%，与之对比，国内权益类产品规模占比仅刚过两成，未来发展空间巨大。

二是明星基金和明星基金经理重要性不断下降。20 世纪 80 年代和 90 年代是美国明星基金和明星基金经理发展的黄金阶段。2000 年以后，明星的重要性开始下降，一方面是权益类基金被动产品开始不断取代主动产品，另一方面主动管理基金中基金经理团队管理逐渐成为趋势。造成这一趋势的核心逻辑，就是主动权益管理作为一个整体跑赢大盘越来越难，其超额收益可持续性不强、规模不经济特点日益突出。

三是权益类产品中被动规模超过主动占据主导地位。指数型被动产品诞生于 20 世纪 70 年代初，一开始并没有特别优势，80 年代和 90 年代成为主动管理基金发展最好的时光。2000 年以后被动产品发展开始提速，首先在基金增量流入资金上超过主动，2010 年以后被动份额持续流入、主动份额开始流出，被动产品在存量规模上超过主动。因此，被动产品并非一生下来就具备了超过主动产品的必然合理性，其发展反映了客观变化的市场商业逻辑。

四是美国基金业发展不断趋于成熟稳定。体现在基金行业集中度不断提高、股票债券产品规模占比相对稳定、基金管理费率持续下降。由于被动产品具有很强的规模经济效应，行业发展的这种特点是必然的。尤其值得读者注意的是，从历史发展趋势看，美国股权型基金平均费率并非持续单边下行的，而是经历了一个先升（20 世纪 70～90 年代）后降（2000 年以后加速下行）的发展过程。

投资逻辑决定超额收益，超额收益决定商业逻辑。这里我们想从投资逻辑和商业逻辑相互影响的角度，去理解过去几十年美国公募基金行业发展演进背后的深层次原因。

价值投资基本思路演变

从投资逻辑看，价值投资是公募基金经理普遍选择最广泛的投资方法论，无论美国还是国内公募基金均适用，一些更细的分类如成长风格和价值风格等，主要区别在于价值投资方法的运用上，大家都不会去否定自己是价值投资者。

价值投资理念起源于格雷厄姆，他著有著名的《证券分析》一书，并被称为"价值投资之父"。价值投资理念用一句话概括，就是去购买资产价格低于内在价值的资产。资产价格与资产内在价值之间的差距就是安全边际，这个差值越大投资安全性越大。至于什么是内在价值，早期格雷厄姆认为的内在价值主要指企业的有形资产价值和净资产账面价值，因此特别强调要选择低市盈率和低市净率的打折资产。我们可以把资产想象成拥有两根曲线，一根曲线是价值、一个曲线是价格。格雷厄姆式价值投资，总体上假设了资产价值保持不变（一条水平线），不断去寻找价值曲线显著低于价格曲线的资产，然后等待价格向价值回归获得收益。

格雷厄姆式价值投资在 20 世纪 70 年代以后就碰到了问题，一是这种"捡烟蒂"式的价值定义忽略了企业潜在的成长价值，二是市场中越来越难找到价值显著低于价格的资产了。80 年代以后巴菲特和芒格扩充了内在价值的内涵，将企业的长期成长属性纳入内在价值考量，由此进入价值投资的第二阶段，要求资产非但要价格低于价值，而且其价值本身也要不断增长（从一条水平线变成一条向右上角的曲线）。巴菲特式的价值投资理念，是当前主流公募基金普遍采用的方法论，即自下而上寻找股票标的，首先要求公司价值要增长（公司基本面往后看越来越好），其次要求公司股价低于公司价值。

从这里我们也可以很清楚地看到价值投资内部，"价值"与"成长"风格的区别所在。第一种，最传统的价值投资，我们将其称为"深度价值"，一定必须要求企业价值低于价格，至于企业价值本身是否增长无所谓，只要资产价格够低（低估值），可以接受企业价值走平甚至略微有所下降。第二种，目前市场中运用最多的，可以称为"价值成长"，一方面要求企业价值有成长性（好公司），一方面也要求股票价格最好低于价值（合理估值），在两者之间做平衡。第三种，一少部分新兴产业科技型基金经理所采用，可以称为"景气成长"，要求企业价值要能够快速成长、价值曲线向上的斜率要陡峭（高增长公司），至于价格是否低于价值不是太介意（可以忍受高估值）。

现实中，公募基金经理能有"阿尔法"获得超额收益，其核心竞争力来自能找到价格低于价值的资产，即前述第一种和第二种情况，这也是价值投资理念最开始的本源定义。

从"阿尔法"到"贝塔"投资

20 世纪 70 年代以前，传统的价值投资，依靠挖掘价格显著低于价值的资产，获得了超额收益。80~90 年代，新生代价值投资基金经理，通过挖掘价格低于长期成长价值的资产，诞生了一大批明星基金经理。2000 年以后，寻找"阿尔法"超额收益投资方法论中最大的问题出现了，长期内价格可能始终高于价值，即使考虑了企业长期价值增长后，也很难找到价格低估的资产。

资本市场上被低估的资产越来越少甚至没有了，是导致"阿尔法"越来越难挖掘的重要原因。从更宽泛的角度来看，不仅是公募基金，包括对冲基金等广义机构投资者，2000 年以后传统价值挖掘型选手获得持续"阿尔法"也越来越难。之所以会出现这种情况，原因可能有以下三个。

一是互联网时代信息高效流通消除了信息差。纸媒时代一家上市公司信息需要很长时间才能被大众获悉，更多深度信息一般大众根本无法获知。互联网时代某家上市公司如果有重要公告，几小时后全网基本就都能看到各类解读，机构投资者相比于市场整体的信息优势在不断减弱。

二是做价值挖掘的机构投资者数量激增，彼此间的竞争使得定价更加充分。1990年以后美国股票型公募基金数量大幅增加，而上市公司总数在 90 年代后期开始不增反降，到 2007 年美国股票型公募基金数量超过了上市公司总数，之后这个剪刀差越拉越大。二级市场在石头里挖金子的人，远比石头还多。

三是美联储货币政策各种宽松及预期宽松，使美股估值很少再出现系统性低估状态。1987 年 10 月"黑色星期一"后，美联储历史上第一次因股市波动出手注入流动性。此后货币宽松便成了应对各种经济金融问题的不二法门，每逢危机必有货币放水，而且幅度越来越大。持续宽松预期下，资产价格很难被低估。

市场特征的这种变化，导致了主流投资逻辑，从"阿尔法"投资到"贝塔"投资的转变。所谓"贝塔"投资，即对市场一些系统性趋势而非个股差异进行交易，比如做择时交易或者只持有特定行业的赛道投资。"贝塔"投资在美国公募基金业萌芽于 20 世纪 90 年代中后期，在此之前很长时间，很少有基金经理专注于特定行业赛道，基本上大家消费、医药、科技、制造、金融地产都会买一点，主要看公司好不好，并不会过度纠结投资哪个行业。

被动权益产品商业逻辑

情况到了 20 世纪 90 年代中后期出现了变化，在互联网科技股行情浪潮中，收益率排名靠前的基金产品几乎全是互联网科技型行业赛道基金，传统综合型基金产品即使能跑赢标普 500 指数收益率排名也不靠前，这是以前从来没有出现过的。在 90 年代这些行业赛道基金还基本都是主动管理型产品，不过这种行情特征基本上已经预示了后续行业的发展模式，既然收益率表现最好、弹性最大的基金是聚焦在某个特定行业赛道的，那完全可以用指数型被动产品来取代。

2000 年以后美国公募基金被动产品开始加速崛起，几乎所有重要的宽基指数和行业赛道都有了对应的 ETF 产品。公募基金行业这种商业逻辑背后的投资逻辑，是投资收益率中选择个股"阿尔法"的重要性，开始让位于选择行业的"贝塔"，行业

"贝塔"对整体收益率的影响要远高于个股"阿尔法"。同样的投资逻辑和商业逻辑，国内市场中也再次出现。2016~2020年的几年中，主动管理权益基金在白酒、医药、科技、新能源等不同领域选择核心资产标的。刚开始时并不太好区分收益率的决定因素，是个股"阿尔法"还是行业"贝塔"更重要。2021年以后大家慢慢看清楚了，决定收益率的是选择能够跑赢市场整体的行业赛道，而不是在赛道内精选个股跑赢行业指数，这种情况下选择行业赛道更重要。

被动产品发展的商业逻辑，本质上就是在各个行业赛道的"贝塔"上都设置了可投资的金融产品，但被动产品并不解决哪个"贝塔"可以起来的问题。而主动管理这边，也有一个悖论，就是行业研究员和行业主题基金经理的优势是在行业内选择优质标的个股，而并不擅长判断行业指数是否能跑赢大盘。因此从目前国内外的发展情况看，主动权益基金也不具备很强的"贝塔"选择能力（所谓的板块轮动投资能力）。所以最后行业发展的结果，就是被动产品提供合适的投资工具，投资者自己做决策。

主动管理发展优势探析

2024年四季度，国内公募基金权益类产品被动规模也已正式超过主动，新的行业发展阶段已经到来。考虑到中美股市基准宽基指数长期收益率表现的差异，中国公募基金主动管理权益产品相比美国，应该会有更多获得超额收益的机会以及更大的行业发展空间。这其中有以下几个方向，主动管理权益基金可能有更好的发展优势。

一是绝对价值（或称深度价值）策略，即选择绝对低估值标的，更加关注稳定的绝对收益，长期收益率曲线稳健、回撤小。从量化研究分析来看，无论国内市场还是美国市场，低估值的绝对价值投资策略都是有效的，平均年化收益率约在10%~12%，缺点是成长属性不足、牛市中弹性不够。绝对价值策略当前在美国市场中越来越难以为继，主要原因是美股实在太强了，2008年国际金融危机后标普500全收益指数年化收益率高达近14%。而在国内，绝对价值投资风格产品应该会有更大发展空间。

二是专注于部分更容易找到个股"阿尔法"的行业。在很多"贝塔"属性较强的行业中，主动管理要做出跑赢行业指数的"阿尔法"是非常困难的。但在其他一些偏中游的行业中，情况则完全不同，典型的行业如化工、机械、汽车等。这类行业内部公司业务差异性大，甚至可能彼此没有联系，往往会出现"板块没行情、个股有机会"的走势特征。这种情况下，被动指数类行业赛道产品长期超额收益可能纹丝不动，而个股上牛股频出，因此特别容易给主动管理基金创造"阿尔法"的机会。

三是多资产配置策略。多资产配置策略从本质上说，是在交易不同类型资产的"择时贝塔"。但不同于每个单类资产的多空择时选择，多资产配置策略可以利用不同资产间的相关性特征，改变整个投资者组合的收益率风险分布，这也是现代投资组合理论的核心思想。此外，从商业逻辑看，个人投资者不太可能同时既买股票，又买债券，再买黄金等，技术上就很难完成多资产配置，多资产配置是机构投资者有与生俱来的优势。

本书内容结构如下：第一章对美国基金业基本情况与发展历程进行概述。第二章对美股行情进行概述性回顾，包括整体行情历史脉络、行业板块结构性演变等。第三章分析美国主动管理权益基金投资行为，包括超额收益、持仓特征以及风格漂移、追逐动量、资产泡沫等焦点问题。第四章分析美国公募基金投资人结构与申赎行为，即基金资金流入和流出问题。第五章分析美国公募基金行业特征，包括行业总量和结构发展变化趋势、基金公司发展情况、基金经理特征等。第六章分析美国公募基金公司行为，包括外部竞争行为与内部管理行为特征。第七章、第八章、第九章聚焦基金产品，分别分析了主动管理类、被动管理类以及创新类产品发展特点。第十章介绍了美国公募基金历史发展中多个重要的明星基金与明星基金经理，他们是公募基金行业中最光辉闪耀的明星。第十一章分析了一批著名非公募基金投资人，希望从对比中更好地理解公募基金发展规律。第十二章对中美公募基金行业一些发展数据指标进行比较分析，希望通过美国经验给国内基金业发展带来更多有益的启示。

2025 年 2 月

目　　录

第一章
美国基金业基本情况与发展概述

　　本章介绍了美国公募基金行业的基本情况与发展历程。从定义来看，国内的公募基金范畴，对应美国市场中的共同基金、交易型开放式指数基金（ETF）、封闭式基金、单位投资信托四大类，其中，共同基金和 ETF 合计规模占比超过九成。公募基金在美国资本市场中占据重要地位，是目前美股市场中市值占比最高的机构投资者。美国公募基金行业历史悠久，从 1924 年成立的全球第一只现代意义上公募基金算起，至今整整 100 年。二战后，随着美国股市行情节节攀升，美国公募基金数量和规模大幅增长，特别是在 20 世纪 80 年代和 90 年代，公募基金进入黄金发展期，这期间也诞生了一大批"明星基金"，进入 21 世纪后美国公募基金行业发展趋于成熟。本章详细介绍了美国公募基金的法律主体定位、产品分类体系、不同基金份额类别、产品费用结构等，并在第三节从全球视角分析讨论了美国公募基金在全球市场中的地位。

第一节　美国公募基金基本概况

一、美国公募基金基础信息介绍

美国公募基金的法律地位主要由《1940年投资公司法》等一系列法律法规所确立。根据美国《1940年投资公司法》，如果一个实体组织在美国法律下，主要从事或宣称主要从事证券的投资、再投资或交易业务，就会被认定为"投资公司"。公募基金就属于这类投资公司的范畴，需要受到相关法律的约束和监管。

美国本土的公募基金如果符合"投资公司"的定义，就必须在美国证券交易委员会（SEC）进行注册登记。注册登记过程中需要提交详细的基金信息、运作模式、投资策略、管理团队等相关资料，以确保基金的合规性和透明度。美国证券交易委员会是美国公募基金的主要监管机构，负责对基金的注册、发行、运作等进行监督管理。此外，各州也可能有相应的证券监管机构，对在本州内销售的公募基金进行监管。

美国公募基金在法律上有两个重要的概念不同于国内公募基金，需要读者特别留意。

一是从定义来看，美国市场中很少有提到"公募基金"这个概念，更多地会说受监管基金（regulated funds）。国内公募基金范畴对应的是美国市场中的四类产品：共同基金（mutual funds）①、交易型开放式指数基金（ETF）、封闭式基金（closed-

---

① 因此从逻辑概念上，公募基金不等同于共同基金，公募基金的概念范畴要大于共同基金。本书后续部分中公募基金、共同基金概念会不断出现，当我们提到公募基金时，主要指的就是公募基金加ETF。

end funds)、单位投资信托（unit investment trusts），其中共同基金和 ETF 两者合计贡献了 99% 的规模。

二是从法律主体性质看，我国自 2004 年《证券投资基金法》实施以来，基金产品以契约型基金为主要形式，基金产品本身并不是一个独立法人主体，发行基金产品的基金公司才是。而美国的共同基金主要是公司型基金形式，即每只基金产品都是一个独立的法人公司，而国内基金公司概念在美国，实际上是该基金产品（产品本身也是公司）选择委托的投资顾问。在美国市场中，由同一个投资顾问管理的产品，也被视为同一基金家族（fund family）。

二、共同基金产品分类概述

关于美国共同基金的分类体系较多，不同机构组织都有各自划分的标准和逻辑。在此主要介绍三种分类体系：ICI 体系、晨星体系和理柏体系。ICI 全称为美国投资公司协会（Investment Company Institute），是美国基金行业第一大协会组织，其前身是成立于 1940 年的投资公司全国协会。晨星（Morningstar）和理柏（Lipper）均为第三方投研服务提供商。晨星成立于 1984 年，旗下产品包括著名的"晨星评级"（Morningstar Rating）和"晨星投资风格箱"（Morningstar Style Box）。理柏成立于 1973 年，当前是路孚特（Refinitiv）的一部分，旗下产品包括基金评级、基金资金流动和 TASS 对冲基金数据库等。

（一）ICI 分类体系

ICI 将美国共同基金分为 5 个等级：（1）按照是否为货币市场基金分为长期基金（即非货币基金）和货币基金；（2）按照大类资产类别分为股票、混合、债券和货币；（3）按照细分资产类别分为国内股票、全球股票、混合、应税债券、市政债券、应税货币基金和免税货币基金；（4）按照大类投资目标分为 13 类，例如资本增值、投资级债券等；（5）按照细分投资目标分为 42 类，如成长、另类策略、短期投资级债券等。ICI 的分类方法见表 1-1。

（二）晨星分类体系

晨星采用的是两级分类方法：（1）一级分类将美国共同基金分为美国股票、全球股票、行业权益、应税债券、市政债券、混合、货币、另类投资和商品类；（2）二级分类在一级分类的基础上进一步细化为 129 个类别。晨星的分类方法见表 1－2。

表 1－1 美国共同基金分类（ICI 体系）

等级一	等级二	等级三	等级四	等级五
长期基金	股票	国内股票	资本增值	成长、板块、另类策略等
			总回报	价值、综合等
		全球股票	全球股票	新兴、国际、区域等
	混合	混合	混合	资产配置、平衡、灵活等
	债券	应税债券	投资级债券	长期、中期、短期等
			高收益债券	高收益债券
			政府债券	长期、短期、住房抵押等
			多部门债券	长期、中期、短期等
			世界债券	中期、短期等
		市政债券	州市政债券	州市政债券
			全国市政债券	中期、短期等
货币基金	货币	应税货币	应税货币	应税货币
		免税货币	免税货币	免税货币

资料来源：ICI。

表 1－2 美国共同基金分类（晨星体系）

一级分类	二级分类
美国股票	大盘价值、小盘成长等
行业股票	通信、能源等
配置	保守配置、目标日期型等
全球股票	拉美股票、欧洲股票等
非传统股票	多空组合、衍生收益等
商品	一篮子商品、单一类型商品等
应税债券	超短债、高收益债等
市政债券	高收益市政债券、单一州市政债券等
货币市场	应税、免税等
另类策略	宏观对冲、事件驱动等
其他	商品做空、股票杠杆等

资料来源：晨星。

（三）理柏分类体系

理柏的分类体系分三级：（1）按照大类资产类别分为股票、债券、另类策略、商品、混合和货币六类；（2）按照细分资产类别分为一般国内股票、行业股票、应税固定收益、免税货币市场等；（3）三级分类在二级分类的基础上进一步细化（部分二级分类与三级分类间还有一小级）。理柏的分类方法见表1-3。

表1-3　　　　　　　　　　美国共同基金分类（理柏体系）

一级分类	二级分类	三级分类
另类投资	另类债券	绝对收益债券等
	另类股权	宏观对冲、事件驱动等
商品	商品	农业、能源、贵金属等
股票	一般国内股票	资本增值、成长、小盘等
	行业股票	金融服务、基础设施等
	美国分散化股票	大盘成长、小盘价值等
	全球股票	中国、新兴市场、欧洲等
	全球行业股票	全球金融服务、全球基础设施等
固定收益	应税固定收益	短期投资级债券、全球高收益债券等
	免税固定收益	短期市政债券、加州市政债券等
混合资产	混合资产	平衡型、目标日期型等
货币市场	应税货币市场	机构货币、美国政府货币等
	免税货币市场	机构免税、加州免税等

资料来源：理柏。

总的来看，股票型公募基金的分类通常有分散（diversified）和非分散（non-diversified）两条脉络。分散基金的第一级分类通常是在地域层面，如美国股票型、全球股票型，下一级分类则一般是在风格上进行，例如美国股票型又可以分为美国小盘价值型和美国大盘成长型等。非分散基金主要是行业板块型基金，下一级分类则是在行业上进行，如科技行业基金、医疗健康行业基金。

三、基金费用结构与份额类别

美国共同基金的费用由持有人费用（shareholder fees）和运营费用（operating expenses）两部分组成，其中持有人费用包括销售费用、赎回费用、份额转换费用、账户维护费用和购买费用，运营费用则包括管理费用、分销费用（即"12b-1"费用）和其他费用（见表1-4）。持有人费用与运营费用在收取方式上有所不同，前者在交易环节一次性收取，后者则是每年度以资产总额的一定比例进行收取。持有人费用中的销售费用通常可分为前端（front-end）和后端（back-end）两种类型。前端收取是指在认购时按初始认购金额的一定百分比收取，因此实际认购金额低于初始认购金额。后端收取是指初始认购金额全部用于认购份额，赎回时收取销售费用，通常以初始认购金额和赎回金额孰低者作为计费基础。

表1-4   **美国共同基金费用结构**

费用类别	费用名称	含义
持有人费用	销售费用	认购基金份额时产生的费用，通常分为前端和后端两种类型
	赎回费用	在赎回份额时收取
	份额转换费用	在将基金份额转换为同一基金公司下另一只基金的份额时收取
	账户维护费用	在账户规模低于一定水平时收取
	购买费用	（部分）基金在认购份额时收取，不同于前端销售费用
运营费用	管理费用	用于支付给基金投资顾问的费用
	分销（12b-1）费用	用于覆盖基金在销售、市场推广等流程中产生的费用
	其他费用	用于支付如托管服务、法律服务和会计服务等其他服务的费用

资料来源：美国证券交易委员会（SEC）。

与费用结构紧密相关的另一个概念是份额（share class）。一只共同基金可能有多个类别的份额，不同类别的份额投资于同一个投资组合，但费用上存在差异。美国共同基金的份额主要分为A类、C类、B类、零售零费类、机构（I）类和退休计划类六类（见表1-5），其中零售零费类、机构类和退休类统称为零费（no-load）份额，该份额通常不收取销售费用。表1-6展示了摩根大通大盘成长基金（JPMorgan Large Cap Growth Fund）A类、C类和I类份额的费用结构，可以看到，该基金的A类、C

类和 I 类份额在管理费用和其他费用上都是一样的，不同之处在于 A 类和 C 类份额存在销售费用和分销费用，I 类份额则没有。

表 1-5　　　　　　　　　美国共同基金常见份额类型及含义

类别	份额类型	含义
有销售费用和分销费用	A 类	可能有前端销售费用，当满足某些标准（如最低认购金额）时费用可能有折扣。对于某些账户类型（如投顾账户），A 类份额的前端销售费用可能被免除。A 类份额也有分销费用，但通常比其他份额类型低
	C 类	有分销费用和后端销售费用，且分销费用通常比其他份额类型更高
	B 类	有后端销售费用和更高的分销费用，但没有前端销售费用，当前该类份额已较为少见
零费类	零售零费类	个人投资者可通过经纪账户或投顾账户认购该类份额，通常不向投资者收取交易费用，但是可能需要支付分销费用
	机构类（I 类）	与其他份额类型相比，机构类份额的持续运营费用可能最低，但可能有相对较高的初始认购最低额或交易费用的要求
	退休计划类	通常只能通过雇主发起式养老金计划认购

资料来源：SEC。

表 1-6　　　　　　摩根大通大盘成长基金不同份额的费用情况　　　　单位：%

费用		A 类份额	C 类份额	I 类份额
持有人费用（直接从投资金额中收取）	最大前端收费：按购买时价格的一定百分比收取	5.25	–	–
	最大后端收费：按份额原始成本的一定百分比收取	–	1.00	–
年度运营费用（每年按规模的一定百分比收取）	管理费用	0.45	0.45	0.45
	分销费用	–	1.00	–
	其他费用	0.31	0.31	0.31
	服务费用	0.25	0.25	0.25
	其他费用（除服务费用外）	0.06	0.06	0.06
	投资于其他基金所产生的费用	0.01	0.01	0.01
	年度运营总费用	1.02	1.52	0.77
	费用减免	-0.08	-0.08	-0.08
	费用减免后的年度运营总费用	0.94	1.44	0.69

注：资料截取时间为 2024 年 7 月。

资料来源：JPMorgan。

美国公募基金有时会对投资者的费用负担进行减免，例如摩根大通大盘成长基金的 A 类、C 类和 I 类份额都享有 8 个 BP 的费用减免（见表 1－6），费用减免的力度和持续时间均由基金管理人决定。由于公募基金公布的业绩多是费后业绩，因此部分基金也会通过费用减免来提升业绩。[①]

四、美国资本市场中公募基金地位

公募基金在美国资本市场中占据重要地位。在权益类市场中，2023 年底时美国基金类投资公司的持仓市值占美股整体市值的 33%。在固定收益类市场中，美国基金类投资公司持仓市值占不同细分品类资产总市值的比重分别为：美国市政债券的 27%、美国及海外公司债券的 22%、美国国债及政府机构债券的 15%、商业票据的 22%（见图 1－1）。

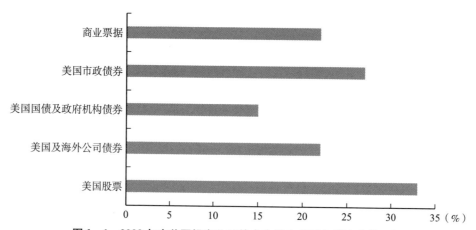

图 1－1 2023 年底美国投资公司持仓市值占美国各类资产的比例

资料来源：ICI。

在美国本土股票市场的机构投资者中，公募基金的持股市值占比是最高的。截至 2023 年底，公募基金在美股的持股占比达到 44.2%，其中共同基金和 ETF 分别为 30.2% 和 14.0%，领先于海外投资者、养老金、保险公司等其他机构（见图 1－2）。

---

① Susan E. K. Christoffersen, "Why Do Money Fund Managers Voluntarily Waive Their Fees?" *Journal of Finance* 56, no. 3 (2001): 1117–1140.

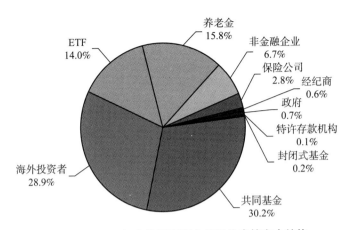

图 1 - 2　2023 年底美国股票市场机构类持有人结构

资料来源：SIFMA。

第二节　美国公募基金发展历程

一、第二次世界大战前

1924 年通常被认为是公募基金发展元年。1924 年，全球第一只现代意义上的公募基金——马萨诸塞州投资信托（Massachusetts Investors' Trust，MIT）在美国波士顿成立。虽然 MIT 成立于 1924 年，但公募基金"聚合资源、共担风险"的投资理念早在 18 世纪就已有萌芽。1774 年，荷兰商人范·凯特维奇（Van Ketwich）成立了名为"团结就是力量"（Eendragt Maakt Magt）的投资信托[①]，此后类似的投资信托在瑞士和苏格兰等地陆续出现，并于 20 世纪 90 年代进入美国。1893 年，主要投资于房地产的波士顿个人资产信托成立，但其结构更类似于今天的对冲基金而非共同基金。1907 年，亚历山大基金在宾夕法尼亚州设立，该基金允许投资者每年申购两次、任意时刻赎回，初步具备了现代公募基金的特征。

20 世纪 20 年代美股迎来牛市，美国居民对股票投资的热情大涨。当时流行的投资工具主要是封闭式基金，但封闭式基金在运作方式、信息披露等方面存在诸多问

---

① Subhamoy Das，*Perspectives on Financial Services*，2009.

题。首先，由于封闭式基金不发行新份额、不赎回已发售份额，投资者只能以在二级市场买卖份额的方式进入或退出，但成交价通常与公允价值之间有较大的偏离。其次，封闭式基金不披露持仓，管理人与投资者之间存在较为严重的信息不对称问题，增加了道德风险。因此，爱德华·莱弗勒（Edward Leffler）构想了一种管理更加透明、更加注重道德原则的投资基金，该基金不仅可以在新投资者有购买需求时发行新的份额，更重要的是保证投资者能够随时以公允价值赎回的权利。1924 年，莱弗勒等人将该想法变为了现实——MIT 诞生并于 1928 年向客户开放。

就在 MIT 向客户开放的次年，美国股市遭遇了历史上最严重的一次股市崩盘。1929 年的股灾是美国证券市场发展的重要转折点，在此之前美国政府很少干预证券市场，证券交易由各州分别管理，金融业可以混业经营。银行将吸收的存款用于证券投资，结果导致了大萧条时期银行大量倒闭。而大萧条时期之后，美国国会通过了第一部全国性的证券业法规《1933 年证券法》，规范上市公司信息披露，提高上市公司透明度并增强投资者保护。次年美国通过《1934 年证券交易法》，规定了银行业与证券业的分业经营原则，并成立证券管理委员会，开始对证券市场进行全面管理。1940年，美国国会参众两院又全票通过了《投资公司法》和《投资顾问法》。《投资公司法》又被称为"40 法案"，在成立、运作和信息披露等多个方面对在美国注册的投资基金都作出了详细的规定。《投资公司法》和《投资顾问法》的出台标志着美国共同基金行业监管框架初步成形，为行业日后的发展壮大奠定了坚实基础。

二、二战结束至 1979 年

第二次世界大战后，随着经济的恢复，美国公募基金的发展也开始提速。但是这一时期的发展速度并不是最快的，赶不上此后的 20 世纪 80 ~ 90 年代。在二战结束的 1945 年底，美国公募基金的总规模只有 12.8 亿美元，基金数量为 73 只。到 1979 年时，规模和数量已分别增至 945.1 亿美元和 526 只，复合增速达到 13.5% 和 6.0%。

股票型基金在 20 世纪 60 ~ 70 年代经历了一次"过山车"式的大起大落。60 年代"沸腾岁月"里的美股一片欣欣向荣，标普 500 指数涨幅高达 103%（1960 年 10 月至 1968 年 11 月），以宝丽来相机、施乐公司和德州仪器为代表的"魅力股"（指业绩增速高、股价弹性大的股票）涨幅更是一骑绝尘。该时期内比较有代表性的基金经理是来自富达基金的蔡至勇（Gerald Tsai）（详见本书第十章第一节）。蔡至勇的投资风格比较激进，在管理富达资本基金（Fidelity Capital Fund）时，他大举重仓

"魅力股"。这一激进的策略为他带来了丰厚的回报，1958～1965 年蔡至勇创造了 296% 的收益率，而行业平均水平仅为 166%。1965 年，蔡至勇离开富达基金并成立了自己的曼哈顿基金。作为行业"顶流"，蔡至勇展现出强大的吸金效应，这只销售费用高达 8.5%、仅计划募集 2500 万美元的基金最终以接近 10 倍的金额结束募集，募集金额占到了当年股票型基金全部净流入的 15% 左右。[1] 市场将富达资本这样的基金戏称为"go-go 基金"，来形容它们"快进快出"的行为特征。

但好景不长，前期表现优异的"go-go 基金"在 1969 年和 1973 年的两次熊市中遭到重创。1971 年 11 月 13 日的《商业周刊》写道："这些所谓的'go-go 基金'跌幅都高达 40%～50%，留下了一地愤怒的投资者"[2]。曼哈顿基金在 1970 年的规模只有 1967 年的 30% 左右，到了 1974 年，规模更是只有最高时的 10%（见图 1–3）。受市场影响，股票型公募基金的整体规模也出现了大幅缩水，由 1973 年的 559.2 亿美元降至 1974 年的 308.7 亿美元，幅度高达 44.8%。

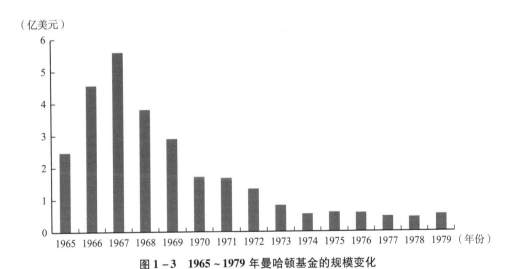

图 1–3　1965～1979 年曼哈顿基金的规模变化

资料来源：WRDS。

"go-go 基金"的覆灭还间接地促进了被动指数基金的诞生。被动指数基金是基金行业中里程碑式的发明，经济学家保罗·萨缪尔森更是认为它足以与汽车、字母表和

① Joe Nocera, "The Go-Go Investor: The Lives They Lived," *The New York Time Manazine*, October 24, 2008.
② "Disenchanted Investor Bypass the Funds," *Business Week*, November 13, 1971.

印刷术相提并论。① 虽然当前关于"第一只被动基金是谁发明的"这个问题还存在争议，富国银行、百骏公司（Batterymarch）和美国国家银行在 20 世纪 70 年代前期的不同时点都推出过指数型产品②，但约翰·博格在指数基金中的地位是无可撼动的。

出生于 1929 年的约翰·博格被誉为"指数基金之父"，从普林斯顿大学毕业后，博格加入了威灵顿投资公司从事投资工作，并于 1965 年被提拔为执行副总裁。作为一家投资理念偏稳健的资产管理公司，威灵顿在"go-go 基金"大行其道的 20 世纪 60 年代日子并不好过。为了让公司得以生存，博格提出将公司与另外一家投资咨询公司合并，这家公司管理着一只在当时炙手可热的激进型基金——Ivest 基金。

由于新公司的投资风格更加适应当时的市场，这次合并也被认为是一次成功的合并。但与其他"go-go 基金"一样，威灵顿也在 20 世纪 70 年代初期的熊市中遭到重创，旗舰产品的规模从 20 亿美元的高点一路下滑到不足 5000 万美元，博格也于 1974 年被威灵顿的董事会正式解雇。在威灵顿的失败让博格认为，与通过主动管理战胜市场相比，一种以跟踪市场为目标的基金可能是更好的选择。

1976 年，约翰·博格创建了先锋领航（Vanguard）公司，并于两年后推出了著名的先锋领航 500 指数基金。但在该基金推出的初期，投资者并不买账，基金的规模在很长一段时间内都只有不到 20 亿美元（见图 1–4）。在当时的投资者看来，跟踪指数是一种"注定平庸"的行为，先锋领航 500 指数基金也因此被称为"博格的愚行"。

除了指数型基金，20 世纪 70 年代还见证了公募基金另一重要产品——货币市场基金的问世。货币市场基金是指投资于货币市场上短期有价证券（如国库券、商业票据、银行定期存单等）的投资基金，第一只货币基金——主要储备基金（Reserve Primary Fund）由布鲁斯·本特（Bruce Bent）和亨利·布朗（Henry Brown）创设于 1971 年。货币市场基金的诞生有着特殊的时代色彩，同时也是一个典型的金融创新造福大众的例子。

---

① Tim Harford, *Why the world's biggest investor backs the simplest investment*, BBC, 2017.
② 罗宾·威格斯沃思：《万亿指数》，中信出版社 2024 年版。

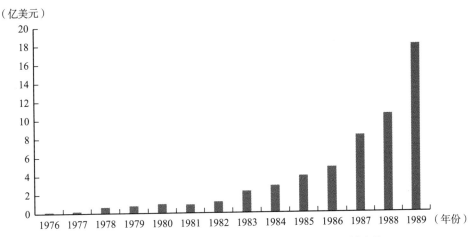

（亿美元）

图 1 - 4　1976～1989 年先锋领航 500 指数基金的规模变化

资料来源：WRDS。

　　在 1929 年的经济大萧条后，美联储颁布了一系列金融管理条例，其中第 Q 项条例（Regulation Q，简称"Q 条例"）[1] 是关于存款利率的管制。根据 Q 条例的规定，银行不得向活期存款账户支付利息，储蓄存款和定期存款的利率也有上限。美国政府推出 Q 条例本意是防止银行高息揽储，但随着 20 世纪 70 年代通胀的上行，Q 条例的存在使得公众并不愿意把钱存进银行。但是另一方面，那些支付市场利率、回报更高的证券（如商业票据），又因为面值太大导致一般投资者无力购买。

　　货币市场基金的出现很好地解决了这个问题，通过这种新型投资工具，一般投资者也享受到了更高的利率回报。凭借在货币市场基金上的创新，本特和布朗得到了各方的认可和赞誉。在 1989 年出版的 *One Up on Wall Street*（中文译著名为《彼得·林奇的成功投资》）中彼得·林奇写到，"本特和布朗理应有自己的纪念碑"[2]。著名经济学家保罗·萨缪尔森更是在 2001 年的一场演讲中称，"（本特和布朗）配得上诺贝尔奖"[3]。

　　货币市场基金一经推向市场后便大受欢迎，特别是在此后的高利率环境中，规模

　　[1]　R. Alton Gilbert，"Requiem for Regulation Q：What It Did and Why It Passed Away，" *Federal Reserve Bank of St. Louis Review*，February 1986，pp. 22 – 37.

　　[2]　Steve Stecklow and Diya Gullapalli，"A Money-Fund Manager's Fateful Shift，" *The Wall Street Journal*，no. 12（2008）.

　　[3]　Bruce Weber，"Henry B. R. Brown，Who Opened Money Markets to Masses，Dies at 82，" *The New York Times*，2008.

扩张的速度十分惊人。20世纪70年代爆发的两次石油危机使美国陷入了严重的通货膨胀，基准利率一度升至14%。在高利率环境中，市场对货币市场基金的需求大幅上升。80年代中，货币市场基金在美国公募基金中的占比一度接近80%。

三、1980～1999年

1980年后，美国公募基金的发展开始驶入快车道。1980～1999年是美国公募基金发展最快的时期，在这二十年里，公募基金总规模由945.1亿美元增长到了6.9万亿美元，数量由526只扩大到7788只，规模和数量年复合增长率高达23.9%和14.4%。随着行业的不断壮大，公募基金在美国国民经济中的地位也不断提高，在20世纪80年代前，美国公募基金的资产规模占GDP的比值不到5%，到1999年时，这一比重已超过70%。

这一时期内，美国公募基金在产品端最重要的事件当属ETF的诞生。1993年，道富基金发行了美国第一只ETF产品——跟踪标普500指数的标准普尔存托凭证（SPDRs）。ETF的全称为交易所交易基金（Exchange-Traded Fund），是开放式基金的一种特殊类型。ETF结合了封闭式基金和开放式基金的运作特点，投资者既可以向基金管理人申购或赎回基金份额，同时又可以像封闭式基金一样在二级市场上按市场价格买卖ETF份额。关于ETF更多的介绍，可以参见本书第八章第二节。

随着公募基金产品种类逐渐丰富，投资群体也逐步多元化。为了满足不同投资群体在基金产品要素上的差异化需求，20世纪90年代美国开始出现拥有多个份额的公募基金。以专门为机构投资者设立的机构类份额为例，这一份额的运营费率通常较低，但认购门槛会更高，与机构投资者资金量大、持有时间相对更长的投资特点相契合。1995年2月，美国证券交易委员会（SEC）通过了《1940年投资公司法》的补充条款18f-3，正式允许基金公司就同一只基金发行多只份额，到1999年时，美国每只共同基金已平均拥有两只份额（见图1－5）。

总的来说，20世纪80～90年代是美国公募基金发展史上最辉煌的一段时间。这20年不仅见证了行业的高速增长，还涌现出多位投资大师，包括邓普顿集团的创始人约翰·邓普顿（John Templeton）、著名价值派基金经理迈克尔·普里斯（Michael Price）、《大钱细思》的作者乔尔·蒂林哈斯特（Joel Tillinghast）等。其中最闪耀的当属来自富达基金的彼得·林奇，他所管理的麦哲伦基金至今仍是基金行业中顶级的存在。关于这一时代投资大师更多的故事，请参见本书第十章第三、第四节。

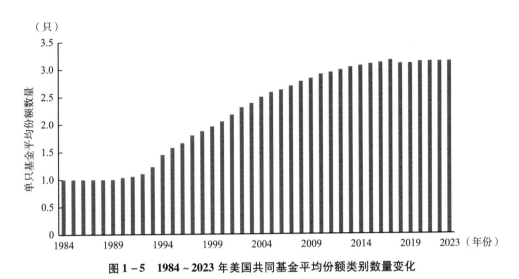

图 1 - 5　1984~2023 年美国共同基金平均份额类别数量变化

注：平均份额数量 = 基金数量÷份额类别数量。

资料来源：ICI。

四、2000~2023 年

进入千禧年后，美国公募基金行业发展逐渐趋于稳定。首先，高增速不再持续，2000~2023 年间，美国公募基金规模和数量的复合增速分别为 6.8% 和 1.2%，显著低于 20 世纪 80 年代和 90 年代。其次，产品结构上不再有大的波动，股票型、债券型、混合型和货币型基金的规模占比基本稳定在 50%、20%、7% 和 23%。最后，2000 年左右同样是美国公募基金公司数量的拐点，在经历了 80~90 年代的快速增长后，基金公司数量再未突破 1998 年的历史高点。

虽然整体增速放缓，但被动型产品的崛起仍引人瞩目。从 2010 年开始，美国主动型公募基金的资金流入量开始逐渐减少，流入被动型产品的资金逐渐增加，2014 年后主动型公募基金更是转为了净流出，且流出金额不断加大。被动型产品的增长亮点则是在 ETF 上，这一诞生于 1993 年的"新型"金融工具增速大幅高于传统的共同基金，并在 2020 年超过共同基金成为规模最大的被动型产品。当然，ETF 并不是仅以被动方式运作，随着 2008 年主动管理型 ETF 的上市，公募基金产品家族再添新丁。

2008 年国际金融危机给美国金融行业带来了巨大冲击，公募基金也未能幸免，行业规模大幅缩水（2008 年全行业规模下降 2.5 万亿美元）。货币市场基金受到的冲击尤为严重。2008 年 9 月，著名投资银行雷曼兄弟（Lehman Brothers）申请破产保护，持有 7.85 亿美元该公司债券的主要储备基金（即前文提到的第一只货币市场基金）净值跌至 0.97 美元。这是美国货币市场基金第二次出现净值跌破 1 美元的情况①，投资者对货币基金的安全信仰开始动摇，出现了疯狂的"赎回潮"。直到美国财政部启用货币基金临时保护计划、承诺以政府信用背书后，危机才得以解除。主要储备基金的赎回危机甚至一度影响到了我国主权财富基金中投公司，出于现金管理需要，中投公司于 2008 年 4 月和 5 月分两次向主要储蓄基金投资了 53 亿美元，直到 2010 年 7 月才收回全部投资资金。②

在基金产品和基金经理方面，虽然在 2000 年后没有出现彼得·林奇这种级别的人物，但部分产品的表现还是可圈可点，例如普徕仕公司旗下的新视野基金和中盘成长基金、富达的逆向基金等。关于 2000 年后的绩优基金与基金经理，请参见本书第十章第五至第七节。

第三节　全球视角下的美国基金市场

一、美国公募基金市场全球地位

由于各国（地区）对公募基金的定义并不统一，因此难以直接进行比较。一个更加宽泛的口径是受监管基金（regulated fund），根据国际投资基金协会（International Investment Funds Association，IIFA）的定义，受监管基金是指受到实质性监管的开放式基金。在美国，开放式基金（包括共同基金和 ETF）、封闭式基金和单位投资信托都属于受监管基金。

截至 2023 年，受监管基金规模最大的国家（地区）为美国，规模达到 33.6 万亿美元，占全球总规模的 48.7%，其次为欧洲和亚太地区。但美国受监管基金的数量并不多，只有一万只出头，位居第四（见表 1 - 7）。美国同时也是资金的主要流入地，2015 ~ 2023 年流入美国受监管基金的资金累计达到 6.9 万亿美元，高出欧洲和

---

① 美国第一只净值跌破 1 美元的货币市场基金是 1978 年的 First Multifund for Daily Income（FDMI）。与 2008 年主要储蓄基金不同的是，FDMI 净值跌破 1 美元是由自身违规投资行为而非市场因素导致。

② 资料来源：中国投资有限责任公司（2010），中投公司已全部收回对美国货币市场基金（The Reserve Primary Fund）的投资资金。

亚太地区 2 万亿美元左右（见图 1-6）。

表 1-7　　　　　　2023 年底全球受监管基金规模与数量的分布情况

国家或地区	规模		数量	
	金额（万亿美元）	占比（%）	只	占比（%）
美国	33.6	48.7	10330	7.3
美洲（不含美国）	3.8	5.5	27396	19.5
欧洲	21.5	31.2	59518	42.3
亚太地区	9.8	14.3	41666	29.6
非洲	0.2	0.3	1832	1.3

资料来源：IIFA。

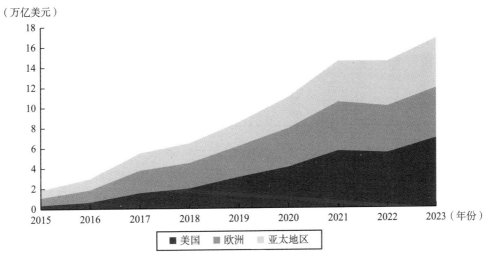

（万亿美元）

图 1-6　2015～2023 年全球受监管基金的累计资金净流入

资料来源：IIFA。

二、欧洲公募基金市场发展情况

欧洲的投资基金分为 UCITS 和 AIFs 两类。UCITS 的全称是可转让证券集合投资计划（Undertakings for Collective Investment in Transferable Securities），是欧盟为内部成员国的开放式基金所建立的一个统一监管框架。UCITS 是欧洲金融市场一体化的重要体现，UCITS 可以在欧盟所有国家发售，不需要重复申请许可。UCITS 框架涵盖了基金设立、运营、管理和监管的各个方面，例如，高流动性资产在基金中的占比至少要达到 90%，不得卖空、不得持有不动产或商品等等。

不在 UCITS 框架内的基金即为 AIFs，其全称为另类投资基金（alternative investment funds）。这些基金根据不同国家各自的监管要求建立，销售范围仅限于本国。由于 UCITS 可以在欧盟全境流通，所以通常被视为欧洲的公募基金。UCITS 在规模上长期高于 AIFs，截至 2023 年，欧洲投资基金的总规模为 20.6 万亿欧元，其中 UCITS 规模为 13.1 万亿欧元，AIFs 为 7.5 万亿欧元（见图 1 - 7）。

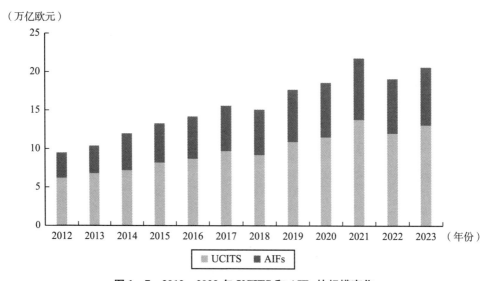

图 1 - 7　2012～2023 年 UCITS 和 AIFs 的规模变化

资料来源：EFAMA。

UCITS 在类型上可以分为股票型、债券型、多资产型、货币市场型和其他五类。2013～2023 年，股票型在规模占比上有一定的增加，由 36.8% 上升至 44.3%，债券型有所下降，由 27.9% 降至 24.4%，多资产型和货币市场型则相对比较稳定（见图 1 - 8）。

欧洲股票型公募基金（即股票型 UCITS）在持仓上的一大特点是以美国股票为主，占比高于本地股票。2012～2023 年，股票型 UCITS 中美国股票的占比不断走高，由 19% 上行至 44%，欧洲本地股票则由 51% 下降至 34%，美股已是当前股票型 UCITS 中占比最高的资产。但债券型 UCITS 的持仓仍以本地债券为主，美债的仓位只有本地债券的一半左右（见表 1 - 8）。

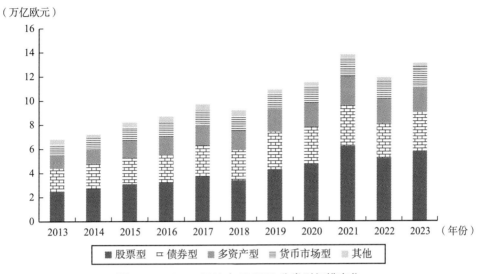

图 1 - 8　2012 ~ 2023 年 UCITS 分类别规模变化

资料来源：EFAMA。

表 1 - 8 　　　　　　　2012 ~ 2023 年股票型 UCITS 和债券型 UCITS 地区资产占比 　　　　　单位：%

年份	股票型 UCITS				债券型 UCITS			
	欧洲	美国	亚太	其他	欧洲	美国	亚太	其他
2012	51	19	22	7	61	23	7	9
2015	51	27	19	3	60	24	7	10
2018	43	31	21	4	55	26	9	10
2020	38	36	22	3	53	26	10	10
2021	36	41	20	3	53	27	11	10
2022	35	42	19	4	53	28	9	9
2023	34	44	18	4	55	28	7	10

资料来源：EFAMA。

　　近年来，欧洲公募基金的费率呈下降趋势。2019 ~ 2023 年，主动股票型 UCITS 的费率由 1.36% 下降至 1.23%，主动债券型 UCITS 的费率由 0.77% 降至 0.67%；被动股票型 UCITS 的费率由 0.24% 下降至 0.21%，主动债券型 UCITS 的费率由 0.22% 降至 0.18%（见表 1 - 9）。

表1-9 2019~2023 年 UCITS 的费率变化 单位：%

年份	主动型 UCITS		被动型 UCITS		ETF	
	股票型	债券型	股票型	债券型	股票型	债券型
2019	1.36	0.77	0.24	0.22	0.25	0.25
2020	1.32	0.74	0.23	0.20	0.24	0.24
2021	1.26	0.71	0.22	0.20	0.23	0.23
2022	1.24	0.68	0.21	0.18	0.22	0.20
2023	1.23	0.67	0.21	0.18	0.22	0.19

资料来源：EFAMA。

从投资基金（UCITS + AIFs）的持有人结构来看，保险公司和养老金是投资基金最重要的客户，截至2023 年，投资基金的31.9% 由保险公司和养老金持有。居民是投资基金的第二大持有人，持有比例约为26.1%（见图1-9）。从地域属性上看，欧盟外的投资者正在成为欧盟投资基金的重要参与主体，在2023 年流入欧盟投资基金的资金中，已有近50% 来自欧盟境外（见图1-10）。

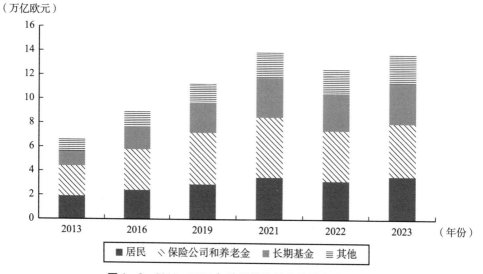

（万亿欧元）

图1-9 2013~2023 年欧盟投资基金的持有人结构

资料来源：EFAMA。

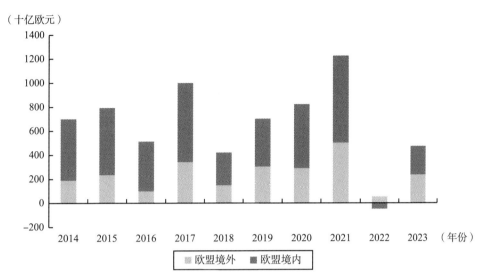

（十亿欧元）

图 1 - 10　2014 ~ 2023 年欧盟投资基金来自境内和境外的资金净流入情况

资料来源：EFAMA。

三、日本公募基金市场发展情况

在日本，公募基金被称为"公募投资信托"或"公募投信"。投资信托制度在日本存在的时间已接近 90 年，最早可追溯至 1937 年由藤本证券（大和证券的前身）所设立的"藤本有价证券投资组合"。1941 年，日本第一只证券投资信托产品成立，委托人和受托人分别为野村证券和野村信托。次年 8 月开始，藤本、山一、小池、川岛屋和共同等证券公司也开始募集信托基金。

与宏观经济类似，自 20 世纪 90 年代开始，日本公募基金也经历了一段 20 年左右的低迷时期。图 1 - 11 展示了 1970 ~ 2023 年日本公募基金净资产规模和数量的变化，可以发现，日本公募基金的增长期主要是在 80 年代和 2010 年后，1990 ~ 2010 年基本没有增量，数量上也大幅减少。截至 2023 年，日本公募基金的净资产规模为196.9 万亿日元，数量为 5913 只。

日本公募基金在结构上主要分为两大类——"株式投信"和"公社债投信"，分别对应股票型基金和债券型基金。20 世纪 90 年代开始，随着股市的走低和利率的下行（见图 1 - 12），股票型基金的规模出现了大幅缩水，同时债基规模快速增长。1997 年时，"公社债投信"的规模达到 30.6 万亿日元，是"株式投信"的 3 倍左右（见图 1 - 13）。1999 年 2 月，为了应对经济危机和通缩压力，日本央行开始实施

"零利率"政策。在宽松货币政策的刺激下，日股逐渐回暖，利率则长期处于低位。低利率环境导致日本债券基金发展逐渐陷入停滞，2003年"株式投信"的规模再度超过"公社债投信"，并逐渐拉开了与后者的差距。截至2023年，日本公募基金中债券型基金的规模占比只有8%左右。

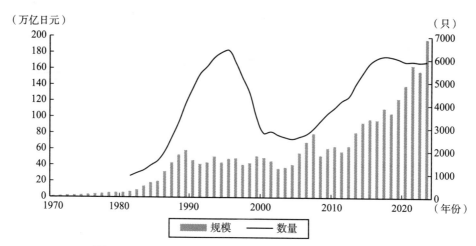

图1-11 1970~2023年日本公募基金的规模和数量变化

资料来源：日本投资信托协会。

图1-12 1972~2023年日本股市和债市的表现

资料来源：Wind。

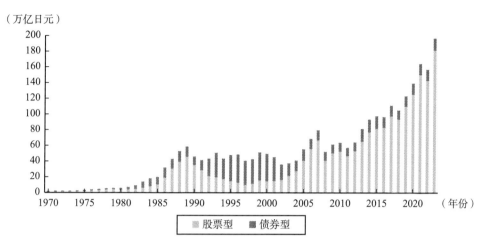

图1-13 1970~2023年日本公募基金分类别规模变化

资料来源：日本投资信托协会。

低利率环境对日本债券型基金的发展产生了深远的影响。根据日本投资信托协会的分类，债券型基金可以分为长期债券基金、中期国债基金、海内外债券基金、现金管理基金（money management fund）和现金储蓄基金（money reserve fund）。前三者就是一般意义上的债券型基金，现金管理基金则对应着货币市场基金。现金储蓄基金比较特殊，它是日本证券公司或银行向零售客户提供的一种短期现金管理工具，客户交易账户中的闲置资金通常会自动认购现金储蓄基金，当客户需要交易时（如买股票）会自动赎回。在低利率的影响下，中期国债基金、海内外债券基金和现金管理基金都已退出市场不再存在，长期债券基金的规模也已小到可忽略不计，剩下的基本上全是现金储蓄基金（见图1-14）。因此可以说，当前日本并不存在一般意义上的债券基金和货币基金。

日本公募基金中同样存在"被动升、主动降"的现象。以日本股票型公募基金为例，2010~2023年，被动型产品（包括ETF）的规模占比逐年上升，主动型的占比则逐年下降（见图1-15）。截至2023年，日本主动股票型公募基金的规模为75.4万亿日元，被动型产品中ETF和非ETF的规模分别为75万亿和31万亿日元，ETF与主动型产品在规模上已非常接近。

日本公募基金的费率同样有明显的下降趋势。截至2023年，日本股票型公募基金的平均管理费率为0.97%，较2017年下降了12个BP。在销售费用方面，日本股票型公募基金当前的销售费率约为1.92%，较2017年下降了37个BP（见表1-10和表1-11）。

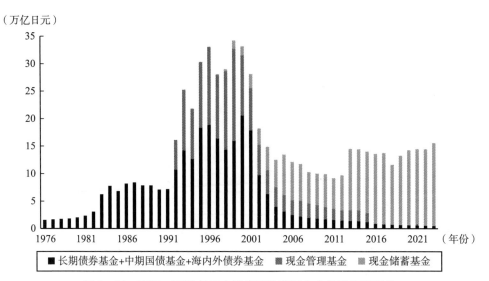

图1-14 1976～2023年日本债券型公募基金分类别规模变化

资料来源：日本投资信托协会。

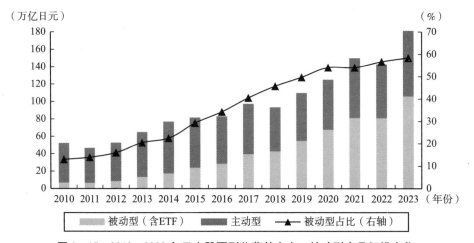

图1-15 2010～2023年日本股票型公募基金主、被动型产品规模变化

资料来源：日本投资信托协会。

表1-10　　　　　　　2017～2023年日本股票型公募基金管理费率变化　　　　　　单位：%

年度	整体	主动型	被动型	ETF
2017	1.09	1.18	0.46	0.36
2018	1.08	1.18	0.45	0.36
2019	1.06	1.16	0.44	0.35

续表

年度	整体	主动型	被动型	ETF
2020	1.04	1.15	0.43	0.43
2021	1.02	1.15	0.40	0.40
2022	1.00	1.14	0.38	0.38
2023	0.97	1.12	0.37	0.37

注：计算方式为简单算术平均；ETF 包含主动型 ETF。
资料来源：日本投资信托协会。

表 1 – 11　　　　　2017～2023 年日本股票型公募基金销售费用率变化　　　　单位：%

年度	整体	主动型	被动型
2017	2.29	2.46	0.68
2018	2.25	2.42	0.67
2019	2.14	2.31	0.64
2020	2.11	2.28	0.63
2021	2.06	2.24	0.60
2022	2.01	2.19	0.58
2023	1.92	2.12	0.56

资料来源：日本投资信托协会。

第二章
行情与行业：美股行情回顾概述

　　时势造英雄，市场行情是影响基金行业发展的重要因素。本章内容对美股行情进行概述性回顾，包括时间序列上的整体行情历史脉络、行业板块结构性演变，以及笔者对美股行情的一些规律性总结。从长期表现看，美股是全球股市中"长牛"走势代表，从二战后 1945 年底起算一直到 2023 年底，长达 78 年时间里标普 500 全收益指数年化收益率高达 11.1%。从行情走势看，美股大盘曲线总体稳定向上，在两个时间段出现过较大的波动调整，一是石油危机滞胀冲击的 20 世纪 70 年代，二是 21 世纪第一个十年先后经历了互联网泡沫破灭和全球金融危机。从板块特征看，美股行情主导板块经历了从周期股到消费股再到科技医药股的演变，这背后反映了美国经济发展结构的变化。美股长牛的根基源自其上市公司稳健、较高的盈利增长，而随着时间推移，美股市场中的学习效应也越来越强，传统的常见的事件已经很难对市场产生重大冲击。

第一节　整体行情历史脉络

一、20 世纪 60 年代：沸腾岁月

20 世纪 60 年代美股总体表现非常不错，这一时期在金融史上被称为"沸腾岁月"①。从行情节奏上看，1960 年美国经济再度进入下行。1960 年 5 月，美国一架 U2 高空侦察机在俄国上空被苏联导弹击落，随后四国峰会取消，引发国际局势再度紧张；1960 年 10 月，黄金价格大涨大幅超过官定价格，美元作为布雷顿森林体系所规定的储备货币第一次显示出信任危机。1960 年美股下跌近 10%。美股走势从 1960 年底开始好转，此时货币政策放松，美国经济也从 1961 年二季度起开始好转。1961 年初，约翰·肯尼迪宣誓就职美国总统，成为美国历史上最年轻的总统。1961 年虽有不少事件性冲击，如"猪湾事件""第三次柏林危机"等，但并没有影响股市上涨的势头。

市场转折出现在 1962 年 3 月中旬，市场开始连续下跌一直到当年 6 月底，指数跌幅超过 25%，此次大跌在美股历史上也榜上有名，被称为"肯尼迪大跌"。大跌的主要原因是估值太高，当时美股的估值已经达到了一个非常高的位置，这个估值水平

---

① "沸腾岁月"（The Go-Go Years）是对 20 世纪 60 年代美国资本市场的一种概括性描述，关于这一提法更多的描述，可以参见：（美）约翰·布鲁克斯：《沸腾的岁月：20 世纪 60 年代美国股市狂飙突进崩盘与兴起并存的 10 年》，中信出版社 2006 年版。

一直要到 30 年以后才再次被突破。1962 年市场的大跌是对前期大幅上涨的一次系统性消化调整。1962 年 10 月"古巴导弹危机"爆发，使得全世界处在了战争的边缘，股市短暂受到冲击后再度回暖，新的一轮上涨行情就此展开。

1963 年各项经济数据开始逐步变好，货币政策收紧无碍市场上涨。1963 年 11 月 22 日，美国总统肯尼迪在达拉斯遇刺身亡，震惊全球。不过股市大跌之后随即反弹，走出了一个深 V 形走势。1964 年初林登·约翰逊继任美国总统，提出了"向贫困宣战"口号。1964 年 2 月，众所期待的减税终于到来，此次减税将联邦个人所得税最高档税率从 91% 下调至 70%，企业所得税税率从 52% 下调至 48%。而与此同时，美国经济到 1964 年也表现出非常强劲的势头，经济开始进入繁荣阶段。美股在 1964～1965 年持续大幅上涨。

1965 年在越南战争和"伟大社会"的财政支出刺激下，美国经济如火如荼，经济的繁荣在 1966 年仍延续着，但不少问题已经出现。一是当时经济已经基本接近完全就业，失业率难有进一步下降空间。二是通胀问题愈发突出。股市从 1966 年 2 月开始变脸，进入一个将近 9 个多月的下跌通道中。导致股市下跌的直接因素是不断增加的财政支出使得通胀上行，进而不断推高利率水平。1967 年 2 月，美联储宣布降低存款准备金要求，货币开始放松，股市企稳向上。

1968 年初，黄金危机再度爆发。英国宣布伦敦黄金市场暂时关闭，黄金市场走向双轨制，一方面各国央行间维持着 35.20 美元/盎司的黄金美元官方比价；另一方面黄金价格在自由市场上开始浮动。同年 3 月 18 日，美国取消了发行钞票时要有 25% 黄金储备的规定。1967 年和 1968 年美国股市震荡上行。20 世纪 60 年代中后期美国通胀已经开始明显起来，但当时还没有出现恶性通胀和所谓的滞胀。美股从 1969 年初开始下跌调整，主要原因是通胀的压力越来越大。到 1969 年 1 月中旬，美国大型商业银行在过去五周内连续三次上调最优惠贷款利率并达到 7% 的历史最高水平。

20 世纪 60 年代美股走势总体平稳向上（标普 500 指数具体走势见图 2-1），收益率表现不算特别突出，十年间标普 500 指数累计上涨 53.7%、年化收益率 4.4%，标普 500 全收益指数累计上涨 113%、年化收益率 7.8%。

从行情的结构性特征看，行情的亮点体现在消费与科技两方面。

一方面是美国经济经历了二战后十几年快速重建后，重工业周期股占优行情开始让位于消费股。第二次世界大战之后第一批"婴儿潮"出生的人口，在 20 世纪 60 年代中期开始进入成年阶段，包括美国在内西方主要国家都出现了青年人口占比大幅提升的阶段，由此带来包括服饰、家电、教育等各种消费需求大幅上升。

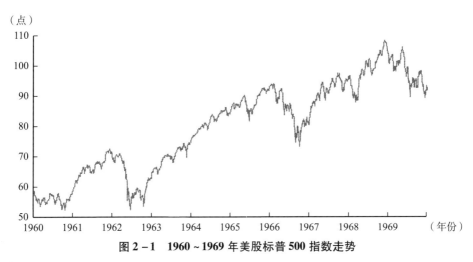

图 2-1 1960～1969 年美股标普 500 指数走势

资料来源：Wind。

另一方面是 20 世纪 60 年代美国股市出现了 1929 年大萧条后第一次股市泡沫行情，即由"电子热"行情引领的美股"第一次科技股泡沫"。当时的科技股行情被称为"tronics 行情"，即电子股行情，"tronics"是英文"electronics"的后几个字母，这与 2000 年互联网泡沫中的".com 行情"有异曲同工之妙。也正是这种科技成长股占优的行情特征，催生了所谓的"沸腾岁月"。

二、20 世纪 70 年代：滞胀魔咒

20 世纪 70 年代突出特征就是出现了不可控的"滞胀"特征，在两次石油危机冲击下，美国经济波动极大，股市表现在二战后看也非常一般。从行情节奏上看，美国经济在滞胀中进入 1970 年，经济衰退利率持续上行，解决通胀无疑成为头等大事。美股经过快速大幅的下跌在 1970 年 5 月底出现转机，1970 年 5 月 27 日晚间美联储主席阿瑟·伯恩斯保证，美联储作为"最后贷款人"，绝对不会让美国经济因为缺乏金融资金而崩溃。1970 年 6 月以后，经济情况有所好转，美股开始回升。

1971 年 8 月，美国总统尼克松宣布实行新经济政策，目的在于对内控制通货膨胀，对外维持美元的地位。新经济政策由三要素构成，一是关闭黄金兑换窗口、布雷顿森林体系正式终结，二是实行 90 天的工资和物价冻结，三是对于进口到美国的商

品征收 10% 的进口附加税。政策宣布后，美股开始大涨。从 1970 年下半年到 1972 年底，这段时间是美国股市的"甜蜜岁月"，当时通胀下行而经济上行，利率不断走低，股市大涨，非常著名的"漂亮 50"行情就是在这期间爆发的。

1973 年初开始，经济形势出现逆转，通胀开始上行而经济开始下行，股市开始大幅下跌。特别是 1973 年 10 月第一次石油危机的爆发，更是形成了致命一击，美国股市进一步大幅下挫。1974 年美国经济因为石油危机进入深度衰退，这次经济衰退对所有西方主义国家而言，基本都是二战后最严重的。1974 年 8 月，美国总统尼克松因"水门事件"被迫宣布辞职。美股在 1974 年继续大幅下跌。

1974 年 12 月 6 日，在经历了全年的经济衰退和通胀上行之后，美联储终于降息，开启了降息周期。随后美联储不断降息，经济复苏回升，第一次石油危机的困难算是过去了。1976 年 7 月美国建国 200 周年，美股在 1975 年和 1976 年连续反弹大涨，但并没有突破 1972 年底的高点。1977 年美国的货币政策再次偏向紧缩，美联储采取措施收紧银行准备金，股市开始见顶回落。进入 1978 年以后，货币政策仍在持续收紧，但美国经济在 1978 年出现进一步向上势头。1978 年底到 1979 年一季度，由伊朗伊斯兰革命引起的第二次石油危机爆发，这一次美国股市没有受到太大影响。1979 年 8 月，传奇人物保罗·沃尔克就任美联储主席。股市在 1977 年调整后到 1978 年再度向上，一直持续到 1979 年底。

20 世纪 70 年代美股总体走势宽幅震荡（标普 500 指数具体走势参见图 2 - 2），收益率表现非常一般，十年间标普 500 指数累计上涨 17.2%、年化收益率仅 1.6%，标普 500 全收益指数累计上涨 75.9%、年化收益率 5.8%。[①]

从行情的结构性特征看，20 世纪 70 年代美股行情主要有三个特点。

一是在 1970~1972 年出现了著名的"漂亮 50"（Nifty-Fifty）行情[②]。"漂亮 50"行情总体行情是一个优质龙头企业估值抬升的投资逻辑。这期间包括 IBM、可口可乐、默克公司等在内一大批盈利能力稳定 ROE 水平较高的公司，在产业集中度提高的过程中发生了一波大行情，时间大体在 1970 年 6 月至 1972 年底（见图 2 -3）。

---

① 20 世纪 70 年代由于滞胀等因素虽然饱受争议，但无论如何，大通胀下美股年化 5.8% 的全收益回报也不算太差，至少没有持续"大熊市"。

② 关于美股"漂亮 50"行情具体 50 个公司股票名单以及相关的学术讨论，可以参见：Jeremy Siegel, "The Nifty-Fifty Revisited: Do Growth Stocks Ultimately Justify Their Price," *Journal of Portfolio Management*, 1995; "The Nifty-Fifty Revisited," *Forbes*, December 15, 1977。

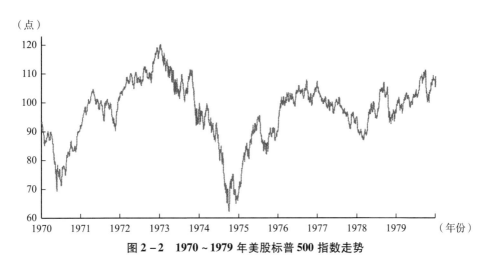

图 2 - 2　1970 ~ 1979 年美股标普 500 指数走势

资料来源：Wind。

图 2 - 3　"漂亮 50" 组合与标普 500 指数和道琼斯工业指数走势对比

注：1970 年 6 月 = 1。

资料来源：WRDS。

　　二是在 "漂亮 50" 行情终结以后，美国市场的风格出现了大逆转。美国的 "漂亮 50" 行情大致在 1973 年初结束，之后 1974 年美国经济衰退美股大跌，股市从 1975 年开始回升，此时市场风格发生了巨大改变，从此前的 "漂亮 50" 的 "大票行情" 一下子切换到了成长股的 "小票行情"，而且这波 "小票行情" 持续时间非常长，一直持续到 1983 年。

　　三是从行业层面看，"大通胀" 下资源品板块表现最好。两次石油危机以后，全球原油价格大幅飙升，使得原油公司赚得盆满钵满，能源板块成为这段时间内表现最好的板块，石油公司股价表现最优秀（见图2-4）。消费股不具有抗通胀属性，通胀上升后消费品板块超额收益即开始显著回落。从各国股市表现看，具有抗通胀属性的主要是资源品，一般包括能源、黄金、农业等。

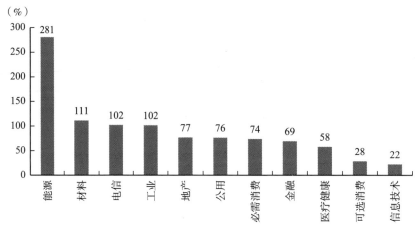

图2-4　1970~1979年美股行业板块累计收益率

资料来源：彭博。

　　这里有个特别有意思的问题值得讨论，那就是消费股为什么不抗通胀。很多观点认为，消费股特别是必需消费股有对抗通胀属性，其主要逻辑是消费品公司可以通过提高商品价格来转嫁通胀带来的成本压力。但从美股行情经验来看，这个观点是不对的，消费股不抗通胀的逻辑可能主要有两个：一是持续高通胀对居民实际税后收入有负面影响。由于个人所得税是累计税率，这就会导致因通货膨胀造成的名义收入上升以后，居民负担的平均税率会上升。二是消费品公司无法完全转嫁成本压力。一般情况下，通货膨胀中消费品价格涨不过资源品、生活资料价格涨不过生产资料，也就是糖价若是不涨可乐不会涨价、糖价若涨可乐可能涨不过糖价。因此，成本上升中消费品公司最终利润是受损的。

三、20世纪80年代：长牛开启

　　20世纪80年代头两年美股依旧深陷滞胀深远，1979~1982年，美国经济在短短四年间经历两次经济衰退，十年期美国国债利率更是在1982年时达到了二战后最高水平。但从1982年下半年起，随着美国通货膨胀率的持续回落，美股开始进入到持续"长牛"阶段。

从行情节奏上看，1980 年美股先抑后扬，1980 年 11 月，共和党人里根当选美国总统。里根的保守主义经济政策抓住了当时美国社会最迫切需要的东西，那就是渴求变革。美国的里根政府和稍早之前上台的英国撒切尔夫人政府，成为随后资本主义国家政策改革的标杆。1981 年是保罗·沃尔克领导美联储对抗通胀最关键的时期，当时美联储的政策利率已经突破 10%，而美国银行的贷款利率一度突破了 20%。与此同时，美国经济从 1981 年开始下行，到 1982 年再度进入衰退。美股从 1981 年开始，一直到 1982 年上半年连续下跌。

1982 年下半年开始是一个重要的转折点，自此以后美国对抗通胀的斗争取得了决定性胜利，美国利率从此开始了几十年的下行道路，美股见底企稳回升，并随后一举突破了此前十几年的震荡区间。1983 年美国经济和股市均全面回升，1983 年 3 月里根总统提出了著名的"星球大战计划"。1984 年美国经济增速开始回落，全年美股市场一直在宽幅震荡。1985 年，美国与日本、德国、英国、法国等国签订了著名的《广场协议》，五国联合干预外汇市场，各国开始抛售美元，继而形成市场投资者的抛售狂潮，导致美元持续大幅度贬值。《广场协议》达成以后，美国市场普遍认可货币政策有进一步放松的空间，且汇率贬值对企业也是一种利好，行情开始启动。

1986 年初国际原油价格开始暴跌，出现了所谓的"石油过剩"，由此导致了美国利率的大幅回落，美股继续大涨。股市行情到 1987 年更是如火如荼，但需要注意的是，美股从 1982 年下半年开始的牛市行情，总体上是以估值驱动而非盈利驱动的，指数涨幅贡献的绝大部分都是估值抬升，这段行情也可以认为是美股的"改革牛"。到 1987 年 10 月行情高点时，美股估值再度到了历史最高水平。1987 年 10 月股灾开始了，从小跌到大跌最后到"黑色星期一"的出现。1987 年 10 月 19 日（黑色星期一），股市一开盘便下跌，收不住地下跌，当天标普 500 指数下跌 20.5%，道琼斯工业指数跌幅达 22.6%，超过了 1929 年 10 月 29 日股市暴跌的纪录。1987 年 10 月 19 日创纪录的交易量使许多系统"瘫痪"。同时，股市暴跌迅速蔓延至全球。

20 世纪 80 年代美国经济开始走出了滞胀的阴影，1982 年下半年起美股进入了一个新的时期，但后面几年美股涨幅过快脱离了盈利增长速度，最后导致了 1987 年 10 月用股灾的形式进行了纠正和修复。"87 股灾"发生后，美联储投入大量流动性积极救市[①]，

---

① 1987 年 10 月股灾前，美联储一般不会对股市大跌进行反应，此次股灾救市后，资本市场表现对美联储货币政策影响越来越大。

股市在 1988~1989 年持续回升并且创出新高。从 80 年代后期开始，美股与宏观经济走势的关联度明显开始降低了，此时美国经济结构已经发生了重大的转变，服务业已经替代了工业成为最重要的产业。如果从工业增速走势来看，1988 年和 1989 年美国经济处在下行通道，且此时利率也没有明显降低，但股市依然有很不错的表现。

20 世纪 80 年代美股在 1980~1982 年上半年宽幅震荡，1982 年下半年起总体走势单边向上，最大的下跌调整发生在 1987 年 10 月（标普 500 指数具体走势见图 2-5）。从收益率表现来看，十年间标普 500 指数累计上涨 227%、年化收益率 12.6%，标普 500 全收益指数累计上涨 402%、年化收益率高达 17.5%。

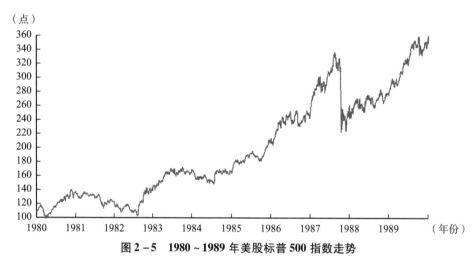

图 2-5　1980~1989 年美股标普 500 指数走势

资料来源：Wind。

从行情结构性特征看，20 世纪 80 年代是美股消费板块的黄金时期。在十年时间中，消费股板块中的必需消费和可选消费行业，表现都显著好于市场整体，累计收益率在所有板块中排名第一和第三（见图 2-6），具有消费属性的医疗健康板块也获得了明显的超额收益。

成就消费股大牛市的原因大致有这几个：第一，通货膨胀的大幅下行，极大地提高了居民的消费能力。如前所述，在个人所得税累进制税率的情况下，高通胀扼杀了居民的消费能力，1982 年以后通胀和利率大幅下行，使得居民消费能力大幅提升。第二，一大批优秀美国消费品公司开始海外扩张，海外营收大幅增加。从这个角度上讲，美国的消费品公司在很大程度上分享了中国改革开放的成果。第三，消费品公司的行业集中度提升，导致龙头公司的净利润率大幅提高。这个逻辑要在 20 世纪 80 年

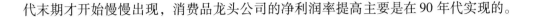

代末期才开始慢慢出现，消费品龙头公司的净利润率提高主要是在 90 年代实现的。

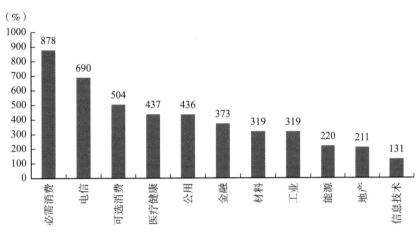

图 2-6　1980~1989 年美股行业板块累计收益率

资料来源：彭博。

四、20 世纪 90 年代：走向泡沫

20 世纪 90 年代美国经济进入"高增长、低通胀"的新经济时代，受多方利好刺激下，美国股市在 90 年代的表现一骑绝尘，并最终在互联网繁荣中走向了泡沫化。

从行情节奏上看，自 1990 年 7 月开始，美国经济正式陷入衰退，1990 年 8 月开始股市的形势更加恶化，不仅国内经济迅速下滑，海外政治局势也十分动荡，当时伊拉克入侵科威特，使得市场担心第三次石油危机的爆发。但调整时间不长，从 1990 年底开始，美股企稳回升。1991 年 1 月美国老布什总统命令美军向伊拉克开战，以美国为首的多国部队轰炸巴格达，发起"沙漠风暴"行动，"海湾战争"爆发。次日 1 月 17 日道琼工业指数大幅上涨 4.57%。1991 年 2 月 28 日，"海湾战争"结束。美国经济从 1991 年二季度开始回升，到年底走出衰退。

1992 年，美国的经济开始出现了明显复苏。1993 年 2 月，新任美国总统比尔·克林顿正式提出了他的经济振兴计划。在克林顿经济计划颁布后的两年，美国经济持续复苏，经济增长呈平稳上升趋势，1993 年与 1994 年全年 GDP 增速分别为 2.8% 和 4.0%，而通货膨胀率得到了有效控制，核心 CPI 降到了 1967 年以来的最低点。1992~1994 年这三年，美股整体是缓慢上行的节奏。

股市行情从 1995 年开始进入了加速上涨阶段，美股慢慢开始从繁荣走向了泡沫。

高增长、低通胀，新经济的繁荣使得美国经济产生了从未有过的美好，股市的持续上
涨是对这一美好的反映和憧憬。虽然早在 1996 年美联储主席艾伦·格林斯潘就给出
了"非理性繁荣"的警告，事后看这没错，但在当时如果你接受了这个建议，就将
会错过美股历史上最动人的主升浪。1997 年，"东南亚金融危机"的爆发以及由此引
发的 1998 年美国长期资本公司的倒塌，使得美联储在一个本不是太应该降息的时点
降息了，火上浇油的结果是美股从 1998 年后期进一步加速了"泡沫"化阶段。

美国经济结构中制造业占比不断下降，"经济服务化、结构高级化"的趋势愈发
明显。信息科技和生物科技成为股市"泡沫"的领头羊，他们都有基本面、政策面、
资金面的支持和共振，但狂热的资本市场把一切都放大了。截至 1999 年末，标普
500 已经是连续第 5 个年度收益率超过 20% 了。而如果单看 1999 年当年，涨幅更加
惊人，标普 500 指数上涨 19%，道琼斯工业指数上涨 25%，而纳斯达克指数上涨了
86%，创下有史以来年涨幅最高纪录！1988～1999 年，美股从一个温和的牛市最后
走向了一个疯狂的牛市，从繁荣到"泡沫"，这段时期美国股市给人留下了太多回
忆、激情、感伤和教训。

20 世纪 90 年代美股几乎是单边上行走势，最大的调整发生在 1998 年下半年
（标普 500 指数具体走势见图 2 - 7）。从收益率表现来看，十年间标普 500 指数累计
上涨 316%、年化收益率 15.3%，标普 500 全收益指数累计上涨 435%、年化收益率
高达 18.3%。

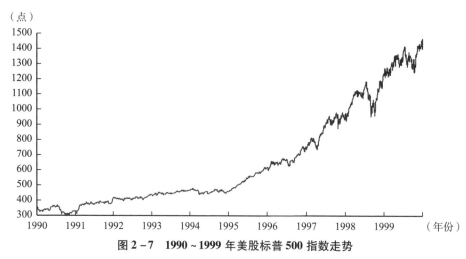

图 2 - 7   1990～1999 年美股标普 500 指数走势

资料来源：Wind。

从行情的结构性特征看，20世纪90年代最突出的无疑是互联网和科技股。信息技术板块在90年代十年间累计收益率达到了惊人的1378%，远远超过其他任何行业板块，这期间也诞生了一大批"百倍股"科技公司。泡沫行情涨得越高跌得越惨，2000年3月科技股行情见顶后，一直到2002年，纳斯达克指数下跌幅度达到将近80%，无数的新兴经济企业破产倒闭。

除互联网科技股外，金融板块、医药板块、消费板块在20世纪90年代总体也都有不错的表现（各行业板块累计收益率见图2–8）。金融板块的逻辑主要由房地产周期驱动，美国房地产周期在90年代启动带动了一系列金融创新，资产证券化由此开始加速。医药板块行情的背后是新一轮的生物科技革命，2000年既是互联网泡沫爆发的年代同时也是第三次生物科技泡沫爆发的年代，只是互联网泡沫光芒太耀眼成为了时代的标签。消费股也是延续了80年代的黄金年代大行情，美国多数消费公司的估值顶点都是在1999年底时出现的。

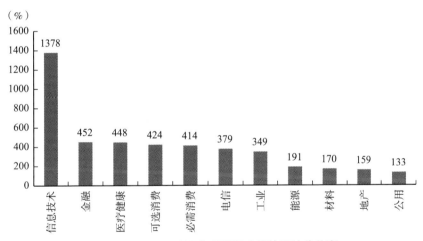

图2–8 1990～1999年美股行业板块累计收益率

资料来源：彭博。

五、21世纪第一个十年：两次危机

21世纪第一个十年，一头一尾发生了两次大的危机，先是2000年美股互联网泡沫破灭，导致市场跌了近3年，后是2008年又发生了"大萧条"以来最严重的金融危机，导致股市再度暴跌。

从行情节奏上看，美国 20 世纪 90 年代新经济繁荣的牛市持续到 2000 年，到 2000 年初"泡沫"的巅峰时，全市场就只有极少数公司和行业股票在上涨了，纳斯达克指数与标普 500 和道琼斯工业指数走势完全背离。紧缩的货币政策使美国经济在 2000 年末明显放缓，美国司法部对微软公司的反垄断指控更是引爆了积蓄已久的"互联网泡沫"，2000 年 3 月科技股行情见顶，2000 年的纳斯达克指数迎来了 1971 年以来表现最差的年份，全年下跌 39.3%，标普 500 指数和道琼斯工业指数也未能幸免。

资本市场的崩溃给美国的居民及企业带来负面的财富效应，在此影响下，美国经济增速下行在 2001 年更加明显，美国经济开始了新一轮的衰退周期。随着经济疲软的蔓延甚至加剧，美联储大幅下调了联邦基金目标利率，2001 年内连续 11 次降息，联邦基金目标利率从年初的 6.5% 下降至年末的 1.75%，同时 12 次下调贴现率，贴现率从 6.0% 到 1.25%，降至 1948 年以来的最低水平。2002 年继续下调联邦基金目标利率与贴现率分别至 1.25% 和 0.75%。但屋漏偏逢连夜雨，2001 年"9·11"恐怖袭击爆发，还有"安然事件""世通公司事件"等会计造假层出不穷，美国股市有如临深渊之感，美股行情的下跌一直持续到 2002 年底，标普 500 指数累计跌幅超过 40%。

2003 年联邦基金目标利率进一步降低至 1.0%，此时中国经济开始强劲崛起推升全球经济回升，在宽松的货币政策、积极的财政政策等多重刺激下，美国经济摆脱衰退开始回升，2003 年美国经济增长更加强劲。2004 年开始，在全球经济复苏和美国国内地产繁荣的推动下，美国经济增长强势，通胀温和，资产价格不断上涨，美国经济基本已经摆脱了互联网危机。美股开始大幅上涨，标普 500 指数在 2007 年突破了 2000 年泡沫时的高点。

但隐患并未消除，灰犀牛正不断走来，房地产市场的"泡沫"开始不断积聚。在 2001 年"互联网泡沫"破裂后，美国政府将房地产选择作为经济刺激的重要手段，自 2001 年起美联储持续降息，30 年固定利率抵押贷款合约利率从 2000 年 5 月的 8.52% 下降至 2004 年 3 月的 5.45%，小布什政府也看中了房地产对经济的提振作用，提出"居者有其屋"计划。在流动性过剩、低利率以及政策的多重刺激下，房地产信贷机构不断放松住房贷款条件，低收入群体的购房需求不断攀升。在快速增长的贷款支撑下，2004~2006 年房价上涨了近 30%，相比 2000 年上涨幅度更是超过 80%。可以说，在 2000 年股市崩盘之后，房地产市场取代了股市，承载着美国的"非理性繁荣"。

随着经济复苏的趋势确立，出于对通货膨胀的担忧，美联储的货币政策从 2004

年6月开始转向，两年内连续17次加息，联邦基金目标利率从2004年初的1.0%迅速上升至2006年的5.25%，贴现率也从2.0%上升至6.25%。不断上升的利率使得借款人的还款压力大幅增加，房价下跌，房地产市场"泡沫"破裂，进而引发了"次贷危机"。房地产市场"泡沫"崩溃的影响通过次级抵押贷款开始传导至金融部门，2008年金融市场持续动荡，贝尔斯登被收购，"两房"被监管机构接管，"次贷危机"不断蔓延；雷曼兄弟的倒闭则意味着"次贷危机"最终演化为了金融危机，全球资产价格、信贷环境、企业及消费者信心均受到了巨大的冲击。

2000～2008年，这九年美国股市很难受，美国股市先后经历了两次危机，从泡沫高点大幅回落，再起来再大幅回落，走出了一个大写英文字母倒"N"形。金融危机后，在全球经济严重衰退背景下，美国经济在2009年上半年进一步收缩，GDP增速在2009年6月触及了–3.9%的低点。但随后，得益于金融状况的改善、美国货币和财政政策的刺激以及国外经济的复苏，2009年下半年美国的经济活动出现回升，逐步走上复苏的道路。2009年各国政府都在强力刺激经济，中国有"四万亿"投资计划，美国也出台了"大萧条"以来规模最大的刺激方案，全球经济和股市劫后余生，股市出现了报复性反弹。

21世纪的头10年是美国股市第二次世界大战后表现最差的10年，甚至比20世纪70年代"滞胀"时期还要差（标普500指数具体走势见图2–9）。从收益率表现来看，十年间标普500指数累计下跌24.1%、年化收益率为负2.7%，标普500全收益指数累计下跌7.8%、年化收益率为负0.8%。

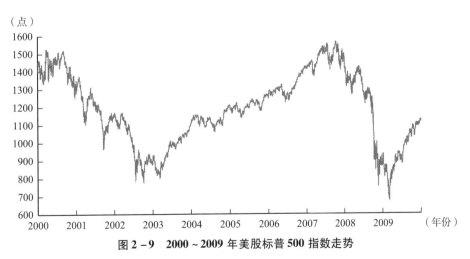

（点）

图2–9 2000～2009年美股标普500指数走势

资料来源：Wind。

从行情的结构性特征看，21世纪第一个十年最突出的是美股周期股板块焕发了第二春，成为表现最好的板块。国际原油价格的大幅上涨，使能源板块再度成为市场的领涨板块。同时，受益于中国经济的快速崛起，2002年以后全球几乎所有大宗商品价格都突破了历史最高点，原材料和工业等周期性板块在2000年后一直到2008年金融危机前也都有非常不错的表现，美国钢铁（United States Steel）在这个阶段一度成为十倍股。21世纪第一个十年的美股表现极具讽刺意味，当1999年底时市场沉浸在21世纪高科技时代之际，谁能想到后面十年领涨的居然是19世纪卡内基时代的公司①。

除周期板块外，必需消费品板块在2001年和2008年两次危机中表现出了极强的避险属性，超额收益率大幅上升。而在危机之外，即2002～2007年，板块的超额收益则持续回落，在整个21世纪第一个十年总体也还算不错。公用事业板块在2000年后获得了持续的超额收益，这主要与美国政府相关的监管政策变化有关。科技板块在21世纪第一个十年出现了巨大的"滑铁卢"，指数整体跌幅将近一半，受伤最深（各行业板块累计收益率对比见图2-10）。

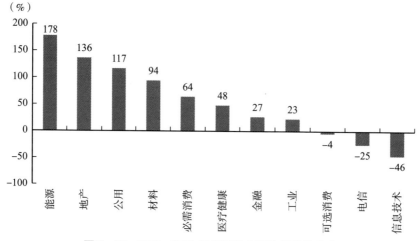

图2-10 2000～2009年美股行业板块累计收益率

资料来源：彭博。

---

① 美国钢铁（证券代码"X"），其前身是成立于1864年的卡内基钢铁公司，1901年卡内基钢铁公司和联合钢铁公司等十几家企业合并而成美国钢铁。

六、21 世纪第二个十年：十年慢牛

经历了 2008 年金融危机后，美国经济在量化宽松等一系列刺激政策下快速复苏，股市行情也在开始明显反弹。在整个 21 世纪第二个十年，美股走出了十年慢牛的行情特征。

从行情节奏上看，美国经济复苏的趋势一直延续至 2010 年，鉴于金融市场功能的改善以及经济活动的复苏，到 2010 年 6 月底，美联储已经停止了在危机期间为支持市场而设立的所有特别流动性工具。但由于 2010 年秋季开始经济指标出现了放缓的趋势，这使得市场对美国经济复苏持久性的担忧情绪大幅上升。迫于压力，同时为了巩固经济的复苏趋势，美联储在 2010 年 11 月宣布推出了第二轮量化宽松政策。2012 年 9 月，美联储公布了第三轮量化宽松政策，本次量化宽松不设置最终期限，美联储每个月都将购买 400 亿美元的抵押贷款支持债券，直到经济出现明显改善。在美联储先后推出的多轮量化宽松政策刺激下，2010～2014 年美国股市稳定向上，特别是 2013 年标普 500 指数大涨 30%，成为"千禧年"以来美股涨幅最大的一年。

美国 GDP 增速在 2015 年第一季度同比上升 4.0%，达到金融危机以来的高点，由于就业市场状况大幅好转，美国失业率持续降低，而经济运行较为稳定，美联储在 2015 年底正式开启了货币政策正常化进程。美国的货币政策正常化进程主要包括两个方面，一是利率正常化进程，又称为"加息"进程；二是资产负债表正常化进程，又称为"缩表"进程。2015 年 12 月，美联储在金融危机之后首次加息，调升联邦基金目标利率 0.25 个百分点，随后在 2016～2018 年，年内分别调升 1 次、3 次、4 次利率，至 2018 年底，联邦基金目标利率已经上升 2.25%～2.50% 的区间。与"加息"进程相比，美联储"缩表"进程启动的时间较晚，2017 年 10 月，美联储正式开启了缩减资产负债表的进程。

2015 年美联储的正式加息虽然使美股行情在 2015 年下半年略有调整，但完全不能阻挡股市向上的趋势。上市公司基本面从 2016 年起显著好转，2017 年美国总统特朗普推出的史上最大规模减税计划，进一步加强了美国经济和股市的向上势头。税改后美国个人所得税部分税率下调，起征点标准几乎翻倍；联邦企业所得税税率由 35% 下降至 21%；国际税收方面，使用属地征收体系，修改国际税收优惠体系，鼓励美国企业海外利润回流国内。2018 年随着美联储货币政策的持续收紧，以及中美贸易摩擦的升级，全球经济开始由盛转衰进入下行，美国股市在 2018 年四季度出现

一定幅度调整。2019 年美联储又开始了"预防性降息"，使得全球流动性充裕，各类资产价格普涨，美股重回升势。

站在 2009 年危机时刻，可能事前没有人能想到"后危机时代"美股走出了十多年的"长牛慢牛"行情（标普 500 指数走势见图 2-11），事后看金融危机后的这十二年时间又成为美股发展中的黄金时刻，纳斯达克指数也突破了 2000 年互联网泡沫时的高点，美国经济和股市结构完全转型，主要指数均创历史新高。这十年间，标普 500 指数累计上涨 190%、年化收益率 11.2%，标普 500 全收益指数累计上涨 255%、年化收益率 13.5%。

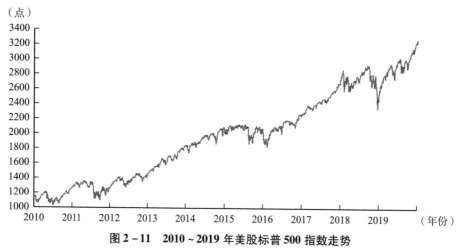

图 2-11　2010~2019 年美股标普 500 指数走势

资料来源：Wind。

从行情的结构性特征看，新兴产业科技公司的崛起是最大亮点，21 世纪第二个十年累计涨幅前三的行业分别是可选消费、信息技术、医疗健康。信息技术板块中，这十年诞生了像"FANG"① 等一大批科技和互联网巨头，特别是在 2016 年以后，科技股板块的超额收益加速上行。而不同于 2000 年的互联网泡沫，这波科技股大行情的背后是科技巨头们企业盈利的大幅提高。

生物科技行业迎来了"第四次浪潮"带领医疗健康板块持续走高。驱动这波生物科技公司行的主要力量是大量生物技术公司的新药审批通过，以及由此带来的并购效应。2006 年，美国食品药品管理局（FDA）批准的 30 个新分子实体药物中有 17

① 即脸书（Facebook）、亚马逊（Amazon）、奈飞（Netflix）和字母表（Alphabet）旗下的谷歌（Google）。

个来自大型的制药巨头公司，而到了 2016 年，获批的 25 个新分子实体药物中仅有 9 个来自制药巨头，制药巨头公司留下的空白很大一部分被生物技术企业所填补。

可选消费是 21 世纪第二个十年间累计涨幅最大的行业板块（各行业板块累计收益率见图 2 − 12），这主要是由于可选消费行业包含了互联网零售（亚马逊）和汽车制造（特斯拉）。但其实不只亚马逊，很多新兴零售型可选消费公司在金融危机后，借助移动互联网技术的普及，都获得了巨大的商业模式和股票回报的成功，本质上还是科技带来的新兴产业繁荣。

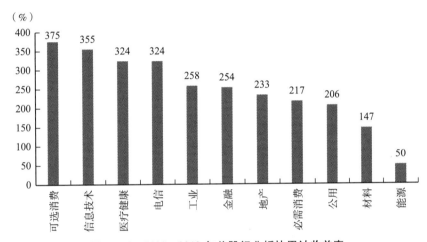

图 2 − 12　2010 ~ 2019 年美股行业板块累计收益率

资料来源：彭博。

七、2020 ~ 2023 年：货币冲击

2020 年 3 月，新冠疫情在全球蔓延导致股市暴跌，2020 年 3 月 9 日、12 日、16 日，美国股市先后发生三次向下熔断，创造历史纪录。危难之中美联储再度果断出手，先是火速降息至 0%，随后又推出了无限制量化宽松以及对信用债市场的保障机制，美国的 M2 同比增速在 2020 年突破了 20%，创 1959 年有历史数据以来的新高。美联储总资产规模从 2020 年初的 4.2 万亿美元，快速飙升至 2022 年初的 9 万亿美元，两年时间内扩表超过 1 倍。在流动性极度宽松下，美国股市从 2020 年二季度开始反转，很快收复失地并在年内再度创出新高。

在一系列经济刺激政策作用下，2021 年美国经济实现了大幅显著增长。当年实际 GDP 增长 5.8%、名义 GDP 增速更是高达 10.7%，均是创 1984 年以来最高水平。

伴随着经济快速复苏增长，包括美国在内的西方多个国家从 2021 年下半年起通货膨胀持续走高，美国的 CPI 同比增速从年初的 1.4% 上升至年底的 7.0%。由于美国通胀究竟是"暂时性"的还是"持续性"的在当时有很大分歧，在此通胀下美联储在 2021 年尚未采取加息行动，美国股市在 2021 年获得了非常不错的表现，三大股指均创历史新高。

但进入 2022 年后，通胀魔咒不断显现，美国 CPI 同比增速在 2022 年 6 月达到了 9.1% 创 40 多年来历史纪录。美联储从 2022 年 5 月开始首次加息，第一次加息幅度为 25 个 BP。市场一开始在 2022 年初预期美联储全年加息 4 次合计约 100 个 BP，但后续的走势完全超出预料，2022 年美联储共加息 7 次合计达到了 425 个 BP。由于通货膨胀持续超美联储此前预期，美联储失去了对未来经济走势判断的权威话语权，市场开始进入各种纷繁复杂争议之中。美国股市在 2022 年出现了自 2008 年金融危机以后最大的下跌调整。

本轮美股下跌调整幅度不小，纳斯达克指数 2022 年全年下跌 33.1%（2008 年金融危机全年下跌 40.5%），行情的低点大体在 2022 年四季度时出现。美股运行在本轮行情中展现出了典型的学习效应抢跑特征。根据历史经验，历次加息周期中美股下跌的低点一般出现在"末次加息后、首次降息前"，随着时间推移，投资者不断学习，这个低点越来越靠近"末次加息后"这个时间点，而 2022 年这次美股低点则是历史上首次出现在加息周期中。2023 年美联储继续加息 3 次，但市场已经完全提前领先反映，在投资者看清楚疫情后大通胀仅是暂时性特征后，美国股市在 2023 年基本完全收复了 2022 年的失地。

从 2019 年底至 2023 年底这四年间，标普 500 指数和标普 500 全收益指数年化收益率分别为 10.2% 和 12.0%，依然保持着非常不错的平均收益率（标普 500 指数具体走势见图 2 - 13）。

从行情的结构性特征看，2020 ~ 2023 年间美股主要行业板块累计收益率均为正收益（见图 2 - 14），其中表现最出色的主要在两个方向。

一是信息技术板块。本轮科技股行情于 2016 年开始加速向上，第一波行情驱动力是移动互联网的不断渗透普及。2019 年以后由于美国打压中国芯片产业，全球半导体产业竞争刺激了总需求进一步上升，2020 年新冠疫情暴发后更是导致全球芯片紧缺。2022 年随着全球供应链恢复，"缺芯"问题缓解，美股信息技术板块超额收益也明显回落。2022 年底，OpenAI 公司的生成式人工智能产品 ChatGPT 问世，在全球掀起了新一轮人工智能革命浪潮，美股信息技术板块再度进入高景气发展阶段。

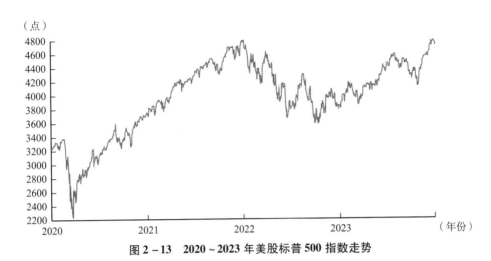

图 2 - 13　2020～2023 年美股标普 500 指数走势

资料来源：Wind。

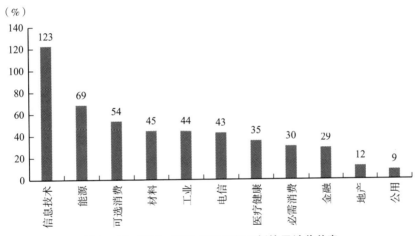

图 2 - 14　2020～2023 年美股行业板块累计收益率

资料来源：彭博。

　　二是能源板块。2020 年新冠疫情后包括美国欧洲在内的西方主要国家，普遍采取了史无前例的货币"大放水"，从而导致大宗商品价格大涨。以收盘价计，布伦特原油价格从 2020 年 4 月最低的每桶 23 美元上涨至 2021 年底的每桶 85 美元，2022 年俄乌冲突爆发导致全球能源供应进一步紧张，布伦特原油价格上涨至近每桶 130 美元，接近 2008 年的历史最高价位。煤炭、天然气等其他能源价格也同时大幅上涨。在此背景下，美股能源板块股价亦大幅上涨，某种程度上再现了 20 世纪 70 年代的行情特征。

第二节 行业板块结构性演变

一、消费板块行情特征

美股消费板块从市值占比看，当前是仅次于科技股的第二大板块。消费板块包括必需消费（consumer staples，也称为日常消费）与可选消费（consumer discretionary）两个行业板块。根据定义，必需消费是指行业营收利润与宏观经济关联度较低的行业，主要包括食品饮料、商业零售等；可选消费则是指行业营收利润与宏观经济关联度较高的行业，主要包括汽车、家电、纺织服装等[1]。

美股必需消费板块大市值龙头公司[2]，当前主要包括沃尔玛（Walmart，商业连锁）、宝洁（Procter & Gamble，简称 P&G，日化品牌）、可口可乐（Coca-Cola，软饮料）、百事可乐（PepsiCo，软饮料）、好市多（Costco，商业连锁）、菲利普莫里斯（Philip Morris，烟草）等。

从行情走势来看，1970 年至今，美股必需消费板块超额收益走势大体可以分为三个阶段（见图 2 - 15）。

第一阶段为 1970 ~ 1980 年，这段时期必需消费板块总体跑输大盘，特别是在 1975 ~ 1980 年，超额收益负得更明显。美股消费板块在 20 世纪 70 年代的表现，也充分说明了消费股不具有抗通胀属性的特征。

第二阶段为 1981 ~ 1992 年，这期间美股市场大盘在涨，必需消费板块涨幅更大，板块持续跑赢市场获得了极大的超额收益。这个阶段是美股历史上著名的"大消费"红利时代。20 世纪 80 年代美国消费品公司充分受益于全球化红利，当时是绝对的成长股，例如，可口可乐的 ROE 从 25% 左右一度上升到 50% 以上。巴菲特、彼得·林奇等一大批美国著名投资家，都是成名于这个时代。

---

[1] 国内投资市场话语体系中，经常将必需消费理解为低端消费、将可选消费理解为高端消费，由此容易引起概念上的误区。最典型的例子就是白酒，根据定义茅台等高端白酒是属于必需消费的，但如果从高端低端消费角度看，很多人会把高端白酒归类到可选消费。

[2] 这里所说的美股大市值龙头公司，仅包含在美股市场上市的美国企业，不包括以美国存托凭证（ADR）形式在美股交易的海外公司。

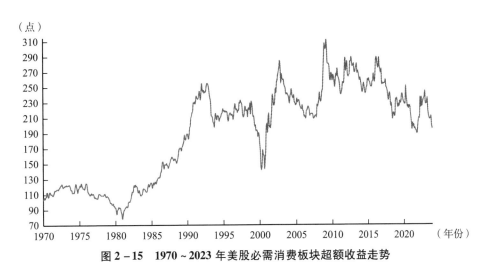

图 2 - 15　1970～2023 年美股必需消费板块超额收益走势

资料来源：Wind、彭博。

　　第三阶段为 1993～2023 年，在这个阶段中美股必需消费板块有绝对收益但没有超额收益，整体与市场一起走平。这个阶段中，美股必需消费板块成为稳定型的类固收避险资产，1993～2020 年，虽然必需消费板块没有趋势性超额收益，但是波动非常大，往往是在大盘暴跌或者危机时候，板块会有明显的超额收益（比如 2000～2001 年、2008 年、2022 年等），而随后市场企稳后，板块会再度跑输大盘。

　　美股可选消费板块大市值龙头公司，当前主要包括亚马逊（Amazon，互联网零售）、特斯拉（Tesla，汽车制造）、家得宝（Home Depot，家装）、耐克（Nike，鞋类）、麦当劳（McDonald's，连锁餐饮）、星巴克（Starbucks，连锁餐饮）等。

　　从行情走势来看，1970 年至今，美股必需消费板块超额收益走势大体可以分为四个阶段（参见图 2 - 16）。

　　第一阶段为 1970～1980 年，可选消费表现总体大幅跑输大盘，如同必需消费一样，消费股在大通胀年代表现较差。

　　第二阶段为 1981～1988 年，可选消费品明显跑赢大盘，超额收益持续上升，这期间美国几个汽车制造企业股价有非常好的表现。

　　第三阶段从 1989 年到 2008 年金融危机，尽管中间有多次波动，可选消费板块总体上持续跑输大盘。

　　第四阶段从 2009 年金融危机后一直到 2023 年，得益于互联网零售、电动汽车等一批新兴消费产业的优异表现，可选消费板块总体持续大幅跑赢市场，但 2021～2023 年，板块超额收益大幅回落。

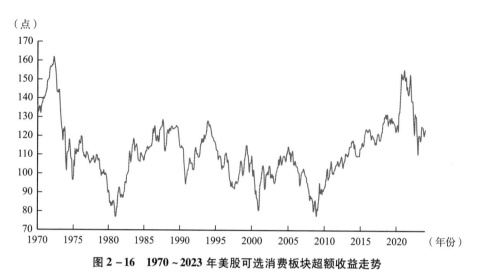

图 2 - 16　1970 ~ 2023 年美股可选消费板块超额收益走势

资料来源：Wind、彭博。

　　总体而言，可选消费板块由于不同细分行业公司众多，能够产生很多新的消费产品和商业模式，行业上市公司的成长性和股价表现，在 2000 年以后明显好于必需消费板块。

二、金融板块行情特征

　　美股金融板块大市值龙头公司，当前主要包括伯克希尔 - 哈撒韦（Berkshire Hathaway，保险）、摩根大通（JPMorgan Chase，商业银行）、美国银行（Bank of America，商业银行）、花旗集团（Citigroup，银行）、富国银行（Wells Fargo，银行）、摩根士丹利（Morgan Stanley，投资银行）、贝莱德（资产管理）等。

　　从行情走势来看，1970 年至今，美股金融板块超额收益走势大体可以分为五个阶段（见图 2 - 17）。

　　第一阶段为 1970 ~ 1980 年，金融板块总体跑输大盘。高通胀时期金融板块也跑输大盘，主要原因或许在于过高利率下，长期信贷需求受到压制，试想 15% 以上房贷利率是何等可怕。

　　第二阶段为 1981 ~ 1990 年，金融板块超额收益在 1986 年前后出现了一个先升后降的过程。

　　第三阶段为 1991 年到 2006 年次贷危机爆发前，美国金融板块走出了历史上最强势的超级大行情，其间只有在 1998～1999 年由于互联网浪潮中科技股表现太过猛烈，金融板块阶段性跑输大盘，整体上在长达 15 年的时间里金融板块一直是跑赢大盘的。

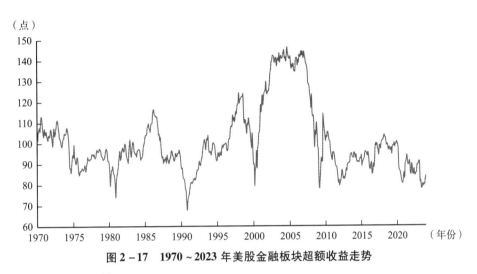

图 2 - 17　1970～2023 年美股金融板块超额收益走势

资料来源：Wind、彭博。

第四阶段为 2007 年美国次贷危机爆发后一直到 2011 年，其间除了 2009 年金融危机后强复苏时期板块阶段性表现略好，金融板块超额收益大幅回落。

第五阶段，2012～2023 年，在金融危机冲击消退后，美股金融板块也没有回到往日风光，超额收益十多年里总体低位徘徊。

美国金融板块的长期超额收益走势，我们认为与房地产周期关系很大。从 1991 年开始一直到 2006 年，美国经历了史上最大的一轮房地产景气周期，作为与房地产共生共荣的银行板块，自然也表现十分出色。2007 年以后美国房地产景气周期风光不再，金融板块股价表现也不断回落。这背后核心的逻辑，在于房地产是金融系统信用扩张的主要载体，只有底层金融资产不断扩张，上面的金融创新才有发挥的空间。不仅是美国，日本、英国股市中金融板块超额收益，也是同样的逻辑和走势，日本金融板块在房地产周期结束后跑输大盘近 20 年[1]。

---

[1]　关于日本和英国股市表现特征，更多相关内容可以参见：燕翔、金晗：《全球股市启示录：行情脉络与板块轮动》，经济科学出版社 2022 年版。

三、科技板块行情特征

科技板块是美股市场中市值占比最大的板块，包含信息技术和电信服务两个行业。美股科技板块大市值龙头公司，当前主要包括苹果公司（Apple，消费电子）、微软（Microsoft，计算机软件）、英伟达（NVIDIA，半导体产品）、谷歌（Google，上市主体为其母公司 Alphabet，互联网服务）、脸书（Meta，互联网服务）、甲骨文（计算机软件，Oracle）、超威半导体（AMD，半导体产品）等。

从行情走势来看，1970 年至今，美股信息技术板块超额收益走势，大体可以概括为两波大行情四个阶段①（见图 2 - 18）。

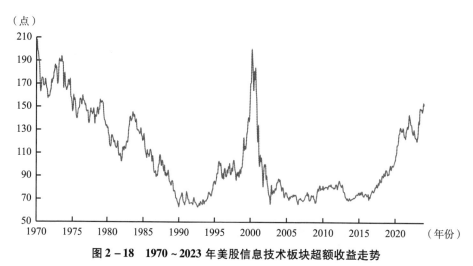

图 2 - 18　1970～2023 年美股信息技术板块超额收益走势

资料来源：Wind、彭博。

第一阶段为 1970～1991 年，信息技术板块在 20 多年时间里持续跑输大盘。

第二阶段为 1992 年到 2000 年初，是第一波科技股超级大行情，在这轮互联网浪潮行情中，相比其他国家市场，美股科技股超额收益时间更长幅度更大。

第三阶段为 2000 年初到 2008 年，美股互联网泡沫崩盘后，科技股开始大幅回落持续跑输大盘。

---

① 日本、欧洲等市场科技股也是类似的走势特征，科技板块行情具有全球性特征，美股科技股往往是全球科技行情领导力量，其他国家科技股多数情况下是跟着美股走的。

第四阶段为 2009 年金融危机后开始一直到 2023 年，科技股行情开始再次起来，特别是 2014 年以后，全球移动互联网、半导体芯片、人工智能等产业浪潮此起彼伏，科技股超额收益非常明显。

四、医疗保健板块行情特征

医疗保健也是美股市场中的重要行业板块，目前总市值仅次于科技板块和大消费板块位列第三。美股医疗保健板块大市值龙头公司，当前主要包括礼来公司（Eli Lilly，制药）、联合健康集团（Unitedhealth Group，多元健康）、强生公司（Johnson & Johnson，制药）、美国默克（Merck & Co，制药）、艾伯维（AbbVie，生物科技）、赛默飞科技（Thermo Fisher Scientific，生物科技）、安进（Amgen，生物科技）、雅培（Abbott Laboratories，医疗器械）等。

从行情特征来看，美股医疗保健板块的超额收益走势（见图 2-19）没有明显的周期阶段可以划分，总体上呈现出"趋势向上、波动很大"的特征。对于"趋势向上"的特征，从长周期时间看，美股医疗保健板块是极其少有的、超额收益能够持续向上的行业板块。一个行业板块股价走势能否跑赢市场整体，最终取决于板块的盈利能力与市场整体盈利能力的相对变化，在几十年的时间维度中单一行业盈利水平长期好于经济平均水平，这个非常难得。

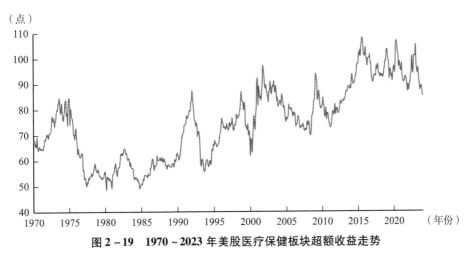

图 2-19 1970～2023 年美股医疗保健板块超额收益走势

资料来源：Wind、彭博。

对于"波动很大"特征，一方面，从行业属性看医疗保健板块具有比较明显的"逆周期"属性，所以在宏观经济复苏或者过热的时候，往往可能阶段性跑输大盘，比如 1982 ~ 1983 年、1992 ~ 1993 年、2002 ~ 2006 年、2009 年等，应该都是这个情况。另一方面，超额收益"波动很大"的特征，也反映着这种长期"好赛道"短期涨多了会回调修复的市场性特征。

五、周期板块行情特征

周期板块在美股市场中市值占比不大，包括能源和材料两个行业。

美股能源板块大市值龙头公司，当前主要包括埃克森美孚（Exxon Mobil）、雪佛龙（Chevron）、康菲石油（ConocoPhillips）、EOG 能源（EOG Resources）、企业产品伙伴（Enterprise Products Partners）等，均是与石油天然气勘探、生产、炼制、存储、运输相关的公司。

从板块的行情表现来看，1970 ~ 2023 年，美股能源板块的历史超额收益大致可以分为五个阶段（见图 2 - 20）。

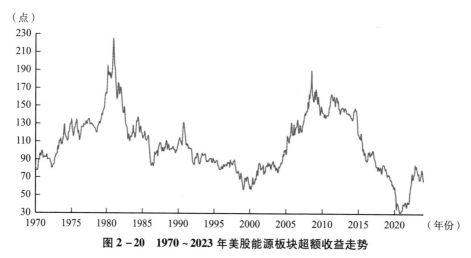

图 2 - 20　1970 ~ 2023 年美股能源板块超额收益走势

资料来源：Wind、彭博。

第一阶段为 1970 ~ 1980 年，在两次石油危机冲击下全球能源价格大涨，石油公司赚得盆满钵满，股价持续跑赢市场整体。20 世纪 70 年代末，一度美股市值最大的 10 个公司中有 6 个是原油公司。

第二阶段为 1981～1999 年，能源板块超额收益趋势性向下。其中，在 1986～1990 年全球经济高景气时有阶段性超额收益表现，其他多数时间表现均跑输大盘。

第三阶段为 2000～2007 年，得益于中国重工业重投资经济强势崛起，能源产品价格持续上升，原油价格一度达到每桶 150 美元左右，美国能源上市公司业绩和股价均大放异彩，能源板块超额收益持续上升。

第四阶段为 2008～2020 年，国际金融危机后全球经济增长低迷，各国周期股股价表现普遍都不太理想，美股能源板块大幅跑输市场整体，而且这个阶段板块的超额收益下降幅度大、速度快。

第五阶段为 2021～2023 年，新冠疫情后美国采取了史无前例的货币刺激政策，通货膨胀大幅上升，叠加 2022 年俄乌冲突爆发，国际能源价格再度大涨，能源板块股价获得较好表现。

美股材料板块大市值龙头公司，当前主要包括宣伟公司（Sherwin-Williams，化学制品）、南方铜业（Southern Copper，有色金属）、艺康集团（Ecolab，化学制品）、自由港集团（Freeport，有色金属）、空气化工产品（Air Products and Chemicals，工业气体）等。

从板块的行情表现来看，1970～2023 年，美股材料板块的历史超额收益大致可以分为六个阶段（见图 2－21）。

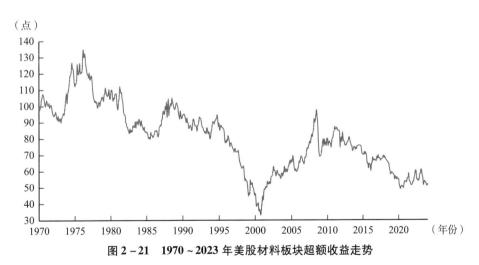

（点）

图 2－21　1970～2023 年美股材料板块超额收益走势

资料来源：Wind、彭博。

第一阶段为 1970～1976 年，在石油危机各类大宗商品价格大涨时，材料板块股价表现也获得了超额收益。

第二阶段为 1977~1982 年，材料板块明显跑输大盘。

第三阶段为 1983~1994 年，原材料板块股价表现与市场整体总体走平，超额收益震荡横盘。

第四阶段为 1995~2000 年，在互联网浪潮科技股行情中，原材料板块大幅跑输大盘，超额收益单边回落。

第五阶段为 2001~2007 年，全球性经济繁荣周期中，美股原材料板块也是大放异彩，持续跑赢大盘。

第六阶段为 2008~2023 年，除了其间 2009~2010 年受益于金融危机后的全球各国政策强刺激，原材料板块阶段性跑赢市场外，板块整体超额收益是持续下行的。

第三节　美股行情规律性总结

一、美股"长牛"的逻辑基础

美股"长牛"走势引发全球投资者关注与羡慕。其"长牛"表现背后的逻辑基础到底是什么，我们从对股市指数进行分解、分析投资回报来源入手，来讨论这个重要问题。

第一步，股票投资的整体收益率可以分解为上市公司"市值变化"与"红利回购"回报两部分。在股票指数计算中，"全收益指数"的表现反映了整体投资回报率，而一般的"价格指数"变化仅反映指数样本上市公司的"市值变化"，两者之差即为"红利回购"回报的影响①。

第二步，上市公司"市值变化"可以进一步分解为"估值变化"与"盈利（EPS）增长"。如果用市盈率（PE）来衡量的话，上市公司市值就等于市盈率乘以

---

① 日常市场运行中我们讨论的"沪深 300 指数""中证 500 指数"等，都属于"价格指数"，剔除了分红和回购的影响，仅反映上市公司市值变化影响。与"沪深 300 指数""中证 500 指数"等相对应的还有"沪深 300 全收益指数"和"中证 500 全收益指数"，全收益指数由于盘中无实时行情数据更新，受关注度明显低于价格指数。同理，美股市场中，我们常见的是"标普 500 指数"，而"标普 500 全收益指数"包含了分红回购影响，代表全部投资回报。

盈利水平，市值变化率约等于市盈率变化率加上盈利水平变化率。"盈利增长"对股价长期投资回报率有重要影响，影响"估值变化"的因素有很多，从宏观上来说一般主要包括利率水平、风险偏好等。

在美国股市中，以"标普 500 全收益指数"为例，1988 ~ 2023 年累计涨幅达 39 倍，年化收益率约 10.8%。其中"标普 500 指数"（即"价格指数"）1988 ~ 2023 年累计涨幅 17.6 倍，年化收益率约 8.5%。从长周期看，"标普 500 全收益指数"中"红利回购"回报年化约 2.2%①，占全部回报的 20% 左右。在年化 8.5% 的"价格指数"涨幅中，盈利增长年化约 7.1%、市盈率估值增长年化约 1.3%（见图 2 – 22）。

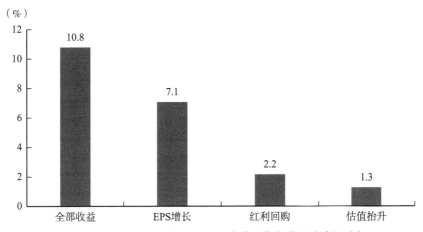

图 2 – 22　1988 ~ 2023 年标普 500 全收益指数收益率来源分解

资料来源：Wind、彭博。

由此可见，对资本市场长期投资价值贡献最大的是企业的盈利能力，其次是体现企业股东回报行为的分红和回购，估值抬升也有贡献但从长期看其影响幅度有限。美股市场能够保持长期较好表现的关键，最核心的因素在于上市公司能够保持长时间持续的盈利增长。1988 ~ 2023 年，美国实际 GDP 年均增速 2.5%（名义 GDP 年均增速 4.9%），美股牛就牛在其上市公司可以在不算太高的经济增速中实现较高的企业盈利增速。而与之形成对比的是，中国 GDP 增速要显著高于美国，但是 A 股上市公司盈利增速却没有美股高，这是导致 A 股和美股长期表现差异的关键原因。

进一步地，我们用美股标普 500 指数 EPS 去除以美国名义 GDP，用以观察美股

---

① （1 + 全收益率指数收益率）=（1 + 价格指数收益率）×（1 + 分红回购回报率）

龙头上市公司盈利与经济增长速度的相对变化。标普 500 指数 EPS 是一个相对值概念，即等于指数点位除以市盈率，其绝对数值水平没有具体含义，主要观察其变化方向和幅度，这里我们对"标普 500 指数 EPS ÷ 名义 GDP"指标进行了标准化，以 1960 年初为 100。该指标的相对变化意味着标普 500 指数 EPS 相对于名义 GDP，多增长或少增长了多少。例如，如果指标从 100 上升至 120，则意味着在这一时间内，标普 500 指数的 EPS 相比美国名义 GDP 多增长了 20%。

从指标的长期走势（见图 2 – 23）来看，"标普 500 指数 EPS ÷ 美国名义 GDP"指标，经历了一个先降后升的过程。大体从 1992 年开始至今，标普 500 指数 EPS 与名义 GDP 的比值持续上升且幅度很大，这也就意味着在美国经济的国民收入分配中，上市公司盈利获得的分配比例越来越大。

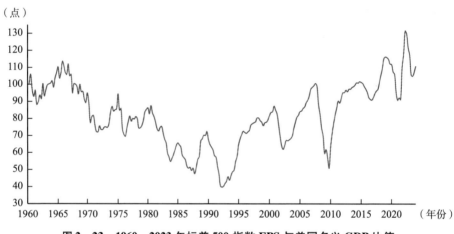

图 2 – 23 1960 ～ 2023 年标普 500 指数 EPS 与美国名义 GDP 比值

注：以 1960 年初为 100。

资料来源：Wind、彭博。

二、美股板块轮动整体概况

美股在 1970 ～ 2023 年超过 50 年时间中，行业间的板块轮动大致可以分为六个阶段（主要行业板块超额收益情况见表 2 – 1）。

第一阶段为 1970 ～ 1980 年，即大通胀时期。这段时期结构性表现最好的是两类标的：资源品和小盘股。从行业板块看，能源板块充分受益于全球原油价格大涨，在这段时期内持续跑赢大盘。偏中游制造的工业板块，在第一次石油危机之后的 20 世纪 70 年代后几年中也有不错表现。消费股无论是可选消费（汽车家电等）还是必需消费（食品零售等）都表现不佳，新一轮技术和产业尚未出现，科技股青黄不接表现也不好。

表 2 - 1　　　　　　　　　1970 ~ 2023 年美股主要行业板块超额收益汇总

时间（年）	能源	原材料	工业	可选消费	必需消费	医药	金融	信息技术	电信服务	公用事业	房地产
1970 ~ 1972	√	×	△	√	√	√	×	×	×	△	△
1973 ~ 1974	√	√	×	×	√	√	×	×	√	△	√
1975 ~ 1976	√	√	√	×	△	×	△	×	√	△	△
1977 ~ 1978	√	×	√	×	×	△	√	×	√	√	×
1979 ~ 1980	√	△	√	×	×	△	×	×	×	×	△
1981 ~ 1982	×	×	×	√	√	√	√	√	×	√	△
1983 ~ 1984	×	×	△	√	√	×	√	×	√	△	△
1985 ~ 1986	×	△	×	√	√	√	√	×	√	△	×
1987 ~ 1988	√	△	×	√	√	√	×	×	√	△	×
1989 ~ 1990	√	△	×	×	√	√	×	×	√	△	×
1991 ~ 1992	×	△	△	×	√	×	√	×	√	△	√
1993 ~ 1994	×	△	△	×	△	×	√	√	×	×	√
1995 ~ 1996	×	×	△	×	△	√	√	√	×	×	×
1997 ~ 1998	×	×	×	√	△	√	√	√	√	×	×
1999 ~ 2000	×	×	×	×	×	×	×	√	√	×	×
2001 ~ 2002	√	√	△	×	√	×	√	×	×	√	√
2003 ~ 2004	√	√	△	×	×	×	√	×	×	√	√
2005 ~ 2006	√	√	△	×	×	×	√	×	√	√	√
2007 ~ 2008	√	√	△	×	√	√	×	×	×	×	×
2009 ~ 2010	×	√	√	√	△	×	×	√	△	×	√
2011 ~ 2012	×	×	√	√	△	√	×	√	△	×	√
2013 ~ 2014	×	×	√	√	△	√	×	√	△	×	√
2015 ~ 2016	×	×	√	√	△	×	×	√	△	×	√
2017 ~ 2018	×	×	×	√	×	√	×	√	△	×	×
2019 ~ 2020	×	×	×	√	×	√	×	√	×	×	×
2021 ~ 2023	√	△	√	×	△	×	√	√	×	×	×

注：√表示在这一时间段板块表现好于市场整体，×表示跑输市场整体，△表示表现与市场整体相当，灰色部分表示板块有持续超过 5 年的超额收益。

资料来源：Wind、彭博。

第二阶段，从 1981 年美股牛市开始到大致 90 年代中期。这个阶段美国利率开始大幅回落，在里根经济学新政后美国经济拨云见日，同时社会主义国家经济改革开放后美国的商品持续输出，从而造就了美股的"大消费时代"，必需消费、可选消费、医疗保健板块表现最好。

第三阶段，从 20 世纪 90 年代中期 1995 年左右开始一直到 2000 年初。在克林顿时期"高增长、低通胀"的美国经济环境中，在计算机互联网的科技浪潮中，科技板块一枝独秀，此时的科技既包括电子计算机信息技术，也包括 21 世纪最前沿的生物科技，这个阶段中美股信息技术和医疗保健这两个板块表现最好。

第四阶段，从互联网泡沫结束后的 2001 年到国际金融危机发生的 2008 年。这个阶段中，一方面，互联网泡沫后美国科技公司普遍受到较大负面冲击，一时间难以恢复元气；另一方面，2001 年中国经济加入 WTO 后开启了重工业投资的高速增长时代，2002 年以后几乎所有大宗商品价格都突破了此前长期的历史高点，能源、原材料等周期股板块成为领涨板块。同时，美国经济从 1991 年开始一直到 2006 年次贷危机前，出现了历史上最强劲的房地产景气周期，受此影响，美股金融板块在 1991～2006 年有明显的超额收益。

第五阶段为 2009 年金融危机之后到 2020 年底。金融危机之后全球经济进入下行周期，能源、原材料等周期板块表现最差，而次贷危机之后美国超长时间的房地产景气周期告一段落，金融板块开始长期跑输大盘，普通的日常消费品市场空间接近饱和也难有大的增长，必需消费板块有绝对收益但没有超额收益。这个阶段的领涨板块特征非常鲜明，就是以新产品和新模式为代表的科技和医疗保健。具体行业板块上，可选消费（包含亚马逊、特斯拉等）、信息技术、医疗保健这三个板块表现最好。

第六阶段为新冠疫情暴发后的 2021～2023 年。这三年中表现好的主要是两个方向。一是周期股，得益于全球大宗商品特别是原油价格大涨，能源板块在这三年中股价表现大放异彩，一改过去连续十几年跑输大盘的颓势，原材料也没有再跑输大盘。二是信息技术板块在人工智能产品革命的加持下，"空中加油"再度起飞，延续着此前连续多年的超额收益。

在行业板块轮动以外，股市结构性行情的另一个重要维度是看大小盘风格变化。图 2-24 报告了 1950～2022 年超过 70 年时间里，美股小盘股相比大盘股的超额收益走势。这里曲线向上表明市场是小盘股占优风格，曲线向下表明市场是大盘股占优风格。

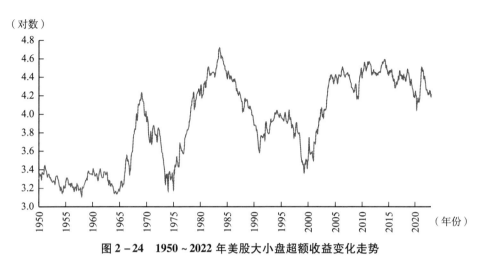

图 2 – 24　1950 ~ 2022 年美股大小盘超额收益变化走势

注：向上表示小盘股领先。

资料来源：WRDS。

　　美股的大小盘长期超额收益走势，大体上也可以分为几个阶段：第一阶段，1950 ~ 1964 年，市场风格总体均衡，大小盘占优超额收益不明显；第二阶段，1965 ~ 1968 年，小盘股表现明显占优，对应当时市场著名的 "tronics 行情"；第三阶段，1969 ~ 1974 年，大盘股风格明显占优，这期间在 1970 ~ 1972 年爆发了著名的美股 "漂亮 50" 行情；第四阶段，1975 ~ 1983 年，后 "漂亮 50" 时代，美股行情风格大逆转，爆发了美股历史上时间最长、幅度最大的一轮小盘股行情；第五阶段，1984 ~ 1998 年，美股市场再次进入到大盘股占优风格，这期间在 1991 ~ 1993 年出现过短期的风格切换；第六阶段，1999 ~ 2003 年，出现了一波时间不长但是幅度较大的小盘股占优行情；第七阶段，2004 ~ 2022 年，市场行情风格总体均衡，没有特别明显的大盘占优或者小盘占优风格。

　　关于大小盘股轮动问题，市场中存在很多认知误区。其中最显著的认知误区是多数投资者认为大盘股占优行情是常态是合理的，不太认可小盘股行情存在的合理性[①]。很多投资者对于小盘股行情往往采取一种 "鸵鸟策略"，即视而不见，认为这种行情是非理性的、短暂的、不可持续的，应对方法就是扛一下。但在图 2 – 24 中我们又可以显而易见地看到，从时间上而言，小盘股占优的时间实际上要比大盘股占优

———————————

　　① 另一个误区是多数中国投资者认为，海外市场中大盘股估值普遍高于小盘股，这也不符合经验事实。我们认为这一误区的根源或主要在于认知范围偏差，对于中国投资者而言，能记住名字的公司基本都是有中文名字的大公司，而数量众多没有中文译名的小公司是记不住的。

的时间更长。

这个矛盾的背后，究其根源，是投资者想不明白、说不清楚为什么市场中会存在这种小盘股行情。大盘股占优的逻辑可以有千千万万条，如大公司盈利稳定、大公司竞争能力强、大公司估值合理、大公司是优质资产核心资产等；但是，小盘股占优的逻辑讲不清楚，而且非常模糊，非但连大家能够达成共识的结论都没有，而且连基本的分析逻辑和框架也是千奇百怪，有从经济周期出发分析的、有从流动性角度分析的、有从估值角度分析的，等等。

总而言之，就目前我们从有限阅读范围中看到的文献而言，无论是中文文献还是英文文献，无论是学术文献还是非学术文献，无论是卖方研究还是买方研究，我们认为对于大小盘问题在理论和逻辑上都没有研究定论[①]。

三、盈利利率影响与学习效应

从行情短期波动角度看，核心影响变量主要就是企业盈利和利率水平的变化。在美股分析中，我们认为有三点值得特别注意：

一是美国上市公司的盈利增速波动呈现出很强的均值回归周期性特征。标普 500 指数每股盈利（EPS）同比增速（见图 2 - 25），其走势从 1955 年至今总体类似三角函数般上下波动，虽然在每次经济危机模式时波动会明显加大，但周期性规律特征非常明显。从历史经验看，在每次经济下行周期初期（即 EPS 同比增速从最高点回落），美国股市都会出现一定的下跌调整。但美股在经济下行周期中的下跌幅度要明显小于经济上行周期中的上涨幅度，因此从长期来看，美股至今仍是趋势向上。

二是美国的利率水平呈现出明显的趋势性而非周期性波动特征，这点与企业盈利增速截然不同。美国的 10 年期国债利率走势（见图 2 - 26），从 1955 年一直到 2020 年总体呈"正态分布"形态，以 1982 年初为分界点，之前利率单边上行之后利率单边下行。2021 年由于新冠疫情后货币大放水以及全球供应链断裂，利率再度大幅上行，不过从目前情况看，后续美国长期利率有望重回低位。

---

① 大小盘轮动相关研究文献数量众多，感兴趣的读者可以进一步参阅，如：K. L. Miller, C. Ooi, H. Li, and D. Giamouridis, "Size Rotation in the US Equity Market," *The Journal of Portfolio Management* 39, no. 2 (2013): 116 - 127; K. Q. Wang, "Multifactor Evaluation of Style Rotation," *Journal of Financial and Quantitative Analysis* 40, no. 2 (2005): 349 - 372; C. T. Daniel, and L. S. Goodman, *The Handbook of Equity Style Management* (John Wiley, 2003)。

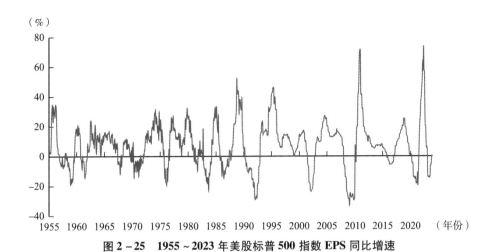

图 2 - 25   1955 ~ 2023 年美股标普 500 指数 EPS 同比增速

资料来源：彭博。

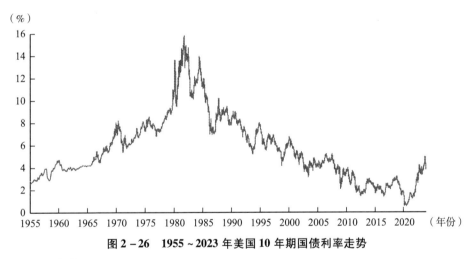

图 2 - 26   1955 ~ 2023 年美国 10 年期国债利率走势

资料来源：彭博。

就利率对股市的节奏影响而言，在正常经济周期中，美联储降息对美股有很强的刺激作用，但如果进入危机模式（2000 年、2008 年），普通的降息周期无法扭转局面。加息周期尤其是加息初期时，美股一般不会大跌，因为加息本身也是一个结果，加息周期开始时往往都是在经济上行期。

就利率对股市的幅度影响而言，1982 年以后美国利率持续大幅下行，对美股整体估值水平有积极的抬升作用。以标普 500 指数的估值来看，1988 ~ 2023 年间市盈率年均提高 1.3%。除利率下行抬高估值这一直接影响外，还有流动性这个影响股市的间接因素值得注意。这就是在美国经济中，每次货币宽松后释放出的流动性，最后都能够转化为龙头上市公司的利润。这是导致美股公司能够在较低的 GDP 增速下实现较高盈利增速的重要原因。

三是需要特别注意美股市场中学习效应的影响。所谓学习效应，即投资者会根据对此前市场行情历史经验，学习总结提炼规律并指导自身投资行为，最后的结果就是行情在重复性的经济活动中会不断提前和"抢跑"。既然经济周期下行后面还会起来，就不必过于担心周期性的经济下行。既然利率长期看趋势下行，就不必过于纠结美联储是不是这次降息，这次不降后面也会降。

这种成熟市场展现出的学习效应，导致一方面美国投资者反应越来越提前、行情越来越有"抢跑"特征。另一方面，我们看到在 1982 年"长牛"启动后美股市场中，一般的周期性因素（经济下行、美联储加息等），是不会导致美股出现系统性崩盘的。表 2-2 汇总了 1982 年后标普 500 指数跌幅超过 15% 的历次情况（以收盘价计算），一共出现过 10 次。从中可以发现，过去四十多年里，标普 500 指数单次超过 20% 的下跌，都是出现了史无前例的历史性冲击，包括：1987 年"黑色星期一"股灾、2000 年互联网泡沫破灭、2008 年国际金融危机、2020 年新冠疫情暴发、2022 年通货膨胀率创 40 多年来新高。而面对常规的周期性负面冲击，标普 500 指数单次跌幅上限 20% 似乎是一个可用的重要经验法则。

表 2-2　　　　　1982 年后美股标普 500 指数历次跌幅超过 15% 汇总

起始时间	结束时间	标普 500 跌幅（%）	纳斯达克跌幅（%）	下跌原因
1987-08-25	1987-10-26	-32.4	-34.3	"黑色星期一"股灾
1990-07-16	1990-10-11	-19.9	-30.7	经济衰退与海湾战争
1998-07-17	1998-08-31	-19.3	-25.4	东南亚金融危机与长期资本公司破产
2000-03-24	2002-10-16	-43.7	-75.2	互联网泡沫破灭
2007-10-09	2009-03-09	-56.8	-54.8	次贷危机引发国际金融危机
2010-04-23	2010-07-02	-16.0	-17.3	美联储首轮量化宽松政策正式结束
2011-05-02	2011-10-03	-19.2	-18.4	危机后强刺激结束全球经济下滑
2018-09-20	2018-12-24	-19.8	-22.9	持续加息引发经济下行叠加中美贸易摩擦
2020-02-19	2020-03-23	-33.9	-30.1	新冠疫情暴发，全美经济进入"冻结"状态
2022-01-03	2022-10-12	-25.4	-34.2	通货膨胀率创 40 年以来新高

资料来源：彭博；笔者整理。

第三章
基金持仓特征与投资行为风格

　　本章从多个角度全方位分析讨论美国主动管理权益基金的投资行为。从超额收益表现看，美国主动权益基金作为一个整体，长期超额收益并不理想，拉长看总体是跑输标普 500 全收益指数的，且主动管理基金超额收益可持续性不强、规模不经济特点突出。从基金持仓特征看，与美国整体的经济结构变化类似，美国主动权益基金对周期股的配置不断减弱，科技成长板块的配置比重不断增加。其他一些持仓和投资行为特征，如估值水平、市值结构、组合集中度和换手等，我们也都进行了详细的描述和分析。本章最后部分还着重讨论了美国主动权益基金投资行为中的一些焦点问题，如风格漂移、追逐动量和资产泡沫等。近年来公募基金一大行业趋势是主动产品逐渐让位于被动产品，背后的部分原因可以在本章中找到线索。

第一节 主动权益基金超额收益特征

一、主动权益基金长期收益走势

为了更好地衡量美国主动权益基金的超额收益情况，我们构造了一个美国主动权益基金指数，该指数由所有符合条件的美国主动权益基金按规模加权得到，每年底进行一次再平衡。图 3 - 1 和表 3 - 1 分别展示了该指数的走势和风险收益特征，可以发现，美国主动权益基金的超额收益并不理想，超额收益曲线在长期趋势上呈下行态势。从风险收益特征上看，1962 ~ 2023 年，美国主动权益基金指数的年化收益率为9.3%、年化波动率为14.7%、最大回撤为 - 48.3%，与标普 500 指数相比并无优势。

美国主动权益基金在"每年跑赢基准比例"这一指标上的表现也不太理想，无论是何种类型的主动权益基金，每年能有一半跑赢基准都是比较困难的。以大盘型（large-cap）为例，在 2001 ~ 2023 年的 23 年里，只有 3 年跑赢比例高于五成，2011年、2014 年和 2021 年更是不足两成。小盘型（small-cap）的情况稍微好一点，但 23年里也只有 7 年跑赢比例高于五成。分类型来看，相对于中盘型、小盘型和多盘型（multi-cap）基金，大盘型基金跑赢基准更难一些，特别是大盘核心型（large-cap core）基金，在 2001 ~ 2023 年间每年跑赢基准的比例平均只有 30.9%（见图 3 - 2 ~图 3 - 4）。

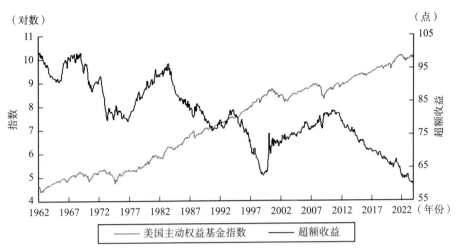

图 3 - 1　1962 ~ 2023 年美国主动权益基金指数与超额收益走势

注：指数经过对数化处理；超额收益计算基准为标普 500 全收益指数，曲线向上表示跑赢，向下则为跑输。
资料来源：WRDS，彭博。

表 3 - 1　　　　　　美国主动权益基金指数与市场指数的风险收益特征　　　　　　单位：%

特征	美国主动权益基金指数	标普 500 全收益指数
年化收益率	9.3	10.2
年化波动率	14.7	15.0
最大回撤	-48.3	-50.3

注：统计时间为 1962 年 1 月 ~ 2023 年 12 月。
资料来源：WRDS。

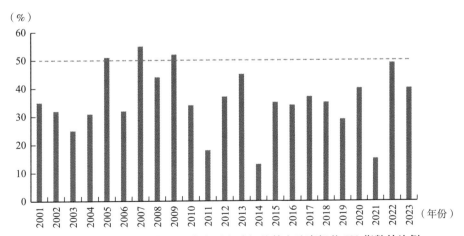

图 3 - 2　2001 ~ 2023 年美国大盘型主动权益基金跑赢标普 500 指数的比例

资料来源：S&P Global。

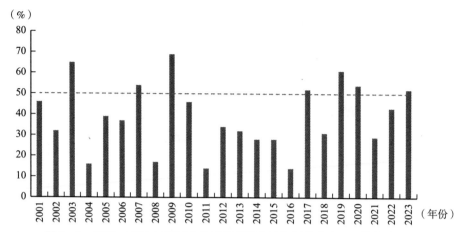

图 3 - 3　2001~2023 年美国小盘型权益基金跑赢标普小盘 600 指数的比例

资料来源：S&P Global。

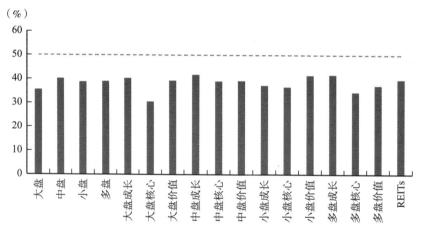

图 3 - 4　2001~2023 年美国主动权益基金分类型跑赢基准的平均比例

注：统计区间为 2001~2023 年。

资料来源：S&P Global。

　　如果把时间拉长一些，能够跑赢基准的主动权益基金就更少了。表 3 - 2 展示了在过去 3 年、过去 5 年和过去 10 年等更长的时间维度下，美国各类型主动权益基金跑赢基准的情况。可以发现，随着时间维度的拉长，跑赢比例越来越低。假如投资期限是 10 年的话，这一比例的平均水平只有 12.2%；如果再拉长一些到 20 年，平均水平就只有 6.4% 了。

表 3 - 2　　　**不同时间维度下美国各类型主动权益基金跑赢基准的比例**　　单位：%

基金类型	过去 1 年	过去 3 年	过去 5 年	过去 10 年	过去 15 年	过去 20 年
大盘	40.3	20.2	21.3	12.6	12.0	7.0
中盘	50.3	30.0	34.1	19.6	11.8	7.3
小盘	51.7	35.8	38.9	11.7	13.1	4.3
多盘	28.0	22.2	17.4	9.3	10.8	6.4
大盘成长	90.2	27.9	41.5	15.9	12.5	5.9
大盘核心	27.4	20.7	19.4	3.6	5.4	5.7
大盘价值	9.2	6.1	7.1	7.2	6.2	9.3
中盘成长	75.6	12.5	55.3	36.7	17.2	9.9
中盘核心	27.9	41.2	21.7	10.7	6.3	7.1
中盘价值	25.0	29.1	22.6	5.6	8.9	4.4
小盘成长	45.3	13.0	46.2	16.0	15.2	2.1
小盘核心	48.3	47.6	39.9	7.5	6.6	3.5
小盘价值	63.2	50.7	37.9	12.0	15.1	6.2
多盘成长	57.6	23.9	26.8	9.5	11.0	5.9
多盘核心	23.8	17.8	12.4	3.0	5.6	6.2
多盘价值	8.7	11.4	11.9	3.5	7.8	8.5
REITs	12.7	5.1	40.0	23.6	13.5	9.5
平均值	40.3	24.4	29.1	12.2	10.5	6.4

注：统计时点为 2023 年底。

资料来源：S&P Global。

　　学术界对于主动管理超额收益的结论与上述结果比较类似，整体上偏负面。大部分观点认为主动管理基金作为一个整体，所创造的超额收益十分有限甚至可能为负，个体层面上跑赢大盘也更像是无法持续的随机事件[①]。

---

　　① 感兴趣的读者可以参见相关研究，如：Michael Jensen，"The Performance of Mutual Funds in the Period 1945 - 1964," *Journal of Finance* 23，no. 2（1968）：389 - 416；Russ Wermers，"Mutual Fund Performance：An Empirical Decomposition into Stock-Picking Talent，Style，Transactions Costs，and Expenses," *Journal of Finance* 55，no. 4（2000）：1655 - 1695；Eugene Fama and Kenneth French，"Luck versus Skill in the Cross-Section of Mutual Fund Returns," *Journal of Finance* 65，no. 5（2010）：1915 - 1947；Laurent Barras，Oliver Scaillet and Russ Wermers，"False Discoveries in Mutual Fund Performance：Measuring Luck in Estimated Alphas," *Journal of Finance* 65，no. 1（2010）：179 - 216；等等。

二、主动权益基金业绩可持续性

　　无论是对于投资者还是基金公司来说，"基金业绩是否可持续"这一问题都具有极其重要的意义。普通投资者在选购基金时，业绩是最重要的参考因素之一。历史业绩好的基金也更容易被销售机构作为重点产品进行推广，进入投资者视野的概率也更大。另外，对于基金公司来说，将更多的资源向历史业绩优秀的基金经理倾斜，也是再寻常不过的做法。但无论是投资者还是基金公司，上述行为合理的前提都是历史业绩具有较强的持续性。最后，业绩持续性还直接关系到"超额收益是否存在"这一问题，是区别超额收益是来自真实能力还是仅仅运气使然的重要判断依据。

　　从最近两年的情况来看，美国主动权益基金的业绩在短期维度（例如 1 年）上展现出了一定的持续性。由表 3 - 3 可知，2021 年业绩排名前二分之一的基金，有接近七成在第二年时留在了前二分之一；业绩排名前四分之一的基金，有 35% 在第二年时留在了前四分之一。但第三年的情况就不容乐观了，2021 年业绩排名前二分之一的基金，到第三年 2023 年时只剩下不到两成，前四分之一的基金能"活到"第三年就更少了，只有不到 1%。

表 3 - 3　　　　　　**2021～2023 年美国主动权益基金的业绩持续情况**　　　　　单位：%

基金类型	前二分之一		前四分之一	
	2022 年	2023 年	2022 年	2023 年
大盘	58.7	6.9	20.1	0.0
中盘	83.7	21.1	46.8	3.2
小盘	77.2	35.6	42.9	9.5
多盘	61.0	15.0	38.8	0.0
整体	66.5	18.3	35.0	0.4

资料来源：S&P Global。

　　表 3 - 4～表 3 - 7 则展示了美国各类型主动权益基金在更长时间维度（4 年）上的业绩持续情况，这几张表的每一行代表业绩在起始年份排在前四分之一的基金，在后续四年中每年留在前四分之一的比例，例如表 3 - 4 的第一行就是 2015 年业绩在前四分之一的美国大盘型主动股票型基金，在 2016～2019 年间的业绩持续情况。从中

我们可以得到两个结论：（1）美国主动股票型基金的长期业绩持续性较差，基本上从第三年开始（起始年份为第 0 年），能保持住前期业绩水平的比例就很低了；（2）短期（1 年）的业绩持续也并不是常态，在某些起始年份，例如 2015 年和 2016 年，在后一年能留在前四分之一的比例也偏低。

表 3-4　业绩排名前四分之一的美国大盘型主动股票型基金后四年的业绩持续情况　单位：%

起始年份	2016 年	2017 年	2018 年	2019 年	2020 年	2021 年	2022 年	2023 年
2015	1.5	0.5	0.5	0.5				
2016		0.5	0.5	0.5	0.5			
2017			66.3	42.2	37.2	3.5		
2018				48.9	42.1	3.9	0.0	
2019					59.2	6.7		0.0

资料来源：S&P Global。

表 3-5　业绩排名前四分之一的美国中盘型主动股票型基金后四年的业绩持续情况　单位：%

起始年份	2016 年	2017 年	2018 年	2019 年	2020 年	2021 年	2022 年	2023 年
2015	13.5	0.0	0.0	0.0				
2016		4.4	1.5	1.5	1.5			
2017			50.8	29.9	22.4	1.5		
2018				52.2	31.3	1.5	0.0	
2019					58.8	1.5	0.0	0.0

资料来源：S&P Global。

表 3-6　业绩排名前四分之一的美国小盘型主动股票型基金后四年的业绩持续情况　单位：%

起始年份	2016 年	2017 年	2018 年	2019 年	2020 年	2021 年	2022 年	2023 年
2015	9.2	1.5	0.8	0.8				
2016		5.2	1.5	0.8	0.8			
2017			64.1	38.2	32.8	0.0		
2018				51.5	40.9	0.0	0.0	
2019					55.5	0.8	0.0	0.0

资料来源：S&P Global。

表 3 – 7   业绩排名前四分之一的美国多盘型主动股票型基金后四年的业绩持续情况   单位：%

起始年份	2016 年	2017 年	2018 年	2019 年	2020 年	2021 年	2022 年	2023 年
2015	6.0	0.0	0.0	0.0				
2016		1.6	0.8	0.8	0.0			
2017			53.6	33.6	26.4	1.6		
2018				46.6	28.0	1.7	0.0	
2019					46.8	1.6	0.0	0.0

资料来源：S&P Global。

关于"基金业绩持续性"这一主题，学术研究倾向于认为基金业绩在短期内（例如 1 年）具有一定的持续性，但在长期上并不存在，感兴趣的读者可以参考相关文献[①]。

三、主动权益基金的规模与业绩

基金管理规模对基金业绩的影响，是备受市场瞩目的重要问题。从商业逻辑讲，业绩好的基金产品必然会吸引更多增量资金流入，从而使基金规模不断增大，特别是对于主动管理类权益基金，在基金经理明星光环加持下，容易出现管理规模很大的爆款基金。从投资者角度看，顶流明星基金在规模增大后，是否依然可以保持持续的超额收益是核心问题。主动管理权益基金的规模与业绩关系，历来受到学术界和实务界关注。

目前绝大多数研究成果都认为，主动管理权益基金存在"规模诅咒"问题。"规模诅咒"是管理学中普遍存在的一种现象，指随着组织、企业或经济实体规模的不断扩大，反而出现了一系列负面的效应和问题。在资产管理行业中，"规模诅咒"特指产品业绩随着管理规模的扩大而变差。经济学中这一现象被称为规模不经济，指经济效益随着生产规模的扩大而减小。2021 年以来，我国主动管理权益基金的规模不经济现象也愈发突出，很多顶流基金在规模迅速扩大后，便很难再保持此前持续的超额收益优势。

---

① 如：Darryll Hendricks, Jayendu Patel and Richard Zeckhauser, "Hot Hands in Mutual Funds：Short-Run Persistence of Relative Performance, 1974 – 1988," *Journal of Finance* 48, no. 1 （1993）：93 – 130；Mark Carhart, "On Persistence in Mutual Fund Performance," *Journal of Finance* 52, no. 1 （1997）：57 – 82；James Choi and Kevin Zhao, *Did Mutual Fund Return Persistence Persist?* working paper, 2020.

关于资管行业中"规模诅咒"现象的解释很多，主要包括三个方面：第一，基金交易策略容量有限。基金的规模越大，能对业绩有实质性帮助的投资机会就越少，超额收益自然也就更难做，这也是那些以"挖小票"见长的基金经常实行限购的原因。第二，基金规模增加组合调整交易成本。基金的规模越大，基金经理的管理难度也就越大。在遇到市场行情突变时，中小规模基金能以较快的速度完成调仓，而规模过大的基金可能就只有选择"扛一扛"。第三，基金经理能力范围有限也是导致基金规模不经济的原因之一。有研究发现，在面对资金流入时，基金经理更倾向于在现有持仓上增加头寸，而不是投资于新的标的。[①] 换句话说，基金规模的增长并不能带来投资策略的同步"升级"。

我们通过构造指数的方式来展示不同规模的美国主动权益基金在业绩上的差异。我们按照规模将基金平均分为了五组（第一组规模最小、第五组规模最大），每一组对应一个指数，每年底进行一次再平衡，指数的涨跌幅由组内基金的收益率按规模加权得到。如表3-8所示，规模较小的组（第一组和第二组）在长期业绩上确实表现更优。图3-5则展示了规模最小组（第一组）相对于规模最大组（第五组）的超额收益走势，可以发现，小基金相对于大基金的超额收益在大部分时候都是向上或者至少走平的，跑输的时候比较少。

表3-8　　　　　　1980~2023年美国主动权益基金按规模分组的年化收益率　　　　单位：%

时间	第一组	第二组	第三组	第四组	第五组
1980~1999 年	16.6	16.9	16.4	16.1	15.9
2000~2023 年	7.9	8.0	7.6	7.4	6.9

注：第一组至第五组规模依次增大。
资料来源：WRDS。

学术界对共同基金规模不经济的问题与成因有着丰富的研究成果，感兴趣的读者可以参考相关文献[②]。

---

① Joshua Pollet and Mungo Wilson, "How Does Size Affect Mutual Fund Behavior?" *Journal of Finance* 63, no. 6 (2008): 2941-2969.

② 如：Daniel Indro, Christine Jiang, Michael Hu and Wayne Lee, "Mutual Fund Performance: Does Fund Size Matter?" *Financial Analysts Journal* 55, no. 3 (1999): 74-87; Joseph Chen, Harrison Hong, Ming Huang and Jeffrey Kubik, "Does Fund Size Erode Mutual Fund Performance? The Role of Liquidity and Organization," *American Economic Review* 94, no. 5 (2004): 1276-1302; Xuemin Yan, "Liquidity, Investment Style, and the Relation between Fund Size and Fund Performance," *Journal of Financial and Quantitative Analysis* 43, no. 3 (2008): 741-767.

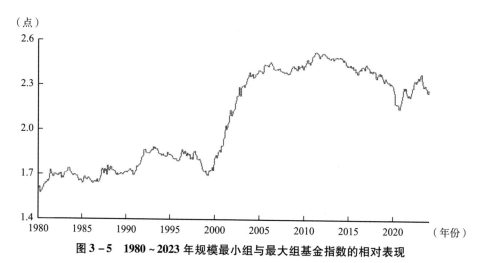

图 3 - 5　1980 ~ 2023 年规模最小组与最大组基金指数的相对表现

注：曲线为规模最小组÷规模最大组；曲线上行代表规模最小组跑赢了规模最大组，反之则为跑输。
资料来源：WRDS。

第二节　主动管理基金持仓特征

一、主动权益基金持仓行业分布

美国主动权益基金的行业配置主要有以下几个特点：（1）截面上看，当前美国主动权益基金权重前三大的行业分别为信息科技、医疗保健和金融，占比分别为22.4%、15.2% 和 13.3%，公用事业和原材料的仓位最低；（2）趋势上看，美国主动权益基金对周期板块（能源 + 原材料）的配置不断降低，医疗保健、信息科技、电信业务和房地产不断提高，消费板块（可选消费 + 必需消费）和公用事业则比较稳定（见表 3 -9）。

表 3 - 9　　　　　　　1980 ~ 2023 年美国主动权益基金的行业权重变化　　　　　　单位：%

年份	能源	原材料	工业	可选消费	必需消费	医疗保健	金融	信息科技	电信业务	公用事业	房地产
1980	23.5	9.4	17.6	11.2	4.9	9.3	8.1	12.4	1.2	2.2	0.2
1985	6.5	8.4	15.8	17.2	6.5	9.3	13.9	13.5	4.2	3.9	0.7
1990	9.4	8.8	12.1	12.0	8.3	13.3	12.8	8.9	6.4	7.5	0.5

续表

年份	能源	原材料	工业	可选消费	必需消费	医疗保健	金融	信息科技	电信业务	公用事业	房地产
1995	6.8	5.9	11.7	12.7	5.3	11.7	16.8	19.9	5.6	3.0	0.6
2000	6.6	2.6	7.6	8.6	5.7	15.1	16.3	27.3	6.4	2.9	0.9
2005	10.4	4.6	10.0	11.5	6.1	15.4	17.6	14.7	5.4	2.3	2.2
2010	10.5	6.3	12.1	11.1	6.9	12.5	14.0	16.6	5.1	2.4	2.5
2015	5.3	3.4	11.2	12.2	7.1	17.0	16.5	14.2	8.2	2.0	3.0
2020	1.9	3.1	10.5	12.4	4.8	16.0	14.6	21.4	9.7	2.2	3.3
2023	4.6	3.1	12.0	11.0	5.2	15.2	13.3	22.4	7.6	2.4	3.1

资料来源：WRDS。

　　与标普 500 指数相比，美国主动权益基金在原材料、可选消费、金融、信息科技和房地产上"超配"的时候较多、基本没有"低配"出现，而在能源、必需消费、电信业务和公用事业上则以"低配"为主，在工业和医疗保健上基本保持了"平配"（见表 3-10）。综合来看，美国主动权益基金持仓相对于标普 500 指数的偏离度整体呈下降趋势，2015 年后更是进一步缩小（见图 3-6）。

表 3-10　　　　1980～2023 年美国主动权益基金相对于标普 500 指数的行业偏离情况

年份	能源	原材料	工业	可选消费	必需消费	医疗保健	金融	信息科技	电信业务	公用事业	房地产
1980	–	↑	–	–	↓	–	↑↑	–	↓↓	↓	↓↓
1985	↓	↑	–	↑	↓	–	↑↑	–	↓↓	↓	↑
1990	↓	↑	–	↑	↓	–	↑↑	↑	↓	↑	↑↑
1995	–	–	–	↑	↓↓	–	↑	↑↑	↓	↓	↑
2000	–	–	↓	↑	↓	–	–	–	–	–	↑↑
2005	–	↑↑	–	↑	↓	–	–	–	–	↓	↑↑
2010	–	↑↑	–	↑	↓	–	–	–	–	↓	↑
2015	↑	↑	–	↑	↓	–	–	–	–	↓	–
2020	–	↑	↑	–	↓	–	↑	–	–	–	↑
2023	↑	↑	↑	–	↓	–	↑	–	–	–	↑

　　注：行业偏离情况的度量指标为"基金在该行业上的仓位÷该行业在标普 500 指数中的权重"；"–"代表指标在 0.8～1.2 之间（平配），"↓"代表指标在 0.5～0.8 之间（低配），"↓↓"代表指标在 0.5 以下（大幅低配），"↑"代表指标在 1.2～1.5 之间（超配），"↑↑"代表指标在 1.5 以上（大幅超配）。
　　资料来源：WRDS。

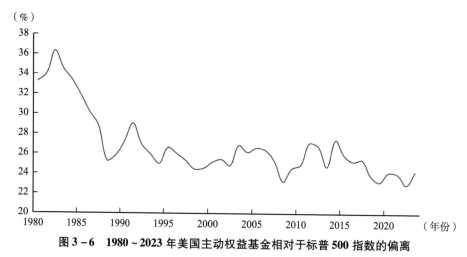

图 3-6　1980~2023 年美国主动权益基金相对于标普 500 指数的偏离

注：这里的偏离度变化范围在 0~100% 之间，数值越大表示持仓与标普 500 指数构成差异度越大，0% 即指与标普 500 构成完全一样、100% 表示完全不一样。

资料来源：WRDS。

二、主动权益基金持仓财务特征

美国主动权益基金持仓的绝对估值水平在长周期上基本保持趋势上行的态势（见图 3-7）。20 世纪 80 年代，美国主动权益基金持仓的市盈率中位数和市净率中位数大约为 13 倍和 1.6 倍；90 年代期间估值水平有所提升，逐渐上行至 20 倍和 2 倍；2008 年在金融危机影响下估值短暂"跳水"，但此后迅速回升并于 2017 年创历史新高。截至 2023 年，美国主动权益基金持仓的市盈率中位数和市净率中位数分别为 18.7 倍和 2.2 倍，处于 1980 年以来的 63% 和 67% 分位数。

从相对估值水平上看（以标普 500 指数为基准），1980 年以来美国主动权益基金持仓在大部分时候都存在估值溢价，仅在 1998~2001 年、2019~2023 年间估值为折价状态（见图 3-8）。截至 2023 年，美国主动权益基金持仓相对于标普 500 指数的市盈率折溢价为 0.8 倍，处于 1980 年以来的 7% 分位数。

图 3-9 展示了 1980~2023 年间美国主动权益基金在大、中、小盘股上的仓位变化。可以发现，美国主动权益基金整体以大盘股为主，中小盘股的平均仓位不到 40%。截至 2023 年，美国主动权益基金在大、中、小盘股上的仓位分别是 64%、26% 和 10%。美国主动权益基金在市值结构上的另一个特点是仓位比较稳定，无论是大盘股还是中小盘股，变化都不大。

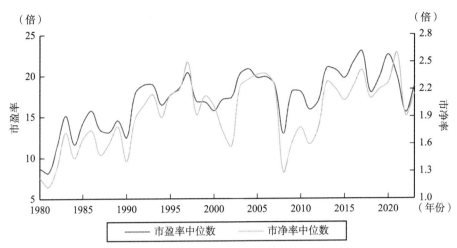

图 3 - 7　1980～2023 年美国主动权益基金持仓估值中位数走势

资料来源：WRDS。

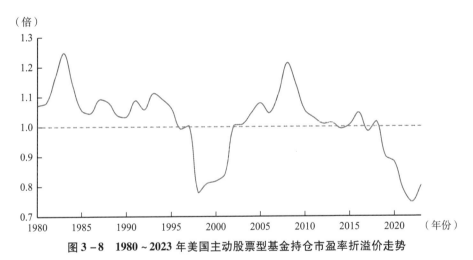

图 3 - 8　1980～2023 年美国主动股票型基金持仓市盈率折溢价走势

注：市盈率折溢价 = 持仓市盈率中位数÷标普 500 指数市盈率中位数。

资料来源：WRDS。

三、主动权益基金集中度与换手

　　前十大重仓股数量是指全部共同基金前十大重仓股去重后的数量，衡量的是共同基金作为一个整体的持股集中度（即"抱团行为"）。重仓股数量越高说明共同基金的持股越分散，反之则越集中。图 3 - 10 展示了 1980～2023 年间美国主动权益基金前十大重仓股数量的变化趋势。可以发现，20 世纪 90 年代是美国主动权益基金重仓股数量提升最大的时期，1990 年之前重仓股只有 800 只左右，到 1997 年时这一数字已上升至 2349 只。2006～2021 年间重仓股数量先是小幅下滑，后于 2011 年触底后再度回升。2021 年以来，重仓股数量再度下滑且幅度不小。截至 2023 年底前十大重仓股数量为 1750 只，较 2021 年下滑了 27.1%。

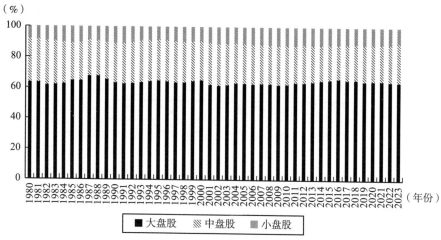

图 3 - 9　1980～2023 年美国主动股票型基金持仓市值结构

注：大、中、小盘股的定义为在市值由大到小排序的前提下，市值累计占比前 70% 的为大盘股，70%～90% 之间的为中盘股，90% 以上的为小盘股。

资料来源：WRDS。

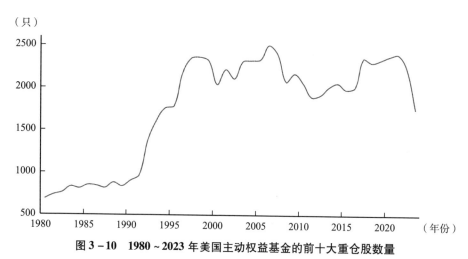

图 3 - 10　1980～2023 年美国主动权益基金的前十大重仓股数量

资料来源：WRDS。

当前美国主动权益基金换手率的中位数约为 36%、净资产规模加权口径下为

34.2%，均处于历史低位（见图 3 - 11）。从历史上看，美国主动权益基金的换手呈"先上后下"的变化趋势，1975 年时换手率只有 30% 左右，此后一路上行；在 2000 年附近时换手率来到历史高位，接近 90%；2000 年后换手率进入下行周期并持续至今。

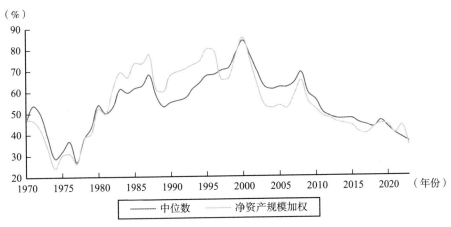

图 3 - 11　1980～2023 年美国主动权益基金换手率变化

注：基金换手率的定义为"过去 12 个月内买入证券金额与卖出证券金额的孰低值 ÷ 过去 12 个月的平均净资产规模"。

资料来源：WRDS。

第三节　基金焦点投资行为剖析

一、风格漂移

基金风格漂移是指基金违背基金合同上的投资目标，实际投资风格与既定的投资风格不符。一般来说，主题型基金投资于相关主题的证券比例不得低于非现金基金资产的 80%，如果需要变更基金的投资目标、范围或策略，应当召开基金份额持有人大会。

对于投资者和市场来说，基金风格漂移会产生诸多不良影响，应予以整治。第一，具有资产配置需求的投资者会根据市场风格选择相应风格或主题的基金构建组合，而风格漂移的基金产品会导致其资产配置策略失效；第二，若市场风格迅速切换或行情发生巨幅波动，风格漂移的基金可能会面临较大的净值波动；第三，过度的风格漂移违背了合同的严肃性，增加基金管理人与投资者之间产生纠纷的可能性，不利于基金市场长期稳定发展。据《中国证券报》、财联社、新浪财经等媒体报道，目前，监管部门正高度关注公募基金的风格漂移情况，重点审查因风格漂移而违约的基金产品，并要求基金公司自查，部分基金公司旗下的产品需要进行调仓。

基金风格漂移分为市值风格漂移和行业主题漂移两类，市值风格漂移指基金持股的市值风格与合同中规定的不一致，如中小盘主题基金持仓几乎均为大盘股；行业主题漂移则是指基金持股的重仓行业（主题）与合同中规定的不一致，如科技主题基金重仓消费板块股票、价值基金重仓成长板块。从市值风格上看，美国主动权益基金风格漂移的"程度"并不低。1995~2009 年，美国小盘基金在大盘股上的配置最高达到了 35% 左右，即使考虑到存在小盘股由于股价上涨变成大盘股的情况，这一比例最高也有 26%（见图 3–12）。

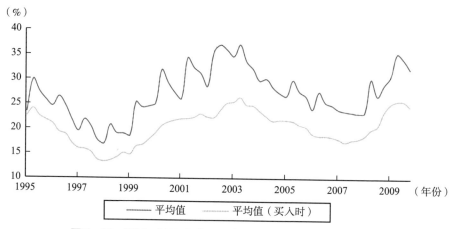

图 3–12 1995~2009 年美国小盘基金在大盘股上的配置权重

注：大盘股的定义为罗素 1000 指数的成分股或者市值高于罗素 2000 指数所有的成分股；"买入时"是指在划分个股市值风格时，以初次进入组合的市值为判断依据。

资料来源：Charles Cao, Peter Iliev and Raisa Velthuis, "Style Drift: Evidence from Small-Cap Mutual Funds," *Journal of Banking & Finance* 78（2017）：42–57。

成长价值风格方面，有观点认为，美国价值型基金的风格漂移更加严重。成长型基金持有价值股的比例，要明显低于价值型基金持有成长股的比例（见表 3–11）。成长型基金的持股基本集中在高市净率股（即"成长股"），但在价值型基金的持仓中各种市净率水平的都有，而且在大部分价值型基金中，高市净率股票的占比反而比低市净率股票（即"价值股"）还要高。[①]

表 3 – 11　　　　　　美国不同类型的共同基金持有相反风格股票的比例　　　　　单位：%

类型	持有成长股的比例		
	平均值	最小值	最大值
小盘价值	53.6	21.1	76.3
大盘价值	34.7	0.6	59.2
类型	持有价值股的比例		
	平均值	最小值	最大值
小盘成长	5.7	0.0	14.7
大盘成长	9.1	1.5	25.8

资料来源：Glenn Tanner, William Chittenden and Janet Payne, "Style Drift Among Value and Growth Funds," *Journal of Investing* 29（2020）：51 – 60。

值得注意的是，判断基金的成长价值风格是一件主观性很强的事，可能得到完全相反的结论，原因在于划分股票是成长股还是价值股并没有统一的标准。如果这一点上无法做到统一，后续对基金风格的判断自然也就会出现差异。学术研究对股票成长价值属性的界定通常是基于估值指标进行划分，例如认为市净率在全部股票前 1/3 的就是成长股，后 1/3 的就是价值股。这种划分方法存在两个问题：一是指标的口径可能不同，例如有研究对个股的市净率进行了行业调整，就得出了与前述研究相反的结论，认为成长型基金的风格漂移更加严重[②]；二是即使指标口径统一，划分结果也可能存在争议，例如有研究发现，美国大盘成长基金持有最多的"价值"股为微软、吉利德科学、高通、富国银行、安进（Amgen）、艾伯维（Abbvie）、英特尔、沃尔玛和百特国际（Baxter）[③]。

[①]　Martin Lettau, Sydney Ludvigson and Paulo Manoel, *Characteristics of Mutual Fund Portfolios：Where are the Value Funds?* working paper, 2018.

[②]　Russ Wermers, *A Matter of Style：The Causes and Consequences of Style Drift in Institutional Portfolios*, working paper, 2012.

[③]　Glenn Tanner, William Chittenden and Janet Payne, "Style Drift among Value and Growth Funds," *Journal of Investing* 29（2020）：51 – 60.

业绩差是导致基金出现风格漂移的重要原因。无论是市值风格还是成长价值风格，当年业绩最差的基金，第二年风格漂移的"幅度"基本都是最大的（见表3-12）。但风格漂移并不是一味有效的"解药"，与风格持续性差的基金相比，风格持续性更好的基金具有显著更高的超额收益。[1]

表3-12　　　　业绩分组下不同类型的美国共同基金风格漂移的"幅度"　　　单位：%

t 年业绩分组	市值风格		成长价值风格	
	t 年末的风格	t+1 年风格漂移"幅度"	t 年末的风格	t+1 年风格漂移"幅度"
第一组（最好）	大盘	6.5	价值	6.0
	中盘	6.5	平衡	7.9
	小盘	4.1	成长	9.2
第二组	大盘	5.0	价值	7.5
	中盘	7.4	平衡	9.3
	小盘	5.1	成长	10.1
第三组	大盘	6.0	价值	9.4
	中盘	8.9	平衡	9.4
	小盘	5.0	成长	9.8
第四组（最差）	大盘	9.1	价值	12.0
	中盘	7.8	平衡	10.5
	小盘	3.5	成长	7.4

资料来源：Louis K. C. Chan，Hsiu-Lang Chen and Josef Lakonishok，"On Mutual Fund Investment Styles," *Review of Financial Studies* 15（2002）：1407-1437。

二、动量反转

动量效应和反转效应算得上是研究最深入的金融异象之一。动量效应是指过去一段时间里收益率较高的资产，在未来的收益率仍要好于过去表现较差的资产；反转效应则是指过去表现更差的资产在未来出现逆转。两种效应对应着两类交易策略——动量策略和反转策略，分别通过做多（空）过去的胜者、做空（多）过去的输家获利。

[1] Keith C. Brown，W. Van Harlow and Hanjiang Zhang，*Staying the Course：The Role of Investment Style Consistency in the Performance of Mutual Funds*，working paper，2009.

大部分研究倾向于认为共同基金属于动量投资者，而且具有比较突出的动量特征。例如有研究发现，美国共同基金中动量投资者的占比接近80%。[①] 与商业银行、保险公司和养老金等机构相比，共同基金的动量特征也最为明显（见图3－13）。共同基金的"兄弟"——对冲基金，也更多地表现为反转而非动量投资者（见图3－14）。不同类型的共同基金在动量特征上存在分化，成长型、价值成长型和混合型基金在买入股票时表现出明显的动量特征（即"追涨"），但在价值型基金上并未观察到类似现象（见图3－15）。

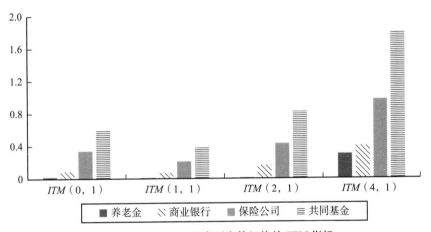

图3－13　美国不同类型资管机构的 *ITM* 指标

注：*ITM* 指标指个股"主动"权重变化与超额收益的向量积之和；组合 i 在 t 时刻的 $ITM_{i,t}(k, l) = \sum_{j=1}^{N_{i,t}} (w_{j,t} - w_{j,t-l}) \times (R_{j,t-k} - R_{m,t-k})$，其中 N 为组合 i 在 t 时刻的持股数量，$R_{j,t-k}$ 为股票 j 在 $t-k$ 至 t 区间内的收益率，$R_{m,t-k}$ 则为市场指数（标普500指数）在 $t-k$ 至 t 区间内的收益率，$(w_{j,t} - w_{j,t-l})$ 为股票 j 在 $t-l$ 时刻和 t 时刻之间的"主动"权重变化，即 $w_{j,t} - w_{j,t-l} = \dfrac{S_{j,t} \times P_{j,t-l}}{\sum_{j=1}^{N_{i,t}} S_{j,t} \times P_{j,t-l}} - \dfrac{S_{j,t-l} \times P_{j,t-l}}{\sum_{j=1}^{N_{i,t}} S_{j,t-l} \times P_{j,t-l}}$；*ITM* 为正（负）说明组合 i 更多为动量（反转）投资者。指标越高说明动量特征越明显。

资料来源：S. G. Badrinath, Sunil Wahal, "Momentum Trading by Institutions," *Journal of Finance* 57 (2002): 2449–2478。

① Mark Grinblatt, Sheridan Titman and Russ Wermers, "Momentum Investment Strategies, Portfolio Performance, and Herding: A Study of Mutual Fund Behavior," *The American Economic Review* 85, no. 5 (1995): 1088–1105.

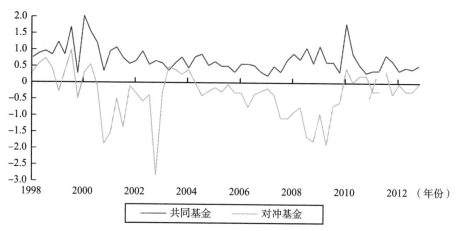

图 3 - 14　美国共同基金和对冲基金 *LOM* 指标的走势

注：*LOM* 指标指个股"主动"权重变化和绝对收益的向量积之和，和 *ITM* 指标类似；组合 i 在季度 q 的

$$LOM_{i,q} = \sum_{j=1}^{N_{i,q}} (w_{j,q} - w_{j,q-1}) \times R_{j,q}$$，其中 N 为组合 i 在季度 q 末的持股数量，$R_{j,q}$ 为股票 j 在季度 q 的收益率，

$(w_{j,q} - w_{j,q-1})$ 为股票 j 在季度 $q-1$ 末和季度 q 末的"主动"权重变化，即 $w_{j,q} - w_{j,q-1} = \dfrac{S_{j,q} \times P_{j,q-1}}{\sum\limits_{j=1}^{N_{i,q}} S_{j,q} \times P_{j,q-1}} -$

$\dfrac{S_{j,q-1} \times P_{j,q-1}}{\sum\limits_{j=1}^{N_{i,q}} S_{j,q-1} \times P_{j,q-1}}$；*LOM* 为正（负）说明组合 i 更多为动量（反转）投资者。指标越高说明动量特征越明显。

资料来源：Mark Grinblatt, Gergana Jostova, Lubomir Petrasek and Alexander Philipov, "Style and Skill：Hedge Funds, Mutual Funds, and Momentum," *Management Science* 66 (2022)：5485 - 6064。

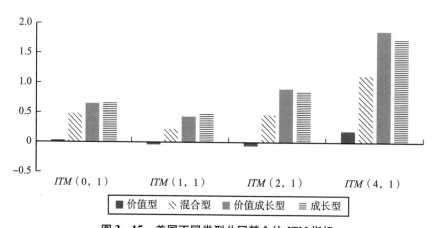

图 3 - 15　美国不同类型共同基金的 *ITM* 指标

注：*ITM* 指标指个股"主动"权重变化与超额收益的向量积之和；组合 i 在 t 时刻的 $ITM_{i,t}(k, l) = \sum\limits_{j=1}^{N_{i,t}} (w_{j,t} -$

$w_{j,t-l}) \times (R_{j,t-k} - R_{m,t-k})$，其中 N 为组合 i 在 t 时刻的持股数量，$R_{j,t-k}$ 为股票 j 在 $t-k$ 至 t 区间内的收益率，

$R_{m,t-k}$ 则为市场指数（标普 500 指数）在 $t-k$ 至 t 区间内的收益率，$(w_{j,t} - w_{j,t-l})$ 为股票 j 在 $t-l$ 时刻和 t 时刻

之间的"主动"权重变化，即 $w_{j,t} - w_{j,t-l} = \dfrac{S_{j,t} \times P_{j,t-l}}{\sum\limits_{j=1}^{N_{i,t}} S_{j,t} \times P_{j,t-l}} - \dfrac{S_{j,t-l} \times P_{j,t-l}}{\sum\limits_{j=1}^{N_{i,t}} S_{j,t-l} \times P_{j,t-l}}$；*ITM* 为正（负）说明组合 i 更多

为动量（反转）投资者。指标越高说明动量特征越明显。

　　资料来源：S. G. Badrinath，Sunil Wahal，"Momentum Trading by Institutions，" *Journal of Finance* 57（2002）：2449 – 2478。

三、基金投资与泡沫

　　公募基金资金体量大，作为资本市场重要的投资群体，其本身的投资行为对股票市场也会产生重大影响。其中一个重要的问题，就是公募基金的投资行为是否会加剧资产价格泡沫。所谓加剧资产价格泡沫，是指公募基金经理在事前已经知道资产价格高估的情况下，因为羊群效应或者趋势投资仍然继续追高买入，导致资产价格泡沫被扩大。不少学术研究确实也发现，2000 年互联网泡沫时公募基金相比个人投资者投入了更大比例资金在科技股上。[①]

　　经济学和金融学上有一个最基本的"理性人"（rational people）假设，即每一个从事经济活动的人都是聪明的、利己的，能够有效利用一切信息对市场运行作出判断。公募基金经理一方面是市场最专业的投资人士，另一方面从职业生涯发展来说也格外爱惜自己的声誉。如果假设他们知道资产价格有泡沫仍继续参与，逻辑上一定存在某种制度上的约束，使得其最优投资行为出现了异化。

　　这种制度上的约束，主要就是基金申购资金流入的业绩加速效应。基金业绩对基金资金流入具有决定性作用，但这种关系并不是线性的，而是呈现出一种"凸性关系"（convex relationship），即业绩排名靠后的基金并不会出现太多赎回，而排名靠前的基金则会吸引大量申购流入。更重要的是，申购流入金额与业绩排名呈陡峭加速相关关系，业绩排名从前10%提高至前5%带来的资金流入，要比排名从前20%提高至前10%多得多（详见本书第四章第二节分析）。由于个人投资者的最大利益诉求是投资绝对收益，而公募基金经理的最大利益诉求是相对排名和管理规模，在这种情况下就会导致为了获得短期排名，公募基金即使知道资产价格有泡沫，其投资头寸依然比个人投资者大。

　　学术研究认为，公募基金经理追求排名投资行为对资产价格泡沫的影响具有两面

　　① John M. Griffin，Jeffrey H. Harris，Tao Shu and Selim Topaloglu，"Who Drove and Burst the Tech Bubble？" *Journal of Finance* 66，no. 4（2011）：1251 – 1290.

性，既有可能放大泡沫也有可能抑制泡沫。[①] 一方面，如果公募基金排名"锦标赛"会导致业绩排名与资金流入的加速效应异常显著，基金经理投资行为会倾向于持续做多从而放大市场泡沫。另一方面，多数时间中如果业绩排名与资金流入的加速效应没有那么突出，基金经理作为极其聪明和专业的理性人，他们会主动选择卖出被高估的资产，从而抑制泡沫的发生。

因此本质上来看，核心在于某种行情发生后，会不会引发大量的申购资金流入主动管理类权益基金。这个问题的背后更加复杂，涉及投资者是否认为行情具有可持续性，以及投资者是否认可主动管理公募基金具有跑赢指数的超额收益能力。从美国历史来看，这种行情引发资金持续流入公募基金，以及基金投资行为进一步放大股价泡沫的情况，只在2000年美股互联网泡沫时发生过（见图3-16），在此之前20世纪60年代的"tronics"行情、70年代的"漂亮50"行情、80年代的"消费股"大行情，以及在此之后21世纪第一个十年的周期股行情、第二个十年至今的新一轮科技股行情，都没有引发社会资金短期内快速流入公募基金，自然也都没有形成公募基金行为加剧股价泡沫的舆论观点。

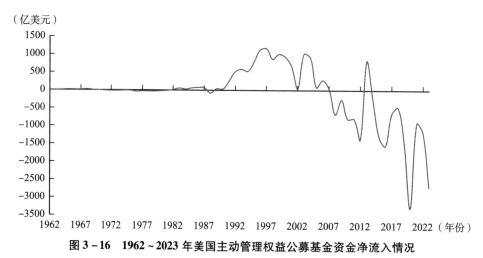

（亿美元）

图3-16　1962~2023年美国主动管理权益公募基金资金净流入情况

资料来源：WRDS。

除此以外，很多学术研究也发现，公募基金考核方式以及基金经理资历也对股价泡沫期间的基金投资行为有影响。从基金考核方式来看，考核时间期限越长的基金经

---

① Y. Sato, "Fund Tournaments and Asset Bubbles," *Review of Finance* 20, no. 4 (2016): 1383–1426.

理在股价泡沫期间，参与投资高估资产的比例越低。这实际上就是反映了基金经理专业化理性人的本质，在没有制度约束下投资行为不会被异化，谁都知道高估值泡沫不可能永远持续。从基金经理资历来看，相关研究发现，在美股互联网泡沫期间，年轻基金经理相较于其业绩基准指数以及同行年长基金经理，投资科技股比例显著更高。[①]

　　前面讨论的都是主动管理权益基金投资行为问题，那么读者或许会关心，被动基金是否也存在这种助涨助跌的效果呢？笔者认为，从底层逻辑来说，在假设投资者关注自身利益的前提下，如果投资者明知资产价格有泡沫而依然选择被动产品投资，只能说明投资者行为违反了"理性人"的最初假设。这种情况下被动权益基金产品是否会放大泡沫？这个问题本身讨论的意义已经不大了，即使没有被动基金产品，投资者也完全可以通过直接购买股票进行投资。

---

　　① Robin，Greenwood and Stefan Nagel，"Inexperienced Investors and Bubbles," *Journal of Financial Economics* 93，no. 2（2009）：239 – 258.

第四章
投资人结构与申赎行为

　　本章分析讨论美国公募基金投资人结构与申赎行为，即基金资金流入和流出问题。近年来，资金净流入总体呈现出"波动显著加大"和"ETF 趋于主导"特征，权益基金产品中被动持续流入而主动持续流出，美国公募基金市场中货币和债券产品近年来资金也是持续流入的。从影响公募基金资金流向的决定因素看，基金业绩表现毫无疑问是首当其冲的，但基金业绩与资金流入之间的关系并不是简单的线性关系，而是呈现出很强的"凸性"关系，即基金业绩差时资金钝化并不会大量流出，而基金业绩好时会有大量流入，而且业绩越好资金会出现加速度流入的特征。除业绩外，基金费用、市场营销手段、外部评级等也会对基金资金净流入产生重要影响。本章同时还讨论了美国基金投顾行业的发展情况，基金投顾对居民配置公募基金资产有重要影响，且是目前公募基金综合费率中占比最高的部分。

第一节　基金申赎变动趋势

一、总体资金变动趋势

美国公募基金的总体申赎资金流量①（见图 4 - 1），以 2008 年金融危机为分界发生了巨大变化，近年来资金净流入呈现出"波动显著加大"和"ETF 趋于主导"的特点。

从总量上看，2008 年以前美国公募基金的总体资金流量平稳增加，20 世纪 90 年代年均净流入资金 1670 亿美元、21 世纪第一个十年年均净流入资金 2502 亿美元，且 1990～2007 年没有一年出现过净流出现象。金融危机以后，美国公募基金年均资金净流入不再增长且有不断减少的趋势，21 世纪第二个十年年均净流入资金 2507 亿美元、2020～2023 年年均净流入仅 769 亿美元。同时，公募基金资金流量波动大幅增加，除 2008 年外，在 2018 年、2022 年、2023 年都出现了净流出。

从结构上看，2000 年前公募基金中 ETF 占比很小，每年净流入资金中 ETF 部分几乎可以忽略不计。2000 年以后 ETF 和共同基金共同发展，ETF 比例开始不断增加。而到了 2008 年金融危机以后，ETF 占比加速提升，共同基金资金流向开始从净流入转为净流出。2015～2023 年，传统共同基金资金几乎每年都是净流出，公募基金中

---

① 这里"资金流量"是指由基金申购（新销售）减去基金赎回形成的资金变化，数值为正代表资金净流入、数值为负表示资金净流出。

新增资金基本完全由 ETF 主导。

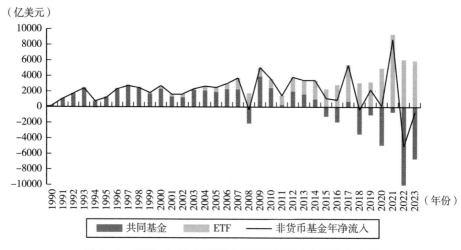

图 4 - 1　1990～2023 年美国非货币公募基金年净流入走势

资料来源：ICI。

二、权益基金变化特征

近年来，美国权益类公募基金的资金流量走势呈现出"被动强于主动"和"整体资金流出"两个特点（见图 4 - 2）。这两个特点对应着两个时点——2008 年和 2018 年。2008 年是主动型和被动型权益产品资金流量的分界点。2008 年后，资金开始逃离主动权益基金，在 2008～2023 年间的 16 年里，只有 2013 年一年为净流入，其余 15 年里均为净流出。2018 年是权益基金整体资金流量的分界点。虽然 2008 年后被动产品崛起，但整体资金流量上仍表现为净流入。但 2018 年后情况发生了变化，在 2018～2023 年，除 2021 年外，其余年份均为净流出。

三、债券与货币市场基金变化特征

与权益型公募基金不同的是，美国债券型公募基金整体的资金流量比较健康，除了 2022 年有大幅流出外，其余时间基本都呈净流入状态，且资金量不断增加（见图 4 - 3）。与权益基金类似的是，ETF 也正在成为债券基金的主导力量，即使在 2022 年，债券型 ETF 也有接近 2000 亿美元的净流入（2022 年债券型共同基金的净流出达到 5419.5 亿美元）。

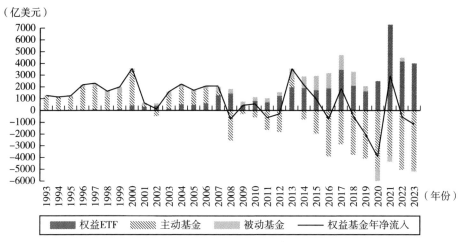

图 4 - 2　1993 ～ 2023 年美国权益类公募基金年净流量走势

资料来源：ICI。

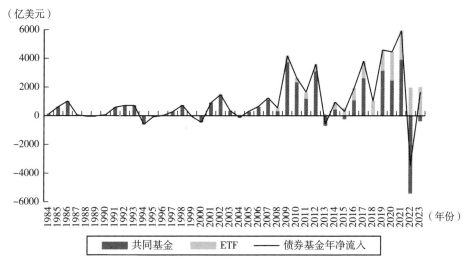

图 4 - 3　1984 ～ 2023 年美国债券型公募基金年净流量走势

资料来源：ICI。

　　资金对债基的需求可能与养老金和 FOF 产品有关。养老金是美国公募基金非常
重要的投资者，主要通过目标日期型基金（target date fund）投资于公募基金。目标
日期型基金一般以 FOF 形式运作，其产品特点是随着到期日（即预期退休时间）的

临近，逐渐减（加）配高（低）风险资产。随着美国投资者逐渐变老，在目标日期型基金的自动再平衡机制下，对债基的配置自然也就增加了（关于养老金和FOF产品的更多介绍，请详见本书第九章第二节）。货币市场基金的资金流量则是由资金利率决定，当利率处于高位时（如2000年、2007年、2023年等），净流入量通常较大；反之当利率处于低位时（如2010~2015年），资金流量多呈净流出或零流入的状态（见图4-4）。

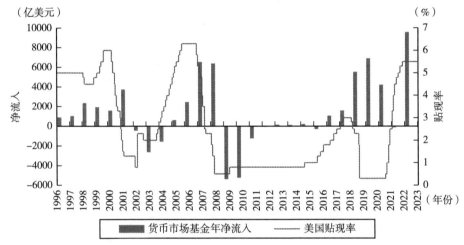

图4-4　1996~2023年美国货币市场型公募基金年净流量与美国贴现率走势

资料来源：ICI。

第二节　基金资金流向决定因素

一、基金业绩

业绩是投资者在选择基金时一个非常重要的参考因素，特别是个人投资者，比较容易"唯业绩论"。一项针对美国居民共同基金投资行为的调查显示，认为基金业绩"非常重要"的占比达到47%，仅次于费用，高于评级、风险和投资目标等其他因素（见图4-5）。

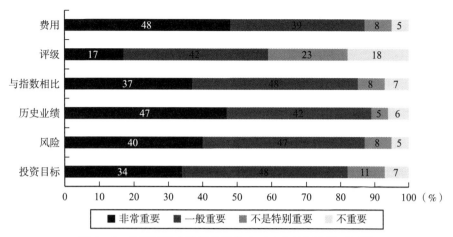

图 4-5 美国居民在选择共同基金时考虑的因素及重要性

资料来源：ICI。

虽然业绩肯定会对资金流量产生影响，但二者之间的关系并不是线性的。线性是指流入绩优基金的资金和流出绩劣基金的资金大致上"对称"，即投资者在奖励绩优基金的同时，也会对绩劣基金实行"相同程度"的惩罚。基金的资金流量与业绩之间更多呈现出凸性关系[①]，如图 4-6 所示，在业绩排名靠前的组（如第 13~20 组）上，资金流量对业绩敏感，历史业绩越好，资金流入的幅度越大；但是在业绩排名靠后的组（如第 1~7 组）上，资金流量对业绩则不再敏感，更差的业绩并不会带来更多的资金流出。换句话说，业绩优异的基金能够吸引超额的资金流入，但表现较差的基金并不会出现超额赎回。

"资金流量-业绩"之间的凸性关系可以说是共同基金研究中最重要的发现之一。这一关系不仅得到了大多数学者的认可，而且在基金经理和基金公司的各种行为中，也能频繁地发现它的影子。凸性关系可以看作是一个由基金经理持有、底层资产为业绩的看涨期权，由于看涨期权多头方具有"损失有限、盈利无限"的收益结构，因此当基金业绩不佳时，基金经理有动机去采取风险更高的投资策略，即所谓的"搏一把"。对于基金公司而言，凸性关系的存在使基金公司会更加"照顾"旗下商业价值更高的基金。关于基金公司行为的更多介绍，请参见本书第六章。

---

① Erik Sirri and Peter Tufano, "Costly Search and Mutual Fund Flows," *Journal of Finance* 53, no. 5 (1998): 1589-1622.

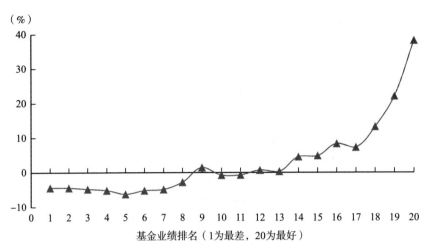

图4-6　美国主动股票型共同基金资金流量与历史业绩的关系

注：横坐标为基金根据过去一年业绩在同类型基金中排名的分组情况，1 为最差，20 为最好；纵坐标为基金在当年的资金流入情况，基金在区间 t 内资金流量的定义为 $\dfrac{(TNA_t - TNA_{t-1}) \times (1 + R_t)}{TNA_{t-1}}$，其中 TNA_t 和 TNA_{t-1} 分别为基金在区间始末的净资产规模，R_t 为基金在区间 t 内的收益率。

资料来源：Erik Sirri and Peter Tufano, "Costly Search and Mutual Fund Flows," *Journal of Finance* 53, no. 5 (1998)：1589 – 1622。

二、基金费率

费用是影响基金资金流量的另一大因素。有48%的美国居民认为，在选择共同基金时费用"非常重要"，不逊于业绩（见图4-5）。基金费用与资金流量的关系呈现出"U"型形态（见图4-7），总费率水平在两头的基金（例如第19、20组和第6、7组）有较大幅度的资金流入，中间水平（例如第10~13组）流入幅度相对较低。对于该现象的一种解释是，由于费用包括基金在营销上的开支——销售费用和"12b-1"费用，总费用较高可能是因为营销开支大，因此反而有更多的资金流入。

费用的收取方式对资金流量也存在影响。在美国共同基金的费用结构中，比较重要的是销售费用、管理费用和"12b-1"费用三项。销售费用属于持有人费用，管理费用和"12b-1"费用则属于运营费用。持有人费用是在交易环节按交易金额的一定比例一次性收取，而运营费用则与持有时间相关，通常是以年费率的形式计算，每日在基金资产中计提。虽然都是费用，但销售费用和运营费用对资金流量的影响截然不同，销售费用与资金流量之间存在显著的负向关系，但是运营费用对资金流量则基本没有影响。① 此外，没有买过基金的人和买过基金的人，对待销售费用的态度完全不同，前者所支付的销售费用是后者的两倍左右，但二者在对待运营费用上基本没有差别。这背后的原因在于，公募基金公布的业绩是费后业绩，基金净值的波动给运营费用提供了"隐藏"的空间，导致投资者对运营费用的敏感程度不及"当面"（in-your-face）收取的销售费用。因此才会出现在再次投资基金时，投资者大幅减少销售费用支出的现象。

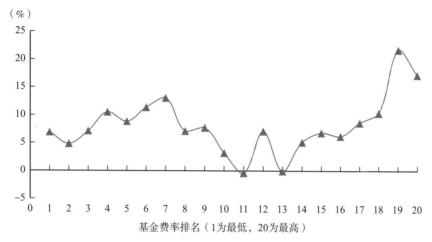

图 4 - 7　美国主动股票型共同基金资金流量与总费率的关系

注：横坐标为基金根据过去一年总费率排名的分组情况，1 为最低，20 为最高；纵坐标为基金在当年的资金流入情况，基金在区间 t 内资金流量的定义为 $\frac{(TNA_t - TNA_{t-1}) \times (1 + R_t)}{TNA_{t-1}}$，其中 TNA_t 和 TNA_{t-1} 分别为基金在区间始末的净资产规模，R_t 为基金在区间 t 内的收益率。

资料来源：Erik Sirri and Peter Tufano，"Costly Search and Mutual Fund Flows，" *Journal of Finance* 53，no. 5（1998）：1589 - 1622。

三、市场营销

投研能力一般被认为是公募基金的核心竞争力，但事实上，市场营销与业绩的重要性基本上是相当的。② 无论是在产品层面还是公司层面上，营销都是吸引资金流入

① Brad Barber，Terrance Odean and Lu Zheng，"Out of Sight，Out of Mind：The Effects of Expenses on Mutual Fund Flows，" *Journal of Business* 78（2005）：2095 - 2120。

② Nikolai Roussanov，Hongxun Ruan and Yanhao Wei，"Marketing Mutual Funds，" *The Review of Financial Studies* 34，no. 6（2020）：3045 - 3094。

的重要手段。

　　基金公司进行营销的方式很多，包括配置销售人员、投放广告、媒体曝光等等。总的来看，这些方式都是有效的，对资金流入都有正面作用。以销售人员为例，有研究发现，配置更多的销售人员能够"强化"基金资金流量与业绩间的凸性关系，销售人员的占比越高，基金"资金流量－业绩"关系的凸性就越大（见图4－8）。[①] 换句话说，在基金业绩好的时候，更多销售人员的存在能进一步"放大"基金的吸金能力；反过来，当基金业绩不佳时，销售人员也能"钝化"客户对业绩的敏感，从而减少资金的净流出。

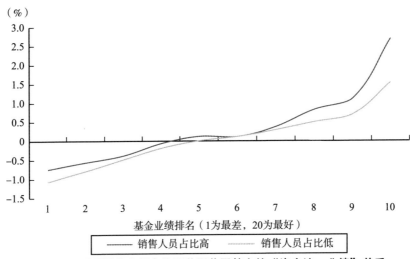

图4-8　不同销售人员占比下美国共同基金的"资金流－业绩"关系

注：横轴为基金根据过去十二个月的超额收益在同类型基金中排名的分组情况，1 为最差，20 为最好；纵坐标为基金在当月的资金流入情况，基金在区间 t 内资金流量的定义为 $\dfrac{(TNA_t - TNA_{t-1}) \times (1 + R_t)}{TNA_{t-1}}$，其中 TNA_t 和 TNA_{t-1} 分别为基金在区间始末的净资产规模，R_t 为基金在区间 t 内的收益率；基金按所属基金公司销售人员占比的高低分为两组，销售人员占比最高的25%定义为高，剩余75%为低。

资料来源：Wenxi Jiang and Mindy Z. Xiaolan, *Growing Beyond Performance*, working paper, 2017。

　　广告和媒体报道也会影响基金的资金流量。有研究发现，基金在《巴伦周刊》（*Barron's*）和《金钱》（*Money*）杂志上投放广告后，在接下来的一年里资金流入会有明显增加。但广告并不能保证超额收益，在投放广告后的一年里，这些基金的超额

---

① Wenxi Jiang and Mindy Z. Xiaolan, *Growing Beyond Performance*, working paper, 2017.

收益基本都有明显的衰减（见图4-9）。[1] 媒体报道对资金流量的影响则具有两面性，报道的立场决定了影响的方向，正面（负面）报道会显著提升（降低）资金的流入；但增加曝光率整体上对基金是有益的，即使是中性的报道也能提升资金流入，只是幅度不及正面报道。[2]

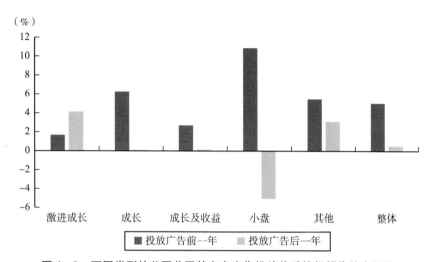

图4-9　不同类型的美国共同基金在广告投放前后的超额收益中位数

资料来源：Prem C. Jain and Joanna Shuang Wu，"Truth in Mutual Fund Advertising：Evidence on Future Performance and Fund Flows," *Journal of Finance* 55，no. 2（2000）：937-958。

除了打广告、雇用销售人员、增加媒体曝光率这样的常规推广手段外，基金公司在营销上还有一些"小花招"，例如修改基金名称。据《金融时报》报道，在互联网泡沫的末期，为了摆脱成长风格的负面影响，美国上百只共同基金修改了自己的名字，剔掉了"新经济"和"成长"这样的字眼。[3] 改名能有效地改善基金的资金流量，在基金更名后的一年里，资金流入提高了近三成，且无论基金的投资风格或策略是否与新名称真正匹配，资金流入都会有显著提升。[4]

---

　　① Prem C. Jain and Joanna Shuang Wu，"Truth in Mutual Fund Advertising：Evidence on Future Performance and Fund Flows," *Journal of Finance* 55，no. 2（2000）：937-958.

　　② Ron Kaniel，Laura T. Starks and Vasudha Vasudevan，*Headlines and Bottom Lines：Attention and Learning Effects from Media Coverage of Mutual Funds*，working paper，2007.

　　③ Elizabeth Wine，and Aline Sullivan，"Growth Makes Way for Value in Mutual Fund Name Changes," *Financial Times*，2001.

　　④ Michael Cooper，Huseyin Gulen and P. Raghavendra Rau，"Changing Names with Style：Mutual Fund Name Changes and Their Effects on Fund Flows," *Journal of Finance* 60，no. 6（2005）：2825-2858.

营销对公司层面上的资金流量也具有正面作用。有研究发现，美国公募基金公司员工中销售人员的占比越高，规模增速也就越高，即使在控制了公司成立年限、费率和历史业绩等变量后，该关系仍然成立。[1] 但基金公司在营销上的投入与回报会受到竞争对手的影响，对于广告支出相对较低的基金公司而言，广告所带来的回报并不显著。[2] 换句话说，营销具有明显的"内卷"特征，如果基金公司想在营销上胜出，仅仅花钱是不够的，需要比竞争对手花得更多才行。

四、基金评级

基金评级，是指基金评级机构通过定性或定量的方法，从多个维度对基金和基金公司进行综合分析，并使用具有特定含义的符号、数字或文字展示分析结果的活动。提供基金评级服务的公司主要以第三方研究机构为主，如晨星、理柏、标准普尔等。其他的一些商业报刊，例如《福布斯》杂志和《华尔街日报》，也会发布关于基金评级或排名的内容。

虽然在投资者自己看来，评级的重要程度并不是很高（见图4-5），但事实并非如此。首先，评级对基金资金流量的影响是显著的，上（下）调评级会带来明显的资金流入（流出）。更重要的是，评级是一个独立于业绩的影响因素，如果基金只是业绩有进步但评级上没有变动，基金也不会出现异常的资金流量。此外，在没有评级变动的月份里，基金资金流量变化也不明显。[3] 评级还能为基金带来更高的资金流量。[4] 图4-10展示了评级靠前和收益靠前的基金在资金流量上的差异。评级靠前是指获得了晨星五星评级的基金，收益靠前是指在绝对收益或超额收益上排名靠前的基金（数量上与晨星五星基金保持一致）。可以发现，评级维度排名靠前的基金在资金流量上明显要高于收益靠前的基金。

[1] Wenxi Jiang and Mindy Z. Xiaolan, *Growing Beyond Performance*, working paper, 2017.

[2] Steven Gallaher, Ron Kaniel and Laura T Starks, *Madison Avenue Meets Wall Street: Mutual Fund Families, Competition and Advertising*, working paper, 2006.

[3] Diane Del Guercio and Paula Tkac, "Star Power: The Effect of Morningstar Ratings on Mutual Fund Flow," *Journal of Financial and Quantitative Analysis* 43 (2008): 907-936.

[4] Itzhak Ben-David, Jiacui Li, Andrea Rossi and Yang Song, "What Do Mutual Fund Investors Really Care About?" *The Review of Financial Studies* 35 (2022): 1723-1774.

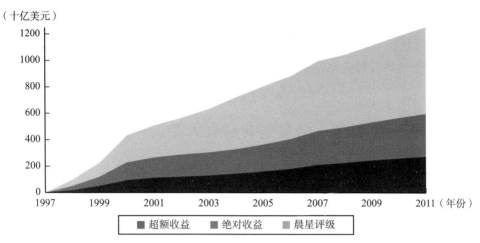

图 4 - 10　不同口径下的明星基金资金累计流入情况

注：超额收益基于卡哈特（Carhart）四因子模型计算。

资料来源：Itzhak Ben-David, Jiacui Li, Andrea Rossi and Yang Song, "What Do Mutual Fund Investors Really Care About?" *The Review of Financial Studies* 35（2022）：1723 - 1774。

　　即使评级只是基于业绩的简单排序，也能对基金的资金流量产生显著的影响。1994 年时，《华尔街日报》开始在"基金投资 - 季度分析"栏目中发布一个名为"风格之王"（Category Kings）的榜单，榜单内容是在每一类投资风格（投资风格共有 20 余种，包括大盘、小盘、成长、价值等）中过去一年收益率排名前十的基金。有研究发现，虽然"风格之王"仅仅是一个基于业绩进行简单排序的结果，但登上这一榜单能显著提升基金的资金流量。[①] 更有趣的是，在非季末月份，《华尔街日报》会根据年初至今的收益率发布一个类似的榜单。这份榜单与"风格之王"仅有两点差异，一是没有"风格之王"这样引人注目的名字，二是位置没有"风格之王"好，通常被刊登在报纸的背面。虽然与"风格之王"同样是基于收益率排序的榜单，但是非季末月发布的榜单并不能带来基金资金流量的显著提升。

　　业绩好、评级高或者上榜获奖的基金可以统称为明星基金。明星基金具有非常高的商业价值，能够显著提升基金公司的资金流量和市场份额。[②③] 除了自身"吸金"

---

① 　Ron Kaniel and Robert Parham, "WSJ Category Kings-The Impact of Media Attention on Consumer and Mutual Fund Investment Decisions," *Journal of Financial Economics* 123（2016）：337 - 356。

② 　Vikram Nanda, Jay Wang and Lu Zheng, "Family Values and the Star Phenomenon：Strategies of Mutual Fund Families," *The Review of Financial Studies* 17（2004）：667 - 698。

③ 　Ajay Khorana and Henri Servaes, "What Drives Market Share in the Mutual Fund Industry?" *Review of Finance* 16（2012）：81 - 113。

能力强外，明星基金还能为公司中的其他基金"引流"，即具有溢出效应（spillover effect）。以"风格之王"榜单为例，如果旗下有基金登上了这份榜单，那么该基金公司的其他基金也会获得额外的资金流入。[①]

第三节　公募基金持有人结构和特征

一、基金持有人构成情况

美国公募基金持有人总体以居民个人为主、机构为辅。根据美国投资公司协会（ICI）统计数据，2000～2023 年，美国共同基金（不含 ETF）按规模计算个人投资者持有比例平均约为 87% 左右（对应机构投资者持有比例 13%），且个人投资者持有占比过去二十多年内非常稳定（见图 4 - 11）。分不同类型基金来看，股票类和债券类基金个人投资者占比更高，可以达到 92%～93%；货币类基金个人投资者占比相对较低，大约在 66% 左右。

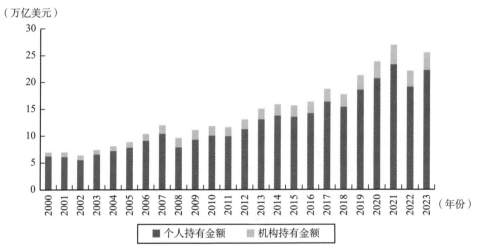

图 4 - 11　2000～2023 年美国共同基金持有人构成情况

资料来源：ICI。

---

① Ron Kaniel and Robert Parham, "WSJ Category Kings-The Impact of Media Attention on Consumer and Mutual Fund Investment Decisions," *Journal of Financial Economics* 123（2016）：337 - 356.

从另一个角度看，公募基金也是美国居民家庭的重要资产配置方向。1980～2023年，美国持有共同基金的家庭数量和占比均在持续提升（见图 4-12）。截至 2023 年底，美国共有约 6870 万家庭持有共同基金，占美国所有家庭总数的 52%。除共同基金外，有大约 12% 的美国家庭持有 ETF 资产。

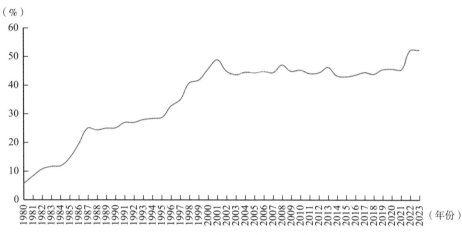

图 4-12　1980～2023 年美国持有共同基金家庭比例

资料来源：美国经济分析局 BEA。

二、基金持有人主要特征

美国共同基金的持有家庭，通常具有中产阶级的典型特征。根据美国投资公司协会（ICI）调查，持有共同基金的美国家庭中位数画像是：受过良好教育、有稳定工作的中年人士；2023 年底家庭年收入 10 万美元、家庭金融资产 22.5 万美元；拥有个人退休账户（Individual Retirement Account，IRA）；基金投资的目标多数是为了退休做财务准备。

雇主支持的退休计划[①]是美国公募基金最重要的购买渠道，多数人都是通过这一方式购买公募基金。目前美国共同基金的主要销售渠道中（见图 4-13），雇主支持的退休计划占比达到 56%，超过一半。在雇主支持退休计划外，第三方销售机构是主要销售渠道，占比达到整个销售规模的 31%（雇主支持退休计划外渠道中的

---

　① 雇主支持退休计划包括退休金计划（例如 401k、403b 等）以及其他一些雇主支持的个人退休账户（如 SEP IRAs、SAR-SEP IRAs 等）。

80%）。这其中，独立财务投资顾问和全服务型证券经纪公司是第三方销售的主力军。

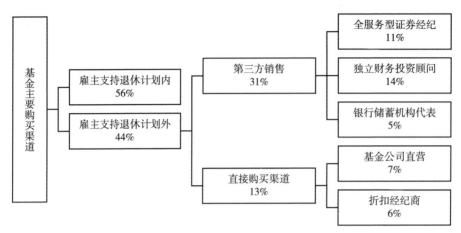

图 4 - 13　2023 年底美国共同基金主要购买渠道

资料来源：ICI。

三、美国居民资产配置变化

相比于目前国内居民主要资产配置在房地产，美国居民资产配置中金融资产占比居绝对优势地位，可以达到约三分之二配置比例（见图 4 - 14）。在金融资产方面，股票和投资基金长期以来都是美国居民资产配置的重心，2023 年底股票和投资基金在居民资产中的占比高达 35%。金融资产中占比第二的是保险养老金，占全部资产比重约 20%，这部分资产在美国居民资产配置中也占据重要地位。现金存款和债券贷款等金融资产占比总体相对较小。在非金融资产中，房地产是美国居民资产配置的一大部分，但占比相较于金融资产还是要低一些，拥有自己的住房同样也是美国居民的一个重要目标，除了自住房屋外，一些居民也会投资其他住宅房地产或商业房地产。

总体而言，美国居民的资产配置较为多元化，高净值人群更倾向于将资产配置于股票、基金、保险等金融资产。很多居民家庭直接持有股票，还有很多人通过共同基金等方式间接投资股市，以获取资本增值和股息收益。从股票和共同基金持有占比看（参见图 4 - 15），1980 年以后两者占比总体都是不断上升的，反映出权益类资产在美国市场中对居民部门吸引力在持续增加。如果从 1960 年以来更长的历史时间看，当前美国居民直接持有的股票资产比例与 20 世纪 60 年代最高点时基本相同，而基金配置比例则已经远超过去历史时期。

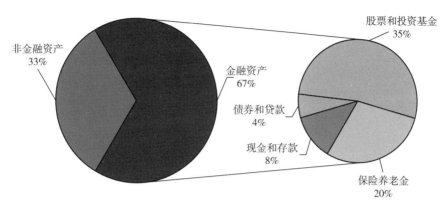

图 4 – 14 2023 年美国居民部门资产配置情况

资料来源：美国经济分析局 BEA。

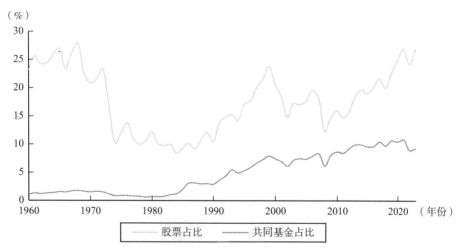

图 4 – 15 1960~2023 年美股居民部门金融资产构成

资料来源：美国经济分析局 BEA。

第四节 美国基金投顾行业概况

基金投资顾问业务是指向客户提供基金投资建议，辅助客户作出投资决策或者代理客户作出投资决策的经营性活动①。近年来我国基金投顾业务发展迅速，自 2019 年 10 月证监会启动公募基金投资顾问业务试点工作以来，截至 2023 年底已有 60 家

---

① 参见 2023 年 6 月中国证监会发布的《公开募集证券投资基金投资顾问业务管理规定（征求意见稿）》。

机构获得试点资格，其中证券公司 29 家、基金及基金子公司 25 家、银行 3 家、第三方独立代销机构 3 家。基金投顾业务被市场参与各方寄予厚望。对于投资者而言，基金投顾有望解决"基金赚钱、基民难赚钱"这一长期难题，提升投资者的投资体验与获得感。对于金融机构而言，投顾业务在增强客户黏性、提升资金稳定性等方面都具有积极意义，在费率下行的背景下，投顾业务有望成为机构的下一个利润增长点。

一、美国投资顾问行业概览

投资顾问在大洋彼岸的成功可能是促使我国金融机构大力发展此项业务的重要原因之一。根据美国金融业监管局（FINRA）的定义，投资顾问（investment advisor）是指"有偿向客户提供证券投资建议的个人或公司"。投资顾问的监管主体是 SEC 和各州的证券监管机构，管理规模在 1 亿美元以上的投资顾问需在 SEC 注册，不到 1 亿美元的则在主营业地所在州的证券监管机构注册。美国最早的一批投资顾问成立于 1940 年，距今已有 80 余年的历史（见表 4-1）。在经过多年的发展后，当前行业体量已相当庞大。根据美国投资顾问协会（Investment Adviser Association，IAA）数据截至 2023 年，在 SEC 注册的投资顾问已超过 15000 个，管理规模高达 128.4 万亿美元，雇员总数超过 100 万人，客户超过 6400 万。[①] 该行业同样存在"先发优势"现象，成立时间越长的投资顾问拥有更大的管理规模。从表 4-2 来看，当前管理规模超过 1000 亿美元的投资顾问平均成立于 1996 年，不足 1 亿美元的投资顾问平均成立时间则只有不到 7 年。

表 4-1　　　　　　　　　　　美国成立时间最长的十家投资顾问

投资顾问	成立时间
Barings LLC	1940 年 11 月
Beck, Mack & Oliver	1940 年 11 月
DWS Investment Management Americas, Inc.	1940 年 11 月
Everett Harris & Co.	1940 年 11 月
St. Denis J. Villere & Co., LLC	1940 年 11 月
Howe and Rusling, Inc.	1941 年 1 月

① IAA, *Investment Adviser Industry Snapshot* 2024。

续表

投资顾问	成立时间
T. Rowe Price Associates, Inc.	1947 年 3 月
William Blair & Company LLC	1947 年 12 月
Bishop & Associates Inc.	1950 年 3 月
Meyer Handelman Company LLC	1951 年 8 月

资料来源：IAA。

表 4 - 2　　　　2023 年美国投资顾问的平均成立时间（按管理规模分组）

管理规模分组	平均成立时间
>1000 亿美元	1996 年 10 月
>50 亿美元，≤1000 亿美元	2006 年 9 月
>10 亿美元，≤50 亿美元	2010 年 1 月
>1 亿美元，≤10 亿美元	2014 年 8 月
≤1 亿美元	2017 年 2 月

资料来源：IAA。

美国投资顾问向客户提供的服务包括投资组合管理、财务规划、选择其他投资顾问和养老金咨询等。其中投资组合管理和财务规划最为常见，97.4% 和 44.3% 的美国投资顾问都提供这两种服务，提供证券评级定价和市场择时服务的比例则比较低（见图 4 - 16）。客户类型上，美国投资顾问的客户主要有个人、集合投资工具（pooled vehicles）和机构三类。集合投资工具也被称为集合基金（pooled fund），主要包括投资公司（共同基金、封闭式基金、ETF 和单位投资信托）、商业发展公司（business development company）和私人基金（例如对冲基金和 PE 基金）；机构则主要包括养老金计划、一般企业、慈善机构、银行、保险以及州政府等。从数量上看，个人是美国投资顾问的第一大客户，占比接近 95%；但规模上集合投资工具最大，规模占比接近 62%（见图 4 - 17）。

个人数量多、集合投资工具规模大的客户特点决定了美国投资顾问"以小型企业为主、规模向头部集中"的行业格局。从表 4 - 3 可以看出，以集合投资工具或机构为主要客户的投资顾问在管理规模、雇员人数和办公室数量上都明显大于以服务个人为主的同行。整体上看，大多数美国投资顾问的雇员数量都不到 50 人、管理规模都不足 10 亿美元，但管理规模在 1000 亿美元以上的头部机构却占据了整体规模的

66.1%（见图 4 – 18 和表 4 – 4）。

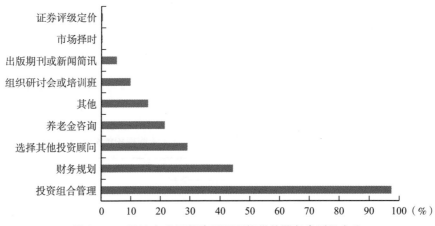

图 4 – 16 2023 年美国投资顾问所提供的服务类型及占比

资料来源：IAA。

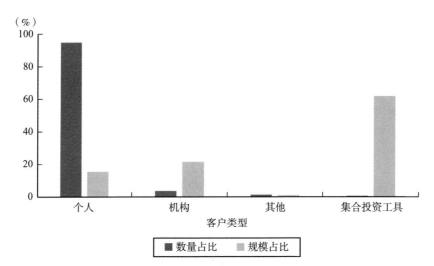

图 4 – 17 2023 年美国投资顾问不同客户类型的数量和规模占比

注：不含使用非资产管理类服务的客户。

资料来源：IAA。

表 4 – 3　　　　　　　　　美国投资顾问画像（按主要客户类型分组）

主要客户	平均管理规模（亿美元）	平均雇员人数	平均办公室数量
集合投资工具与机构	536	250	16
个人与机构	55	152	43

续表

主要客户	平均管理规模（亿美元）	平均雇员人数	平均办公室数量
集合投资工具	80	46	2
个人	3.6	8	2

注：统计时间为 2023 年。

资料来源：IAA。

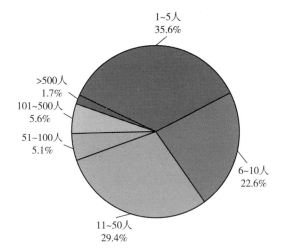

图 4 – 18　2023 年美国投资顾问按雇员人数分组的数量分布

资料来源：IAA。

表 4 – 4　　　　　　2023 年美国投资顾问按规模分组的数量与规模分布　　　　单位：%

规模分组	数量占比	规模占比
≤1 亿美元	7.5	0.0
>1 亿美元，≤10 亿美元	60.6	2.5
>10 亿美元，≤50 亿美元	19.5	5.0
>50 亿美元，≤100 亿美元	4.6	3.7
>100 亿美元，≤500 亿美元	5.4	13.9
>500 亿美元，≤1000 亿美元	1.0	8.7
>1000 亿美元	1.4	66.1

资料来源：IAA。

美国投资顾问的收费模式主要有佣金制（commission-based）和费用制（fee-based）两种。佣金制是指投资顾问通过销售产品或者开户获利，收入直接挂钩于销售金额或开户数量。费用制是指投资顾问按事前商定好的一定费率收取费用，计费基础可以是投资顾问所管理的客户资产规模、投资顾问的业绩以及服务时长等。费用制投资顾问对客户负有信义义务（fiduciary duty），投资顾问必须将自身利益置于客户利益之下，一切以客户利益为先。佣金制投资顾问虽不必负有信义义务，但仍需遵循适当性原则（suitability rule），即根据客户的基本情况、财务状况、投资经验、投资目标、风险承受能力等要素对客户推荐适合的金融产品。当前绝大部分美国投资顾问的收费模式都为费用制，佣金制占比只有 2% 左右。费用制中按管理规模收费的比例最高，其次分别为收取固定费用、按业绩收费、按服务时长收费和订阅制收费①（见图 4 – 19）。

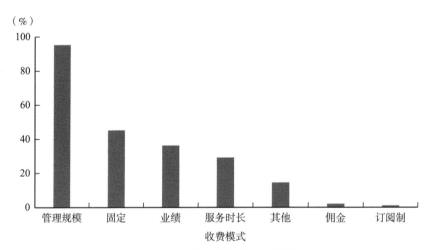

图 4 – 19　2023 年美国投资顾问收费模式占比

注：收费模式存在多选。
资料来源：IAA。

二、美国投资顾问与共同基金

从历史上看，美国投资顾问与共同基金之间的关系经历了从"销售 – 产品"到"资产管理 – 投资工具"的重大转变。在 20 世纪 80 年代前，共同基金在投资顾问的心目中就是一种普通的金融产品，与股票债券等相比并没有什么特殊的地方，都是通

---

　　① 订阅制收费主要是针对线上投资顾问平台。

过推销给客户赚取佣金获利。佣金的高低决定了投资顾问对产品的偏好，例如在 20 世纪 80 年代的一段时间里，有限合伙制基金（limited partnership fund）就凭借高佣金受到美国投资顾问们的狂热追捧，而共同基金则被冷落一旁。

20 世纪 80 年代中期开始，美国投资顾问的收费模式逐渐由佣金制转向费用制。多种原因促成了这一转变。对于投资顾问而言，费用制的优势在于收入更加稳定、受市场行情影响的程度更小，而且在管理规模做上去之后收入将相当可观（假设挂钩于管理规模）；而佣金只是一次性费用，与客户资产保有规模无关，如果客户后期不再有新的购买，投资顾问也相应地不会再有新的收入。对于客户而言，费用制投资顾问与自己的利益具有更高的一致性，提供的投资建议也更加客观。此外，部分投资顾问在主观上也不愿被视为单纯的产品销售人员，例如贝德尔金融咨询公司（Bedel Financial Consulting）的主席伊莲·贝德尔（Elaine Bedel）曾说，"有人告诉我不收佣金是一种很蠢的行为，虽然他们可能是对的，但这就是让我不舒服"。

科技在这一转变中也扮演了重要的作用。首先，个人电脑的普及使得费用制投资顾问大规模展业成为可能。由于收入与产品销售无关，费用制投资顾问通常选择没有销售费用的零费（no-load）基金。但是早年间对零费基金的申购赎回只能单独通过邮寄的方式进行，投资顾问需要手工处理这类业务。这在交易执行层面是个大麻烦，对费用制投资顾问的业务拓展形成了极大的限制。但对佣金制投资顾问来说，这并不是个问题，原因是佣金制投资顾问在展业时通常附属于某家机构，可以使用机构的交易和托管服务（机构通常拥有大型中央计算机）。科技提高的不仅是投资顾问的效率，还有专业化程度。例如在 20 世纪 90 年代早期，基于马科维茨"均值－方差"模型开发的程序开始应用于投资顾问的个人电脑，投资顾问借助这一模型可计算出理论上的最优资产权重。类似的还有蒙特卡洛模拟，这项源于曼哈顿计划的技术使得投资顾问能够对客户现金流、资产收益等变量进行一定程度的预测。

随着投资顾问由佣金制向费用制转变，共同基金的角色也不再仅仅是推销给客户的一种金融产品，而更多是作为一类重要的投资工具出现在投资顾问的组合中。共同基金作为投资工具有多方面的优势。首先，共同基金是一类受到严格监管的金融产品，有信息披露、利润分配、运行限制等一系列制约；其次，共同基金需要按一定频率披露持仓明细，透明度相对较高；共同基金的其他优点还包括自带分散属性、费用相对低廉、流动性好等等。共同基金得到了投资顾问的普遍认可，独立投顾公司埃文斯基＆卡茨（Evensky & Katz）的创始人哈罗德·埃文斯基（Harold Evensky）在谈到对共同基金的看法时说，"当前仍有一些（投资顾问）像过去一样专注于个股管理，但对大部分人（投资顾问）而言这并不是一个可行的解决方案，共同基金才是我们更现实的选择"。时至今日，共同基金已是投资顾问组合中的重要组成部分。在规模超过 100 亿美元的独立管理账户①中，注册基金（包括共同基金和 ETF）的权重为 18%，低于股票和债券；在规模不到 100 亿美元的账户中，注册基金是仅次于股票的第二大类资产，占比超过 30%（见图 4 - 20）。考虑到大多数美国投资顾问的管理规模都不到 100 亿美元（见表 4 - 4），共同基金在投资顾问组合中的地位进一步提升。

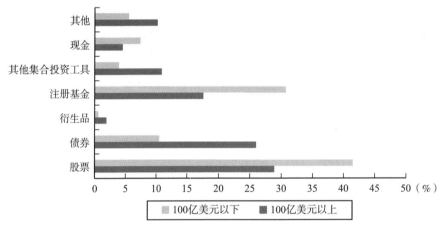

图 4 - 20　美国投资顾问独立管理账户资产配置情况

注：统计时间为 2023 年。
资料来源：IAA。

按管理规模或业绩收费的兴起意味着投资顾问开始行使资产管理职能。高效的交易、清算、账户管理等服务诚然是成功的资产管理不可或缺的部分，但更重要的可能是研究的支持，而这恰恰是投资顾问的短板。虽然投资于共同基金不再要求投资顾问对股票有深入的研究，但基金研究同样是新的挑战。国际金融理财师（Certified Financial Planner）标准委员会前董事佩吉·鲁琳（Peggy Ruhlin）曾说，"如果你是一家小型投资顾问，你几乎不可能独立开展对股票或债券的研究，只有为大型机构工作才能获得相关的研究支持。虽然共同基金不同（于股票或债券），但在研究上仍存在困难"。以晨星公司为代表的第三方研究服务提供商的出现很好地弥补了这一空白。

---

① 独立管理账户（separately managed accounts）是指投资顾问为个人客户和机构客户管理的组合账户，不包括集合投资工具客户。

晨星公司由证券分析师乔·曼苏埃托（Joe Mansueto）成立于 1984 年，成立的初衷是为个人投资者提供共同基金的相关资讯。但晨星公司很快发现，它最大的客户变成了投资顾问。在不少投资顾问看来，晨星公司强大的基金分析工具在行业的发展壮大中起到了至关重要的作用。佩吉·鲁琳对晨星公司的作用给予了充分肯定，"晨星的出现解决了这一难题，我们不再需要挂靠于机构就能开展自己的研究了"。

上述分析都是从投资顾问和共同基金的角度出发，而对于真正的资金方——投资者而言，养成通过投资顾问投资共同基金的习惯可能源自养老金体系的改革。20 世纪 80 年代以来，美国养老金体系的一大变化是由 DB 计划转向 DC 计划和 IRA。不同于 DB 计划，DC 计划和 IRA 都是由账户所有人自行打理，风险自负。在这一背景下，投资顾问的作用得到了充分彰显。麦肯锡的一项研究表明，大众在养老金投资上的行为不同于普通投资，在面对养老金这样一笔金额巨大且关系到退休保障的投资时，人们普遍会向投资顾问寻求投资建议。[①] 与一般消费者类似，共同基金投资者对渠道同样存在路径依赖，因此在雇主支持退休计划外，美国居民购买共同基金的首选渠道仍是第三方销售机构而不是直销（见图 4 - 13）。虽然这些机构的类型不同，但从性质上看都符合 1940 年《投资顾问法》对投资顾问的定义。

总的来说，20 世纪 80 年代美国投资顾问行业出现的变化是政策（养老金改革）、科技（个人电脑）和经济（牛市）等多方面因素共同作用的结果，缺一不可。在这个过程中，共同基金凭借透明度高、自带分散投资属性等优点逐渐成为投资顾问的主要投资工具之一。投资顾问的"资产管理人化"对共同基金行业也产生了诸多影响，其中之一便是推动了共同基金整体费率的下降。

美国投资顾问推动共同基金整体费率下降的原因主要有两点。首先，是在收入与产品销售佣金脱钩后，投资顾问自然倾向于选择不带销售费用的基金（或基金份额）。其次，美国投资顾问的定位是提供理财服务、税收规划、养老金咨询以及保险咨询等一系列服务的综合金融服务提供商，是对客户的整体财务状况而不仅仅是基金组合负责。因此对于美国投资顾问而言，选基可能并没有那么重要，使用费率低廉的被动型产品同样可以实现资产配置。在这一点上美国投资顾问与我国基金投顾有很大的差异，我国投顾的"战场"目前只在公募基金，因此势必在选基能力上进行竞争，对于费率的考虑可能倒是次要的。

---

① Charles Schwab, *The Age of Independent Advice：The Remarkable History of the Independent Registered Investment Adviser Industry*, 2007.

第五章
美国基金行业发展特征

　　本章研究分析美国公募基金这个行业发展特征，包括行业总量和结构发展变化趋势、基金公司发展情况、基金经理特征等。经过一百年的发展，美国公募基金管理规模从占 GDP 不到5%的边缘行业，成长为 GDP 占比超过 70%、管理着千万个家庭财富的关键行业。进入 21 世纪后，美国基金业发展不断趋于成熟稳定，基金行业集中度不断提高、股票债券产品规模占比相对稳定、基金管理费率持续下降。从产品类型上看，传统的主动管理型共同基金已经式微，行业正在走向由被动管理和 ETF 主导的时代，基金的工具属性越来越强。从基金公司角度看，这一百年见证了多家基金巨头的诞生，其中不少已经将业务版图拓展到了全球，我国资本市场上也有它们的身影。这些巨头中既有推动费用下降的"实用派"，也有醉心于产品创新的"发明家"，特点都非常鲜明。本章还对美国公募基金经理进行了介绍，得益于近年来学术研究的深入，外界也终于得以一窥这一群体的真容。

第一节　行业发展趋势与产业结构

一、基金行业总量发展趋势

二战结束后，随着经济和社会重回正轨，美国公募基金的发展也进入了快车道。1946~2023 年，美国公募基金的规模由 4.5 亿美元增至 33.6 万亿美元，数量由 68 只增至 10330 只（见图 5-1）。分时期来看，20 世纪 80 年代和 90 年代是美国公募基金发展最快的时候，规模和数量的年复合增速分别高达 23.9% 和 14.4%，大幅高于 80 年代前和 2000 年后。从产品类型上看，虽然共同基金在存量上仍占大头，但 ETF 的发展势头明显更加强劲。2000~2023 年，美国 ETF 的规模复合增速高达 25.6%，而共同基金只有 5.6%；数量上的变化则更加明显，共同基金的数量在 2000 年后停止增长并有小幅下滑，但 ETF 仍有显著增长。

此外，20 世纪 90 年代以后美国公募基金单只产品的平均规模大幅上升（见图 5-2）。目前美国股票和混合型公募基金产品平均规模约在 30 亿美元左右，货币型基金产品平均规模 2010 年以后出现了加速上升势头，到 2023 年时货币基金平均规模已经突破了 200 亿美元，显示出了极强的行业集中度提升态势。

二、基金行业产业结构演进

根据资产类别的不同，公募基金可以分为股票型、债券型、混合型和货币市场型。在行业发展的早期阶段，美国公募基金的产品类型还比较单一，只有股票型和债券型两种，其中股票型基金在规模上占绝对大头。1971 年货币市场基金问世，在高利率环境的推动下，其规模出现了大幅增长，逐渐超过股票型基金成为规模最大的产品。20 世纪 90 年代后，随着股市"长牛"的开启，股票型基金重回规模榜首。

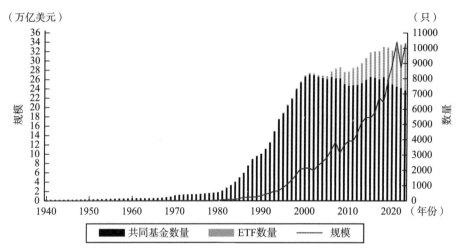

图 5 - 1　1946～2023 年美国公募基金规模与数量变化

资料来源：ICI。

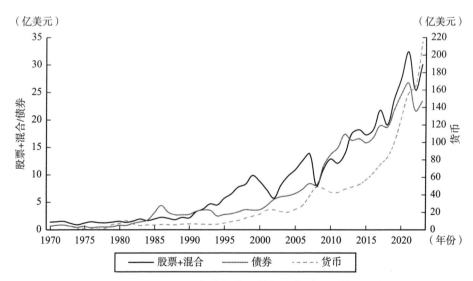

图 5 - 2　1970～2023 年美国共同基金分类别平均基金规模

资料来源：ICI。

美国公募基金的产品结构在 2000 年后比较稳定，以股票型基金为例，除了在世纪之初的互联网泡沫破灭和 2008 年国际金融危机中规模占比有小幅下降外，其他时候基本保持在 55% 左右（见图 5-3）。相比于中国公募基金行业，美国基金产品中股票型基金占比要高很多。

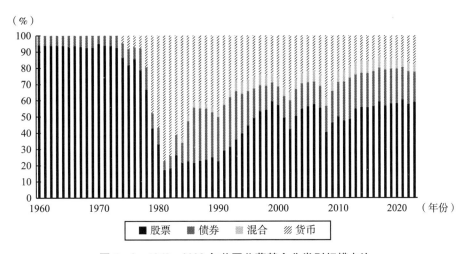

图 5-3　1960～2023 年美国公募基金分类别规模占比

资料来源：ICI。

近年来，美国公募基金行业结构的另一大趋势是集中度逐渐提升，规模向头部基金公司集中的特征比较明显。在 2000 年时，美国管理规模前五大的基金公司一共管理着全行业 32% 的规模，10 年后这一比重上升到了 42%，2023 年时更是达到了 56%（见图 5-4）。美国公募基金行业集中度持续提升，与其产品类型中被动型基金产品规模占比持续扩大有重要关系。相比于主动型基金产品，被动型基金产品差异化很低、规模经济优势突出。头部基金公司寡头垄断竞争结构形成后，单位资金的管理成本更低，费率也可以更低，中小基金公司想在被动型产品上突围难度更大。按照目前美国公募基金发展态势看，预计行业集中度还会持续提升。

三、基金行业费率水平变迁

美国共同基金的费用由持有人费用和运营费用两部分组成，其中持有人费用包括销售费用、赎回费用、份额转换费用和账户维护费用等，运营费用则包括管理费用、分销费用和其他费用等（见本书第一章表1-4）。持有人费用在交易环节一次性收取，运营费用则是每年度按资产总额的一定比例进行收取。对应到我国公募基金的费用项目来看，管理费和托管费属于运营费用，申购赎回费则属于持有人费用。基金的费率通常指的就是运营费率，当前我国主动股票型公募基金的费率中位数大约为1.4%（1.2%的管理费率+0.2%的托管费率），被动型的费率中位数约为0.6%（0.5%的管理费率+0.1%的托管费率）。

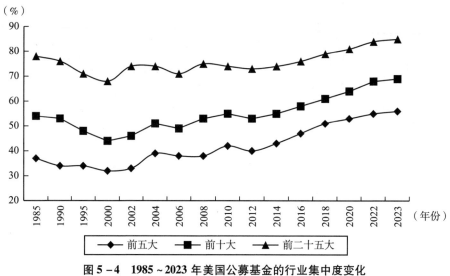

图5-4 1985~2023年美国公募基金的行业集中度变化

资料来源：ICI。

图5-5展示了美国股票型共同基金平均费率的变化过程。从历史上看，美国股票型共同基金的费率呈现出"先升后降"的态势，最高点出现在20世纪90年代中期，费率达到1%左右。此后费率一路走低，到2023年时已不到"千五"（0.43%），较最高点下降了63个BP。近年来债券型共同基金和混合型共同基金的费率同样也有较大幅度的下降，2023年时二者的平均费率分别为0.37%和0.58%（见图5-6）。

费率下降与产品采取主动还是被动的管理方式也没有关系。截至2023年，美国股票型共同基金中主动型和被动型产品的平均费率分别为0.65%和0.05%，分别较2000年时下降了41个BP和22个BP（见图5-7）；债券型共同基金中主动型和被动型产品的平均费率分别为0.46%和0.05%，分别较2000年时下降了31个BP和20个BP（见图5-8）。ETF同样在费率上有大幅下降，截至2023年，股票型ETF和债券型ETF的平均费率分别为0.15%和0.11%，较历史最高点也都有不同程度的下降（见图5-9）。

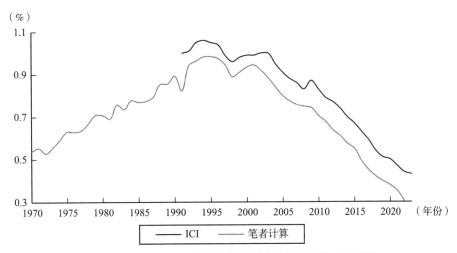

图 5 - 5　1970～2023 年美国股票型共同基金平均费率变化

注：采用规模加权平均。

资料来源：ICI，WRDS。

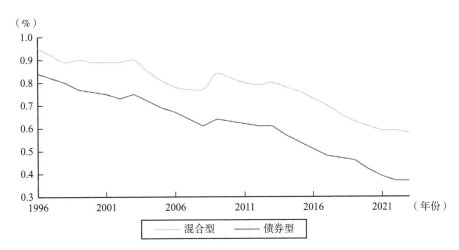

图 5 - 6　1996～2023 年美国债券型和混合型共同基金平均费率变化

注：采用规模加权平均。

资料来源：ICI。

值得注意的是，在规模加权平均口径下，ETF 的整体费率要高于被动型共同基金，例如 2023 年美国股票型 ETF 的费率为 0.15%，高出被动股票型共同基金 10 个 BP（见图 5 - 7 和图 5 - 9）。这是因为在被动型共同基金中，费率更低的产品类型规模占比更大，而整体费率又是采用规模加权平均计算。一般来说，投资于某一特定行业、主题或地区的基金在收费上通常要高于普通的国内股票（domestic equity）基金，截至 2023 年，被动股票型共同基金中有 83% 的规模为国内股票基金，而股票型 ETF 中只有 66%。①

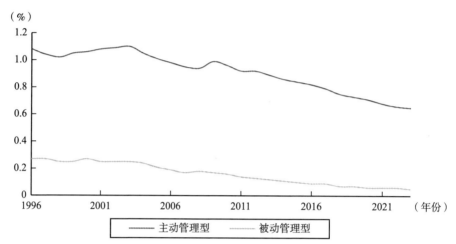

图 5 - 7　1996～2023 年美国主、被动股票型共同基金平均费率变化

注：采用规模加权平均。

资料来源：ICI。

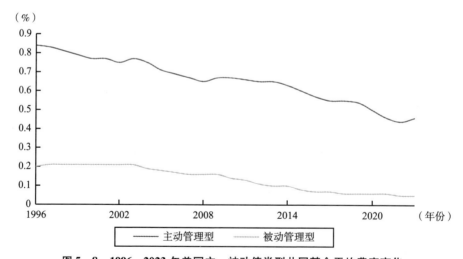

图 5 - 8　1996～2023 年美国主、被动债券型共同基金平均费率变化

注：采用规模加权平均。

资料来源：ICI。

---

① ICI, *Trends in the Expenses and Fees of Funds*, 2020.

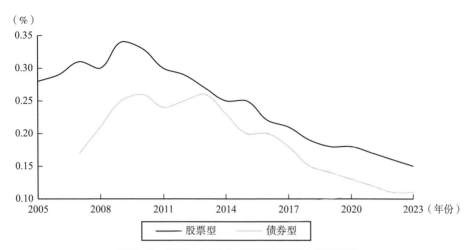

图 5 - 9　2005 ~ 2023 年美国 ETF 平均费率变化

注：采用规模加权平均。

资料来源：ICI。

除了费率的大幅下降，在销售费用上也有显著变化——越来越多的投资者选择零费（no-load）份额。零费份额指的是不收取销售费用的份额类别，无论是从增量（销量占比）还是存量（规模占比）上看，当前零费份额已占据了绝对的领先地位（见图 5 - 10）。2023 年，在美国长期共同基金当年的销售额和总规模中，零费份额分别占到了 82.7% 和 74.0%。

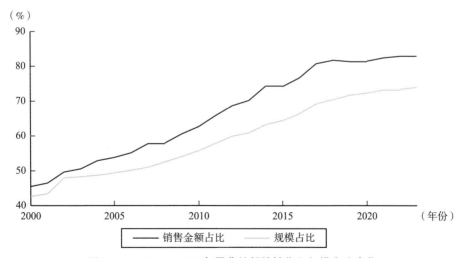

图 5 - 10　2000 ~ 2023 年零费份额的销售和规模占比变化

注：不含货币基金。

资料来源：ICI。

第二节 公募基金公司基本情况

一、基金公司概述

与基金产品类似，20世纪80～90年代同样是美国公募基金公司数量增长最快的时期（见图5－11）。在80年代前，美国只有不到50家公募基金公司；80年代后，基金公司数量快速增长，到1998年时已达到928家；2000年后数量开始下降，到2006年时减少到635家；2006～2015年数量有所回升，但未能超过1998年的高点；2015年后数量再度下降。截至2023年，美国共有772家公募基金公司，每家基金公司平均管理着13只公募基金。

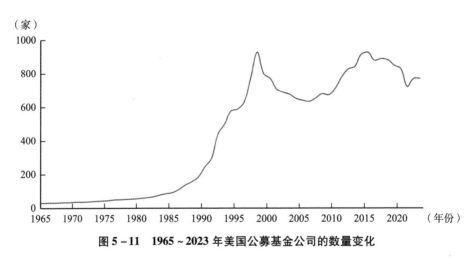

图5－11 1965～2023年美国公募基金公司的数量变化

资料来源：WRDS。

从管理规模上看，目前美国公募基金管理规模排名前30的基金公司规模都在1000亿美元以上，其中美国最大的三家公募基金是先锋领航、富达和贝莱德，管理规模分别达到8.6万亿美元、4.4万亿美元和3.4万亿美元（见表5－1）。统计口径上有一点需要读者注意，表5－1中统计的仅是公司的公募基金管理规模，并不是全部资产管理规模，很多基金公司除公募基金业务外还有其他资产管理业务，因此总体资产管理规模会明显更大。

表 5－1　　　　　　2023 年底美国管理规模最大的公募基金公司基本情况　　　　单位：亿美元

基金公司名称	成立时间	公募规模	基金公司名称	成立时间	公募规模
先锋领航集团 （Vanguard）	1975 年	85748	纽约梅隆银行 （BNY Mellon）	2007 年	3157
富达投资 （Fidelity）	1946 年	43979	美国教师退休基金会 （TIAA－CREF）	1918 年	2964
贝莱德基金 （BlackRock）	1988 年	34406	摩根士丹利 （Morgan Stanley）	1935 年	2935
美洲基金 （American Funds）	1931 年	25329	思博瑞投资 （Allspring）	1995 年	2825
道富基金 （SSGA）	1978 年	15028	杰克逊资产 （JNL 系列）	1961 年	2525
摩根大通 （JPMorgan）	1871 年	12611	道奇考克斯 （Dodge & Cox）	1930 年	2464
嘉信理财 （Charles Schwab）	1971 年	9767	天利投资 （Columbia Threadneedle）	2015 年	1998
景顺 （INVESCO）	1978 年	8432	北方信托 （Northern Trust）	1889 年	1952
普徕仕 （T. Rowe Price）	1937 年	7165	美国世纪投资 （American Century）	1958 年	1920
高盛 （Goldman Sachs）	1869 年	5476	信安基金 （Principal）	1879 年	1877
德明信基金 （DFA）	1981 年	5377	约翰汉考克 （John Hancock）	1862 年	1755
爱马仕资管 （Federated Hermes）	1959 年	4762	恒信投资 （Equitable）	1859 年	1563
富兰克林邓普顿 （Franklin Templeton）	1949 年	4647	第一信托 （First Trust）	1991 年	1533
MFS 投资 （MFS）	1924 年	3935	纽文投资 （Nuveen）	1898 年	1399
太平洋投资管理 （PIMCO）	1971 年	3883	保德信金融 （Prudential）	1875 年	1389

资料来源：WRDS。

二、头部基金公司

（一）先锋领航集团（Vanguard）

先锋领航集团（The Vanguard Group），是美国资产管理规模最大的公募基金公司，公司基金产品以被动指数型最为出名[①]，也有一些著名的主动管理型产品（如威灵顿基金等）。截至 2023 年底，美国规模排序靠前的 30 个公募基金中有约 40% 是先锋领航的产品（见本书第十章表 10 - 14）。先锋领航的股权形式具有革命性创新，基金公司股份是由基金产品持有的，因此最终由基金投资者持有。

约翰·博格在 1951 年大学毕业后加入威灵顿基金管理公司，1974 年他在威灵顿公司中创立了一个新的基金部门并命名为 "Vanguard"，并由此创立了先锋领航集团[②]。先锋领航集团的重要创新，是向市场提供了能够投资整个指数所有股票的低费率被动产品。1976 年先锋领航推出的第一个指数投资信托产品（即如今的先锋领航 500 指数基金）是美国的最早一批被动指数基金产品。被动指数投资方式在 20 世纪 70 年代刚刚兴起并且处在不断探索中，由于其要一次性买入几十甚至几百只股票，在当时只适用于机构投资者，指数型公募基金产品的推出，给个人投资者提供了非常好的廉价投资工具。

在随后的发展中，先锋领航集团不断丰富发展其指数基金产品。1986 年公司推出了行业第一只债券指数基金（Total Bond Fund）。1987 年推出了先锋领航扩展市场指数基金（Vanguard Extended Market Index Fund），这是一个覆盖除标普 500 成分股外美股全市场股票的指数基金。之后几年，先锋领航先后推出中小盘指数基金（如 Vanguard Small-Cap Index Fund）、全市场股票指数基金（如 Vanguard Total Stock Market Index Fund）、海外市场指数基金（如 Vanguard Pacific and European Index Funds）等一系列指数基金产品。

截至 2023 年底，先锋领航集团公募基金管理规模已经超过 8 万亿美元，其单只

[①] 先锋领航的被动指数型公募基金，既包含共同基金模式，也包含 ETF 模式，从历史来看公司更喜欢前者的模式。如果单以 ETF 计算，先锋领航管理的 ETF 规模目前在美国排名第二，仅次于贝莱德基金公司旗下的 iShares 系列 ETF。

[②] 关于先锋领航创立的更多细节内容，可以参见：John C. Bogle, "Lightning Strikes：The Creation of Vanguard, the First Index Mutual Fund, and the Revolution It Spawned," *The Journal of Portfolio Management*, 2014。

产品先锋领航全市场股票指数基金（Vanguard Total Stock Market Index Fund）管理规模就超过了 1 万亿美元。

（二）富达投资（Fidelity）

富达投资公司（Fidelity Investment）是目前资产管理规模仅次于先锋领航集团的美国第二大公募基金管理公司。截至 2023 年底，公司公募基金管理规模超过 4 万亿美元，不同于先锋领航集团以被动指数产品为主，富达公司一直以来都以主动管理权益产品为特色。

富达公司的创始人是爱德华·约翰逊二世（Edward C. Johnson Ⅱ）。1930 年约翰逊二世在马萨诸塞州成立了富达基金（Fidelity Fund），这也是大萧条期间美国少有获批的基金产品之一。1946 年富达管理研究公司（Fidelity Management & Research, FMR）成立，作为富达基金的投资顾问，成为基金公司法律主体，也就是当前富达投资公司的前身。

在悠久的历史发展中，富达公司培育了多个著名的主动管理股票型基金产品。富达逆向基金（Fidelity Contrafund）成立于 1967 年，是目前富达公司规模最大的主动管理型产品，管理规模超过 1000 亿美元，基金经理威廉·达诺夫（William Danoff）自 1990 年任职以来，管理该产品时间已经有 34 年。富达麦哲伦基金（Fidelity Magellan Fund）是公募基金历史上的一大传奇，在 20 世纪 80 年代和 90 年代一直位列美国公募基金规模榜首，1977～1990 年彼得·林奇担任基金经理期间，基金年化复合收益率高达 29%。

在 20 世纪 80 年代和 90 年代，富达公司可谓是美国公募基金行业最闪耀的明星，除了前述富达逆向基金和富达麦哲伦基金外，还有多个基金产品管理规模都名列前茅，如富达股票收益基金（Fidelity Equity Income Fund）、富达清教基金（Fidelity Puritan Fund）等。2000 年以后，随着被动投资的兴起，富达的地位开始被先锋领航赶超。在行业的发展变革中，富达公司也开始在被动投资上布局，2003 年富达推出了第一只 ETF 产品富达纳斯达克综合指数基金（Fidelity NASDAQ Composite Index Tracking Stock ETF）。2011 年推出了富达 500 指数基金（Fidelity 500 Index Fund），该产品截至 2023 年底管理规模超过 4000 亿美元，是目前富达公司管理规模最大的单只产品。

（三） 贝莱德集团（BlackRock）

贝莱德集团（BlackRock）是目前全球最大的资产管理公司，同时其自身也是一家上市公司，根据其 2023 年年报，公司截至 2023 年底合计资产管理规模约 10 万亿美元。贝莱德集团依靠机构客户起家，其管理资产中除公募基金（共同基金与 ETF）外，还包括大量的机构专户、养老金资金、对冲基金等。单以公募基金计算，2023 年底贝莱德集团管理共同基金合计约 7050 亿美元（包括主动和被动）、ETF 约 3.5 万亿美元（其中美国市场约 2.6 万亿美元，另有国际 ETF 约 9450 亿美元）。贝莱德集团与先锋领航集团、道富基金一起，被称为被动指数基金三巨头公司，贝莱德集团旗下的 iShares 系列 ETF 是美国规模最大的 ETF 供应商。

贝莱德集团由拉里·芬克（Larry Fink）等八位资产管理行业专业人士于 1988 年成立。成立之初公司获得了黑石集团（The Blackstone Group）资金支持，当时称为黑石金融管理公司（Blackstone Financial Management），业务领域主要集中在机构投资者和固定收益投资方向。1992 年，公司正式采用了"贝莱德（BlackRock）"这个名字。

相比于美国众多老牌基金公司和资产管理公司，贝莱德集团成立时间相对较晚，能在不到 40 年的时间里成为行业领袖，贝莱德的成长既靠内生增长也靠外延并购。1999 年贝莱德集团在美国纽约证券交易所正式上市，2005 年公司收购了道富研究管理公司（State Street Research & Management）进军权益基金业务，2006 年收购了美林投资管理公司（Merrill Lynch Investment Managers），2007 年收购了奎洛斯资本管理公司（Quellos Capital Management）的 FOF 基金业务。2010 年从巴克莱银行手中购买了巴克莱国际投资公司（Barclays Global Investors，BGI），从而拥有了 iShares 的 ETF 业务。

（四） 美洲基金（American Funds）

美洲基金（American Funds）是美国资本集团（Capital Group）的子公司，是美国最大的共同基金公司之一，其基金产品系列主要以主动管理型产品见长，并且以多基金经理团队管理制为特色。截至 2023 年底，公司公募基金管理资产超过 2 万亿美元，其旗舰产品美洲成长基金（Growth Fund of America）管理规模近 2500 亿美元，是目前美国公募基金市场中规模最大的主动管理型产品。

1931 年乔纳森·贝尔·洛夫莱斯（Jonathan Bell Lovelace，1895 年出生）在洛杉矶成立了洛夫莱斯、丹尼斯和伦弗鲁公司（Lovelace，Dennis & Renfrew），它是美国资本集团的前身。洛夫莱斯是一位聪明且幸运的金融投资家，他在 1929 年股市"大崩盘"前夕，卖掉了大部分持有的股票从市场撤离。1933 年公司接管了美国投资企业基金（The Investment Company of America），正式开始了共同基金管理业务。

到 20 世纪 50 年代后期，公司创始人乔纳森·洛夫莱斯的儿子乔恩·洛夫莱斯（Jon Lovelace Jr）开始引入多基金经理团队管理制度，基金产品不再由单个基金经理管理，而是划分给多个基金经理共同管理。资本集团的这一管理体制变革，彻底摆脱了明星基金束缚，从后续的实践来看，美洲基金的产品一般会有 3 位以上甚至十几位基金经理共同管理。

在头部基金公司中，美洲基金的商业模式以主动管理为主，这点与先锋领航集团和贝莱德集团不同。但其主动管理从很早开始就注重团队管理而非明星基金经理，这就又和富达投资有很大不同。从发展历程来看，在 20 世纪 80 年代和 90 年代，拥有明显基金经理的富达投资比美洲基金发展得更好，拥有更多头部主动管理基金产品。到 2000 年以后形势开始变化，美洲基金的团队管理优势不断凸显，到目前美洲基金公司拥有的规模靠前的头部主动管理型基金，数量要显著多于富达投资（见本书第十章表 10 - 14）。

2022 年资本集团首次发行了 6 个 ETF，开始进军这一领域，不过 ETF 系列产品并不以美洲基金品牌命名。

（五）道富基金（SSGA）

道富基金（State Street Global Advisors，SSGA），是道富集团（State Street Corporation）的子公司，1978 年成立于波士顿。道富基金也是主要以被动指数投资产品为特色，但是相比于先锋领航集团以共同基金产品形式为主，道富基金更加专注于 ETF 产品。

1993 年，道富基金发行了全美国第一只 ETF 产品，跟踪标普 500 指数的 SP-DR①S&P 500 ETF（交易所代码：SPY），开启了公募基金行业一个崭新的领域。实际上，美国 ETF 的发明者奈尔森·莫斯特（Nathan Most）最先接触的是先锋领航集团，但是约翰·博格拒绝了他的提议。ETF 相比于之前已经存在的共同基金指数产品，核

---

① SPDR 为道富基金旗下的 ETF 产品品牌，全称是 Standard & Poor's Depositary Receipts。

心优势就是可以盘中交易①，而约翰·博格并不喜欢频繁交易，他认为 ETF 这种交易方式是肥了经纪商亏了投资者②。SPDR S&P 500 ETF 目前已经成为全球规模最大的 ETF 产品，2024 年 2 月规模突破 5000 亿美元。

在随后的发展中，道富基金发行了各种类型的 ETF 产品，1998 年公司发行了首个行业主题 ETF（Sector-Specific ETF），2004 年发行了美国首个实物黄金 ETF，2012 年和黑石信贷（Blackstone Credit）合作，发行了首个主动管理优先贷款 ETF。目前道富基金 ETF 产品非常丰富，包括宽基指数、行业主题、主动管理、Smart Beta、ESG 等多领域 ETF。

三、特色基金公司

（一）太平洋投资管理（PIMCO）

太平洋投资管理公司（Pacific Investment Management Company，PIMCO）是一家全球领先的固定收益投资管理公司，坐落于美国加利福尼亚州。PIMCO 的前身是太平洋人寿保险公司负责资产管理的一个部门，1982 年时被分拆出来独立运营。PIMCO 拥有一支堪称豪华的投研团队，美联储前主席本·伯南克（Ben Bernanke）、白宫前幕僚长约书亚·博尔登（Joshua Bolten）、英国前首相戈登·布朗（Gordon Brown）以及唯一一位担任过两个国家（加拿大和英国）央行行长的马克·卡尼（Mark Carney）都是其全球顾问委员会的成员，其核心人物——比尔·格罗斯（Bill Gross），更是被业界誉为"债券之王"。

出生于 1944 年的比尔·格罗斯有着非常丰富的人生经历。1966 年从杜克大学毕业后，格罗斯加入了美国海军，在驱逐舰"吉亚琴科"号上担任工程师，并参加了越战。离开海军后，格罗斯在加州大学洛杉矶分校获得了 MBA 学位，还在拉斯维加斯当了一段时间的"21 点"职业牌手。1971 年，格罗斯加入了太平洋人寿保险公司，担任债券分析师。

1987 年，格罗斯开始管理太平洋总回报基金（PIMCO Total Return Fund）。"总回

---

① ETF 类似股票在交易所上市，盘中可以实时交易，而共同基金只能根据每日收盘价格申购赎回，交易便捷度和流动性不如 ETF。

② 博格关于基金产品的更多观点，可以参见：［美］约翰·博格：《共同基金常识（10 周年纪念版）》，北京联合出版有限公司 2017 年版。

报"是格罗斯所发明的一种债券投资策略,指的是在获取稳定的票息收益外,还要通过积极的交易来赚取资本利得。除了热衷于交易,格罗斯还是一名衍生品高手,期权、互换等各类衍生工具都是他组合中的"常客"。高超的交易技巧和对各类工具的灵活使用为格罗斯带来了非凡的业绩回报,1987～2014 年,太平洋总回报基金(PIMCO Total Return Fund)创造了 4.3% 的年化收益率,优于同期各类债券指数(见表 5-2)。

表 5-2 比尔·格罗斯管理期间太平洋总回报基金的业绩对比

比较对象	年化收益率(%)	年化夏普
太平洋总回报基金	4.29	0.20
巴克莱美国信用债指数	3.92	0.09
巴克莱美国 MBS 指数	3.32	-0.04
美银美林美国十年期国债指数	3.96	0.08

注:统计区间为 1987 年 6 月至 2014 年 9 月。
资料来源:Bill Gross' Alpha:The King Versus the Oracle。

2014 年,格罗斯突然离开工作了 40 余年的 PIMCO,加入了骏利资本(Janus Capital)。离开的原因一方面是业绩下滑,总回报基金在 2013 年创下了近 20 年来的最差表现;另一方面,格罗斯与公司高层之间的矛盾也愈发尖锐,时任 PIMCO 首席执行官的道格拉斯·霍奇(Douglas Hodge)曾表示,"在关于 PIMCO 未来的问题上,公司领导层与格罗斯存在着原则性的分歧"[1]。但遗憾的是,离开 PIMCO 后的格罗斯未能延续先前的高光表现,业绩并不理想。他所管理的骏利亨德森全球无约束债券基金(Janus Henderson Global Unconstrained Bond Fund)不仅没有跑赢"前任"太平洋总回报基金(见图 5-12),还落后于大部分同类产品。[2]

格罗斯离开 PIMCO 是一个经典的核心人物流失给平台带来冲击的故事。作为美国乃至全球公认的"债王",格罗斯的能力不容置疑。但格罗斯在 PIMCO 的业绩并不能只算作他的功劳,研究团队也给他提供了极大的帮助。格罗斯离开 PIMCO 后业绩

[1] Jill Treanor,"Bill Gross quits Pimco for Janus Capital," *The Guardian*,2014.
[2] Trevor Hunnicutt and Jennifer Ablan,"Bill Gross,Once Wall Street's 'Bond King',Retires after Rocky Second Act," Reuters,2019.

不佳，部分原因就在于失去了 PIMCO 强大投研团队的支持。

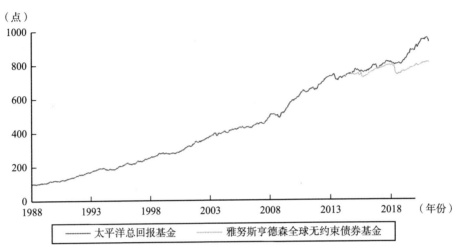

（点）

图 5 - 12　比尔·格罗斯生涯中所管理的两只基金业绩走势

注：定基 1988 年 1 月 = 100。

资料来源：WRDS。

　　反观 PIMCO 这边，虽然失去了灵魂人物，但 PIMCO 并没有外界想象中那么"脆弱"，在管理层和员工的携手努力下，很快就稳住了阵脚。[①] 格罗斯离开后，PIMCO 马上安排了三位投资经验同样丰富的债券老将接手太平洋总回报基金，为基金业绩提供了有力保障。除了保证团队和体系的稳定运转外，PIMCO 还加大了在投资策略上的分散。接任格罗斯出任 CEO 的伊曼纽尔·罗曼（Emmanuel Roman）在上台后，立即着手推进对冲基金、不动产以及其他另类投资策略的开发，以此减少 PIMCO 对传统债券资产的依赖。[②]

（二）ARK

　　ARK 是一家坐落在美国佛罗里达州圣彼得斯堡的投资管理公司，由凯西·伍德（Cathie Wood，外号"木头姐"）于 2014 年成立。ARK 的名字源自以色列民族的圣物——约柜（Ark of Covenant），据传里面存放着刻着十诫的两块石板。

---

　　① Jennifer Ablan, "Glamour is Out at Pimco as It Begins to Recover from Gross Exit," Reuters, 2015.

　　② Justin Baer, "Pimco's Strategy for Life After Gross：Go Beyond 'Bonds and Burgers'," *The Wall Street Journal*, 2016.

ARK 以主题投资作为主要策略，主题都带有强烈的科技色彩。ARK 关注或投资的主题包括人工智能、基因编辑测序、机器人、电动汽车、Fintech、3D 打印和区块链等。在成立 ARK 之前，木头姐已在主题投资领域深耕多年。早在 1998 年，她就与他人共同成立了一家聚焦于全球主题策略的对冲基金——图珀洛资本（Tupelo Capital），3 年后又加入了联博（AllianceBernstein），担任全球主题策略的首席投资官。ARK 当前的产品线分为两大类：第一类专注于颠覆性创新技术（disruptive innovation）即科技板块，包括六只主动管理 ETF 和两只指数 ETF；第二类为数字资产，包括比特币 ETF、区块链与数字经济创新 ETF 等（见表 5 - 3）。

表 5 - 3　　　　　　　　　　　　　　ARK 的产品线

产品类别	产品名称	管理方式
颠覆性创新	创新 ETF	主动
	自动驾驶及机器人 ETF	主动
	下一代互联网 ETF	主动
	基因革命 ETF	主动
	Fintech 创新 ETF	主动
	空间探索及创新 ETF	主动
	3D 打印 ETF	被动
	以色列创新科技 ETF	被动
数字资产	21Shares 比特币 ETF	被动
	21Shares 比特币期货策略 ETF	主动
	21Shares 链上比特币期货策略 ETF	主动
	21Shares 区块链与数字经济创新 ETF	主动
	21Shares 比特币以太坊策略 ETF	主动
	21Shares 以太坊期货策略 ETF	主动

资料来源：ARK。

过去几年里，ARK 的业绩波动比较大，超额收益走势呈现"急上急下"的态势（见图 5 - 13）。以其旗舰产品创新 ETF 为例，2020 年的涨幅高达 152.8%，远远超过标普 500 指数和纳斯达克 100 指数（标普 500 指数和纳斯达克 100 指数在 2020 年的涨幅分别为 18.4% 和 48.9%，均为全收益口径）。但 2021 年后，ARKK 的超额收益急转直下，表现持续低迷。

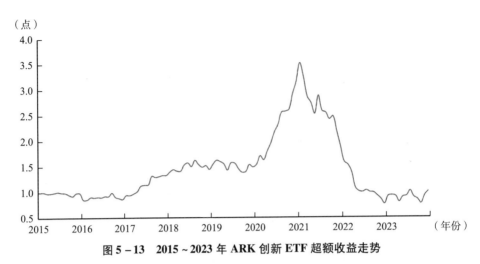

图 5 – 13　2015 ~ 2023 年 ARK 创新 ETF 超额收益走势

注：超额收益计算基准为标普 500 全收益指数。

资料来源：WRDS。

前卫的投资主题和弹性极强的业绩注定了 ARK 不会是默默无闻之辈。虽然算不上老牌资管机构，但 ARK 的热度可不低，市面上甚至出现了带有 ARK logo 的 T 恤和帽衫供粉丝购买。木头姐的个人 IP 也是 ARK 火爆出圈的原因之一。对于大多数基金经理来说，基金的定期报告是他们与投资者沟通的主要甚至唯一方式，导致投资者对他们的了解也基本停留在个人介绍一栏。但木头姐打破了这一传统，她的身影频繁地出现在各类访谈、论坛和节目中。木头姐在社交媒体上也相当活跃，经常分享自己的观点和 ARK 的研究成果。某种程度上说，现在的木头姐已不仅是基金经理，更像一位投资界的意见领袖，她的一言一行都受到全球资本市场的关注。

但 2021 年以来，随着业绩的回落，ARK 的日子就不那么好过了。首先是各方批评纷至沓来，批评的点包括不关注估值、风险管理差、仓位集中以及木头姐凭直觉投资等。2021 年 11 月，市场上更是出现了一只专门做空 ARK 创新 ETF 的 ETF——Tradr 2X Short Innovation Daily ETF，这只和木头姐"反着买"的 ETF 在上市三个月内吸金就超过了 2 亿美元。此外，ARK 还荣登"黑榜"。2024 年 2 月，晨星发布了 2014 ~ 2023 年间 15 只给投资者亏得最多的基金[1]，在这份"财富毁灭者"榜单上，ARK 旗下的创新 ETF 和基因革命 ETF 分别位列第三和第五（排名越靠前说明亏得越多）。

不可否认，前期在爆款产品和创始人 IP 的双重驱动下，ARK 取得了巨大的成功。

---

[1]　Amy Arnott，"15 Funds That Have Destroyed the Most Wealth Over the Past Decade，" *MorningStar*，2024.

但是在投资者眼中，业绩不好就是原罪，研究做得再好都是白搭。2021 年以来，ARK 的超额收益已经低迷了接近 4 年，如果后续业绩仍无起色，木头姐恐将面临更大的考验。

（三）ProShares

ProShares 是一家以杠杆（leveraged）ETF 和反向（inverse）ETF 为主打产品的 ETF 提供商，属于 ProFunds Group。ProFunds Group 由路易斯·梅伯格（Louis Mayberg）和迈克尔·萨皮尔（Michael Sapir）于 1997 年成立，成立当年即推出了一只反向基金——Bear ProFund。2006 年，ProFunds Group 推出了 ProShares 和美国第一只杠杆 ETF 和反向 ETF。2021 年，ProShares 发行了美国第一只比特币期货 ETF——ProShares 比特币策略（Bitcoin Strategy）。

对于我国基金投资者而言，杠杆 ETF 和反向 ETF 可能相对比较陌生，当前我国金融市场上尚不存在此类产品。杠杆 ETF 是指运用期货、互换等衍生工具，实现每日追踪目标指数收益的正向一定倍数（常见的杠杆倍数主要为 2 倍和 3 倍）。类似地，反向 ETF 是利用金融衍生工具实现每日追踪目标指数收益的反向一定倍数。

当前 ProShares 的杠杆和反向 ETF 产品线已非常丰富，实现了股、债、商、汇和虚拟货币的全覆盖，跟踪标的包括宽基指数（如标普 500、罗素 2000）、国家或地区指数（如 MSCI 日本、MSCI 欧澳远东）、行业指数（如纳斯达克生物科技、标普能源）、主题指数（如纳斯达克云计算、纳斯达克网络安全）、债券指数（如 ICE7 – 10 年美国国债、iBoxx 高收益债）、商品指数（如彭博天然气、彭博黄金）和虚拟货币指数（如彭博比特币、彭博以太坊）。此外，ProShares 还有四只跟踪欧元和日元汇率的杠杆 ETF 和反向 ETF。

除了杠杆 ETF 和反向 ETF，ProShares 在普通 ETF 上也有布局。但是 ProShares 的普通 ETF 并不"普通"，类似于跟踪标普 500 指数这样的 ETF 是没有的，跟踪标的主要是各类主题指数和 Smart-beta 指数。此外，ProShares 还有一个名为"Ex-Sector"系列的 ETF。与行业指数 ETF 不同的是，这类 ETF 做的是"排除法"，跟踪的是标普 500 指数中除某一行业外的其他成分股的表现。

总的来说，ProShares 是一家产品特点非常鲜明的公司，以杠杆和反向 ETF 作为基本盘，聚焦于创新型 ETF 的开发。

（四）DFA

DFA 的全称为 Dimensional Fund Advisors，中文名为德明信基金，由大卫·布斯（David Booth）等人于 1981 年成立。DFA 的特色有两点，一是作为一家商业机构却有着十分浓厚的学术气息，二是与众不同的营销体系。

DFA 与学术界的渊源始于创始人布斯，在芝加哥大学就读时，布斯曾跟随金融学泰斗级人物尤金·法马（Eugene Fama，Fama-French 模型中的 Fama、2013 年诺贝尔经济学奖得主）学习。2008 年时，布斯向母校捐赠了 3 亿美元，芝加哥大学商学院也由此改名为芝加哥大学布斯商学院。DFA 与芝加哥大学的关系十分密切，形成了良好的产学研合作关系。

DFA 对学术的"亲近"也体现在人员构成上。以董事会为例，DFA 的董事会更像一所大学的经济金融系，董事包括尤金·法马、肯尼斯·弗兰奇（Kenneth French，Fama-French 模型中的 French）、道格拉斯·戴蒙德（Douglas Diamond，2022 年诺贝尔经济学奖得主）和数名来自耶鲁、斯坦福等知名大学的教授。DFA 的投研人员也都有着深厚的学术功底，现任投资总监杰拉德·奥莱利（Gerard O'Reilly）和萨维娜·里佐娃（Savina Rizova，兼任研究总监）均拥有博士学位，其中奥莱利毕业于加州理工学院，专业为航空航天；里佐娃则是芝加哥大学布斯商学院的金融学博士，曾做过肯尼斯·弗兰奇的研究助理。

DFA 的投资策略以量化选股为主，其成立时间最长的产品——DFA 美国微盘基金（DFA US Micro Cap Fund）持股数量超过 1500 只。加上董事尤金·法马和肯尼斯·弗兰奇本就是因子投资领域的大佬，因此 DFA 量化"血统"可以说是非常"纯正"。在 DFA 当前的产品线中，投资于美国国内股票的共同基金共 19 只，全部为股票多头策略，暂无市场中性、套利等其他类型。因此从产品策略上讲，可以认为 DFA 是一家主做指数增强（指数增强是指在对基准指数进行有效跟踪的基础上获取超额收益）策略的基金公司。业绩方面，以 DFA 美国微盘基金为例，这只产品以罗素 2000 指数为基准的产品，在 1982~2023 年间实现了 11.5% 的年化收益率，超过基准 1.6%，超额收益走势见图 5-14。

当然，学术气息浓厚并不能保证商业上的成功。对于大多数投资者来说，与彼得·林奇从妻子逛商场中发现投资机会的故事相比，DFA 的学术理论确实显得晦涩了一些，Fama-French 三因子模型自然没有塔可钟（Taco Bell）[1] "亲切"。DFA 当然明白这一点，因此在营销策略上选择另辟蹊径。

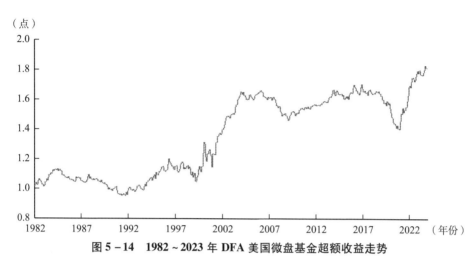

图 5 – 14　1982 ~ 2023 年 DFA 美国微盘基金超额收益走势

注：超额收益计算基准为罗素 2000 全收益指数。
资料来源：WRDS，彭博。

DFA 在营销上有以下三点特别之处：首先，DFA 的共同基金只对机构投资者和特定投资顾问的客户开放，一般零售客户是买不到的；其次，DFA 只会与 "合格" 的投资顾问合作，投资顾问需要通过问卷调查、面试，甚至自掏腰包拜访 DFA 公司等一系列考核[2] 才能获得 DFA 的认可；最后，DFA 不做面向大众的广告，无论是线上还是线下。

在外界看来，这几点多少显得有些 "违背常理"。对于基金公司来说，无论是客户还是作为销售伙伴的投资顾问，自然是越多越好，而广告对于引流也具有重要作用。但 DFA 认为，商业伙伴之间相互认可是成功的前提条件，因此筛选的存在很有必要。创始人布斯在一次采访中说到，"（这一过程）虽然有些令人讨厌，但也使得我们之间的关系更加紧密"[3]。

对于这部分得到 DFA 认可的投资顾问，除了给予买产品的资格外，DFA 还会提供名为 "Dimensional 360" 的服务。"Dimensional 360" 意为 360 度全方位的支持，由投资资源、客户沟通、商业战略和教育培训四个板块构成。这四个板块各自的侧重点

---

① 　一家全球连锁的墨西哥风味快餐餐厅，彼得·林奇知名的投资标的之一。

②③ 　"Dimensional Fund Advisors Picks Advisers, Not Stocks, and It Works," Bloomberg News, 2015.

不同。在投资资源和客户沟通板块中，DFA 提供的内容与其他基金公司比较类似，主要是传递投研观点和培训销售人员的话术。在商业战略板块中，DFA 则会针对投资顾问自身的发展规划和战略决策提供帮助，而不仅仅是销售 DFA 的产品。教育培训板块主要是指 DFA 为了建设和维护投资者社区，定期举办的会议、培训和直播等活动。"Dimensional 360" 的服务细致入微，大到方法论，小到展示用的手册和 PPT，投资顾问们都可以直接从 DFA 处获取。

总的来说，DFA 的特色并不止学术研究，营销战略上的亮点也值得关注。实话说，量化产品的营销故事是不太好讲的，与"价值投资""长坡厚雪"等常见的基金卖点都不沾边。因此投资者在选择此类产品时，很容易变成"唯业绩论"（即买过去业绩好的）。但只拼业绩并不利于规模的稳定，毕竟没有人能保证自己的业绩永远靠前。所以 DFA 从一开始就放弃了面向大众的营销，转而通过双向筛选、"一条龙"式服务等方式来筛选、培育自己的粉丝群体。这种精耕细作的打法造就了 DFA 极高的客户黏性，在 2014 年一场针对美国投资顾问的调查中，DFA 在"客户忠诚度"一项的分数是所有共同基金公司里最高的。[①]

（五）Dodge & Cox

道奇 & 考克斯（Dodge & Cox）一家总部位于旧金山的基金公司，由范·道奇（Van Dodge）和莫里·考克斯（Morrie Cox）于 1930 年成立。道奇 & 考克斯的特色可以用"四低"来概括，即产品数量低、换手率低、费率低和人员流失率低。

道奇 & 考克斯的产品线非常精简，产品数量大幅低于同行。根据晨星的数据，2017 年时，美国规模最大的 25 家基金公司平均拥有 464 只产品，而道奇 & 考克斯只有六只。[②] 直到 2021 年，道奇 & 考克斯才发行了它的第七只产品——新兴市场股票基金（Emerging Markets Stock Fund），而这距离上一次发行新产品已过去七年。道奇 & 考克斯的七只产品由四只股票型、两只债券型和一只混合型组成。四只股票型产品中，主要投资于美国国内股票的只有一只，名为道奇 & 考克斯股票基金（Dodge & Cox Stock Fund），迄今已有接近 60 年的历史。这只产品以标普 500 指数作为基准，在 1965 年至 2023 年间实现了约 11.1% 的年化收益率，高出基准 0.9%。从超额收益的走势上看，2000～2006 年是这只产品超额收益提升最明显的阶段，2007 年后整体

---

① "Dimensional Fund Advisors Picks Advisers, Not Stocks, and It Works," Bloomberg News, 2015.
② Landon Thomas, "An Old-School Investment Manager that Builds Wealth Quietly," *The New York Times*, 2017.

呈震荡下行的态势（见图 5 – 15）。

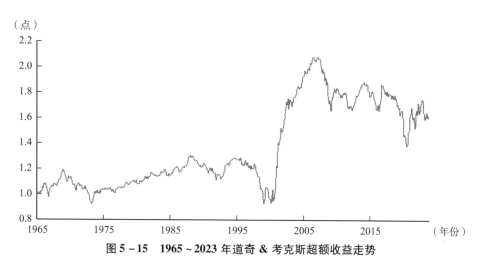

图 5 – 15 1965 ~ 2023 年道奇 & 考克斯超额收益走势

注：超额收益计算基准为标普 500 全收益指数。

资料来源：WRDS。

　　道奇 & 考克斯的产品换手率同样大幅低于同行。2000 ~ 2022 年，道奇 & 考克斯股票基金的换手率在同类型基金中的平均排名大约为 11% 分位数，即有接近 90% 的同行换手率比它高。道奇 & 考克斯的另外一只基金，投资于美国以外股票的道奇 & 考克斯国际股票基金（Dodge & Cox International Stock Fund），2001 ~ 2022 年换手率在同类型基金中的平均排名大约为 16% 分位数，同样是在很低的水平。

　　根据晨星的数据，在美国规模最大的 25 家基金公司中，道奇 & 考克斯属于费率最低的那一档。[1] 以道奇 & 考克斯股票基金为例，截至 2024 年 7 月，这只主动型股票基金的费率只有 0.51%，比行业平均水平低 14 个 BP（见图 5 – 7）。道奇 & 考克斯能提供如此低廉的费率主要有两点原因。一是道奇 & 考克斯对于营销的态度十分"冷淡"，省下了一大笔销售费用。据《纽约时报》报道，道奇 & 考克斯不做广告、不配置销售人员、不会雇佣外部渠道卖基金。[2] 二是道奇 & 考克斯是一家私人公司，与已上市的同行相比，盈利压力相对更小。

　　"四低"中的最后"一低"是指道奇 & 考克斯的人员流失率很低，公司核心成员的司龄都在 20 年以上。例如，现任首席执行官（CEO）达纳·埃默里（Dana Emery）

---

① Andrew Daniels，"Dodge & Cox：Built to Last，"*Morningstar*，2017.

② Landon Thomas，"An Old-School Investment Manager that Builds Wealth Quietly，"*The New York Times*，2017.

司龄长达 41 年、投资总监大卫·赫夫特（David Hoeft）司龄 31 年、研究总监史蒂夫·沃里斯（Steve Voorhis）司龄 28 年。

"四低"的特征很好地体现了道奇 & 考克斯追求长期主义和投资者利益至上的价值观。这家以"老气"（old-school）自居并引以为豪的基金公司在投资者中享有很高的声誉，甚至得到了指数基金之父、先锋领航创始人约翰·博格的认可。在一次采访中，博格不加掩饰地表达了对道奇 & 考克斯的喜爱并阐述了原因，"他们是真正从事投资管理（的公司），而不是市场营销"①。

第三节　基金经理相关特征

一、总体特征

从相关研究来看，美国公募基金经理具有以下几点个人特征：（1）男性，基金经理中男性的占比在 90% 左右；（2）年龄在 40～50 岁之间（45 岁以上的概率更大）；（3）一半左右的人拥有工商管理硕士（MBA）学位和特许金融分析师（CFA）证书，但博士的比例并不高（不到 5%）；（4）学习成绩好，SAT（可以理解为美国的高考）分数在 1200 分左右（见表 5-4）。

表 5-4　　美国公募基金经理的个体特征

特征	Golec（1996）	Chevalier, Ellison（1999）	Bai et al.（2019）	Barber et al.（2020）	Chen et al.（2021）	Clare et al.（2022）
男性比例（%）	–	–	–	90.0	90.3	89.1
平均年龄（岁）	45.6	44.2	46.3	47.3	47.5	46.3
拥有 CFA 证书比例（%）	–	59.6	–	50.0	51.4	44.5
拥有 MBA 学位比例（%）	64.0	–	–	47.0	56.3	40.2

① Motley Fool Staff and Tom Gardner, "2 Managers Who Get a Thumbs-Up From Jack Bogle," *The Motley Fool*, 2014.

续表

特征	Golec （1996）	Chevalier, Ellison（1999）	Bai et al. （2019）	Barber et al. （2020）	Chen et al. （2021）	Clare et al. （2022）
拥有博士学位比例（%）	–	–	–	4. 0	–	3. 9
SAT 平均分数（分）	–	1141. 6	1294. 7	–	–	1325. 0

资料来源：Golec（1996），The Effects of Mutual Fund Managers' Characteristics on Their Portfolio Performance, Risk and Fees, *Financial Services Review* 5（2），133 – 147；Chevalier, Ellison（1999），Are Some Mutual Fund Managers Better than Others? Cross-Sectional Patterns in Behavior and Performance, *Journal of Finance* 54（3），875 – 899；Bai et al.（2019），What a Difference a（birth）Month Makes：The Relative Age Effect and Fund Manager Performance, *Journal of Financial Economics* 132（1），200 – 221；Barber et al.（2020），Performance Isn't Everything：Personal Characteristics and Career Outcomes of Mutual Fund Managers, working paper；Chen et al.（2021），Recession Managers and Mutual Fund Performance, *Journal of Corporate Finance* 69，102010；Clare et al.（2022），Manager Characteristics：Predicting Fund Performance, *International Review of Financial Analysis* 80，102049。

另外，美国基金经理的家庭出身也还不错，他们父亲的收入分布要明显优于一般男性，甚至还有相当一部分的基金经理出身于极其富裕的家庭（见图 5 – 16）。如果用一句话来概括美国基金经理，大致就是"家境不错、受过良好教育、具有硕士学位的中年男性"。

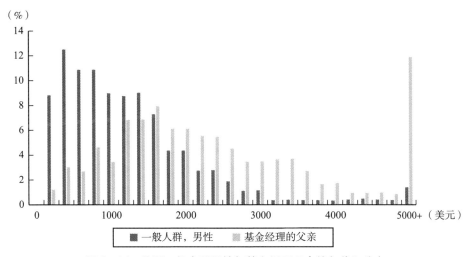

图 5 – 16　美国一般人群男性与基金经理父亲的年收入分布

注：统计时间为 1940 年。

资料来源：Oleg Chuprinin and Denis Sosyura, "Family Descent as a Signal of Managerial Quality：Evidence from Mutual Funds," *Review of Financial Studies* 31, no. 10（2018）：3756 – 3820。

从产品管理特征上看，美国公募基金产品中"独管"的比例有明显下降，越来越多的产品是由两人或两人以上的团队管理（见图 5 - 17）。1990 年时由单人管理的基金和由团队管理（两人及两人以上）的基金在数量上大约呈"八二开"，即八成的基金只有一个基金经理，2023 年时情况已完全逆转，八成的基金由两个或两个以上的基金经理共同管理。

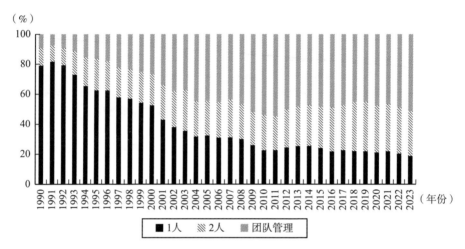

图 5 - 17　1990 ~ 2023 年美国主动权益基金单产品管理人数变化

注："团队管理"指 3 人或 3 人以上管理。
资料来源：WRDS。

二、基金经理收入

基金经理的收入一直是个热门且敏感的话题，特别是近几年来，我国公募基金整体表现不佳，基民亏损较多、怨气较大，加上基金经理的收入又不透明，自然就容易引起争议甚至滋生谣言。在美国，基金经理的收入水平也是不公开的，但收入结构是"半公开"信息。根据 SEC 的要求，自 2005 年 3 月起，共同基金需要在"附加信息声明"（Statement of Additional Information）中，就基金经理的收入结构进行披露，披露的内容包括收入是否固定、收入是否挂钩于业绩或规模等一系列问题。[1] "半公开"

---

[1]　"Disclosure Regarding Portfolio Managers of Registered Management Investment Companies," Securities and Exchange Commission, 17 CFR Parts 239, 249, 270, and 274, Release Nos. 33-8458；34-50227；IC-26533；File No. S7-12-04, RIN 3235-AJ16, October 1, 2004.

的意思是指，关于收入结构的披露并不一定会给出具体准确的数字，可能只是定性的描述。例如美国成长基金（The Growth Fund of America）在 2023 年 11 月发布的"附加信息声明"中写到，"公司为基金经理和分析师提供了有竞争力的工资……他们还可能会获得奖金或者参与利润分成计划……奖金由业绩决定，业绩的比较基准可能是一个或多个指数，例如标普 500 指数或罗素 1000 成长指数……对业绩的考察在近一年、近三年、近五年和近八年四个区间上进行"[①]。

　　从收入结构上看，奖金是美国基金经理收入的重要组成部分，而且大部分情况下占大头。有研究发现：超过 98% 的共同基金披露其基金经理的收入中存在奖金，只拿固定工资的占比不到 2%；从部分基金公布的奖金工资比来看，奖金在工资 1 倍以上的比例为 68.5%，2 倍以上的比例为 35%（见图 5-18）；还有一些基金对奖金与工资的比值进行了定性描述，在大部分描述中奖金都是大幅高于工资的（见图 5-19）。此外，30% 的基金经理收入上存在递延。[②]

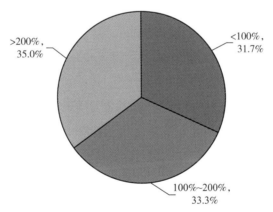

图 5-18　美国共同基金基金经理奖金工资比分布情况

注：奖金工资比 = 奖金÷工资。

资料来源：Linlin Ma，Yuehua Tang and Juan-Pedro Gomez，"Portfolio Manager Compensation in the U. S. Mutual Fund Industry，"*Journal of Finance* 74，no. 2（2019）：587 – 638。

---

①　The Growth Fund of America，*Statement of Additional Information*，November 1，2023.

②　Linlin Ma，Yuehua Tang and Juan-Pedro Gomez，"Portfolio Manager Compensation in the U. S. Mutual Fund Industry，"*Journal of Finance* 74，no. 2（2019）：587 – 638.

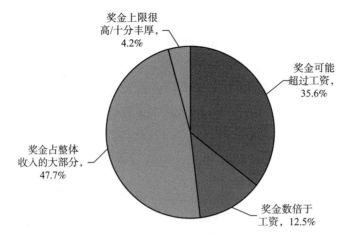

图 5 – 19　美国共同基金基金经理奖金工资比相关信息

资料来源：Linlin Ma，Yuehua Tang and Juan-Pedro Gomez，"Portfolio Manager Compensation in the U. S. Mutual Fund Industry，" *Journal of Finance* 74，no. 2（2019）：587 – 638。

收入影响因素方面，业绩、管理规模以及公司整体的利润情况都会对基金经理的收入造成影响。这几个因素中，业绩对收入的影响最大、管理规模最小：超过 80% 的基金经理收入会受到业绩的影响；其次为公司的整体利润，约 52% 的基金经理收入会受到该因素的影响；管理规模对基金经理收入的影响最小，占比不到 20%（见图 5 – 20）。[1]

如果基金经理的收入与业绩挂钩，那么基金公司还需要披露业绩比较基准和考察区间长度。[2] 业绩比较基准可以是市场指数（如标普 500 指数），也可以是同类型基金指数（如理柏小盘成长基金指数），前者衡量的是基金经理的超额收益，后者则是衡量基金经理在同业中的位置。美国主动股票型共同基金中，21% 的基金采用同类型基金指数作为业绩基准，29% 采用市场指数，剩下的 50% 则是二者皆有（见图 5 – 21）；业绩的考察区间方面，最短的只有一个季度，最长的长达 10 年，平均长度为 3 年（见表 5 – 5）。[3]

---

　　[1]　Linlin Ma，Yuehua Tang and Juan-Pedro Gomez，"Portfolio Manager Compensation in the U. S. Mutual Fund Industry，" *Journal of Finance* 74，no. 2（2019）：587 – 638.

　　[2]　"Disclosure Regarding Portfolio Managers of Registered Management Investment Companies，" Securities and Exchange Commission，17 CFR Parts 239，249，270，and 274，Release Nos. 33-8458；34-50227；IC-26533；File No. S7-12-04，RIN 3235-AJ16，October 1，2004.

　　[3]　Richard Evans，Juan-Pedro Gómez，Linlin Ma and Yuehua Tang，"Peer Versus Pure Benchmarks in the Compensation of Mutual Fund Managers，" *Journal of Financial and Quantitative Analysis*，（2023）：1 – 38.

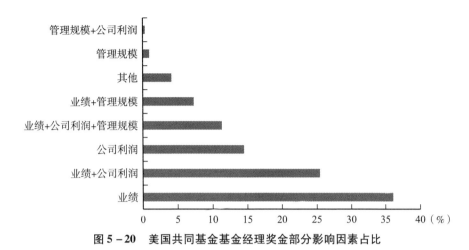

图 5 - 20　美国共同基金基金经理奖金部分影响因素占比

注：占比指占收入为非固薪的基金经理数量的比例。

资料来源：Linlin Ma，Yuehua Tang and Juan-Pedro Gomez，"Portfolio Manager Compensation in the U. S. Mutual Fund Industry," *Journal of Finance* 74，no. 2（2019）：587 - 638。

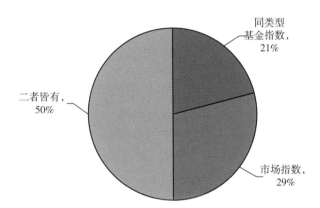

图 5 - 21　美国主动股票型共同基金业绩比较基准类型及占比

资料来源：Richard Evans，Juan-Pedro Gómez，Linlin Ma and Yuehua Tang，"Peer Versus Pure Benchmarks in the Compensation of Mutual Fund Managers," *Journal of Financial and Quantitative Analysis*，（2023）：1 - 38。

表 5 - 5		美国共同基金基金经理业绩考察区间长度统计		单位：年
类别	均值	中位数	最小值	最大值
平均考察区间长度	3. 0	3. 0	0. 3	7. 5
最大考察区间长度	4. 4	5. 0	0. 3	10. 0
最小考察区间长度	1. 6	1. 0	0. 3	5. 0

资料来源：Linlin Ma，Yuehua Tang and Juan-Pedro Gomez，"Portfolio Manager Compensation in the U. S. Mutual Fund Industry," *Journal of Finance* 74，no. 2（2019）：587 - 638。

至于基金经理具体的收入水平，虽然这属于私密信息，但近期有研究填补了这一领域的空白。[①] 该研究整合了来自美国人口调查局、晨星、律商联讯以及领英等不同数据源的数据，对1991～2020年美国主动股票型基金经理的收入水平进行了测算，得到如下结论：1991～2020年，美国基金经理的平均年收入、奖金和工资分别为176万美元、119万美元和47.5万美元（按2020年美元计价）[②]，是当之无愧的高收入群体；但基金经理的收入分布是很不均衡的，"头部通吃"现象非常严重，收入前14%的基金经理拿走了全部蛋糕的66%左右（见图5-22）。

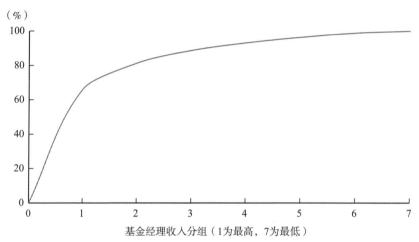

图 5-22　美国主动股票型共同基金经理收入的累积分布

资料来源：John Bai，Linlin Ma，Kevin Mullally and Yuehua Tang，*What Determines Mutual Fund Managers' Compensation? Evidence from U. S. Administrative Earnings Data*，working paper。

三、基金经理业绩的影响因素

从现有研究来看，年龄、长相、婚姻、教育、出身和职业经历等因素都对基金经理的业绩存在影响。就年龄而言，有研究发现，权益基金经理中40岁出头、拥有十年以上投研经验的个体更容易跑赢同行[③]；与年纪更大的基金经理相比，年轻的基金

① John Bai，Linlin Ma，Kevin Mullally and Yuehua Tang，*What Determines Mutual Fund Managers' Compensation? Evidence from U. S. Administrative Earnings Data*，working paper.

② 平均奖金与平均工资加起来不等于平均收入的原因是因为三者独立进行缩尾处理。

③ "Revealed：The Average Age of Best Performing Managers，" *Investment Week*，March 19，2012.

经理更敢于下重注，也更容易"追涨杀跌"①。长相方面，男性基金经理中"脸部宽高比"更高的人业绩会相对更差一些，原因是脸盘儿更方更宽的男性通常具有更高的睾酮水平，投资上会更加激进，风险偏好水平更高。② 感情生活也会短暂地影响基金经理的业绩，在基金经理结婚或离婚前后三个月的时间里，产品超额收益会有一定的下降，尤其是管理多只产品的基金经理，会受到该因素更大的影响。③

在公募基金经理群体中，高学历和知名学府毕业可以说是"标配"。虽然"唯学历论"并不可取，但大部分研究都倾向于认可基金经理学历（或成绩）对业绩的积极影响。例如，有研究发现，基金经理的 SAT 分数越高，产品的风险调整收益也更高。④ 学历也会影响产品业绩，具有博士学位的基金经理所管理的产品在收益率、夏普比等多个指标上都要显著优于非博士基金经理。⑤

基金经理的出身（即原生家庭的财富水平）也对业绩具有影响。⑥ 出身更差的基金经理通常业绩更好，原生家庭财富后四分之一的基金经理在超额收益上平均每年要比前四分之一的基金经理高出 1.36%。这一差异可能与以下两点原因有关：一是出身差的基金经理工作更加努力，他们的交易更加活跃、持仓周期更短、更不容易出现"羊群行为"（Herd Behavior）；二是出身差的基金经理通常面临着更严厉的选拔和更艰难的职业道路，业绩是他们为数不多的"倚仗"。一般来说，基金经理的业绩越好，晋升的概率越大，但对于富裕家庭出身的基金经理来说，业绩对晋升的影响并没有那么强，他们更可能因为业绩之外的因素得到提拔。

信息优势是基金经理重要的超额收益来源，基金经理在自己熟悉的公司和行业上往往能选到更好的股票。有研究发现，如果在从事资产管理工作前，基金经理有过其

① Robin Greenwood and Stefan Nagel, "Inexperienced Investors and Bubbles," *Journal of Financial Economics* 93, no. 2 (2009)：239 – 258.

② Yan Lu and Melvyn Teo, "Do Alpha Males Deliver Alpha? Facial Width-to-Height Ratio and Hedge Funds," *Journal of Financial and Quantitative Analysis* 57, no. 5 (2022)：1727 – 1770.

③ Lu Yan, Sugata Ray and Teo Melvyn, "Limited Attention, Marital Events and Hedge Funds," *Journal of Financial Economic* 122, no. 3 (2016)：607 – 624.

④ Judith Chevalier and Glenn Ellison, "Are Some Mutual Fund Managers Better than Others? Cross-Sectional Patterns in Behavior and Performance," *Journal of Finance* 54, no. 3 (1999)：875 – 899.

⑤ Ranadeb Chaudhuri, Zoran Ivković, Joshua Pollet and Charles Trzcinka, "A Tangled Tale of Training and Talent：PhDs in Institutional Asset Management," *Management Science* 66, no. 12 (2020)：5485 – 6064.

⑥ Oleg Chuprinin and Denis Sosyura, "Family Descent as a Signal of Managerial Quality：Evidence from Mutual Funds," *Review of Financial Studies* 31, no. 10 (2018)：3756 – 3820.

他行业的工作经历，那么基金经理不但会超配这些行业，还能从中做出超额。[①] 人脉也是了解公司的重要途径，基金经理在同学或校友任高管的公司上会有显著的超额收益，并且超额收益集中在公司公告时点的前后。[②] 即使没有人脉或者没有工作经验，基金经理在与自己地理位置比较接近的公司上也具有超额收益。[③]

有趣的是，人脉似乎是唯一能给基金经理带来择时能力的因素。虽然出身不同的基金经理在业绩上存在差异，但差异主要是体现在选股能力上，择时上基本没有差异。[④] 行业经验也是如此，虽然基金经理倾向于超配自己有工作经历的行业，但在配置时点上并没有表现出前瞻性和预判性。[⑤]

---

①⑤　Gjergji Cici, Monika Gehde-Trapp, Marc-André Göricke and Alexander Kempf, "The Investment Value of Fund Managers' Experience Outside the Financial Sector," *Review of Financial Studies* 31, no. 10 (2018)：3821 – 3853.

②　Lauren Cohen, Andrea Frazzini and Christopher Malloy, "The Small World of Investing：Board Connections and Mutual Fund Returns," *Journal of Political Economy* 116, no. 5 (2008)：951 – 979.

③　Joshua D. Coval, Tobias J. Moskowitz, "The Geography of Investment：Informed Trading and Asset Prices," *Journal of Political Economy* 109, no. 4 (2001)：811 – 841.

④　Oleg Chuprinin and Denis Sosyura, "Family Descent as a Signal of Managerial Quality：Evidence from Mutual Funds," *Review of Financial Studies* 31, no. 10 (2018)：3756 – 3820.

第六章
美国基金公司行为特征

　　本章研究分析美国公募基金公司这一主体的行为特征。基金公司作为商业组织，其行为的基本特征是追求自身利益最大化。根据对象范围的不同，基金公司行为可以分为外部行为和内部行为：外部行为主要是指与其他基金公司的竞争行为，在产品、价格和人才三个维度上展开，具体包括在位者填充现有产品线、挑战者打造差异化产品、通过价格战"以价换量"、升职加薪争夺人才等；内部行为是指基金公司对内部产品和人员（基金经理）的管理以及资源如何分配。在内部管理中，商业价值高的基金产品通常会得到公司更多的"照顾"，包括更"优惠"的交易价格和更有价值的投资机会。这些行为与基金"资金流量－业绩"的凸性关系有密切关系，将资源集中给到高价值产品能够为基金公司带来更多的资金，从而实现公司利益的最大化。

第一节　基金公司外部竞争行为

一、产品竞争

发行新产品是基金公司重要的竞争策略。过去几十年间，美国公募基金在产品数量上取得了大幅增长。以股票型为例，2007 年起美国股票型公募基金的数量就已经高于美国国内的上市公司总数，且差距仍在增大（见图 6-1）。基金数量的增加也带来了基金种类的扩充，以晨星的基金风格分类为例，其数量由不到 20 种发展到了上百种。图 6-1 中美国上市公司数量与股票型基金产品数量呈剪刀差变化走势，对机构投资逻辑框架也会产生巨大影响。传统的价值投资方略主体是自下而上找"阿尔法"，大家经常会将其比喻为在石头里挖金子，但是如果当挖石头的人比石头还多时，信息高速流通、价值快速修复，这种方式就很难持续输出"阿尔法"。

不同体量的基金公司在新产品发行上存在较大差异。首先，作为挑战者的小基金公司和新基金公司在发行新产品上的"热情"要高于作为在位者的大基金公司（见图 6-2）；其次，挑战者和在位者在新产品类型上也各有侧重，小基金公司和新基金公司更热衷于跳出主流产品框架发行新产品（见图 6-3）。主流产品框架是指接近85% 的股票型基金都可以由地域、板块、成长、价值、小盘、大盘、红利和可持续八种风格组合得到。例如富达日本小盘基金（Fidelity Japan Smaller Companies Fund）就是一只典型的主流产品框架内的基金，属于地域类（日本）和小盘类的组合；而卡米洛特事件驱动基金（Camelot Event Driven Fund）就是一只主流产品框架外的基金，不属于上述八类风格中的任何一种。

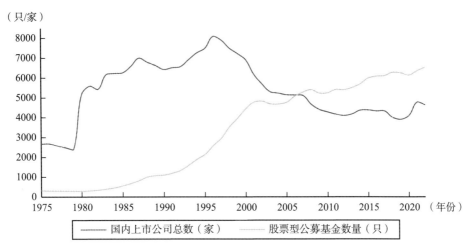

图 6 - 1　1975～2022 年美国国内上市公司与股票型共同基金和 ETF 数量对比

资料来源：Wind、ICI。

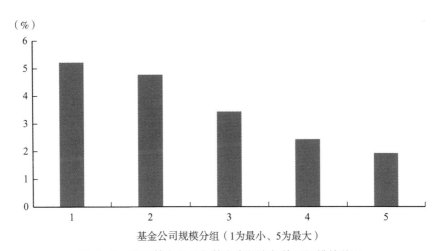

基金公司规模分组（1为最小、5为最大）

图 6 - 2　美国基金公司新基金发行率与管理规模的关系

注：统计区间为 1999～2015 年。

资料来源：Leonard Kostovetsky and Jerold B. Warner, "Measuring Innovation and Product Differentiation: Evidence from Mutual Funds," *Journal of Finance* 75, no. 2 (2020): 779 - 823。

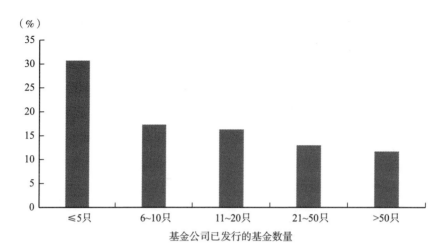

图 6-3 基金公司发行"主流产品框架外"基金的比例与已发行基金总数的关系

资料来源：Sebastien Betermier, David Schumacher and Ali Shahrad, "Mutual Fund Proliferation and Entry Deterrence," *Review of Asset Pricing Studies* 13, no. 4（2023）：784-829。

采取差异化打法、聚力新产品开发对于市场挑战者来说具有多点好处。首先，由于规模经济效应的存在，大基金公司在产品发行上天然具有成本优势。如果小基金公司将"战场"定在市场上已有的产品线上，势必将面临一场大概率输掉的价格战，而在新的领域开辟"战场"则不存在这一问题。其次，与"普通"产品相比，更加新颖独特的基金产品"吸金"能力更强①，这对于财务实力偏弱的小基金公司来说具有重要意义。此外，创新型产品的业绩压力通常也会小一些，即使投资者出于业绩原因有赎回意向，但由于竞品不多、找到替代品有困难，最终的赎回幅度也相对更小。

在进入遏制模型中，在位者会通过产品种类全覆盖的方式来压缩挑战者的生存空间。该模型很好地描述了大基金公司的竞争策略——在现有基金产品谱系上不断细化来挤压新基金公司的生存空间。举个例子，老牌基金公司 ABC 早期可能只有一只投资于日本的基金——ABC 日本基金，随着产品谱系的不断细化，逐渐诞生出 ABC 日本大盘基金、ABC 日本大盘价值基金等颗粒度更细的品种。但无论是 ABC 日本基金还是 ABC 日本价值大盘基金，都没有脱离主流产品框架。

作为一个整体而言，主流产品框架内的基金从创收能力上赶不上主流产品框架外更加"新奇"的基金，前者平均每年在收入上要比后者低 31 万美元，如果把统计范

---

① Leonard Kostovetsky and Jerold B. Warner, "Measuring Innovation and Product Differentiation: Evidence from Mutual Funds," *Journal of Finance* 75, no. 2（2020）：779-823。

围缩小到体量在前四分之一的基金公司，收入上则要低 115 万美元。[①] 但即使创收能力差一些，大基金公司也不会砍掉这些基金，甚至还会继续降低颗粒度、推出投资目标更加细分的基金，原因就是它们具有"占坑"的价值。这也是为什么在美国共同基金一个集中度如此之高（见图 5 - 4）的行业里，产品数量和类型也能实现大幅增长。

总的来说，大基金公司和小基金公司在产品端上的发力方向不同：小基金公司聚力于在空白领域开发新的产品，从而避免与大基金公司直接交锋陷入价格战；而大基金公司则倾向于在现有产品框架里不断细化颗粒度，消除潜在竞争者进入市场的"空隙"，致力于为投资者提供一个全谱系、全类别的基金购买平台。

二、价格竞争

自 20 世纪 90 年代中期以来，无论是 ETF 还是共同基金，无论是股票型还是债券型，美国公募基金各类型产品的费率都有明显的下降（见图 5 - 6 ~ 图 5 - 9）。大幅降费的背后，是美国基金公司之间持续数年的价格战。

产品的可替代性越强，价格战也就越激烈，同质化较高的被动型基金自然首当其冲。在过去数年间，美国基金公司在被动型产品上"以价换量"的行为十分明显。2004 年时，富达基金将自家的斯巴达指数基金（Spartan Index Fund）的费率降到了"千一"，一年之后又降到"万七"，这在当时比以低费率著称的先锋领航还要低。2009 年嘉信（Schwab）也加入了战局，将宽基指数基金的费率压低到了"万九"，并将投资门槛设为仅 100 美元。2010 年，先锋领航将低费率份额——Admiral 份额的投资门槛由 10 万美元降到了 1 万美元。[②] 在低费率的宣传上各家基金公司也针锋相对，嘉信更是打出了"觉得先锋领航有最低的费率？再想一想"（Think Vanguard has the lowest costs? Think again）这样针对性极强的广告标语。[③]

主动型产品同样难逃价格内卷的命运。有研究发现，在美国主动股票型共同基金中，新发产品与老产品之间的持仓重合度越高，后续老产品管理费率下降的幅度就越

---

① Sebastien Betermier, David Schumacher and Ali Shahrad, "Mutual Fund Proliferation and Entry Deterrence," *Review of Asset Pricing Studies* 13, no. 4（2023）：784 - 829.

② 截至 2024 年 7 月，先锋领航 Admiral 份额的最低投资门槛已低至 3000 美元。

③ Joel M. Schofer, "The Investment Company Price War," AAEM News, 2017.

大；基金公司还可以通过费用免除来短期调整费率，免除力度同样与持仓重合度相关。[1]

基金公司降费的本意是获得更多的市场份额，并借此吸引更多的投资者去购买自己费率更高的主动型产品。但从美国几大基金巨头价格战的结果上看，效果可能并没有想象中那么好。降费在短期上确实有效，例如2004年富达基金就获得了当年流入被动股票型共同基金全部资金的10%，2006年这一比例更是上升到17.5%。嘉信也通过降费取得了短暂的成功，2009年时在净流入中占到了1.3%，与2008年的负值相比有明显的改善。但这种效果持续性较差，富达到2010年时占净流入的比例就只有3.5%了，嘉信更是回落到了0.3%。富达和嘉信的市场份额也没有明显增加。2004年时，先锋领航、富达和嘉信分别占到美国被动型股票共同基金市场份额的68%、9%和5%；然后到2010年时，富达只提升了一个百分点到10%，嘉信下滑到了3%，反倒是先锋领航从68%来到了72%。[2]

富达和嘉信在被动型产品价格战中收获有限的原因主要是当费率低到一定程度后，投资者对它的敏感程度下降，存在边际递减效应。理论上讲，厂商能够在价格层面上开展竞争有两点前提，一是产品之间的可替代性强，二是消费者对价格敏感。虽然被动型产品的可替代性强，但它本就是低费率产品，降费给投资者带来的"获得感"不如费率更高的主动型产品那么明显。再考虑到更换产品本身的成本和麻烦，价格战的效果自然就打折扣了。

三、人才竞争

公募基金是一个典型的人才密集型行业，人才是基金公司的核心竞争力。高薪是基金公司吸引人才最直接的方式，基金经理的收入分布也印证了这一点，处于行业顶部的基金经理收入相当丰厚，拿走了大部分蛋糕（见图5-22）。由于大部分基金经理的收入都与其管理规模挂钩，给基金经理分配更多的规模（发行新产品或者换一个规模更大的老产品）也是基金公司"给钱"的一种方式。[3]

---

[1] Sunil Wahal and Albert Wang, "Competition Among Mutual Funds," *Journal of Financial Economics* 99 (2011): 40-59.

[2] Nathan Hale, "Who's Winning the Index Fund Price War," CBS News, 2010.

[3] Judith Chevalier and Glenn Ellison, "Career Concerns of Mutual Fund Managers," *The Quarterly Journal of Economics* 114, no. 2 (1999): 389-432.

在人才大战中，公募基金公司除了要提防同行挖墙脚，还要应对来自对冲基金的竞争。对冲基金对公募基金经理的吸引力主要在两个方面：一是对冲基金管理上通常更加灵活，监管也相对更松；二是对冲基金的激励机制能带来更高的回报。除了收取固定管理费外，对冲基金一般还会收取业绩报酬，比如经典的"2 + 20"费率结构（2%的固定管理费 + 20%的业绩报酬）。在这种背景下，美国公募基金公司采取了另外一种方法来留住人才——并排管理（side-by-side management）。并排管理是指基金经理同时管理共同基金和对冲基金，虽然存在利益冲突问题（公募基金和对冲基金的激励机制差异决定了基金经理有动机"照顾"对冲基金），但为了避免人才的流失，公募基金仍然允许并排管理的存在。曾任美国运通公司财富管理部首席投资官的泰德·特拉斯科特（Ted Truscott）承认，"为了吸引最好的和最聪明的（基金经理），我们不得不提供并排管理的机会"[1]。有研究发现，并行管理下的共同基金显著地跑赢了同类型的共同基金，说明并行管理的"特权"确实主要是由优秀基金经理享有。[2]

第二节　基金公司内部管理行为

一、反向交易

反向交易是指同一家基金公司旗下的不同基金，在同一标的上进行方向相反的交易。其中，不经过公开市场、直接在基金公司内部成交的反向交易又被称为交叉交易（cross-trading）。交叉交易在我国资本市场中并不存在，但在美国，满足特定要求的交叉交易是合法的[3]，业界中也有大量实践。2021年，一项由ICI组织、有44家成员公司（管理规模接近整体的75%）参与的调查显示，57%的被调查对象在2020年至少有一只基金参与过交叉交易。[4]

---

① Riva D. Atlas, "Do Mutual Funds Take a Back Seat to Hedge Funds?" *The New York Times*, 2004.

② Tom Nohel, Z. Jay Wang and Lu Zheng, "Side-by-Side Management of Hedge Funds and Mutual Funds," *The Review of Financial Studies* 23（2010）：2342 – 2373.

③ 参见《1940年投资公司法》第17（a）条。

④ ICI, *Rule 17a-7 at the Crossroads：Supplemental Information on Equity Cross Trading*, 2021.

通过反向交易，基金公司可以实现基金间业绩的"再分配"（reallocation）。例如，当某只基金准备大幅抛售时，安排其他基金接盘可以有效地减少抛售对股价产生的冲击，从而变相提升前者的业绩。基金的商业价值决定了其在反向交易中的位置。费率高、业绩好或者成立时间较短的高商业价值基金通常是被公司照顾的对象，低价值基金则只能充当给前者"输血"的"血包"。有研究发现，基金公司的反向交易越多，旗下高价值基金与低价值基金之间的收益差也就越大。[①] 在作为交叉交易的买方（卖方）时，高费率基金平均能够获得 41 个 BP 的折价（溢价），成立时间短的基金能获得 61 个 BP 的折价（溢价），而存在长期净流出的基金则要承担 39 个 BP 的溢价（折价）。[②]

二、组合拉抬

组合拉抬（Portfolio Pumping，俗称"抬轿子"）是指大量买入组合中已有的股票（通常是权重股）来短期提升组合的表现，属于橱窗粉饰（Window-dressing）的一种。橱窗粉饰是指在重要时间节点（例如季度末和年度末）到来前，基金经理采取一些特殊的措施来美化自己的投资"成绩单"，由于与百货公司在节日前夕对橱窗进行装饰以吸引顾客的行为十分相似，因此被称为橱窗粉饰。观察"抬轿子"行为的一个视角是基金超额收益是否具有日历效应（Calendar Effect），例如有研究发现，美国主动权益基金在季度和年度最后一个交易日的超额收益会非常显著，但在第二天，也就是下一个季度或年度的第一个交易日，基金又会显著地跑输指数。[③]

在早期的"抬轿子"行为中，"轿夫"和"坐轿人"多是同一主体，即基金经理自己买自己的重仓股。但随着监管的趋严，自己给自己"抬轿"的行为有所减少[④]，"抬轿子"逐渐成为一种公司层面的协同作业，"坐轿人"自然是商业价值更高的明星基金。[⑤⑥] 这一转变意义重大，意味着"抬轿子"不再仅是单纯的"业绩粉饰"，而是基金公司为了自身利益最大化而采取的有组织行为，存在明显的利益输送。虽然

① J-M Gaspar, Massimo Massa and Pedro Matos, "Favoritism in Mutual Fund Families? Evidence on Strategic Cross-Fund Subsidization," *Journal of Finance* 61（2006）：73 – 104.

② Alexander Eisele, Tamara Nefedova, Gianpaolo Parise and Kim Peijnenburg, "Trading out of Sight：An Analysis of Cross-Trading in Mutual Fund Families," *Journal of Financial Economics* 135（2020）：359 – 378.

③⑤ Mark Carhart, Ron Kaniel, David Musto and Adam Reed, "Leaning for the Tape：Evidence of Gaming Behavior in Equity Mutual Funds," *Journal of Finance* 57（2002）：661 – 693.

④ Sara Hansard, "SEC Probing Funds for 'Portfolio Pumping'," *Investment News*, 2000.

⑥ Pingle Wang, "Portfolio Pumping in Mutual Fund Families," *Journal of Financial Economics* 156（2024）：103839.

在这个过程中非明星基金的利益会受到损害，但由于基金业绩与资金流量间的凸性关系，基金公司整体是获益的。

当然也有观点认为，"抬轿子"可能只是"无意之举"，非明星基金只是在买入好的股票，而明星基金恰好更多地持有这些股票。但这一说法并不成立，外部明星基金的持仓（不含与内部明星基金持仓的重合部分）在季末并没有出现"业绩膨胀"。①这一发现也说明基金间"抬轿子"带有很强的目的性，并不会让外部基金"搭便车"。

三、资源分配

以明星基金为代表的高价值基金除了能在交易上得到公司的照顾外，资源分配上也更占优势。以新股上市为例，基金公司会将更多、更优质的新股投资机会分配给高价值基金。一个典型案例是德福莱斯激进成长基金（Dreyfus Aggressive Growth Fund，以下简称"激进成长"），这只基金成立于 1995 年 9 月，时任基金经理为迈克尔·舍恩伯格（Michael Schonberg）。除了担任激进成长的基金经理外，舍恩伯格同时还管理其他三只基金——德福莱斯战略成长基金（Dreyfus Strategic Growth Fund，以下简称"战略成长"）、德福莱斯第一资本增值基金（Dreyfus Premier Capital Growth Fund，以下简称"第一资本增值"）和德福莱斯特别成长基金（Dreyfus Special Growth Fund，以下简称"特别成长"）。虽然都由舍恩伯格管理，但激进成长获得的首次公开发行（IPO）机会远远超过了它的兄弟们。在激进成长的第一个财务年度中，舍恩伯格所管理的四只基金共参与了 109 起 IPO，其中激进成长、战略成长、第一资本增值和特别成长分别参与了 97 起、27 起、13 起和 5 起（存在多只基金同时参与的情况），激进成长是第二名的三倍多。此外，激进成长不仅是"吃得最多"的基金，也是"吃得最好"的基金。在最"供不应求"的 32 起 IPO 中，激进成长参与了 28 起，战略成长和第一资本增值分别参与了 3 起和 2 起，特别成长则是一个都没捞到。

在舍恩伯格的特殊照顾下，激进成长基金的业绩和规模都突飞猛进。1996 年一季度，激进成长的业绩位列全市场同类型基金之首。到 1996 年 2 月 29 日，也就是激进成长第一个半年报发布时，这只基金自成立以来已创下 67.4% 的收益率。抢眼的业绩自然也带来了资金流量，到 1996 年 5 月 31 日时，成立仅 8 个月的激进成长规模

① Pingle Wang, "Portfolio Pumping in Mutual Fund Families," *Journal of Financial Economics* 156 (2024): 103839.

就达到了 1.5 亿美元。这一切都离不开 IPO 的贡献，根据 SEC 的统计，在 67.4% 的收益率中，51.5% 都来自 IPO 上市首日收益，占比接近 77%。

德福莱斯激进成长基金并非个例，有研究发现，费率更高和历史业绩更好的基金在 IPO 投资机会数量和 IPO 首日平均收益率两个维度上均显著高于费率更低和历史业绩更差的基金，成立时间短的基金虽然在 IPO 首日平均收益率上与成立时间长的基金差异不明显，但在 IPO 投资机会的数量上仍大幅领先（见图 6 - 4 和图 6 - 5）。

四、产品孵化

孵化（incubation）是基金公司的一种内部赛马策略。在推出新基金前，基金公司先在内部成立多只孵化基金，并提供一定数量的资金供它们管理。经过一段时间的考察后，基金公司选择其中的一部分推向市场，同时关闭剩余的基金。据相关研究统计，美国公募基金的新产品中有相当一部分是通过孵化产生，比例大约为 23.1%。[1]

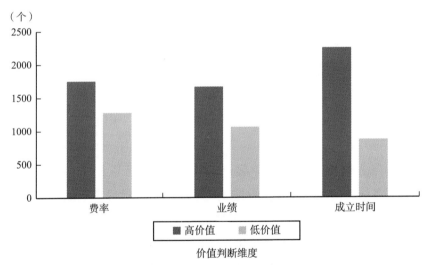

图 6 - 4　高价值和低价值基金获得的 IPO 机会数量差异

注：高（低）价值基金是指费率相对更高（低）、业绩相对更好（差）或成立时间相对更短（长）的基金。

资料来源：J-M Gaspar, Massimo Massa and Pedro Matos, "Favoritism in Mutual Fund Families? Evidence on Strategic Cross-Fund Subsidization," *Journal of Finance* 61（2006）：73 - 104。

---

① Richard Evans, "Mutual Fund Incubation," *Journal of Finance* 65, no. 4（2010）：1581 - 1611.

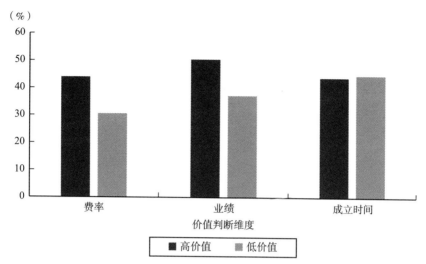

图 6 - 5　高价值和低价值基金在 IPO 首日平均收益率上的差异

注：高（低）价值基金是指费率相对更高（低）、业绩相对更好（差）或成立时间相对更短（长）的基金。

资料来源：J-M Gaspar，Massimo Massa and Pedro Matos，"Favoritism in Mutual Fund Families？Evidence on Strategic Cross-Fund Subsidization，" *Journal of Finance* 61（2006）：73 - 104。

孵化有两种方式：一种是公开孵化，另一种是秘密孵化。公开孵化是指在成立孵化基金后，基金公司会向 SEC 注册这些基金并提交材料，只是在作出最终选择前，基金公司不会对外展示它们的业绩，也不会给它们申请标识（ticker）。秘密孵化是指基金公司将一些业绩比较好的私人类账户，如独立账户（separate account），转为共同基金。因为这类账户通常不在《1940 年投资公司法》的管辖范围内，基金公司也就不需要向 SEC 注册，所以被称为秘密孵化。公开孵化基金与秘密孵化基金在启动资金的来源上有所不同，公开孵化基金的启动资金一般为基金公司的自有资金，秘密孵化基金的钱则是来自客户。图 6 - 6 展示了公开孵化基金的一个例子——普特南研究基金（Putnam Research Fund）。这只基金开始运作的时间是 1995 年 10 月，孵化期持续至 1998 年 7 月。在孵化期间，基金规模长期保持在 1000 万美元左右，直到 1998 年 7 月公司为其申请了标识并推向市场后，规模才出现了快速增长。

关于基金公司采用孵化策略的原因，一种看法认为这是基金公司用来吸引资金流入、为营销服务的策略。作为挑选后推出的产品，孵化基金的历史业绩自然更加优秀，对投资者也就有更大的吸引力。也有观点认为，孵化策略是基金公司用来筛选优秀基金经理的方法。从相关研究上看，前一种看法可能更站得住脚。例如，有研究发现，虽然在孵化期中，孵化基金相对于非孵化基金的超额收益只在孵化期中存在，在孵化期过后就消失了。① 此外，基金公司更可能在自己产品力（吸引资金的能力）比较弱的产品线中采用孵化策略，侧面说明孵化带有较强的营销目的。还有研究发现，即使孵化基金在孵化期的超额收益并不理想，但如果基金的风格与当前市场中占优的风格比较契合（比如当前市场中红利行情占优而孵化基金中正好有红利基金），基金公司同样会把它们推向市场。②

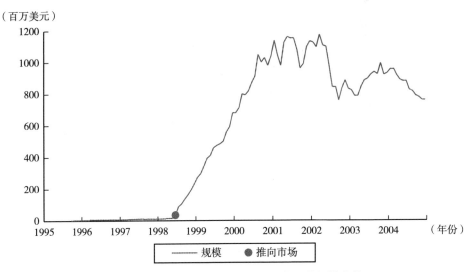

图 6 - 6　1995～2004 年普特南研究基金的规模变化

资料来源：WRDS。

————————

① Richard Evans, "Mutual Fund Incubation," *Journal of Finance* 65, no. 4 (2010): 1581–1611.

② Sara Shirley and Jeffrey Stark, "Why Do Fund Families Release Underperforming Incubated Mutual Funds?" *Financial Management* 45 (2015): 507–528.

第七章
主动管理类产品发展特点

本章介绍美国公募基金主动管理类权益产品发展特点，主动管理基金是历史最悠久的基金产品类型，也是市场投资者关注的焦点。我们将美国主动管理权益基金大体分为大盘成长型基金、大盘价值型基金、大盘综合型基金、中小盘风格基金、行业主题类基金五类。其中大盘风格类型基金是最重要的产品类别，头部产品大多是历史悠久的明星基金，吸纳了绝大多数资金规模。从收益率表现看，大盘成长型基金表现最好，长期看相比标普 500 指数能够略有超额收益。中小盘风格基金长期收益率表现不如大盘风格基金，从特点来看，其持仓与标普 500 指数偏离度更大，因此具有更好的"搏弹性"属性。主动管理型行业主题类基金规模普遍较小，从行业发展趋势看，其工具属性已经为被动产品所取代。

第一节　大盘成长型基金

大盘风格基金，即指主要投资标的为大市值上市公司的基金产品，是美国权益类主动管理基金中最重要的产品类别。根据投资目标不同，一般又可以分为大盘成长型、大盘价值型、大盘平衡型三类。

一、大盘成长型基金概况

大盘成长型（large growth）基金投资策略总体追求股价上涨的资本回报，寻找具有更强成长属性的龙头公司。大盘成长型基金是大盘风格基金中整体规模最大、收益率表现最好的子类，也可以认为是全部美国主动管理公募基金中最核心的一个细分类别。根据我们统计，截至 2023 年底，美国大盘成长型基金合计规模约 15389 亿美元。表 7-1 列示了 2023 年底美国规模居前列的大盘成长型基金基本情况。

表 7-1　　　　　　2023 年底美国规模居前列大盘成长型基金情况　　　　单位：亿美元

基金名称	基金经理	成立时间	基金规模
Growth Fund of America	Team Managed	1958 年 11 月	2490
American Funds AMCAP	Team Managed	1966 年 1 月	803
JPMorgan Large Cap Growth	Team Managed	1992 年 1 月	730
T. Rowe Price Blue Chip Growth	Paul D. Greene	1993 年 1 月	552

续表

基金名称	基金经理	成立时间	基金规模
Fidelity Growth Company Fund	Steve Wymer	1983 年 1 月	536
Fidelity Blue Chip Growth	Sonu Kalra	1984 年 1 月	520
MFS Growth	Fischman/Mak	1986 年 12 月	399
Vanguard US Growth	Team Managed	1959 年 1 月	398
Fidelity Magellan	Sammy Simnegar	1963 年 5 月	291
T. Rowe Price Growth Stock	Joseph B. Fath	1950 年 4 月	275
Fidelity OTC	Christopher Lin	1984 年 1 月	262
AB Large Cap Growth	Caruso/Fogarty/Thapar	1992 年 9 月	237
Franklin DynaTech	Johnson/Moberg	1968 年 1 月	220
American Century Ultra	Lee/Li/Bourke	1981 年 11 月	212
T. Rowe Price Lrg Cp Gr	Taymour R. Tamaddon	2001 年 10 月	187
Edgewood Growth	Team Managed	2006 年 2 月	186
Janus Henderson Forty	Rao/Schommer/Recht	1997 年 5 月	184
Fidelity Advisor Growth Opps	Weaver/ Baker	1987 年 11 月	182
Franklin Growth	Vinton/Rendler/Lin	1947 年 1 月	174
Harbor Capital Appreciation	McCarragher/Kuhlkin/Boyer	1987 年 12 月	173

资料来源：彭博。

表 7 - 1 中列示的美国大盘成长型基金整体规模均较大，截至 2023 年底排名前 20 基金的管理规模都在 100 亿美元以上，管理规模在 500 亿美元以上的有 6 只。这其中，大盘成长型管理规模排名第一和第二的均来自美洲基金公司旗下，分别是美国成长基金（Growth Fund of America）管理规模近 2500 亿美元和 AMCAP 基金管理规模有 800 亿美元。美国成长基金同时也是目前美国所有主动管理权益类基金中规模最大的。

美国成长基金成立于 1958 年、AMCAP 基金成立于 1966 年，这两个产品都属于老牌公募基金产品。从历史超额收益走势看（见图 7 - 1），1980 年以后这两个头部大盘成长型基金表现出的最大特点就是稳健，拉长看其业绩表现相对标普 500 全收益指数有超额收益，但这个超额收益幅度并不是特别大。如果从 2010 年起计算至今，美国成长基金累计收益率基本与标普 500 全收益指数相当，AMCAP 基金累计收益率还略有小幅跑输。这种稳健特征的背后，是多基金经理团队管理分散管理的必然结

果，截至 2024 年美国成长基金共有 13 位基金经理一起管理、持仓股票数量近 300
只，AMCAP 基金共有 8 位基金经理、持仓股票数量约 175 只，这充分体现了美洲基
金公司基金经理团队管理制的商业逻辑。

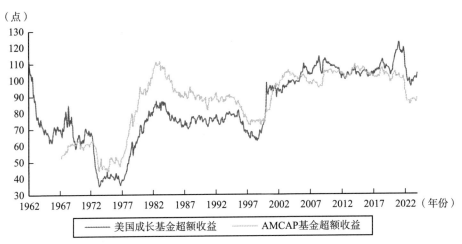

图 7 – 1　1962 ~ 2023 年美国成长基金和 AMCAP 基金超额收益走势

注：超额收益计算基准为标普 500 全收益指数。

资料来源：WRDS。

规模排名第三的是摩根大通大盘成长基金（JPMorgan Large Cap Growth Fund），
成立于 1992 年，截至 2023 年底管理规模 730 亿美元，也是团队管理，目前有 5 个基
金经理。该基金历史业绩波动较大，成立之初到 2000 年时总体收益率与大盘相当，
2000 年互联网泡沫破灭后连续多年跑输大盘，2007 年以后至今业绩出色能够持续跑
赢标普 500 全收益指数（见图 7 – 2）。

规模排名第四的是普徕仕蓝筹成长基金（T. Rowe Price Blue Chip Growth Fund），
1993 年成立，截至 2023 年底管理规模 552 亿美元，其新任基金经理保罗·格林
（Paul D. Greene）于 2021 年 10 月开始管理该产品，管理时间还不算长。普徕仕也是
美国著名的以主动管理权益产品为特长的基金公司，关于公司具体情况和发展历史在
本书第十章第六节有更详细的介绍。

规模排名第五的是富达成长公司基金（Fidelity Growth Company Fund），成立于
1983 年，截至 2023 年底管理规模 536 亿美元。其现任基金经理史蒂夫·怀默（Steve
Wymer）从 1997 年初开始管理该产品，也是目前富达基金公司的明星基金经理。富
达成长公司基金历史业绩非常出色，从成立至今总体上几乎能保持持续跑赢标普 500

指数的态势（见图 7－3）。从 1983 年初成立到 2023 年底，富达成长公司基金年化收益率 14.0%、同时期标普 500 全收益指数年化收益率 11.5%，从 1997 年初史蒂夫·怀默开始管理其计算至 2023 年底，基金年化收益率 12.4% 也显著高于同时期标普 500 全收益 9.4% 的年化收益率。

图 7－2　1992～2023 年摩根大通大盘成长基金超额收益走势

注：超额收益计算基准为标普 500 全收益指数。

资料来源：WRDS。

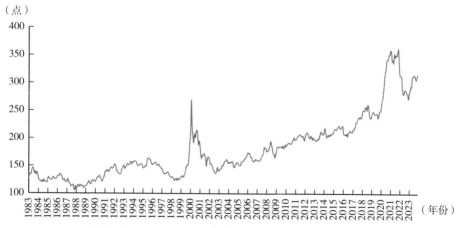

图 7－3　1983～2023 年富达成长公司基金超额收益走势

注：超额收益计算基准为标普 500 全收益指数。

资料来源：WRDS。

从前述几只基金产品业绩表现看，目前美国排名最大的几只大盘成长型主动管理类基金产品，过去十几年里收益率表现都非常好，基本都能够跑赢标普 500 指数。这里面自然有很强的"逆向选择"问题，即我们能够在 2023 年底时管理规模排名靠前的名单中看到这个基金，必然是过去一段时间内业绩表现较好的产品。

二、大盘成长型基金持仓与收益率

从基金持仓来看，大盘成长型基金持股主要集中在信息技术和医疗健康等行业。2023 年底大盘成长型基金整体合计持仓最多的前十大个股分别是微软（Microsoft）、苹果（Apple）、谷歌（Alphabet）、亚马逊（Amazon）、英伟达（Nvidia）、脸书（Meta）、特斯拉（Tesla）、礼来（Lilly）、万事达（Mastercar）、维萨（VISA），这十家公司合计占比在 44.2%（见图 7 - 4）。

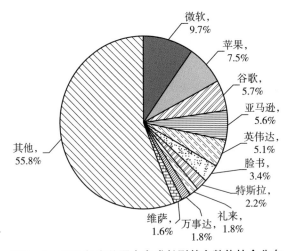

图 7 - 4　2023 年底美国大盘成长型基金整体持仓分布

注：由于四舍五入的原因，分项合计并不等于 100%。
资料来源：WRDS。

从收益率表现来看，大盘成长型基金的长期收益率表现要好于大盘价值型基金和大盘综合型基金。表 7 - 2 报告了美国大盘成长型基金的长期收益率分布情况，这里统计了过去 3 年、5 年、10 年、15 年、20 年的年化收益率，收益率口径包括均值（按基金规模加权）、中位数、10% 分位数、25% 分位数、中位数、75% 分位数、90% 分位数，并和两个重要的宽基指数标普 500 全收益指数以及纳斯达克指数进行了对比。

年化收益率	3 年	5 年	10 年	15 年	20 年
均值	6.4	18.1	14.2	16.5	11.4
10% 分位数	-3.0	11.7	9.2	12.5	8.3
25% 分位数	1.6	14.0	11.0	13.8	9.4
中位数	5.3	16.1	12.4	14.8	10.1
75% 分位数	7.4	17.7	13.5	15.7	10.8
90% 分位数	9.2	19.4	14.7	16.5	11.8
标普 500 全收益	9.9	15.7	12.0	14.0	9.7
纳斯达克指数	5.3	8.8	13.1	9.6	10.8

表 7 – 2　　　　　　　　　美国大盘成长型基金长期收益率分布　　　　　单位：%

注：收益率统计截至 2023 年底。
资料来源：WRDS。

从中长期表现来看，大盘成长型基金的年化收益率中位数，除了在过去 3 年内跑输标普 500 全收益外（主要因为 2022 年市场跌幅较大），在 5 年、10 年、15 年、20 年时间维度中，均高于标普 500 全收益指数，虽然超额收益的幅度也不算太大。考虑到幸存者偏差问题（即过去表现最差的基金可能已经不在数据库中出现了），可以认为美国主动管理中的大盘成长型基金长期表现与标普 500 全收益指数大体相当略好一点点。这已经是很好的结果了，后面我们要看到的大盘价值型基金、大盘综合型基金，以及中小盘风格基金，总体看长期收益率都是跑输标普 500 指数的。

三、大盘成长基金资金流向

从基金流向来看（即剔除基金收益率因素外，每年因基金申购赎回导致的基金资金变动），2000 年是一个分水岭，在这之前大盘成长型基金几乎每年都有资金净流入，在 1999 年和 2000 年每年净流入金额都超过了 1000 亿美元。2000 年以后大盘成长型基金资金净流入持续减少，2008 年金融危机以后至今每年都是资金净流出（见图 7 – 5）。

这有个非常重要的问题，就是我们应该如何去理解 2008 年以后美国主动管理型权益基金资金持续净流出。其表观原因，自然是被动取代主动，流出的资金都去了包括 ETF 在内的各种被动型基金产品，尤其是标普 500 这种宽基指数。深层次的问题在于为什么要从主动转向被动，这里我们觉得有几点值得注意。

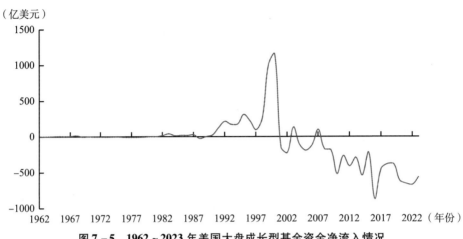

图 7-5　1962～2023 年美国大盘成长型基金资金净流入情况

资料来源：WRDS。

　　第一点自然是直接对比收益率。单从收益率表现看，表 7-2 报告的大盘成长型基金整体收益率表现是要略好于标普 500 指数的，而本节中前面介绍的几个头部主动管理大盘成长型基金（如富达成长公司基金、摩根大通大盘成长基金等）更是有明显跑赢指数的超额收益。

　　第二点是要考虑业绩优秀基金的样本选择性问题。如前所述，我们在 2023 年底时看到的规模较大的基金，必然是已经过市场选择、在过去时间中业绩表现较好的基金，这是一种"事后诸葛亮"的观察视角，事前谁也不知道十年后哪些基金规模会排序靠前。从这个角度出发，我们选择了 2010 年底时美国规模最大的前 20 只大盘成长型基金，考察它们在 2011～2023 年间的平均年化收益率表现（结果见表 7-3）。也就是我们如果在 2010 年年底全部买入这 20 只基金，然后拿到 2023 年底，比较其与标普 500 全收益指数的收益率。结果显示，这 20 只头部主动管理大盘成长型基金年化收益率的中位数是 13.3%，略好于标普 500 全收益指数 13.0% 的年化收益率。因此说，样本选择问题不是最重要的，买入规模最大的若干基金，可以实现略好于指数的整体大盘成长型基金收益率。

　　第三点或许更重要，那就是在事前如何判断一定要买大盘成长型基金。从后文的分析中可以发现，2010 年以后从基金类型来看，表现最好的就是大盘成长型基金，其他包括大盘价值型、大盘综合型、中小盘风格等主动管理基金,总体收益率都是跑输标普 500 指数的。也就是说如果单站在大盘成长型基金角度看,会发现主动产品的收益率略好于被动。但站在全市场角度看,"大盘成长型基金是表现最好的类型"这个结论本身就是先验的,如果投资组合中每种类型主动管理基金各买 25%,那最后收益率一定是跑输标普 500 全收益指数的。

表 7 - 3　　　　　　2010 年底规模前 20 名大盘成长型基金 2011～2023 年收益率　　　　单位:%

基金名称	年化收益率	基金名称	年化收益率
Growth Fund of America	12.6	Federated Kaufmann Fund	8.6
Fidelity Contrafund	13.5	Fidelity OTC Portfolio	16.0
Fidelity Growth Company Fund	17.1	Janus Forty Fund	13.5
T Rowe Price Growth Stock Fund	13.1	American Century Growth Fund	13.5
Fidelity Advisor New Insight Fund	11.9	American Century Ultra Fund	15.0
Fidelity Blue Chip Growth Fund	16.0	Hussman Strategic Growth Fund	-4.4
T Rowe Price Blue Chip Growth Fund	14.0	MainStay Large Cap Growth Fund	13.7
Harbor Capital Appreciation Fund	14.7	Oppenheimer Capital Appreciation Fund	11.7
Calamos Growth Fund	9.9	规模前 20 名大盘成长基金平均值	12.0
Vanguard Morgan Growth Fund	13.1	规模前 20 名大盘成长基金中位数	13.3
Longleaf Partners Fund	4.9	标普 500 全收益指数	13.0
New Economy Fund	11.5		

资料来源:WRDS。

过去十几年里,大盘成长型基金平均收益率略好于标普 500 指数,但也没好太多,年化超额大概 0.5%。其他类型主动管理基金,大盘价值型、大盘综合型、中小盘风格等整体都跑输标普 500 指数。因此,站在投资者角度看,直接买被动标普 500 指数可以轻轻松松获得 12%～15% 的年化收益率,无论市场什么风格。而买主动基金,总体上为了获得 0.5% 的超额收益,要承担市场风格变化的风险,谁也不知道未来十年会不会还是大盘成长占优。

第二节　大盘价值型基金

一、大盘价值型基金概况

大盘价值型（large value）基金的投资策略相比大盘成长型基金，更加关注上市公司的估值水平和股息红利。"价值投资"一词可以有两种思路：一是寻找"公司价格"低于"公司价值"的被低估投资标的，通过价格回归价值获得收益；二是寻找"公司价值"能够不断增长的企业，通过"公司价值"增长获得投资回报。理论上来说，大盘价值型基金投资风格应该更偏好第一种思路，而大盘成长型基金更偏向第二种，实践中两种区分界限也没有这么明确，总体看大盘价值型基金的投资标的相比大盘成长型基金估值会更低、行业更偏传统。

根据笔者统计，截至 2023 年底美国大盘价值型基金合计规模约 9580 亿美元。表 7-4 列示了 2023 年底美国规模居前列的大盘价值型基金基本情况。其中规模超过 100 亿美元的基金有 15 只，规模超过 500 亿美元的有 5 只，有 2 只基金规模超过了 1000 亿美元。

表 7-4　　　　　　　**2023 年底美国规模居前列大盘价值型基金情况**　　　　单位：亿美元

基金名称	基金经理	成立时间	基金规模
American Funds Washington Mutual	Team Managed	1952 年 7 月	1682
Dodge & Cox Stock	Team Managed	1964 年 1 月	1010
American Funds American Mutual	Team Managed	1949 年 1 月	917
MFS Value	Chitkara/Cannan	1996 年 1 月	570
Vanguard Windsor Ⅱ	Team Managed	1985 年 6 月	566
DFA US Large Cap Value	Fogdall/Hertzer/Phillips	1993 年 2 月	270
Vanguard Windsor	Team Managed	1958 年 10 月	237
Putnam Large Cap Value	Jaroch/DeMore	1977 年 6 月	224
Oakmark	Nygren/Nicolas/Bierig	1991 年 8 月	193
Fidelity Series Large Cap Stock	Matthew Fruhan	2012 年 12 月	162

续表

基金名称	基金经理	成立时间	基金规模
JHancock Disciplined Value	Team Managed	1997 年 1 月	131
Neuberger Berman Large Cap Value	Eli M. Salzmann	1968 年 7 月	109
Invesco Comstock	Holt/Armstrong/Warwick	1968 年 10 月	106
Fidelity Series Stk Selec Lg Cp Val	Matthew Friedman	2012 年 12 月	104
Fidelity Series Value Discovery	Sean Gavin	2012 年 12 月	100
Fidelity Growth & Income	Matthew Fruhan	1985 年 12 月	97
JPMorgan Value Advantage	Simon/Spence	2005 年 2 月	89
AMG Yacktman	Yacktman/Subotky	1992 年 7 月	85
Diamond Hill Large Cap	Bath/Hawley	2001 年 6 月	84
T. Rowe Price Value	Ryan S. Hedrick	1994 年 1 月	77

资料来源：彭博。

大盘价值型基金中目前规模排名第一和第三的均来自美洲基金，分别是美洲华盛顿互惠基金（American Funds Washington Mutual，成立于 1952 年）和美洲美国共同基金（American Funds American Mutual，成立于 1949 年），2023 年底管理规模分别为 1682 亿美元和 917 亿美元，这两个产品都是团队管理，目前基金经理人数分别是 9 位和 8 位。历史上这两只产品均有非常不错的业绩表现，关于它们的介绍和业绩走势可以参见本书第十章第三节。规模排名第二的道奇 & 考克斯股票基金（Dodge & Cox Stock，1964 年成立）管理规模也超过了 1000 亿美元，也是团队管理，目前有 7 位基金经理一起在管。道奇 & 考克斯股票基金的历史业绩也非常好，总体上长期持续跑赢标普 500 指数，本书第五章第三节有关于道奇 & 考克斯基金公司和道奇 & 考克斯股票基金的详细介绍。

规模排名第四的是 MFS 价值基金（MFS Value），成立于 1996 年初，2023 年底时管理规模 570 亿美元。目前有两个基金经理共同管理，分别是内文·奇特卡拉（Nevin Chitkara，2006 年起开始管理）和凯瑟琳·坎南（Katherine Cannan，2019 年起开始管理）。从历史业绩看，MFS 价值基金成立后至今，总体收益率略好于标普 500 全收益指数，分时段看，2000~2007 年基金业绩有明显超额收益，2008 年国际金融危机以后则持续跑输大盘（见图 7-6）。大盘价值基金中规模排序靠前的，还有著名的先锋领航温莎基金（Vanguard Windsor），传奇基金经理约翰·聂夫曾管理该基金长达

31 年，详细内容可参见本书第十章第二节。

图 7 - 6　1996~2023 年 MFS 价值基金超额收益走势

注：超额收益计算基准为标普 500 全收益指数。
资料来源：WRDS。

　　价值型基金中还有一类特殊的品种，叫作红利收入型基金（equity income funds），这类基金的投资策略会选择更加传统的行业、股息率更高的标的（一般要求投资标的股息率至少在 2% 以上）。根据笔者统计，截至 2023 年底美国红利收入型基金合计规模约 4326 亿美元。表 7 - 5 列示了 2023 年底美国规模前列的红利收入型基金基本情况。其中规模超过 100 亿美元的有 9 只基金，有 2 只基金规模超过了 500 亿美元。

表 7 - 5　　　　　　　　　**2023 年底美国规模前列红利收入型基金情况**　　　　单位：亿美元

基金名称	基金经理	成立时间	基金规模
Vanguard Equity-Income	Hill/Hand	1988 年 3 月	542
Vanguard Dividend Growth	Kilbride/Fisher	1992 年 5 月	524
JPMorgan Equity Income	Hart/Silberman/Brandon	1987 年 7 月	464
Columbia Dividend Income	Michael Barclay	1998 年 3 月	375
Parnassus Core Equity	Ahlsten/Allen/Choi	1992 年 8 月	278
BlackRock Equity Dividend	DeSpirito/Zhao	1988 年 11 月	186
T. Rowe Price Equity Income	John D. Linehan	1985 年 1 月	171

续表

基金名称	基金经理	成立时间	基金规模
Hartford Dividend and Growth	Bake/Kofman/Schmeer	1996 年 7 月	165
Invesco Diversified Dividend	Peter Santoro	2001 年 12 月	111
Principal Equity Income	Coleman/Vidinli/Radecki	1939 年 5 月	87
American Century Equity Income	Team Managed	1994 年 8 月	85
Federated Hermes Strategic Value Div	Team Managed	2005 年 3 月	82
Fidelity Equity-Income	Ramona Persaud	1966 年 5 月	78
ClearBridge Dividend Strategy	Clarfeld/Vanderlee/Baldi	1992 年 11 月	76
Nuveen Dividend Growth	Park/Chalupnik	2006 年 3 月	61
Fidelity Equity Dividend Income	John Sheehy	1990 年 8 月	59
Lord Abbett Affiliated	Azeez/Tiwari/Howard	1934 年 1 月	56
Hartford Equity Income	Illfelder/Hand	2003 年 8 月	52
Franklin Equity Income	Muschott/Quinlan/Brighton	1988 年 3 月	37
Lord Abbett Dividend Growth	Team Managed	2001 年 12 月	37

资料来源：彭博。

红利收入型基金规模排名第一的是先锋领航股票收益基金（Vanguard Equity-Income），1988 年成立，2023 年底管理规模 542 亿美元。基金经理是两人，马修·汉德（Matthew Hand）和莎伦·希尔（Sharon Hill），两人均是在 2021 年开始接管基金投资管理，截至目前管理时间相对较短。从历史收益来看（见图 7-7），先锋领航股票收益基金超额收益总体保持稳定，收益率基本能跟住标普 500 全收益指数。

规模排名第二的红利收入型基金是先锋领航红利增长基金（Vanguard Dividend Growth），1992 年成立，2023 年底管理规模 524 亿美元。该产品 2023 年底时基金经理是两位：一是著名基金经理唐纳德·基尔布赖德（Donald Kilbride），2006 年开始管理，2024 年 1 月卸任基金经理；二是彼得·费雪（Peter Fisher），2022 年 7 月起开始管理基金。从历史业绩看，先锋领航红利增长基金自成立后至 2000 年超额收益总体为负，但从 2000 年开始至今收益表现基本与标普 500 全收益相同（见图 7-7）。众所周知，美股市场大盘股表现非常强，特别是 2010 年以后大盘成长股表现突出，作为保守型的红利类基金，先锋领航红利增长基金能够在 2000 年以后长期跟住标普 500 全收益指数，应该说业绩表现已经非常出色了。

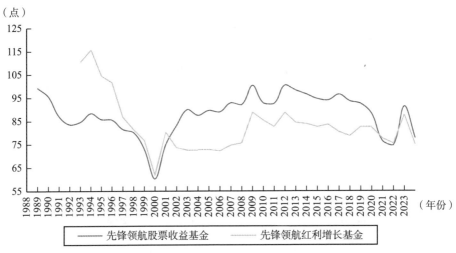

图 7 - 7　先锋领航股票收益与红利增长基金超额收益走势

注：超额收益计算基准为标普 500 全收益指数。
资料来源：WRDS。

　　先锋领航股票收益基金与先锋领航红利增长基金能位居红利收入型基金规模排名前二，核心优势有两点：一是收益率水平基本能够与标普 500 全收益指数保持一致，这个对于红利型基金非常难能可贵。二是从回撤角度看，这两个基金在熊市中的回撤幅度能够明显小于市场整体，2000 年以后历年熊市中（2000～2002 年、2008 年、2018 年、2022 年），先锋领航股票收益基金与先锋领航红利增长基金收益率表现几乎均明显好于标普 500 全收益指数（见表 7 - 6），表现出了很强的抗跌属性。红利收入型基金核心竞争力在于收益率与大盘尽量接近的同时，能够保持回撤更小。

表 7 - 6　　　　先锋领航股票收益和红利增长基金与标普 500 历年收益率　　　　单位：%

年份	先锋领航股票收益	先锋领航红利增长	标普 500 全收益	年度	先锋领航股票收益	先锋领航红利增长	标普 500 全收益
2000	13.6	18.8	-8.6	2007	4.9	7.0	5.7
2001	-2.3	-19.4	-12.1	2008	-31.0	-25.6	-36.6
2002	-15.7	-23.2	-22.0	2009	17.1	21.7	26.6
2003	25.1	29.2	28.7	2010	14.9	11.4	15.2
2004	13.6	11.0	11.0	2011	10.6	9.4	1.9
2005	4.4	4.2	5.1	2012	13.5	10.4	16.1
2006	20.6	19.6	15.6	2013	30.1	31.5	32.4

年份	先锋领航股票收益	先锋领航红利增长	标普500全收益	年度	先锋领航股票收益	先锋领航红利增长	标普500全收益
2014	11.3	11.8	13.6	2019	25.2	30.9	31.4
2015	0.8	2.6	1.4	2020	3.0	12.1	18.9
2016	14.7	7.5	11.8	2021	25.5	24.8	28.3
2017	18.4	19.3	22.0	2022	-0.1	-4.9	-18.2
2018	-5.7	0.2	-4.6	2023	7.7	8.1	26.5

注：灰色阴影标出熊市即标普500全收益指数全年收益为负。
资料来源：WRDS。

二、大盘价值型基金持仓与收益率

从持仓情况看，大盘价值型基金和大盘成长型基金有很大区别。表7-7列示了2023年底美国大盘价值型基金合计持仓最多的20只股票，对比图7-4可以发现，大盘价值型基金持仓行业分布更广，多数集中在消费和金融等传统行业，因此估值也会更低。而且大盘价值型基金持仓集中度也更低，图7-4中大盘成长型基金持仓最多的10只股票合计持仓达到了44.2%，而表7-7中大盘价值型基金持仓最多的10只股票合计持仓占比仅15.1%。

表7-7　　　　2023年底美国大盘价值型基金持仓最多的20只股票　　单位：%

股票名称	占比	股票名称	占比
微软（Microsoft）	2.7	康菲石油（Conocophillips）	0.9
摩根大通（JPMorgan Chase）	2.0	雪佛龙（Chevron）	0.9
联合健康（Unitedhealth）	1.5	通用电气（General Electric）	0.9
富国银行（Wells Fargo）	1.5	英特尔（Intel）	0.8
博通（Broadcom）	1.4	宝洁（Procter & Gamble）	0.8
康卡斯特（Comcast）	1.4	脸书（Meta）	0.8
伯克希尔-哈撒韦（Berkshire Hathaway）	1.3	雷神技术（Raytheon）	0.8
埃克森美孚（Exxon Mobil）	1.3	艾伯维（Abbvie）	0.8
强生（Johnson & Johnson）	1.2	信诺保险（Cigna）	0.8
美国银行（Bank of America）	1.0	默克（Merck）	0.7

资料来源：WRDS。

从长期收益率表现来看（见表 7 - 8），大盘价值型基金的优势特点是在熊市期间有更好的防守属性（低估值的优势），由于 2022 年美股市场大跌，因此在 3 年时间窗口维度下，大盘价值型基金的整体收益率均值和中位数都要明显高于大盘成长型基金。但是拉长来看，美股市场牛长熊短，总体是持续上涨的，因此在 5 年、10 年、15 年、20 年等更长时间窗口维度下，大盘价值型基金收益率就都明显逊色于大盘成长型基金，而且也都跑输了标普 500 全收益指数。

表 7 - 8 美国大盘价值型基金长期收益率分布 单位：%

年化收益率	3 年	5 年	10 年	15 年	20 年
均值	10.6	12.7	9.6	12.4	9.4
10% 分位数	6.6	9.0	6.8	9.6	6.2
25% 分位数	8.2	10.3	7.6	10.3	7.1
中位数	9.8	11.6	8.5	11.2	7.8
75% 分位数	11.4	13.3	9.5	12.3	8.5
90% 分位数	13.1	14.9	10.3	13.7	9.3
标普 500 全收益	9.9	15.7	12.0	14.0	9.7

注：收益率统计截至 2023 年底。
资料来源：WRDS。

从持仓情况来看，红利收入型基金持仓（见表 7 - 9）与大盘价值型基金持仓（见表 7 - 7）相似度较高，也多是集中在消费等传统行业。红利收入型基金持仓同样较为分散，2023 年底全部红利收入型基金持仓最多的 10 只股票合计占比是 16.9%，持仓集中度与大盘价值型接近，远低于大盘成长型基金。

表 7 - 9 2023 年底美国红利收入型基金持仓最多的 20 只股票 单位：%

股票名称	占比	股票名称	占比
微软（Microsoft）	2.6	默克（Merck）	1.6
摩根大通（JPMorgan Chase）	1.9	埃克森美孚（Exxon Mobil）	1.5
博通（Broadcom）	1.8	宝洁（Procter & Gamble）	1.4
强生（Johnson & Johnson）	1.8	联合健康（Unitedhealth）	1.4
家得宝（Home Depot）	1.6	可口可乐（Coca Cola）	1.3

续表

股票名称	占比	股票名称	占比
苹果（Apple）	1.3	德州仪器（Texas Instruments）	1.2
艾伯维（Abbvie）	1.3	联合包裹服务（UPS）	1.1
雪佛龙（Chevron）	1.3	麦当劳（McDonalds）	1.0
思科（Cisco）	1.2	康卡斯特（Comcast）	1.0
百事（Pepsico）	1.2	威瑞森电信（Verizon）	1.0

资料来源：WRDS。

从收益率表现来看，红利收入型基金长期收益率（见表7-10）表现与大盘价值型基金（对比表7-8）总体基本接近，差异不大。红利收入型基金从商业逻辑上看，是为投资者提供了一种新的投资品种类型；但从投资逻辑上看，其持仓特征和投资结果与传统的大盘价值型基金，似乎并没有太大的区分度。

表7-10　　　　　　　　美国红利收入型基金长期收益率分布　　　　　　单位：%

年化收益率	3年	5年	10年	15年	20年
均值	9.3	12.3	9.8	11.8	8.8
10%分位数	5.5	7.7	6.2	9.1	6.8
25%分位数	7.6	9.8	7.7	10.2	7.3
中位数	9.1	11.2	8.6	11.1	7.8
75%分位数	10.4	13.0	9.6	11.9	9.0
90%分位数	11.6	14.2	10.3	12.3	9.9
标普500全收益	9.9	15.7	12.0	14.0	9.7

注：收益率统计截至2023年底。
资料来源：WRDS。

三、大盘价值型基金资金流向

从资金流向来看（见图7-8），大盘价值型与红利收入型基金在2000年以前每年基本完全呈资金净流入状态，这点跟大盘成长型基金情况一样。2000年以后情况与大盘成长型基金略有不同，一是大盘价值型基金即使到2010年以后资金净流入也是有波动的，虽然累计加总依然是净流出的，但还是有多个年份是净流入的（如

2013 年、2014 年、2021 年），这与大盘成长型基金 2010 年以后每年均资金净流出有
所不同。二是红利收入型基金的资金净流入情况要更好些，2010 年以后至 2023 年有
超过一半年份是净流入的（2010 年、2011 年、2012 年、2013 年、2016 年、2019 年、
2021 年、2022 年），且这段时间内累计资金是净流入的。这主要反映了红利收入型基
金收益率回撒小的特征，使其具有了很好的作为防御工具的商业属性。

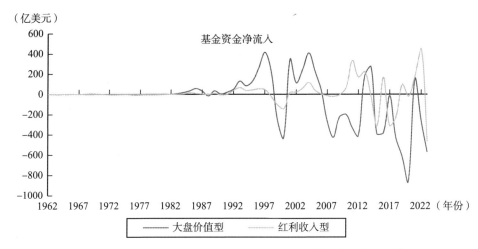

图 7 – 8　1962～2023 年大盘价值型与红利收入型基金资金净流入情况

资料来源：WRDS。

第三节　大盘综合型基金

一、大盘综合型基金概况

大盘综合型（large blend 或称 large core）基金是介于大盘成长型基金和大盘价值
型基金之间的品种，偏平衡和综合型的基金。根据笔者统计，截至 2023 年底，美国
大盘综合型基金合计规模约为 13702 亿美元，总体规模与大盘成长型基金接近，是第
二大的细分品种。表 7 – 11 报告了 2023 年底美国规模居前列的大盘综合型基金基本
情况，这里 20 个大盘综合型基金规模均大于 100 亿美元，其中规模大于 500 亿美元
的有 6 个，有 3 个超大型基金规模超过了 1000 亿美元。

表 7 - 11   **2023 年底美国规模居前列大盘综合型基金情况**   单位：亿美元

基金名称	基金经理	成立时间	基金规模
American Funds Invmt Co of Amer	Team Managed	1933 年 1 月	1264
American Funds Fundamental Invs	Team Managed	1978 年 8 月	1250
Fidelity Contrafund	William Danoff	1967 年 5 月	1169
Strategic Advisers Fidelity US TtlStk	Team Managed	2018 年 3 月	932
Vanguard PRIMECAP	Team Managed	1984 年 1 月	706
Strategic Advisers Large Cap	Team Managed	2020 年 11 月	555
DFA US Core Equity 1	Fogdall/Schneider/Phillips	2005 年 9 月	317
DFA US Core Equity 2	Fogdall/Schneider/Phillips	2005 年 9 月	316
Fidelity Contrafund K6	William Danoff	2017 年 5 月	289
Franklin Rising Dividends	Team Managed	1987 年 1 月	268
JPMorgan US Equity	Davis/Raina	1993 年 9 月	233
T. Rowe Price Dividend Growth	Thomas J. Huber	1992 年 12 月	233
Vanguard Capital Opportunity	Team Managed	1995 年 8 月	208
Fidelity Advisor New Insights	Danoff/Gupta	2003 年 7 月	180
Vanguard Growth & Income	Reynolds/Orosco/Ceglar	1986 年 12 月	132
Columbia Contrarian Core	Guy W. Pope	1992 年 12 月	126
Vanguard PRIMECAP Core	Team Managed	2004 年 12 月	121
MFS Massachusetts Inv Gr Stk	Jeffrey C. Constantino	1935 年 1 月	119
T. Rowe Price U. S. Equity Research	Holcomb/Polun/Nogueira	1994 年 1 月	107
Jensen Quality Growth	Team Managed	1992 年 8 月	104

资料来源：彭博。

大盘综合型基金中目前规模排名第一和第二的均来自美洲基金，截至 2023 年底管理规模都超过了 1000 亿美元。规模排名第一的是美洲基金美国投资公司基金（American Funds Investment Company of American），1933 年成立，目前由 9 名基金经理共同管理。美国投资公司基金历史上有非常出色的业绩表现，从 20 世纪 60 年代一直到 2010 年前基本持续跑赢标普 500 全收益指数（见图 7 - 9）。2010 年以后在美股持续科技成长占优风格下，风格均衡的美国投资公司基金连续多年跑输标普 500 指数。规模排名第二的是美洲基金基本面投资基金（American Funds Fundamental Investment），1978 年成立，目前由 8 名基金经理共同管理。基本面投资基金业绩走势与美国投资公司基金相似，以 2010 年为分水岭，之前持续跑赢标普 500 指数，之后多年一直跑输大盘。

图 7 - 9 1962 ~ 2023 年美国投资公司基金和基本面投资基金超额收益走势

注：超额收益计算基准为标普 500 全收益指数。

资料来源：WRDS。

规模排名第三的是富达逆向投资基金（Fidelity Contrafund），成立于 1967 年，目前由明星基金经理威廉·达诺夫（William Danoff）管理，该基金目前是全美规模最大的单一基金经理管理型产品。富达逆向投资基金历史上有非常不错的业绩表现，相关内容在本书第十章第六节有更详细的介绍。规模排序第四的是策略顾问富达全美股票基金（Strategic Advisers Fidelity US TtlStk），成立于 2018 年，截至目前收益率表现时间相对较短。这个产品最大的特点是成本优势管理费低，它的综合成本目前仅年化 0.31%，费率在主动管理权益类产品中位列后 20%。

规模排序第五的是先锋领航 PRIMECAP 基金（Vanguard PRIMECAP），成立于 1984 年，这也是一只明星基金，由先锋领航基金公司（Vanguard）和 PRIMECAP 基金公司①合作设立。Vanguard PRIMECAP 基金目前由 5 位基金经理共同管理，基金经理其中之一的西奥·科洛科特罗尼斯（Theo Kolokotrones）是 PRIMECAP 基金公司的

---

① PRIMECAP 基金公司成立于 1983 年，由于投资管理理念相契合，1984 年受约翰·博格邀请，与先锋领航公司共同成立了 Vanguard PRIMECAP 基金。PRIMECAP 基金公司在 2000 年以后成立了自己单独品牌基金产品 PRIMECAP Odyssey 系列基金，包括 PRIMECAP Odyssey Growth Fund、PRIMECAP Odyssey Aggressive Growth Fund、PRIMECAP Odyssey Stock Fund 等。

联合创始人，他从 1985 年起开始管理该产品，至今管理时间已经接近 40 年。先锋领航 PRIMECAP 基金业绩表现非常出色，从长期超额收益走势看，其从成立至今几乎一直能够跑赢市场整体（见图 7 - 10）。从 1984 年底至 2023 年底，先锋领航 PRIME-CAP 基金年化收益率为 13.4%，同时期标普 500 全收益指数年化收益率为 11.5%。

图 7 - 10　1985～2023 年先锋领航 PRIMECAP 基金超额收益走势

注：超额收益计算基准为标普 500 全收益指数。

资料来源：WRDS。

二、大盘综合型基金持仓与收益率

表 7 - 12 列示了 2023 年底美国大盘综合型基金合计持仓最多的 20 只股票。从持仓情况看，大盘综合型基金持仓风格特征介于大盘成长型基金（偏信息科技和生物医药）和大盘价值型基金（偏传统消费和金融）之间，总体上偏向成长风格更多一些。持仓集中度同样也是介于前两者之间，大盘综合型基金 2023 年底持仓最多的 10 只股票合计持仓占比 26.8%，低于大盘成长型基金的 44.2%，但显著高于大盘价值型基金的 15.1%。

表 7 - 12　　　　　2023 年底美国大盘综合型基金持仓最多的 20 只股票　　　　　单位：%

股票名称	占比	股票名称	占比
微软（Microsoft）	6.4	亚马逊（Amazon）	3.0
苹果公司（Apple）	5.4	英伟达（Nvidia）	2.4

续表

股票名称	占比	股票名称	占比
脸书（Meta）	2.3	伯克希尔 - 哈撒韦（Berkshire Hathaway）	1.0
谷歌（Alphabet）	1.9	万事达（Mastercard）	0.9
礼来制药（Lilly Eli）	1.5	埃克森美孚（Exxon Mobil）	0.8
博通（Broadcom）	1.4	家得宝（Home Depot）	0.7
联合健康（Unitedhealth）	1.4	强生（Johnson & Johnson）	0.7
特斯拉（Tesla）	1.1	奥多比（Adobe）	0.7
维萨（VISA）	1.1	宝洁（Procter & Gamble）	0.7
摩根大通（JPMorgan Chase）	1.1	埃森哲（Accenture）	0.6

资料来源：WRDS。

大盘综合型基金的这种持仓特征，自然决定了其收益率表现也是介于大盘成长型基金和大盘价值型基金之间。从长期收益率分布来看（见表 7 - 13），大盘综合型基金在不同时间维度下平均年化收益率总体要好于大盘价值型基金（见表 7 - 8），但要弱于大盘成长型基金（见表 7 - 2）。与标普 500 全收益指数相比，大盘成长型基金能够有略好一点点的超额收益，而大盘综合型基金在不同时间维度下基本都跑不赢指数。

表 7 - 13　　　　美国大盘综合型基金长期收益率分布　　　　单位：%

年化收益率	3 年	5 年	10 年	15 年	20 年
均值	8.8	15.0	11.3	13.6	9.7
10% 分位数	4.6	10.5	8.1	10.6	7.5
25% 分位数	7.1	12.9	9.6	12.2	8.4
中位数	8.5	14.6	10.7	13.0	9.0
75% 分位数	9.9	15.6	11.5	13.7	9.5
90% 分位数	11.1	16.5	12.1	14.5	9.9
标普 500 全收益	9.9	15.7	12.0	14.0	9.7

注：收益率统计截至 2023 年底。
资料来源：WRDS。

三、大盘综合型基金资金流向

从资金流向上看，2000 年以后大盘综合型基金资金净流入呈现出宽幅波动状况（见图 7 - 11）。从累计金额来看，与多数主动管理型权益基金情况类似，2010 年以后总体是净流出的，2010 ~ 2023 年大盘综合型基金合计净流出约 1436 亿美元。

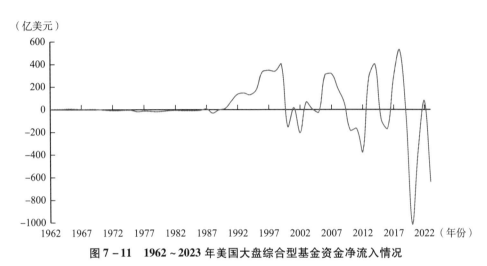

图 7 - 11　1962 ~ 2023 年美国大盘综合型基金资金净流入情况

资料来源：WRDS。

第四节　中小盘风格基金

一、中盘股风格基金

中盘股（mid cap）风格基金是以主要投资中型市值股票（一般以成长股为主）的一类基金产品。根据笔者统计，截至 2023 年底，中盘股风格基金合计规模约 5507 亿美元。美国的中盘股风格基金一般选择标普 400 中盘指数（S&P MidCap 400 Index）或者罗素中盘指数（Russell Midcap Index）作为基准。以 2023 年底标普 400 中盘指数样本为例，指数成分股市值最大的不超过 200 亿美元、成分股市值中位数约在 63 亿美元。中盘股风格基金的管理规模要明显小于大盘股风格基金，截至 2023 年底规模排序靠前的产品中（见表 7 – 14），没有管理规模超过 500 亿美元的产品，有 5 只产品规模超过 200 亿美元，另有 8 只产品规模超过 100 亿美元。

表 7 – 14　　　　　　2023 年底美国规模前列中盘股风格基金情况　　　　单位：亿美元

基金名称	基金经理	成立时间	基金规模
Fidelity Low-Priced Stock	Joel Tillinghast	1989 年 12 月	275
T. Rowe Price Mid-Cap Growth	Brian W. H. Berghuis	1992 年 1 月	251
T. Rowe Price New Horizons	Joshua K. Spencer	1960 年 6 月	225
JHancock Disciplined Value Mid Cap	Pollack/Feeney/Collard	1997 年 6 月	218
Principal MidCap	Nolin/Rozycki	2000 年 12 月	216
Victory Sycamore Established Value	Team Managed	1983 年 8 月	181
Janus Henderson Enterprise	Demain/Wheaton	1992 年 9 月	173
MFS Mid Cap Value	Taylor/Schmitz/Offen	2001 年 8 月	162
MFS Mid Cap Growth	Fischman/Braz	1993 年 12 月	137
JPMorgan Mid Cap Value	Simon/Playford	1997 年 11 月	132
Allspring Special Mid Cap Value	Tringas/VanCronkhite/Zweck	2005 年 4 月	126
BlackRock Mid-Cap Growth Equity	Ruvinsky/Bottinelli	1996 年 12 月	122
Eaton Vance Atlanta Capital SMID-Cap	Bell Ⅳ/Reed/Hereford	2002 年 4 月	122
Fidelity Value	Matthew Friedman	1978 年 12 月	91
T. Rowe Price Mid-Cap Value	Vincent Michael DeAugustino	1996 年 1 月	91
American Century Mid Cap Value	Team Managed	2004 年 3 月	89
Baron Growth	Ronald Baron	1994 年 12 月	79
Vanguard Strategic Equity	Cesar Orosco	1995 年 8 月	78
Fidelity Mid-Cap Stock	Nicola Stafford	1994 年 3 月	74
Vanguard Selected Value	Team Managed	1996 年 2 月	68

资料来源：彭博。

中盘股风格基金中目前规模最大的是乔尔·蒂林哈斯特（Joel Tillinghast）管理的富达低价股基金（Fidelity Low-Priced Stock Fund）。蒂林哈斯特长期业绩表现出色，并著有专著《大钱细思》系统阐述其投资理念，本书第十章第五节对其有详细介绍。

规模排名第二和第三的均来自普徕仕基金公司。普徕仕中盘成长基金（T. Rowe Price Mid-Cap Growth）于 1992 年 6 月成立，且自成立起至今一直由基金经理布莱恩·

伯格休斯（Brian Berghuis）单独管理，持续时间已经超过 30 年，且业绩表现不俗。从 1992 年 6 月底至 2023 年底，普徕仕中盘成长基金累计增长 45.5 倍、年化收益率 13.0%，同期标普 500 全收益指数累计增长 21 倍、年化收益率 10.3%，2000 年以后普徕仕中盘成长基金基本持续跑赢标普 500 指数（见图 7 – 12）。

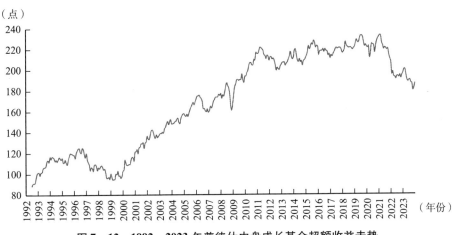

图 7 – 12　1992 ~ 2023 年普徕仕中盘成长基金超额收益走势

注：超额收益计算基准为标普 500 全收益指数。
资料来源：WRDS。

　　排名第三的是普徕仕新视野基金（T. Rowe Price New Horizons），目前基金经理是约书亚·斯宾塞（Joshua Spencer），他的前任是明星基金经理亨利·艾伦伯根（Henry Ellenbogen）。亨利·艾伦伯根于 2001 ~ 2019 年在普徕仕资产管理公司任职，2010 年开始管理其成名作普徕仕新视野基金，2019 年离开普徕仕创办了自己的投资公司 Durable Capital Partners。亨利·艾伦伯根的投资风格除了偏成长、小盘外，还会投资很多风险资本（venture capital）项目和 IPO 前公司股权，这点跟绝大多数公募基金只投资上市公司有很大不同。普徕仕新视野基金投资过 GrubHub、推特（Twitter）、Workday 等公司。从收益率表现来看，亨利·艾伦伯根管理的普徕仕新视野基金不但是中盘型基金中的佼佼者，更是在近 20 年的时间里持续跑赢标普 500 全收益指数（见图 7 – 13）。这是非常了不起的，一来因为 2000 年后主动管理权益基金跑赢标普 500 越来越难；二来因为它还是个中盘股风格基金，更增加了难度。

　　从持仓特征来看，表 7 – 15 列示了 2023 年底时所有中盘股风格基金合计持仓最多的 30 只股票，中盘股风格基金总体持股与大盘股基金多数持有微软、英伟达等龙头公司确实有明显差别。但需要注意到的是，主动管理型中盘股风格基金持仓股票的市值，相较于基准是明显上移的。如前所述，中盘股风格基金常见基准是标普 400 中盘股指数，其样本成分股市值中位数在 60 多亿美元最高不超过 200 亿美元。而主动管理中盘股基金持仓公司市值则要大很多，2023 年底时持仓最多的 10 只股票（Costar、Microchip Technology、MSCI、Copart、Gartner、Veeva Systems、Transdigm、Ingersoll Rand、Amphenol、Hubspot）市值平均在 300 亿~600 亿美元。

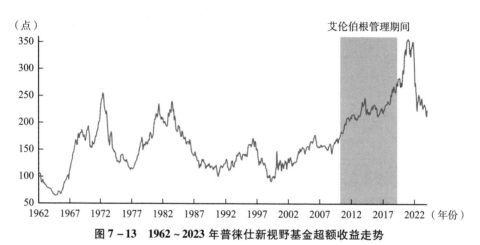

图 7 - 13　1962~2023 年普徕仕新视野基金超额收益走势

注：超额收益计算基准为标普 500 全收益指数。

资料来源：WRDS。

表 7 - 15　　　　　　2023 年底美国中盘股风格基金持仓最多的 30 只股票

序号	股票名称	序号	股票名称	序号	股票名称
1	Costar Group	11	Dexcom	21	Old Dominion Freight Line
2	Microchip Technology	12	Monolithic Pwr Sys	22	Crowdstrike Holdings
3	MSCI	13	IDEXX Laboratories	23	Mongodb
4	Copart	14	West Pharmaceutical Services	24	KKR & Co
5	Gartner	15	Hilton Worldwide Holdings	25	Datadog
6	Veeva Systems	16	Arch Capital Group Ltd New	26	Cheniere Energy
7	Transdigm Group	17	Vulcan Materials Co	27	Verisk Analytics
8	Ingersoll Rand	18	Marvell Technology	28	Gallagher Arthur J
9	Amphenol Corp New	19	Ansys	29	Ross Stores
10	Hubspot	20	Ametek New	30	Trade Desk

资料来源：WRDS。

从收益率表现情况来看，中盘股风格基金虽然不乏一些具有明显阿尔法的佼佼者，如前面提及的富达低价股基金、普徕仕新视野基金、普徕仕中盘成长基金等，但从总体看，中盘股风格基金长期收益率在不同时间维度下，基本都是跑输标普 500 全收益指数的（见表 7－16）。而且中盘股风格基金整体超额收益（中位数和平均值）为负的幅度还不小，这也导致了中盘股风格基金除极少数头部明星基金外，总体规模很难做大。

表 7－16　　　　　　　　　美国中盘股风格基金长期收益率分布　　　　　单位：%

年化收益率	3 年	5 年	10 年	15 年	20 年
均值	5.3	12.5	9.2	13.3	9.7
10% 分位数	－3.1	9.5	6.6	10.4	7.1
25% 分位数	1.3	10.9	7.4	11.6	8.1
中位数	6.2	12.2	8.5	12.6	9.0
75% 分位数	9.1	13.4	9.5	13.4	9.8
90% 分位数	11.6	14.6	10.6	14.3	10.5
标普 500 全收益	9.9	15.7	12.0	14.0	9.7

注：收益率统计截至 2023 年底。
资料来源：WRDS。

为什么中盘股风格基金收益率跟标普 500 比更重要，而不是去跟一般的基准标普 400 中盘股指数比呢？原因很简单，站在投资者的角度看，并不在乎产品自身设定的资产范围限制以及特定的基准是什么，而是在乎产品与全市场一般最容易触及与投资的宽基指数比较。

二、小盘股风格基金

小盘股（small cap）风格基金，正如其名，主要以投资小市值股票为主要方向。以标普 600 小盘股指数为例，2023 年底时其成分股样本市值最大不超过 100 亿美元、中位数不到 20 亿美元。小盘股风格基金平均规模和总规模都普遍要更小，截至 2023 年底，根据笔者统计，小盘股风格基金合计规模约 4850 亿美元，产品规模超过 100 亿美元的也只有 4 个（见表 7－17）。

表 7 - 17   **2023 年底美国规模居前列小盘股风格基金情况**   单位：亿美元

基金名称	基金经理	成立时间	基金规模
Vanguard Explorer Fund	Team Managed	1967 年 12 月	213
DFA US Small Cap Value	Fogdall/Schneider/Leblond	1993 年 3 月	153
DFA US Small Cap	Fogdall/Schneider/Leblond	1992 年 3 月	153
Neuberger Berman Genesis	Team Managed	1988 年 9 月	103
Strategic Advisers Small-Mid Cap	Golden/Mahoney	2005 年 6 月	92
Undiscovered Managers Behavioral Val	Potter/Lee	1998 年 12 月	81
FullerThaler Behavioral Sm-Cp Eq	Raife Giovinazzo	2011 年 9 月	79
T. Rowe Price Integrated US Sm Gr Eq	Sudhir Nanda	1997 年 1 月	78
T. Rowe Price Small-Cap Value	John David Wagner	1988 年 1 月	76
Delaware Small Cap Core	Team Managed	1998 年 12 月	75
Victory Sycamore Small Company Opp	Team Managed	1983 年 8 月	70
DFA US Micro Cap	Fogdall/Schneider/Leblond	1981 年 12 月	70
Janus Henderson Triton	Coleman/Stutzman/Schaechterle	2005 年 2 月	68
T. Rowe Price Small-Cap Stock	Alonso/Roik	1955 年 1 月	61
American Century Small Cap Value	John/Cope	1998 年 7 月	59
Fidelity Advisor Small Cap Growth	Venanzi/Kruzement-Prykhodko	2004 年 11 月	57
Allspring Special Small Cap Value	Tringas/VanCronkhite/Martin	1993 年 5 月	56
JPMorgan Small Cap Equity	San Jose/Percella	1994 年 12 月	55
Fidelity Series Small Cap Opps	Team Managed	2007 年 3 月	55
Delaware Small Cap Value	Team Managed	1987 年 6 月	49

资料来源：彭博。

　　小盘股风格基金中规模排名第一的是先锋领航探索者基金（Vanguard Explorer Fund），成立于 1967 年，目前共有 9 名基金经理共同管理。小盘股风格基金投资往往极度分散，先锋领航探索者基金 2023 年底时持仓有 738 个股票，持有最多的单只股票持仓市值占基金规模比例也不到 1%。从超额收益走势来看（见图 7 - 14），2000 年以前先锋领航探索者基金超额收益波动较大，2000 年以后至今总体能保持小幅跑赢市场整体的态势。

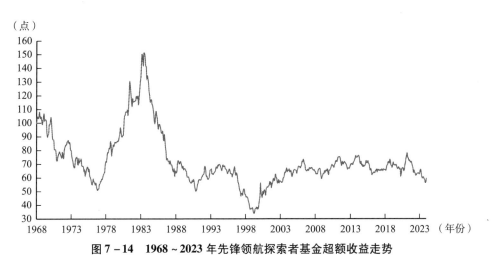

图 7 – 14　1968 ~ 2023 年先锋领航探索者基金超额收益走势

注：超额收益计算基准为标普 500 全收益指数。

资料来源：WRDS。

规模排名第二和第三的小盘股风格基金都来自 DFA 基金，分别是 DFA 美国小盘价值基金（DFA US Small Cap Value）和 DFA 美国小盘股基金（DFA US Small Cap），这两只基金目前都是由相同的 3 名基金经理管理。从业绩表现来看，这两只基金 2000 年以后的超额收益走势与先锋领航探索者基金比较类似（见图 7 – 15），DFA 美国小盘价值基金的弹性略大一些。

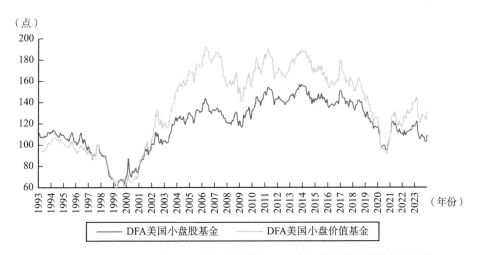

图 7 – 15　1993 ~ 2023 年 DFA 美国小盘股与美国小盘价值基金超额收益走势

注：超额收益计算基准为标普 500 全收益指数。

资料来源：WRDS。

从持仓特征来看，表 7 - 18 列示了 2023 年底时所有小盘股风格基金合计持仓最多的 30 只股票。相比于中盘股风格基金持仓市值较基准明显上移，小盘风格型基金持仓平均市值与基准基本相当，重点持仓标的市值主要集中在 50 亿～100 亿美元之间。

表 7 - 18　　　　　2023 年底美国小盘股风格基金持仓最多的 30 只股票

序号	股票名称	序号	股票名称	序号	股票名称
1	SPS Commerce	11	Super Micro Computer	21	Aaon
2	Comfort Systems Usa	12	Ensign Group	22	Emcor Group
3	Applied Industrial Techs	13	Cytokinetics	23	Federal Signal Corp
4	Meritage Homes Corp	14	Simpson Manufacturing	24	Championx Corp
5	Fabrinet	15	Builders Firstsource	25	Manhattan Associates
6	ELF Beauty	16	UFP Industries	26	Atkore International Group
7	RBC Bearings	17	Matador Resources	27	Saia
8	Onto Innovation	18	Bellring Brands New	28	Mueller Industries
9	Rambus	19	South State Corp	29	Taylor Morrison Home Corp
10	Insight Enterprises	20	Boise Cascade	30	Signet Jewelers Ltd

资料来源：WRDS。

从收益率表现看，小盘股基金整体收益率在不同时间维度下，也都跑不赢标普 500 全收益指数（见表 7 - 19），而且小盘股基金的整体收益率要比中盘股基金更低一些。此外，小盘股基金阿尔法特征较中盘股基金也要更弱，没有出现像中盘股基金那样有多个具有显著超额收益的明星基金，前述规模靠前小盘股基金表现较好的，也仅仅是最近十几年来能够基本追平标普 500 全收益指数。

表 7 - 19　　　　　美国小盘股风格基金长期收益率分布　　　　　单位：%

年化收益率	3 年	5 年	10 年	15 年	20 年
均值	6.4	11.5	8.1	12.5	11.0
10%分位数	-3.5	8.2	5.4	10.1	7.0
25%分位数	1.6	9.8	6.5	11.0	7.8
中位数	6.3	11.2	7.5	12.0	8.6
75%分位数	9.6	12.6	8.5	12.9	9.2

续表

年化收益率	3 年	5 年	10 年	15 年	20 年
90% 分位数	12.8	14.1	9.4	13.9	9.8
标普 500 全收益	9.9	15.7	12.0	14.0	9.7

注：收益率统计截至 2023 年底。
资料来源：WRDS。

三、中小盘股基金特点

从基金资金净流入情况来看，中盘股和小盘股基金在 2000 年以后都呈现出大幅波动特征，2010 年以后总体上都是净流出（见图 7 - 16）。且中盘股风格基金资金净流出金额要远大于小盘股风格基金，根据笔者统计，2010 ~ 2023 年，中盘股风格基金资金累计净流出 2992 亿美元，同时期小盘股风格基金累计净流出 1149 亿美元。

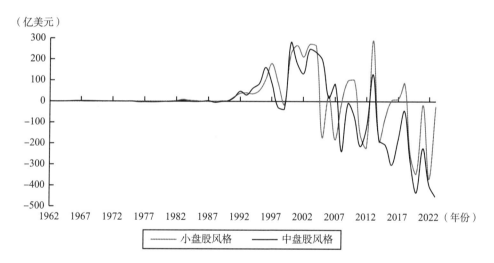

图 7 - 16　1962 ~ 2023 年小盘股风格与中盘股风格基金资金净流入情况
资料来源：WRDS。

中盘股风格基金总体收益明显好于小盘股风格基金，但过去十几年中资金净流出却又要显著更大。这背后的原因或许主要在于小盘股基金有更好的"搏弹性"属性。从持仓特征来看，中盘股基金与小盘股基金持仓均与标普 500 指数有很大偏离度（见图 7 -17），且小盘股基金偏离度更大，这也就意味着小盘股基金存在更多跑赢大盘的可能性。前述红利收入型基金资金净流入好于大盘价值类和大盘成长类基金，也是类似的逻辑，那就是红利收入型基金多了一个"回撤小"的防守属性。从商业逻辑看，除收益率以外，基金产品本身具有的其他属性也都是卖点。

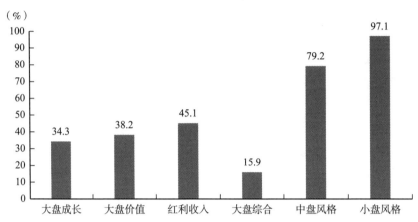

图 7 – 17   不同类别主动管理型基金持仓与标普 500 指数的偏离度

注：这里的偏离度变化范围为 0 ~ 100%，数值越大表示持仓与标普 500 指数构成差异度越大，0 即指与标普 500 构成完全一样、100% 表示完全不一样。

资料来源：WRDS。

基金持仓偏离度这里还存在一个"个体理性"与"群体非理性"的悖论。在美国公募基金市场中，因为总体上看主动管理无法跑赢标普 500 指数，因此对于个体的主动管理基金产品而言，要想跑赢标普 500 指数获得超额收益，就必须加大其持仓与标普 500 指数的差异度，有差异度不一定能跑赢但没有差异度一定跑不赢。而由于标普 500 指数自身长期业绩表现非常好，这种主动管理持仓偏离度，在个体层面赢得了跑赢指数的可能性，但在整体层面则又进一步加剧了跑输大盘的风险。

第五节   行业主题类基金

一、行业主题类基金概况

行业主题类基金，在国内有时候也被叫作"赛道型基金"，主要专注于某一特定行业领域股票标的投资。表 7 - 20 列示了 2023 年底美国公募基金中规模居前列行业主题类基金，从行业分布来看，行业主题类基金在科技行业中布局最多，随后是医药、黄金等行业。从产品属性看，到 2023 年底，美国的行业主题类公募基金规模排名靠前的多数都是被动型产品，规模排名前 20 的行业基金中仅有 4 个主动管理类产品且规模排序靠后。

表 7 - 20　　　　　　　2023 年底美国规模居前列行业主题基金情况　　　　单位：亿美元

基金名称	成立时间	基金规模	指数基金	行业方向
Vanguard Information Technology Index Fund	2004 年 1 月	693	是	科技
Vanguard Real Estate Index Fund	1996 年 5 月	649	是	房地产
Technology Select Sector SPDR Fund	1998 年 12 月	585	是	科技
SPDR Gold Trust：SPDR Gold Shares	2004 年 11 月	583	是	黄金
Health Care Select Sector SPDR Fund	1998 年 12 月	376	是	医药
Energy Select Sector SPDR Fund	1998 年 12 月	362	是	能源
Financial Select Sector SPDR Fund	1998 年 12 月	340	是	金融
iShares Gold Trust	2005 年 1 月	264	是	黄金
Consumer Discretionary Select Sector SPDR	1998 年 12 月	196	是	消费
Vanguard Health Care Index Fund	2004 年 1 月	195	是	医药
Communication Services Select Sector SPDR	2018 年 6 月	164	是	科技
Industrial Select Sector SPDR Fund	1998 年 12 月	154	是	工业
Consumer Staples Select Sector SPDR Fund	1998 年 12 月	152	是	消费
T Rowe Price Health Sciences Fund	1995 年 1 月	147		医药
Utilities Select Sector SPDR Fund	1998 年 12 月	142	是	公用
iShares US Technology ETF	2000 年 5 月	141	是	科技
VanEck Gold Miners ETF	2006 年 5 月	131	是	黄金
Fidelity Select：Technology Portfolio	1981 年 7 月	126		科技
Fidelity Select：Semiconductors Portfolio	1985 年 7 月	122		科技
Fidelity Select：Software and IT Services Portfolio	1985 年 7 月	118		科技

资料来源：WRDS。

表 7 - 21 列示了规模排名前列的主动管理型行业赛道型基金，截至 2023 年底共有 5 只基金产品规模超过 100 亿美元，但都没有超过 200 亿美元。对比基金产品成立

时间，可以发现主动管理型行业基金成立时间普遍要早于被动型行业基金。这背后反映了公募基金行业商业逻辑的变化，市场在 20 世纪 90 年代后期，当收益率表现较好的产品几乎都是行业赛道而非传统全市场选股基金时，作为"工具性"产品的被动行业基金便快速普及。传统的主动管理基金立足于寻找个股的阿尔法，而行业赛道基金本质上是对市场行业贝塔的布局，至于说在什么时间哪个行业贝塔能走出来，这个交由投资者自己做决策，行业赛道型基金只是作为一种便利的金融工具。

表 7 – 21　　　　　**2023 年底美国规模居前列主动管理行业基金情况**　　　单位：亿美元

基金名称	成立时间	基金规模	行业方向
T Rowe Price Health Sciences Fund	1995 年 1 月	147	医药
Fidelity Select：Technology Portfolio	1981 年 7 月	126	科技
Fidelity Select：Semiconductors Portfolio	1985 年 7 月	122	科技
Fidelity Select：Software and IT Services Portfolio	1985 年 7 月	118	科技
Columbia Seligman Technology & Information Fund	1983 年 6 月	115	科技
BlackRock Health Sciences Opportunities Portfolio	1999 年 12 月	81	医药
T Rowe Price Science & Technology Fund	1987 年 1 月	77	科技
Fidelity Select：Health Care Portfolio	1981 年 7 月	77	医药
T Rowe Price Communications & Technology	1993 年 10 月	76	科技
DFA Real Estate Securities Portfolio	1993 年 1 月	74	房地产
Cohen & Steers Real Estate Securities Fund	1997 年 9 月	73	房地产
Cohen & Steers Institutional Realty Shares	2000 年 2 月	64	房地产
Principal Funds：Real Estate Securities Fund	2000 年 12 月	61	房地产
Fidelity Select：Medical Technology and Devices	1998 年 4 月	58	科技
Franklin Custodian Funds：Franklin Utilities Fund	1947 年 1 月	56	公用
Cohen & Steers Realty Shares	1991 年 7 月	56	房地产
Delaware Ivy Science & Technology Fund	1997 年 1 月	52	科技
PIMCO CommodityRealReturn Strategy Fund	2002 年 6 月	51	商品
Fidelity Advisor Technology Fund	1996 年 9 月	51	科技
Fidelity Advisor Health Care Fund	1996 年 9 月	49	医药

资料来源：WRDS。

二、主动与被动收益率比较

行业主题类基金发展中一个重要的问题，就是主动管理型基金能不能在行业内取得阿尔法，即不考虑是否跑赢全市场标普500指数，只考虑能否跑赢行业指数。这个问题很难得到因果关系明确的实证检验，存在的问题除了样本选择性偏差外（即我们目前能看到的规模较大的基金一定是过去相对表现好的产品），更重要的问题是行业指数基准怎么选。一般情况下，主动产品和被动产品即使在同一个大行业，基准选择也会有很大不同。例如，对于科技类基金，如果基准选择半导体指数，其业绩波动和弹性肯定要大于更加宽泛的科技指数或者电子指数。

这里我们浅尝辄止，简单对比一下表7-20和表7-21中规模较大的行业赛道型基金主动和被动产品收益率情况。

首先，我们看一下科技行业的表现情况。被动基金中我们选择成立时间较长的SPDR科技行业精选基金（Technology Select Sector SPDR Fund）作为比较基准，这个被动产品跟踪的是标普科技精选行业指数（Technology Select Sector Index），成立于1998年。主动管理基金中我们选择表7-21中规模排名最靠前的两个广义科技基金产品，富达精选科技组合基金（Fidelity Select：Technology Portfolio）与哥伦比亚塞利格曼信息科技基金（Columbia Seligman Technology & Information Fund）。

从结果来看，1999~2010年，富达精选科技组合和哥伦比亚塞利格曼信息科技，这两个主动管理型科技行业基金总体上都能跑赢被动产品SPDR科技行业精选基金，尤其是哥伦比亚塞利格曼信息科技基金超额收益非常明显（见图7-18）。但从2010年以后至2023年底，这两个主动管理型科技基金都没有再取得特别明显的超额收益，整体收益率与被动型产品基本一致，如果从2021年算，最近三年还都跑输了SPDR科技行业精选基金。

其次，我们再看下医疗保健包括主被动基金表现情况。被动基金中依然选择成立时间较长规模较大的SPDR医疗保健精选基金（Health Care Select Sector SPDR Fund），成立于1998年，产品跟踪的是标普医疗保健精选行业指数（Health Care Select Sector Index）。主动管理基金选择普徕仕医疗科学基金（T Rowe Price Health Sciences Fund）和富达精选医疗保健组合基金（Fidelity Select：Health Care Portfolio），以这两个成立时间较长、规模较大的产品作为比较对象。图7-19报告了这两个主动管理基金相对于SPDR医疗保健精选基金的超额收益走势，结果显示，两个主动管理行业基金自

2000 年以来总体都有超额收益，特别是普徕仕医疗科学基金超额收益显著。

图 7 - 18　富达精选科技组合与哥伦比亚塞利格曼信息科技基金超额走势

注：超额收益基准是 SPDR 科技行业精选基金。
资料来源：WRDS。

图 7 - 19　普徕仕医疗科学与富达精选医疗保健组合基金超额走势

注：超额收益基准是 SPDR 医疗保健精选基金。
资料来源：WRDS。

综合图 7 - 18 和图 7 - 19 的结果，应该说头部主动管理型行业赛道基金，相比于同行业被动基金产品，长期来看是有超额收益的。当然，这里需要反复强调的就是样本自选择问题，应当特别留意。

第八章
被动管理类产品发展特点

　　本章介绍美国公募基金被动管理类产品发展特点，内容包括发展历程、市场概况、产品类型等。近年来美国被动型产品迎来高速发展，已基本形成取代主动型产品的势头。被动型产品中又以 ETF 的崛起最为瞩目，凭借费率低廉、透明度高、交易便利等优点，ETF 在投资者中广受欢迎，被认为是史上最伟大的金融创新之一。自 1993 年诞生以来，ETF 在品类上不断推陈出新，从最传统的宽基股票型产品逐渐演变为涵盖多种投资策略和资产类别的综合型产品，包括融合主动管理和 ETF 特征的主动型 ETF、带有衍生品属性的杠杆 ETF 和反向 ETF、跟踪加密货币的比特币 ETF 和以太坊 ETF 等。随着被动型产品谱系的不断丰富和完善，与被动基金走势高度相似的"伪主动基金"逐渐引起投资者的关注，如何体现出主动管理的价值、避免被被动产品替代是当前基金行业绕不开的一道难题。

第一节　被动型产品的概况

一、被动型产品的发展历程

根据管理方式的不同，公募基金可以分为主动型产品和被动型产品。主动型基金由基金经理主动进行投资决策，通过对市场的研究分析，挑选出认为具有潜力的股票、债券等资产进行投资组合的构建。被动型基金通常是跟踪特定的指数，如标普500指数、纳斯达克指数等，其投资组合的构建是按照指数的成分股及权重进行复制，以实现与指数尽可能相似的收益表现。

近年来，美国公募基金行业的一大趋势是资金逐渐从主动型产品流向被动型产品。从基金资金净流量来看（见图8-1），美国主动型产品在2013年开始转为净流出，但被动型产品的流入势头仍然强劲。从这个角度讲，当前美国公募基金市场增量资金流入已经全部都在被动型产品中，主动型产品完全处于守势，被动取代主动势头非常明确。

从基金存量规模来看，被动型产品与主动型产品的规模差距也在不断缩小。1993年美国ETF产品兴起之初，美国公募基金市场中主动型和被动型产品的规模分别为1.5万亿美元和282.7亿美元，前者约为后者的52倍，完全碾压。而发展到2023年时，美国公募基金市场中主动型和被动型产品存量规模已经非常接近（见图8-2）。根据当前增量资金净流入和流出的趋势来看，被动型基金整体存量规模超越主动型基金的历史性拐点时刻预计在两三年内就会到来。

（万亿美元）

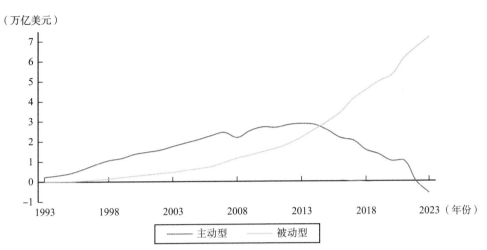

图 8 - 1　1993～2023 年美国非货公募基金主动、被动型产品的累计净流入

资料来源：ICI。

（万亿美元）

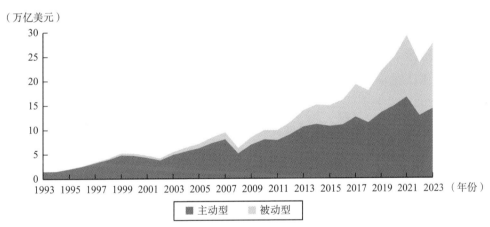

图 8 - 2　1993～2023 年美国非货公募基金主动、被动型产品的规模变化

资料来源：ICI。

资金向被动型产品转移是费率和业绩共同作用的结果。首先，被动型产品的费率大幅低于主动型。以最具代表性的两只产品为例，在彼得·林奇任基金经理期间，麦哲伦基金的平均费率约为 1.03%，而同时期内先锋领航 500 指数基金的平均费率只有 0.26%，是前者的四分之一。行业整体的差异大致也是这个水平，1996 年美国主动、被动型股票共同基金的规模加权费率分别为 1.08% 和 0.27%（见本书第五章图 5 - 7）。但收费更高的主动型产品在业绩上并不占优。以主动权益基金为例，无论是从超额收益的长期走势还是跑赢基准的比例上看，其表现都不容乐观（见第三章

第一节）。

二、被动产品的主要类型

被动型公募基金也分为被动型共同基金和被动型 ETF，二者分别问世于 20 世纪 70 年代和 1993 年。美国公募基金市场早期的被动型产品主要以共同基金形式出现，随着金融产品技术的不断发展，90 年代以后 ETF 以其便利性和高流动性优势快速发展，目前已经成为增量被动型基金的主要产品形式。相比之下，中国公募基金市场起步较晚，在发展之初 ETF 产品技术已经非常成熟，因此国内的被动型公募基金主要是 ETF 的产品形式。

ETF 的全称是交易所交易基金（exchange-traded fund），是开放式基金的一种特殊类型。ETF 结合了封闭式基金和开放式基金的运作特点，投资者既可以向基金管理人申购或赎回基金份额，同时又可以像封闭式基金一样在二级市场上按市场价格买卖 ETF 份额。ETF 在运作机制上与共同基金存在较大的差异，发行人通常不直接与普通零售投资者交易，而是依靠授权参与商（authorized participant，AP）完成 ETF 的创设和赎回。ETF 的申赎通常以实物形式进行，底层资产和 ETF 份额在 AP 与发行人之间双向交换。

AP 同时也是 ETF 流动性的提供者和 ETF 价格的稳定器。ETF 份额可交易的属性决定了其价格与底层资产的价格（即 ETF 的内在价值）不会时时相等，当 ETF 价格偏离内在价值时，AP 可通过实物申赎机制进行套利，从而起到稳定价格的作用。AP 通常由实力雄厚的做市商担任，以贝莱德现货比特币 ETF 为例，据其 2024 年 4 月向 SEC 提交的文件显示，该 ETF 的 AP 包括荷兰银行（ABN AMRO）、城堡（Citadel）、花旗、高盛、摩根大通、瑞银、麦格理（Macquarie）、简街（Jane Street）和 Virtu 九家机构。

虽然比被动型共同基金晚"出生"了 20 年左右，但 ETF 的发展势头明显更盛。特别是在 2018 年后，基本没有新的资金流入被动型共同基金，增量都来自 ETF（见图 8-3）。资金的涌入给 ETF 的规模带来了显著增长，截至 2023 年，超过一半（规模口径）的美国被动型公募基金都是以 ETF 的形式进行运作（见图 8-4）。

ETF 被视作是历史上最伟大的金融创新之一，但也有观点认为，它是造成市场闪崩的元凶，对金融市场的稳定性存在威胁。ETF 通常被认为具有费用低和流动性好两大优点。费率低一方面是因为 ETF 多为被动型产品，另一方面是因为 ETF 的投资者服务费用更低。有研究发现，即使是与同一公司旗下投资目标相同的被动型共同基金相比，ETF 的年化净收益率也要平均高出 42 个 BP，而其中约 90% 都源于投资者服务费用上的节约。[①]

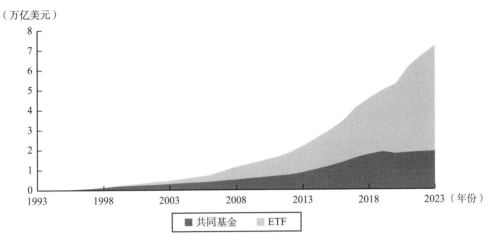

图 8 – 3　1993～2023 年美国被动型公募基金中共同基金和 ETF 的累计净流入

资料来源：ICI。

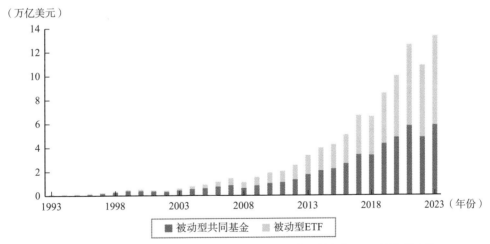

图 8 – 4　1993～2023 年美国被动型公募基金中共同基金和 ETF 的规模变化

资料来源：ICI。

---

① George J. Jiang, Tong Yao and Gulnara R. Zaynutdinova, "The Effect of Investor Service Costs on Mutual Fund Performance," *The Financial Review* 58, no. 1 (2023): 91 – 115.

"ETF 流动性好"这一观点存在争议。ETF 的流动性分为 ETF 自身的流动性和 ETF 底层资产的流动性。就 ETF 自身来说，虽然其流动性要好过共同基金，但在某些市场环境中同样会遭遇流动性危机，且程度不亚于股票。例如，在 2010 年 5 月 "美股千点大跌"[①] 事件中，ETF 占到了所有因下跌过快而被取消交易数量的 70% 左右[②]；在 2015 年 8 月 24 日发生的又一次市场闪崩中，有超过 300 只 ETF 被暂停交易[③]。ETF 在极端市场环境中丧失流动性的原因可能是套利者交易量的大幅萎缩。如前文所述，AP 通过 ETF 份额和底层证券之间的套利为 ETF 提供流动性和价格纠偏，但当市场出现剧烈波动时，套利者的交易活动也会减少，导致 ETF 出现流动性危机。ETF 对底层资产流动性的影响同样也具有两面性，有研究发现，ETF 持有比例较高的个股在买卖价差（bid-ask spread）和执行价差（implementation shortfall）等流动性指标上的表现会更好，但在市场极端环境中（如 2008 年国际金融危机和 2011 年美国债务危机），卖出这些股票则需要支付更高的交易成本。[④] 另外在市场承压时，ETF 持有比例更高的个股在收益率分布上也呈现出了更强的左偏形态。[⑤]

第二节　ETF 的发展特征

一、ETF 的产品类型

当前美国的 ETF 在资产类别上以股票型为主，占比达到 79.4%；债券型和商品型的占比不高，分别为 18.5% 和 1.7%；股票型 ETF 又以国内股票型为主，其规模大概是全球股票型的 4 倍（见图 8-5）。美国国内股票型 ETF 可以分为宽基型、Smart-

---

① "美股千点大跌"是指在美国东部时间 2010 年 5 月 6 日下午 2 点 47 分左右，一名交易员在卖出股票时敲错字母，将"million"（百万）误打成"billion"（十亿），导致道琼斯指数突然暴跌近千点的事件。

② Milan Borkovec, Ian Domowitz, Vitaly Serbin and Henry Yegerman, "Liquidity and Price Discovery in Exchange-Traded Funds: One of Several Possible Lessons from the Flash Crash," *Journal of Index Investing* 1, no. 2 (2010): 24 - 42.

③ 资料来源：Luca J. Liebi, "The Effect of ETFs on Financial Markets: A Literature Review," *Financial Markets and Portfolio Management* 34 (2020): 165 - 178.

④ Mehmet Saglam, Tugkan Tuzun and Russ Wermers, *Do ETFs Increase Liquidity?* working paper, 2020.

⑤ Itzhak Ben-David, Francesco Franzoni and Rabih Moussawi, "Do ETFs Increase Volatility?" *Journal of Finance* 73, no. 6 (2017): 2471 - 2535.

beta 型、行业型和主题型四大类。宽基型 ETF 是指跟踪宽基指数的 ETF 产品，例如跟踪标普 500 指数的 SPDR 标普 500ETF、跟踪罗素 1000 指数的安硕罗素 1000ETF 和跟踪 WRDS 全市场指数的先锋领航全市场 ETF。截至 2023 年，规模居前十位的美国国内股票型 ETF 中，有 6 只都是宽基型（见表 8 − 1）。

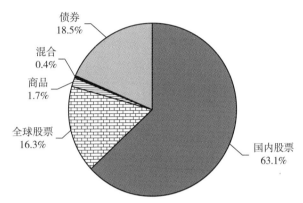

图 8 − 5　2023 年底美国各类型 ETF 的规模占比

资料来源：ICI。

表 8 − 1　　　　　　　**2023 年底美国规模居前列国内股票型 ETF 情况**　　　　　单位：亿美元

ETF 名称	成立日期	基金规模
SPDR S&P 500 ETF	1993 年 1 月	4970.1
iShares Core S&P 500 ETF	2000 年 5 月	3996.4
Vanguard S&P 500 ETF	2010 年 9 月	3720.5
Vanguard Total Stock Market ETF	2001 年 5 月	3479.6
Vanguard Value ETF	2004 年 1 月	1060.4
Vanguard Growth ETF	2004 年 1 月	1044.8
iShares Russell 1000 Growth ETF	2000 年 5 月	818.6
iShares Core S&P Small-Cap ETF	2000 年 5 月	768.8
iShares Core S&P Mid-Cap ETF	2000 年 5 月	765.6
Vanguard Dividend Appreciation ETF	2006 年 4 月	742.0

资料来源：WRDS。

　　Smart-beta 型 ETF 与宽基型 ETF 的差异主要体现在成分股的加权方式上。宽基指数多采用市值加权法，加权方式比较简单，而 Smart-beta 的加权方法则通常更加复杂、影响因子也更多。以先锋领航价值 ETF 跟踪的 WRDS 美国大盘价值指数为例，其筛选成分股的指标包括市净率、远期市盈率、历史市盈率、股息率和市销率。

美国 Smart-beta 型 ETF 市场在规模上呈现出以下两个特点：（1）价值型产品的规模明显高于成长型产品；（2）除了价值和成长外，其他类型的规模都不大，产品类型间有明显的规模断层现象。截至 2023 年底，规模前十大的美国 Smart-beta 型 ETF 中有 5 只产品都属于广义上的价值型[①]产品，成长型则有 3 只，剩余的 2 只分别为质量和等权（见表 8－2）。根据晨星的统计，截至 2022 年底，广义上的价值型 ETP[②]规模大约是成长型的 2.4 倍左右；此外除了分红、价值和成长，其他类型的 Smart-beta ETP 规模都不到 1000 亿美元（见图 8－6）。

表 8－2 　　　　　　　 2023 年底美国规模前列 Smart-beta 型 ETF 情况

ETF 名称	成立日期	基金规模（亿美元）
Vanguard Value ETF	2004 年 1 月	1060
Vanguard Growth ETF	2004 年 1 月	1045
iShares Russell 1000 Growth ETF	2000 年 5 月	819
Vanguard Dividend Appreciation ETF	2006 年 4 月	742
iShares Russell 1000 Value ETF	2000 年 5 月	553
Schwab U. S. Dividend Equity ETF	2011 年 10 月	520
Vanguard High Dividend Yield ETF	2006 年 11 月	509
Invesco S&P 500 Equal Weight ETF	2003 年 4 月	498
iShares S&P 500 Growth ETF	2000 年 5 月	369
iShares MSCI USA Quality Factor ETF	2013 年 7 月	361

资料来源：WRDS。

行业型 ETF 是指跟踪某个行业或板块指数的 ETF 产品。截至 2023 年底，美国规模前十大的行业型 ETF 中，有 6 只产品跟踪的是信息科技、半导体和医疗健康等高新技术行业，剩余 4 只产品分别跟踪地产、金融、金矿和能源行业（见表 8－3）。

---

① Value（价值）和 Dividend（分红）都属于广义上的价值型策略。
② ETP 的全称为 Exchange-Traded Product，ETF 是 ETP 的一种。

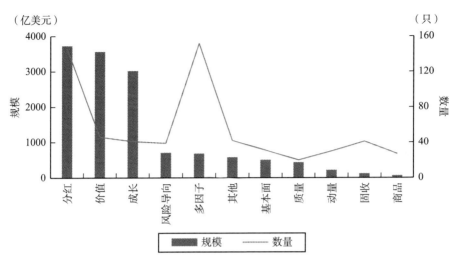

图 8-6　美国各类型 Smart-beta 类 ETP 规模与数量情况

注：数据截至 2022 年 12 月 31 日。

资料来源：晨星（MorningStar）。

表 8-3   **2023 年底美国规模居前列行业型 ETF 情况**   单位：亿美元

ETF 名称	成立日期	基金规模
Vanguard Information Technology ETF	2004 年 1 月	592.5
Vanguard Real Estate ETF	2004 年 9 月	335.9
Vanguard Health Care ETF	2004 年 1 月	166.4
iShares US Technology ETF	2000 年 5 月	141.2
VanEck Gold Miners ETF	2006 年 5 月	131.0
VanEck Semiconductor ETF	2011 年 12 月	117.2
iShares Semiconductor ETF	2001 年 7 月	102.8
Vanguard Financials ETF	2004 年 1 月	92.3
Fidelity MSCI Information Tech ETF	2013 年 10 月	82.8
Vanguard Energy ETF	2004 年 9 月	79.2

资料来源：WRDS。

      主题型 ETF 是指跟踪某一特定经济、社会或技术趋势的 ETF，其投资范围可能横跨多个行业，例如人工智能 ETF 的持仓可能就包含通信、电子、计算机以及传媒等行业的上市公司。根据 Trackinsight 的统计，截至 2023 年，全球主题型 ETF 的总规模约为 2851. 6 亿美元，其中 54. 1% 在美洲地区，大部分以被动管理的方式运营（见图 8 - 7）；从主题上看，环保、科技和基础设施的规模比较大（见图 8 - 8）；发行商方面，第一信托、安硕和 Global X 是美洲主题型 ETF 规模前三的发行商（见图 8 - 9）。

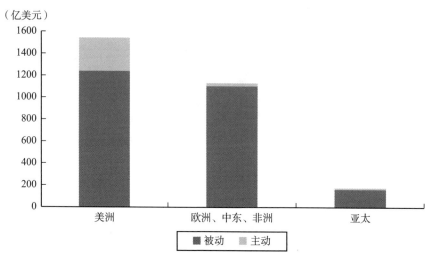

图 8 - 7　2023 年底全球主题型 ETF 分地域与管理方式的规模

资料来源：Trackinsight。

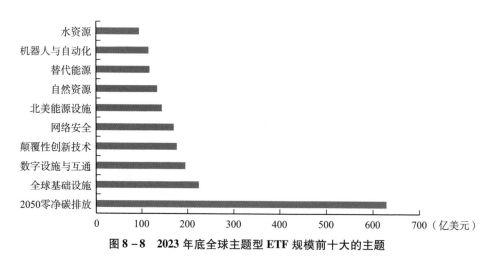

图 8 - 8　2023 年底全球主题型 ETF 规模前十大的主题

资料来源：Trackinsight。

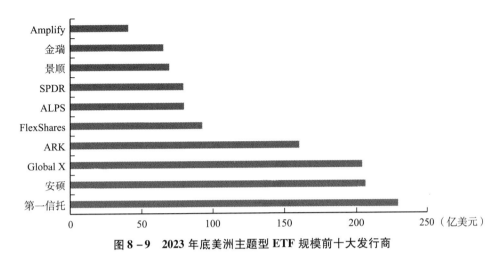

图 8 - 9　2023 年底美洲主题型 ETF 规模前十大发行商

注：SPDR 为道富基金旗下的 ETF 产品品牌。
资料来源：Trackinsight。

二、ETF 的竞争特征

美国 ETF 在竞争上呈现出"双市场"特征[①]：一个市场是由宽基型 ETF 和 Smart-beta 型 ETF 构成，竞争主要是在价格层面上展开，所以费率通常较低；另一个市场则是由行业型 ETF 和主题型 ETF 构成，该市场中"价"不再是重点，收费相对更高（见图 8 - 10）。出现"双市场"的原因主要是产品性质上存在差异：宽基型和 Smart-beta 型产品的同质性较高，加上多作为长期配置型工具使用，投资者对费率会比较敏感；而行业主题型 ETF 更多是作为交易性工具存在，与费率相比，投资者更关心产品的"时效性"。从持有人结构上也能看出差别，图 8 - 11 展示了机构和罗宾汉[②]用户在这四类 ETF 上的持有情况，可以发现，宽基型和 Smart-beta 型 ETF 中机构的比例更高，行业主题型 ETF 的"散户化"特征则更强。

[①]　Itzhak Ben-David, Francesco Franzoni, Byungwook Kim and Rabih Moussawi, "Competition for Attention in the ETF Space," *Review of Financial Studies* 36, no. 3（2023）：987 - 1042.

[②]　罗宾汉（Robinhood）是一家为普通大众提供便捷低成本金融服务的美国金融公司，名称源于罗宾汉这一劫富济贫的形象，用户以散户为主。

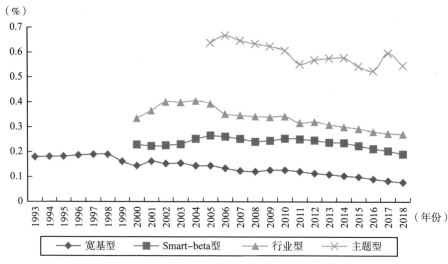

图 8 - 10　美国各类型 ETF 的费率变化情况

资料来源：Itzhak Ben-David, Francesco Franzoni, Byungwook Kim and Rabih Moussawi, "Competition for Attention in the ETF Space," *Review of Financial Studies* 36, no. 3 (2023)：987 – 1042。

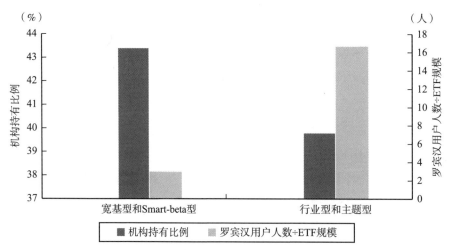

图 8 - 11　美国各类型 ETF 的机构和散户持有情况

资料来源：Itzhak Ben-David, Francesco Franzoni, Byungwook Kim and Rabih Moussawi, "Competition for Attention in the ETF Space," *Review of Financial Studies* 36, no. 3 (2023)：987 – 1042。

　　虽然行业主题型 ETF 的收费更高，但业绩情况并不理想。为了迎合投资者的交易需求，基金公司往往会根据市场热点推出相关主题产品，导致这类 ETF 特别容易发在行情高点。这一点在 ETF 成立前后的超额收益走势和估值变化上得到了明显的体现。如图 8 - 12 所示，宽基型 ETF 成立并不会造成底层指数超额收益的恶化，但行业主题型

ETF 的成立时点往往也就是超额收益曲线的拐点，成立前指数的表现都很不错（超额收益曲线向上），成立后超额收益曲线却大幅下行。另外，从持仓的估值变动上看，行业主题型 ETF 成立后"估值下杀"的幅度也明显要高于另外两类（见图 8 – 13）。

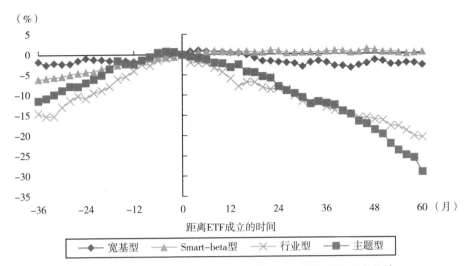

图 8 – 12 美国各类型 ETF 成立前后底层指数的超额收益变化情况

资料来源：Itzhak Ben-David, Francesco Franzoni, Byungwook Kim and Rabih Moussawi, "Competition for Attention in the ETF Space," *Review of Financial Studies* 36, no. 3（2023）：987 – 1042。

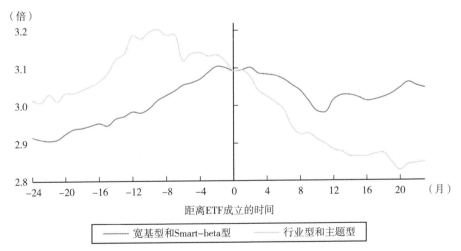

图 8 – 13 美国各类型 ETF 成立前后组合的市净率变化

资料来源：Itzhak Ben-David, Francesco Franzoni, Byungwook Kim and Rabih Moussawi, "Competition for Attention in the ETF Space," *Review of Financial Studies* 36, no. 3（2023）：987 – 1042。

三、主动管理型 ETF

　　主动管理型 ETF 是指由基金经理主动管理，同时按 ETF 模式运作的基金。早在 21 世纪初就有基金公司尝试开发此类产品，根据 2000 年 9 月的《华尔街日报》报道，"基金公司正在主动型 ETF 上大笔砸钱"[①]。SEC 也在 2001 年发布了相关的征求意见稿。[②] 但雷声大雨点小，直到 2008 年第一只主动型 ETF 才得以问世，并且在上市后相当长的一段时间里增长都比较缓慢，规模常年不到 ETF 整体的 2%（见图 8 - 14）。2019 年开始规模增长有所提速，截至 2023 年，主动 ETF 占到了美国 ETF 总规模的 6.4% 左右。

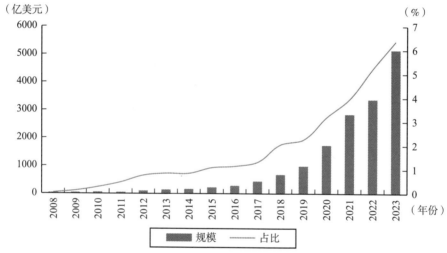

图 8 - 14　2008 ~ 2023 年美国主动管理型 ETF 的规模及占比

资料来源：ICI。

　　主动型 ETF 不好做的原因主要在于 ETF 的运作模式和主动管理之间天然存在冲突。ETF 依靠做市商套利来保证价格不会大幅偏离内在价值，而套利机制能够运作的前提是 ETF 持仓明细已知，因此历史上 SEC 批准 ETF 发行的条件之一就是需要每日公布持仓明细。对于被动型 ETF 而言这并不是问题，大部分指数的成分股和权重本

---

①　Yuka Hayashi, "New Generation of ETFs on Horizon," *Wall St. J. Europe*, September 26, 2000.

②　"Actively Managed Exchange-Traded Funds," Securities and Exchange Commission, 17 CFR Part 270, Release No. IC-25258；File No. S7-20-01, RIN 3235-AI35, November 8, 2001.

就已是公开信息，价值不大。但对于主动管理产品而言，高频率、完整地公布持仓可能会泄露投资策略，从而影响到超额收益。

事情在 2019 年出现了转机。2019 年 5 月，SEC 批准了普瑞西典投资（Precidian Investments）关于主动管理型 ETF 不受"每日披露持仓明细"约束的申请，同年 12 月 SEC 又相继批准了普信（T. Rowe Price）、富达和法国外贸银行（Natixis）提供类似的产品。一年后，首批得到 SEC 豁免的主动管理型 ETF——由美国世纪投资公司发行的美国世纪聚焦动力成长（American Century Focused Dynamic Growth）ETF 和美国世纪聚焦大盘价值（American Century Focused Large Cap Value）ETF 上市。这两只 ETF 不再提供每日持仓明细，持仓披露频率与一般的共同基金保持一致。

SEC 放开约束是因为业界在"如何不公布持仓并保证套利机制得以运作"这一问题上有了答案。当前业界在实践中主要有两种方法，一种是以普瑞西典投资旗下的 ActiveShares 为代表的授权参与商代表（AP representative，APR）机制；另一种是普信和富达等机构采用的代理组合（proxy portfolio）机制。

在 APR 机制下，参与 ETF 实物申赎过程的除了 ETF 发行人和 AP 外，还多了 APR。APR 可以理解为"受信任的中介"，是除了 ETF 发行人之外唯一知道 ETF 持仓明细的市场参与者。当 ETF 价格有溢价时，AP 可以要求 APR 在市场上买入 ETF 对应的一篮子证券并兑换为 ETF 份额交给自己，再由自己卖掉这些份额完成套利；反之当 ETF 价格出现折价时，AP 先买入 ETF 份额，再交给 APR 兑换为一篮子证券，并由 APR 卖掉。在这个过程中，AP 只能接触到 ETF 份额，而与底层一篮子证券相关的交易都只能由 APR 完成，从而保证了持仓的私密性。ActiveShares 机制中另一个重要的概念是已核对的日内内在价值（verified intra-day indicative value，VIIV）。AP 由于接触不到持仓明细，因此无法自行计算 ETF 的内在价值。VIIV 的出现解决了这个问题，对于采用 ActiveShares 机制的主动型 ETF，统一证券行情协会（Consolidated Tape Association）会每秒钟发布一次它的 VIIV，AP 通过比较 ETF 价格和 VIIV 便能判断 ETF 的折溢价状态。

代理组合机制是指主动型 ETF 的发行人仍会像被动型 ETF 一样每日公布持仓组合，但这个持仓组合与 ETF 的真实持仓并不完全一样。[①] 采用该机制的发行人认为，代理组合能够在保护持仓信息的同时，给予 AP 足够的信息完成套利，从而达到维持 ETF 价格稳定的目的。代理组合机制与 APR 机制的差别在于，代理组合机制会向市

---

① T. Rowe Price, *T. Rowe Price Active ETF Proxy Process*, 2023.

场公布 ETF 的一部分真实持仓，而在 APR 机制下，ETF 的真实持仓只有 APR 和发行人知道。因此基于代理组合机制运作的主动型 ETF 也被称为半透明（semi-transparent）主动 ETF，基于 APR 机制的则被称为不透明（non-transparent）主动 ETF。

四、ETF 的先发优势

先发优势（first-mover advantage）是指企业由于率先进入某个市场或领域而获得的一系列有利条件和竞争优势，这一规律在 ETF 市场中有明显体现，即成立最早的产品同时也是规模最大的产品。以跟踪标普 500 指数的 ETF 为例，截至 2023 年底，规模前三的标普 500 指数 ETF 分别为 SPDR 标普 500（SPDR S&P 500）ETF、安硕核心标普 500（iShares Core S&P 500）ETF 和先锋领航标普 500（Vanguard S&P 500）ETF，可以发现，成立最早的是 SPDR 标普 500ETF 同时也是规模最大的产品（见表 8 - 4）。先发优势规律在其他宽基型 ETF 和 Smart-beta 型 ETF 上同样成立，例如纳指 100ETF 和标普 500 成长 ETF。当前美国市场上只有两只跟踪纳指 100 的 ETF，均为景顺（Invesco）旗下的产品，分别为景顺 QQQ 信托（Invesco QQQ Trust）和景顺纳指 100（Invesco NASDAQ 100）ETF，成立时间更长的景顺 QQQ 信托在规模上要远高于景顺纳指 100 ETF（见表 8 -5）；三只跟踪标普 500 成长指数的 ETF 中，规模最大的安硕标普 500 成长（iShares S&P 500 Growth）ETF 同样是成立时间最长的产品（见表 8 -6）。

表 8 - 4　2023 年底规模靠前的标普 500ETF　　　　　单位：亿美元

基金名称	成立日期	基金规模
SPDR S&P 500 ETF Trust	1993 年 1 月	4970.1
iShares Core S&P 500 ETF	2000 年 5 月	3996.4
Vanguard S&P 500 ETF	2010 年 9 月	3720.5

资料来源：WRDS。

表 8 - 5　2023 年底规模靠前的纳斯达克 100ETF　　　　　单位：亿美元

基金名称	成立日期	基金规模
Invesco QQQ Trust	1999 年 3 月	2299.7
Invesco NASDAQ 100 ETF	2020 年 10 月	185.0

资料来源：WRDS。

表 8 - 6　　　　　　　　　2023 年底规模靠前的标普 500 成长 ETF　　　　　　单位：亿美元

基金名称	成立时间	基金规模
iShares S&P 500 Growth ETF	2000 年 5 月	368.5
SPDR Portfolio S&P 500 Growth ETF	2000 年 9 月	213.4
Vanguard S&P 500 Growth ETF	2010 年 9 月	87.6

资料来源：WRDS。

更重要的是，价格战在 ETF 市场里似乎是失灵了，即使后发的产品下调费率，规模还是无法超过先发产品。以标普 500ETF 为例，SPDR 的费率长期高于安硕和先锋领航，而且在 2007 年后，安硕和先锋领航均多次下调费率，SPDR 则纹丝不动（见图 8 - 15），但规模仍持续领先（见图 8 - 16）。

标普 500 成长 ETF 也是如此，具有先发优势的安硕未曾下调过费率，作为后发者的 SPDR 和先锋领航费率均有不同程度的下调，但安硕仍然是规模最大的产品（见图 8 - 17 和图 8 - 18）。景顺 QQQ 信托和景顺纳指 100ETF 虽然都属于同一家公司，但也能看出这一特征：诞生于 2020 年的景顺纳指 100 ETF 费率只有 0.15%，比景顺 QQQ 信托低 5 个 BP，但二者在规模上仍差距悬殊（见表 8 - 6）。

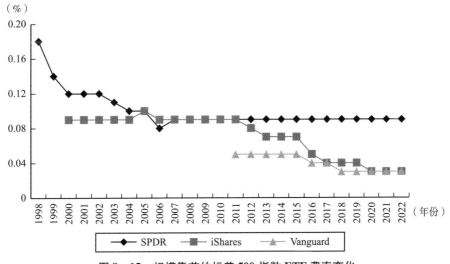

图 8 - 15　规模靠前的标普 500 指数 ETF 费率变化

资料来源：WRDS。

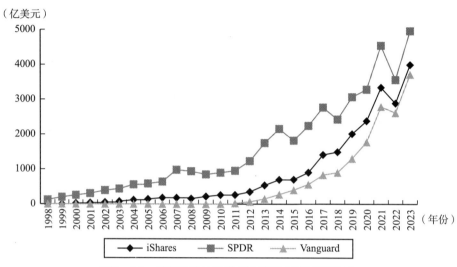

图 8 – 16 规模靠前的标普 500 指数 ETF 规模变化

资料来源：WRDS。

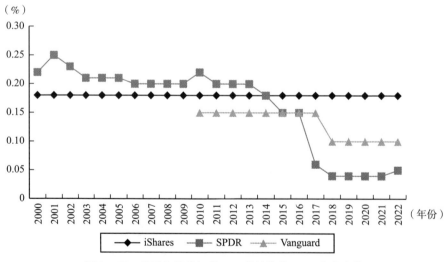

图 8 – 17 规模靠前的标普 500 成长指数 ETF 费率变化

资料来源：WRDS。

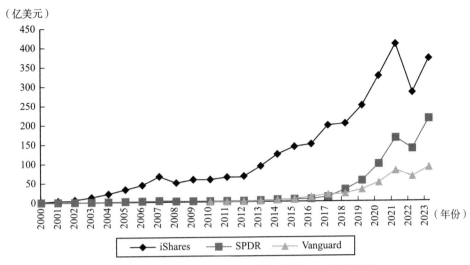

（亿美元）

图 8 - 18　规模靠前的标普 500 成长指数 ETF 规模变化

资料来源：WRDS。

　　降费难以打破先发优势可能与 ETF 的交易属性有关，可交易决定了投资者在选择 ETF 时会重点考察产品的流动性。成立得早的 ETF 更容易在流动性上占据优势，继而吸引更多的投资者，形成投资者数量和流动性相互促进的良性循环。也正是因为知道流动性的价值，流动性好的 ETF 在费率上会更加"硬气"，SPDR 标普 500ETF、景顺 QQQ 信托和安硕标普 500 成长 ETF 已经很久没有下调过费率就是最好的证明。流动性是决定 ETF 市场份额和费率的关键变量，分别可以解释市场份额约 60%、费率约 30% 的变化。[①]

第三节　主动基金被动化

一、后彼得·林奇时代的麦哲伦基金

　　说到麦哲伦基金，投资者的印象基本都停留在彼得·林奇时代。即使放眼整个共

---

① Marta Khomyn, Talis Putnins and Marius Zoican, "The Value of ETF Liquidity," *Review of Financial Studies* 37, no. 10（2024）：3092 - 3148.

同基金的历史，彼得·林奇管理的富达麦哲伦基金都算得上是最杰出的之一。在他管理的 13 年里，富达麦哲伦基金累计上涨了 27 倍，年化收益率高达 28.9%。彼得·林奇的著作也被投资者奉为圭臬，畅销不衰。

但关于彼得·林奇离职后的麦哲伦基金，大部分投资者就不太了解了。1990 年，莫里斯·史密斯（Morris Smith）从彼得·林奇手中接过了麦哲伦基金。两年后由于个人原因，史密斯也退出了投资行业，将麦哲伦基金交给了杰弗里·维尼克（Jeffrey Vinik）。维尼克在这个位置上也没待多久，1995 年下半年，出于防守的目的，维尼克卖掉了麦哲伦基金在科技公司上的大部分仓位，转而配置债券和现金。这一错误的资产配置决策导致麦哲伦基金在此后大幅跑输标普 500 指数，维尼克也于 1996 年离开。

维尼克离开后，彼得·林奇曾经的研究助理罗伯特·斯坦斯基（Robert Stansky）成为麦哲伦基金新的基金经理。师承彼得·林奇的斯坦斯基同样以挑选成长股见长，因此上任伊始，斯坦斯基就清掉了维尼克留下的债券，将仓位移回了成长股。事后来看这是一个非常正确的决定，得益于 20 世纪 90 年代的美股互联网板块行情，麦哲伦基金的业绩快速回暖，斯坦斯基的麦哲伦生涯也有了一个不错的开头。

但在 2002 年后，斯坦斯基管理下的麦哲伦基金开始逐渐变样，"长得"越来越像标普 500 指数。2002~2005 年，麦哲伦基金相对于标普 500 指数的超额收益曲线基本就是平的（见图 8-19），意味着二者走势极其相似。另外根据安蒂·佩塔斯托的研究（Antti Petajisto）[1]，无论是与前任还是继任相比，斯坦斯基的主动管理"程度"是最低的（见图 8-20）。因此，可以说这一时期的麦哲伦基金虽然号称是主动管理，但本质上却是一只指数基金，即"伪主动基金"。这类产品还有一个更加形象的名字——Closet Indexer，意为"藏在柜子里的指数基金"。

当然，不是所有与指数走势相似的主动型产品都是伪主动基金，认定伪主动基金需要的时间一般在一年以上。伪主动基金跟踪的对象也并不一定是标普 500 指数这样的宽基指数，行业指数、主题指数和 Smart-beta 指数中都有可能诞生伪主动基金。伪主动基金并不少见，广泛存在于全球金融市场上，在某些国家甚至占有相当大的比重。根据马蒂恩·克雷斯默（Martijn Cremers）等[2]的测算，2010 年在瑞典、波兰、瑞士和比利时的主动股票型基金中，有超过一半（规模口径）都是伪主动基金，美

[1] Antti Petajisto, "Active Share and Mutual Fund Performance," *Financial Analysts Journal* 69, no. 4 (2018): 73-93.

[2] Martijn Cremers, Miguel A. Ferreira, Pedro Matos and Laura Starks, "Indexing and Active Fund Management: International Evidence," *Journal of Financial Economics* 120 (2016): 539-560.

国的这一数字约为20%，情况相对还算好一些（见图8-21）。

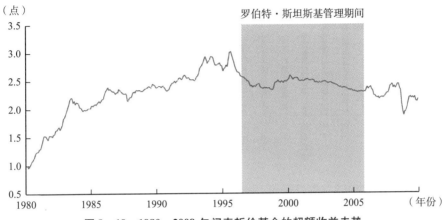

图8-19　1980~2009年间麦哲伦基金的超额收益走势

注：超额收益计算基准为标普500全收益指数。

资料来源：WRDS。

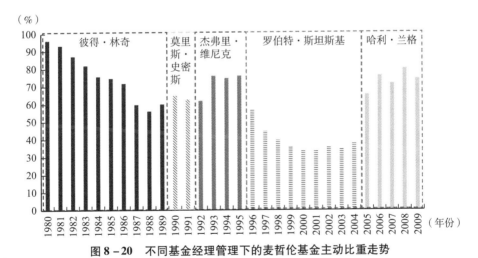

图8-20　不同基金经理管理下的麦哲伦基金主动比重走势

注：主动比重（active share）是一个衡量基金主动管理"程度"的指标，其计算方法是基金持仓与指数成分股权重之差的绝对值之和（再除以2），主动比重为1说明基金持仓与指数成分股之间无任何重合，主动比重为0说明二者在持仓和权重上完全一致；这里的基准指数为标普500指数。

资料来源：Antti Petajisto，"Active Share and Mutual Fund Performance，"*Financial Analysts Journal* 69，no. 4（2018）：73-93。

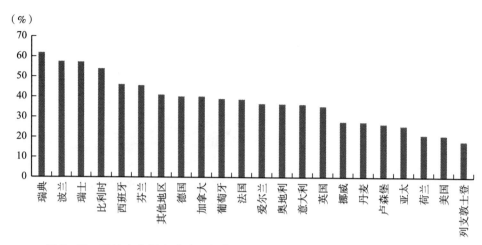

图 8 - 21   2010 年各国家或地区主动型股票共同基金中伪主动基金的规模占比

资料来源：Martijn Cremers, Miguel A. Ferreira, Pedro Matos, and Laura Starks, "Indexing and Active Fund Management: International Evidence," *Journal of Financial Economics* 120 （2016）：539 - 560。

二、伪主动基金的成因与影响

伪主动基金出现的原因是多样的，其一，是规模不经济效应。当基金的规模到了一定水平后，超额收益会越来越难做，对业绩有实质性帮助的投资机会越来越少，因此规模较大的基金在持仓上多以"大票"和权重股为主，自然也就逐渐变成了伪主动基金。有研究发现，规模较小的基金确实更加"主动"，而规模最大的一批基金中，相当一部分都是伪主动基金。[①]

其二，基金公司和基金经理在主观上也有动机。首先，伪主动管理是一种低成本但高效的"保规模"方法，与真正的主动型产品相比，伪主动基金管理起来更简单，自然节约了成本，但同时它的超额收益又不会太差，以指数为基础"加加减减"的做法决定了伪主动基金不会大幅偏离指数。其次，有了"主动管理"这身马甲，伪主动基金面临的竞争压力也会小很多。对于被动型基金而言，由于产品同质化严重，当市场上有费率更低的新产品出现，为了守住市场份额，老产品可能也得跟着降费。虽然指数基金和伪主动基金本质上都是在跟踪指数，但与真正的指数基金相比，伪主

[①] Martijn Cremers and Antti Petajisto, "How Active is Your Fund Manager? A New Measure That Predicts Performance," *The Review of Financial Studies* 22 （2009）：3329 - 3365.

动基金受到新指数基金的冲击会小很多。[①] 举个例子，假设 XYZ 基金公司旗下有一只跟踪标普 500 指数的基金，名字也就叫作"XYZ 标普 500 指数基金"。当市场上出现了新的、费率更低的标普 500 指数基金时，该基金势必会在价格上承压。但如果这只基金将名字改为"XYZ 大盘基金"，即使投资策略仍然是跟踪标普 500 指数，那么它降费的压力可能就会小一些。

另外，伪主动基金的出现可能还与 2002 年一家上市公司因信息披露违规受罚有关。2002 年 9 月 30 日，先灵葆雅（一家制药公司，在 2009 年被制药巨头默沙东收购）的 CEO 理查德·科根与负责投资者关系事务的高级副总裁一起，在波士顿与四家资管机构的分析师和基金经理进行了秘密会面。这四家机构分别为威灵顿、马萨诸塞州金融服务公司、富达和普特南，其中威灵顿、富达和普特南在当时都持有大量先灵葆雅的股票。在会面中，科根披露了一些对公司股价存在实质性影响的非公开信息，包括分析师对 2002 年三季度的盈利预测过高、2003 年盈利会显著下滑等。会面结束后，两家机构的分析师很快下调了对先灵葆雅的评级，三家机构的基金经理开始大笔卖出。先灵葆雅的股价在随后几天里下跌了 17%，且日成交是平时的 4 倍以上。10 月 3 日，就在抛售进行之中，科根又于先灵葆雅总部召开了一场有 25 名分析师和基金经理参加的闭门会议，向与会人员再次传达了 2003 年盈利不佳的消息。当天晚些时候，先灵葆雅才向公众发布了 2002 年和 2003 年的业绩指引，不出意外，大幅低于一致预期。10 月 7 日，SEC 对先灵葆雅展开调查，认定先灵葆雅违反了《1934 年证券交易法》第 13（a）条和《公平信息披露规则》（*Regulation Fair Disclosure*）。最终，先灵葆雅被罚款 100 万美元，科根也于 2003 年辞职并受罚 5 万美元。

表面上看，先灵葆雅和科根的所作所为与伪主动基金并无关联，四家资管机构在这一过程中也并没有做错什么。但这件事给其他上市公司的高管们敲响了警钟，违反公平披露规则与基金经理私下会面会带来严重的后果。由于 2002 年正好也是麦哲伦基金变成伪主动基金的时点，因此有研究推测，在先灵葆雅受罚后，以富达为代表的大型资管机构获取信息的难度增加，可能是麦哲伦基金此后步履维艰的原因之一。[②]

伪主动基金的问题主要有两点：一是涉及虚假宣传问题，披着"主动管理"的外衣兜售被动产品，属于典型的"挂羊头卖狗肉"；二是涉及过度收费问题，投资者

---

① Sunil Wahal and Albert Wang, "Competition Among Mutual Funds," *Journal of Financial Economics* 99 (2011): 40−59.

② Ross Miller, *Stansky's Monster: A Critical Examination of Fidelity Magellan's "Frankenfund"*, working paper, 2007.

支付了主动管理的价格，但并没有得到相匹配的产品。事实上，由于伪主动基金按主动管理收费，其费后收益可能还不如真正的指数基金。有研究根据基金的主动管理"程度"（也就是图8－20中的主动比重指标）对费率进行了调整，发现伪主动基金的"真实"收费水平显著更高。[①]

　　随着投资者维权意识的增强，针对伪主动基金的官司也越来越多。2016年，在挪威消费者协会的组织下，18万个人投资者就伪主动基金集体起诉DNB资产管理，该公司最终被判赔偿3.5亿挪威克朗。[②] 2019年，加拿大的两家资管机构——加拿大皇家银行全球资产管理公司（RBC Global Asset Management）和多伦多道明资产管理公司（TD Asset Management）也遭到指控，它们所管理的RBC加拿大股票基金（RBC Canadian Equity Fund）和TD加拿大股票基金（TD Canadian Equity Fund）被认为是伪主动基金。[③] 2021年，维拉·海斯（Vera Hays）对美国世纪投资公司提起诉讼，控告其旗下的美国世纪价值基金（American Century Value Fund）与基准罗素1000价值指数"走势极其相似"，存在不合理收费的问题。[④] 总的来说，伪主动基金是当前主动管理行业绕不开的一道难题，随着市场越来越有效，被动型产品不断开发创新，未来可能会出现更多的伪主动基金。

　　① Martijn Cremers and Quinn Curtis, *Do Mutual Fund Investors Get What They Pay For? The Legal Consequences of Closet Index Funds*, working paper, 2015.

　　② Funds Europe, *Norwegians Win "Historic" Index-Hugging Case*, 2020.

　　③ Clare O'Hara, "RBC, TD Threatened with Lawsuit Over 'Closet Indexers'," *The Globe and Mail*, 2019.

　　④ Ben Miller, "American Century Accused of 'Closet Indexing' in Lawsuit," *Financial Times*, 2021.

第九章
创新类产品发展趋势

本章介绍美国公募基金行业最近二十年发展中出现的一些创新类产品，主要包括"固收＋"产品、FOF产品和ESG产品等。"固收＋"产品泛指一切在风险可控的前提下增厚收益、注重风险与收益平衡的产品，在美国公募基金市场中主要包括"核心＋"债券基金和保守型资产配置基金。FOF是指投资于其他基金的基金，作为衔接养老金和公募基金的桥梁，FOF对美国公募基金的发展起到了重要的推动作用，最近二十年数量和规模增长都很快。ESG基金的出现则反映了投资者对可持续发展和社会责任意识的增强，ESG是环境（environmental）、社会责任（social）、公司治理（governance）的缩写，ESG基金则是指在基金投资管理中融入ESG理念，着重考察投资标的的可持续性和社会影响，投资标的不再单纯以利润最大化作为唯一的投资目标。

第一节　"固收 +"基金产品

一、"固收 +"基金发展概况

"固收 +"基金是一种投资策略，它结合了固定收益资产与权益类或其他类型资产的投资。这种基金的主要目的是在控制风险的前提下，通过配置一定比例的股票、可转债、新股申购等具有一定增长潜力的资产，来提高整个基金的收益水平。简单来说，"固收 +"就是在传统的固定收益投资基础上，加入了一定比例的风险资产以追求更高的回报。对于那些希望获得比纯债券基金更高收益，同时又不愿意承担过高风险的投资者来说，"固收 +"基金是一个不错的选择。

"固收 +"基金这个概念属于市场定义，在通常的基金分类中并没有单独一类"固收 +"基金，一般归类在偏债混合型基金中。美国公募基金市场中，"固收 +"基金主要包括两类产品："核心 +"债券基金（core plus bond fund）和保守型资产配置基金（mixed-asset target allocation conservative fund）。二者的差异主要是在资产结构上："核心 +"债券基金属于债券型基金，投资级债券的仓位要占到65%以上，剩余仓位可以是高收益债券、全球债券或新兴市场债券；保守型资产配置基金则属于混合型基金，股票的占比在20% ~40%之间，剩余仓位则在债券、现金或现金等价物上。

资产结构的不同也带来了收益来源的差异，"核心 +"债券基金的收益主要来自信用下沉，而保守型资产配置基金的收益则更多来自资产配置。"核心 +"债券基金在规模上要高于保守型资产配置基金，截至 2023 年，二者的规模分别为 4147. 9 亿美元和 1435. 5 亿美元（见图 9 - 1）。

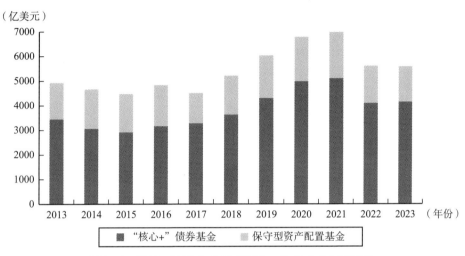

图 9 - 1　2013～2023 年美国"固收 +"基金的规模变化

资料来源：WRDS。

　　具体产品上看，2023 年底美国"核心 +"债券型基金中规模前三的产品分别为来自 TCW 集团的 MetWest 总回报债券基金（TCW MetWest Total Return Bond Fund）、大名鼎鼎的太平洋总回报基金和保德信总回报基金（PGIM Total Return Bond Fund），规模都在四五百亿美元左右（见表 9 - 1）。

表 9 - 1　　　　　2023 年底美国规模前列"核心 +"债券型基金情况　　　单位：亿美元

基金名称	基金经理	成立时间	基金规模
TCW MetWest Total Return Bond	Team Managed	1997 年 1 月	561. 9
PIMCO Total Return	Team Managed	1987 年 5 月	547. 7
PGIM Total Return Bond	Team Managed	1995 年 1 月	431. 8
Baird Core Plus Bond	Team Managed	2000 年 9 月	278. 5
JHancock Bond	Team Managed	1973 年 11 月	231. 0
Western Asset Core Plus Bond	Team Managed	1998 年 7 月	223. 0
Guggenheim Total Return Bond	Team Managed	2011 年 11 月	219. 9
American Funds Strategic Bond	Team Managed	2016 年 3 月	180. 8

续表

基金名称	基金经理	成立时间	基金规模
JPMorgan Core Plus Bond	Team Managed	1993 年 3 月	179.2
DoubleLine Core Fixed Income	Gundlach/Sherman	2010 年 6 月	70.8

资料来源：WRDS。

保守型资产配置基金中，先锋领航的韦尔斯利收益基金（Vanguard Wellesley Income）遥遥领先，其他基金的规模都在百亿美元以下（见表9-2）。从头部产品规模来看，总体上保守型资产配置基金这类"固收+"基金，在商业模式上并不是太成功，投资者也不是特别买账。背后的逻辑或许在于产品的特征属性不清晰，"核心+"债券型基金本质上依然一种债券型基金，这里的"+"更像是一种债券策略增强，其产品特征是比较明确的。

而偏向于股债混合的保守型资产配置基金，其收益率和波动特征介于股票基金和债券基金之间，但在美股整体"长牛"的大背景下，就会出现既缺乏纯股票基金上涨收益率弹性又无法避免熊市中下跌的问题。以表9-2规模排名第二的富达资产管理者基金（Fidelity Asset Manager 20%），2022年美股熊市中标普500全收益指数下跌18.1%、该基金下跌10.2%，虽然跌幅较小但也达到了两位数，这种回撤对于风险偏好较小的债券投资者也是很痛苦的。而在2021年和2023年这两年牛市中，标普500全收益指数分别上涨28.7%和26.3%，而富达资产管理者基金收益率则分别只有4.0%和8.0%。

表9-2　2023年底美国规模前列保守型资产配置基金情况　单位：亿美元

基金名称	基金经理	成立时间	基金规模
Vanguard Wellesley Income	Moran/Hand	1970 年 6 月	525.6
Fidelity Asset Manager 20%	Hazrachoudhury/Shaw	1992 年 10 月	54.6
Vanguard LifeStrategy Income	Team Managed	1994 年 1 月	41.7
JPMorgan Investor Conservative Growth	Team Managed	1996 年 12 月	39.6
MFS Conservative Allocation	Team Managed	2002 年 6 月	38.2
Principal SAM Flexible Income	Team Managed	1996 年 7 月	24.0
MFS Diversified Income	Robert Almeida	2006 年 5 月	23.3
Fidelity Asset Manager 40%	Hazrachoudhury/Shaw	2007 年 10 月	22.2

续表

基金名称	基金经理	成立时间	基金规模
T. Rowe Price Spectrum Cnsrv Allc	Shriver/Thompson	1994 年 1 月	20. 8
Fidelity Asset Manager 30%	Hazrachoudhury/Shaw	2007 年 10 月	20. 5

资料来源：WRDS。

二、"固收 +"基金资产配置

从资产配置情况看，美国"固收 +"保守型资产配置基金大类资产配置股债比例总体在三七开，即股票仓位占比约 30%、固定收益率资产仓位占比约 70%。2008年金融危机后，"固收 +"基金股票仓位曾一度有所下降，不过之后随着行情回暖仓位再度回升。最近十年"固收 +"基金股票仓位相对非常稳定，基本就在 30% 以上一到两个百分点间波动（见图 9 - 2）。

图 9 - 2　2008 ~ 2023 年美国保守型资产配置基金股票仓位变化

资料来源：WRDS。

美国保守型资产配置基金股债配置比例变化数据，提出了一个非常重要的实践问题，"固收 +"基金核心竞争优势，到底是在大类资产配置（即变化股债配置比例），还是在资产类别内部选择阿尔法（即希望债券部分跑赢债券基准、股票部分跑赢股票基准）。以过去十年美国"固收 +"基金 30% 股票仓位基本不变这一事实来看，显然这些基金运作的重心是放在了阿尔法选择而非资产配置。

但如果这样的话，此类"固收＋"基金逻辑上存在的必要性又在哪里呢？"一加一等于二"的情况下，投资者完全可以通过购买一个股票基金再买一个债券基金的方式实现投资目的，没必要非合在一起买。从基金经理角度看也是同样道理，一个基金经理（或者管理团队）同时既管理股票又管理债券，如果两者之间投资上是割裂的没有产生相关关系，那还不如分成两个团队（即一个"固收＋"基金变成两个基金），一个专门负责股票、另一个专门负责债券。

另外，"核心＋"债券基金的仓位主要是在公司债、国债、ABS 和 MBS 上，转债、市政债和优先股的占比较低（见表9-3）。从趋势上看，最近几年国债和市政债等政府债券的投资仓位有所下降，而公司债和 ABS 等信用债券的投资仓位则有所上升。

表 9-3　　　　　2013~2023 年美国"核心＋"债券基金的债券配置情况　　　　单位：%

年份	优先股	转债	公司债	市政债	国债	ABS	MBS
2013	0.1	0.2	18.7	4.9	41.3	8.9	28.4
2014	0.2	0.0	26.7	5.1	33.6	11.5	18.2
2015	0.1	0.0	29.7	2.5	37.8	11.5	28.2
2016	0.1	0.0	32.8	1.7	33.5	12.5	30.9
2017	0.0	0.0	32.9	1.1	27.5	13.8	27.1
2018	0.1	0.1	38.1	1.0	18.0	16.2	33.2
2019	0.0	0.0	34.3	0.8	23.9	13.3	27.8
2020	0.2	0.0	36.5	1.1	25.8	12.3	23.3
2021	0.7	0.0	37.0	0.7	29.6	12.7	20.5
2022	0.7	0.0	34.7	0.7	21.4	16.2	30.4
2023	0.6	0.0	32.1	0.4	21.0	16.6	18.2
均值	0.3	0.0	32.1	1.8	28.5	13.2	26.0

资料来源：WRDS。

第二节　FOF 类产品

一、FOF 基本情况

FOF 是 Fund of Funds 的缩写，意为基金中的基金。FOF 不直接投资于股票或债券，而是以其他基金作为投资标的。FOF 的出现，主要商业逻辑是解决投资者选基金难的问题，随着基金数量不断增加且明显多于股票数量，选基金的难度丝毫不亚于选股票。FOF 一方面由专业的基金经理进行管理，他们具有丰富的投资经验和专业知识，能够对不同的基金进行深入研究和筛选。另一方面，对于一些高门槛的投资领域，如私募股权基金、对冲基金等，普通投资者往往难以直接参与，而 FOF 可以通过投资这些领域的基金，为普通投资者提供了间接参与的机会。近年来美国公募 FOF 产品发展迅猛，2023 年时规模达到了 3.1 万亿美元，数量接近 1400 只（见图 9 - 3）。

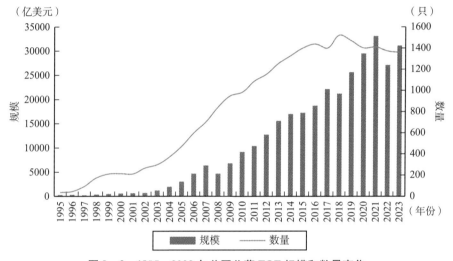

图 9 - 3　1995 ~ 2023 年美国公募 FOF 规模和数量变化

资料来源：ICI。

从产品分类来看，美国公募 FOF 分为股票型、混合型和债券型三类，2023 年底时三者的规模占比分别为 14.3%、80.3% 和 5.4%（见图 9 - 4）。FOF 中混合型占比超过八成，居绝对领先地位，这与 FOF 总体投资理念分散化多元化是一致的。2008 年金融危机以后，FOF 产品结构变化中另一个突出特点是债券型产品比例不断提高。

资金流量方面，2020 年前美国公募 FOF 每年都为净流入状态（见图 9 - 5），特别是在 2000 年以后一直到 2015 年前这段时间，FOF 高速发展，平均每年有超过 1000 亿美元资金净流入。2020 年以后 FOF 资金净流入开始出现波动，部分年份如 2020 年、2022 年、2023 年等都出现了资金净流出，净流出主要来自混合型 FOF，FOF 类产品发展也开始进入到成熟阶段。

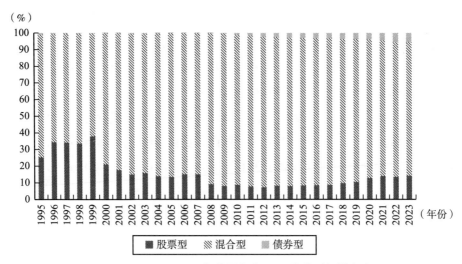

图 9 – 4　1995~2023 年美国公募 FOF 分类别规模占比

资料来源：ICI。

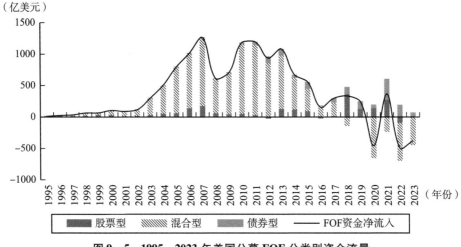

图 9 – 5　1995~2023 年美国公募 FOF 分类别资金流量

资料来源：ICI。

二、FOF 发展历程

美国公募 FOF 的发展历程称得上一波三折。在早年间，FOF 并不是"合法"产品。当时的《1940 年投资公司法》对基金投资其他基金有着严格的规定，例如，持有其他基金的流通股份不得超过其全部流通股份的 3%、投资于单只其他基金的资产不得超过基金总资产的5%、投资于所有其他基金的资产不得超过基金总资产的10%等。①

　　一般认为，第一只以FOF形式运作的基金产品是来自投资者海外服务公司（International Overseas Service，IOS）的Fund of Funds（Fund of Funds就是它的名字）。IOS是一家基金销售公司，总部位于瑞士日内瓦，创始人为伯纳德·科恩菲尔德（Bernard Cornfeld）。科恩菲尔德曾是一名共同基金销售，1956年从美国搬去了巴黎，开始向居住在海外（主要是欧洲）的美国人销售美国共同基金。当时居住在欧洲的美国人，特别是美国军官，手里有不少闲钱可以用来投资。随着生意越做越大，科恩菲尔德不再满足于销售，逐渐将业务范围拓展到了投资。1962年，IOS推出了一只专门投资于其他共同基金的基金，即Fund of Funds。这只基金一经推出便大受欢迎，规模最高超过了4.5亿美元。但由于运作模式"不合法"，加上规模快速增加，美国证券交易委员会（SEC）很快就注意到了IOS和Fund of Funds。1965年，SEC正式对IOS提起诉讼，两年后双方达成和解，IOS同意关停其在美国的业务并承诺会遵守相关法律法规。②

　　随着Fund of Funds被叫停，公募FOF的发展也陷入了停滞。直到1985年，第一只"合法"的公募FOF——先锋领航STAR基金（Vanguard STAR Fund）③，在得到SEC的豁免许可后才得以问世。先锋领航推出这只基金的原因之一是帮助投资者解决"选基难"的问题④，进入20世纪70年代后，美国公募基金数量大幅增加，到1985年时已突破1500只（见本书第五章图5-1）。

　　虽然在先锋领航STAR基金上市后，陆陆续续也有一些其他的FOF和投资者见面，但由于这一时期发行FOF仍需得到SEC的豁免许可，因此整体节奏还是偏慢。公募FOF真正的"松绑"则要等到1996年。1996年，《全国证券市场改善法案》（National Securities Markets Improvement Act）发布，允许共同基金：（1）无限制投资于外部基金，但不得持有超过其全部流通股份的3%；（2）无限制投资于内部基金，但除基金外该共同基金只能投资于政府债券或短期票据。在该法案的催化下，美国公募FOF的发展有了明显加速，1996～2000年，公募FOF数量由36只增长至215只，

　　① 资料来源：SEC, *Final Rule：Fund of Funds Investment*, 2006.
　　② 资料来源：Diana B. Henriques, "Bernard Cornfeld, 67, Dies; Led Flamboyant Mutual Fund," *The New York Times*, 1995.
　　③ 这里的"STAR"并不是明星的意思，而是Special Tax Advantaged Retirement的缩写。
　　④ Anise C. Wallce, "Too Many Choices? One Fund Buys All," *The New York Times*, 1987.

总规模也超过了 500 亿美元。2006 年，SEC 再次放宽了公募 FOF 的投资限制，并要求 FOF 在招募说明书中披露因投资于其他基金而产生的费用（acquired fund fees and expenses），使得 FOF 在费用上更加"透明"。在上述政策的支持和规范下，美国公募 FOF 呈现出强劲的发展势头，2011 年时规模和数量分别突破了万亿美元和 1000 只的关口（见图 9 -3）。

除了政策上的放宽和"松绑"外，推动美国公募 FOF 发展的另一大因素是美国养老金体系的改革。美国养老金体系有两种划分框架——"五层次"和"三支柱"。"五层次"框架将养老金体系分为：（1）覆盖全部收入群体的社会保险金；（2）房屋（房屋可视为一种特殊的年金，给付的金额即为房租）；（3）雇主发起式养老金计划；（4）个人退休计划（Individual Retirement Arrangement，IRA）；（5）个人其他资产。"三支柱"框架则没有计入房屋和个人其他资产，社会保险金、雇主发起式养老金计划和 IRA 分别对应着"第一支柱"政府、"第二支柱"企业和"第三支柱"个人。其中"第二支柱"的雇主发起式养老金计划又可以分为固定收益（defined benefit，DB）计划和固定缴纳（defined contribution，DC）计划两类，著名的 401（k）计划即为 DC 计划的一种。由于"第一支柱"社会保险金基本实现了全民覆盖，因此一般语境里的养老金通常是指"第二支柱"和"第三支柱"。截至 2023 年，美国养老金资产总和为 38.3 万亿美元，其中 DB 计划、DC 计划和 IRA 分别占到了 11.8%、10.6% 和 13.6%（见表 9 -4）。

表 9 -4　　　　　　　1975～2023 年美国养老金资产分类别规模变化　　　　单位：十亿美元

项目	IRA	DC 计划	DB 计划	年金
1975 年	3	91	320	55
1980 年	25	202	634	129
1985 年	241	491	1396	181
1990 年	636	874	2004	400
1995 年	1288	1702	3367	596
2000 年	2629	2958	5066	929
2005 年	3425	3739	5935	1314
2010 年	5029	4770	6596	1588

续表

项目	IRA	DC 计划	DB 计划	年金
2015 年	7477	6457	8060	2045
2020 年	12661	9968	10701	2476
2023 年	13556	10567	11785	2360
复合增速	19.2%	10.4%	7.8%	8.1%

资料来源：ICI。

　　20 世纪 80 年代以来，在多重因素的影响下[1]，美国养老金体系在结构上出现重要变化——由 DB 计划逐渐向 DC 计划和 IRA 转移。1985～1999 年，美国私人部门中 DC 计划的活跃参与人数从 3317 万上升到 5039 万，而 DB 计划则下降了 627 万（见图 9-6）。规模增速上也能看出这一变化，1975～2023 年，IRA、DC 计划和 DB 计划的规模增速分别为 19.2%、10.4% 和 7.8%（见表 9-4）。这对于共同基金来说是一个重大利好。DB 计划与 DC 计划以及 IRA 之间的差别主要是在养老金账户的管理主体上：在 DB 计划中，雇员不用操心养老金的管理，雇主承诺雇员在退休后可以得到确定金额的养老金；但 DC 计划和 IRA 均由账户所有人（雇员）自行管理并自负盈亏。虽然 DC 计划和 IRA 的投资范围并不仅限于共同基金，但对大多数人来说，靠自己管好养老金并不现实，因此由专业机构管理并自带分散投资属性的共同基金成了更多人的选择。2006 年合格默认投资（qualified default investment alternative）机制的建立进一步加强了共同基金在养老金投资中的地位，在这一机制下，如果养老金计划的参与者未对账户投资作出选择，资金将被投资于以共同基金为主的默认投资工具。在各方面利好因素的推动下，共同基金在养老金资产中的占比逐年提升。1985～2023 年，共同基金在 IRA 中的规模占比由 14% 上升到了 43%，在 401（k）计划中的比例也由 8%[2] 上升到了 65%（见图 9-7）。

---

① Congressional Research Service, *A Visual Depiction of the Shift from Defined Benefit (DB) to Defined Contribution (DC) Pension Plans in the Private Sector*, 2021.
② 由于数据原因，此处用 1986 年的数据近似替代。

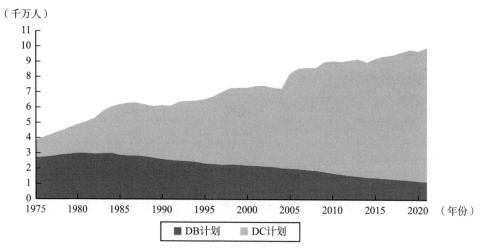

图9-6 1975~2021年美国DB计划和DC计划的活跃参与人数

资料来源：美国劳工部。

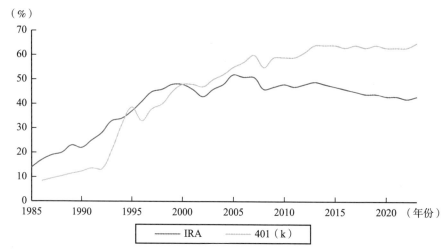

图9-7 1975~2023年IRA和401（k）中共同基金的资产比例

资料来源：ICI。

三、FOF与养老金产品

在共同基金与养老金逐渐"绑定"的过程中，FOF以目标日期基金（target date fund）和目标风险基金（target risk fund）的形式，成为连接养老金和共同基金的桥梁。目标日期基金又被称为生命周期基金（life-cycle fund），是一种具有明确的目标日期（退休年份），并根据目标日期的远近动态调整风险水平的基金。投资者可以根据自己的退休时间来购买对应的产品，例如，先锋领航目标退休2050基金（Vanguard Target Retirement 2050 Fund），就是一只为 2050 年附近退休的人群准备的目标日期基金。目标日期基金的核心投资策略被称为"下滑轨道"，即随着目标日期的临近，逐渐降低高风险资产的仓位。第一只目标日期基金是由富国银行和巴克莱全球发行的 LifePath（现已被贝莱德收购），问世于 1994 年 3 月。目标风险基金则是在投资运作周期内，维持预定风险水平不变的一类产品，又被称为生活方式基金（life-style fund）。与目标日期基金不同，目标风险基金不会为投资者调整风险水平，需要投资者自行选择。根据风险等级不同，目标风险基金可以分为成长型、稳健型和保守型等类别。

图 9 - 8 展示了 1997～2023 年美国目标日期基金和目标风险基金的规模变化。可以发现，2008 年以前目标风险基金的规模一直高于目标日期基金，但此后目标日期基金逐渐赶上并超过了前者。这一发展趋势与合格默认投资机制的建立有关。虽然合格默认投资机制中的默认投资工具可以是目标日期基金、平衡型基金（balanced fund）或者其他专业管理账户（professionally managed account）[1]，但目标日期基金是最受欢迎的品种，2023 年 90% 的 DC 计划将目标日期基金设为了默认投资工具[2]。当前美国目标日期基金在规模上已大幅领先，约为目标风险型基金的 5.3 倍。从具体产品上看，先锋领航公司在目标日期基金上处于绝对领先地位，2023 年底美国规模前十大的目标日期基金中，有 8 只都来自先锋领航（见表 9 - 5）。

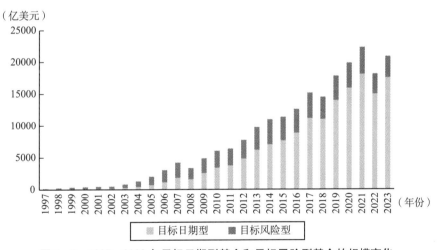

图 9 - 8　1997～2023 年目标日期型基金和目标风险型基金的规模变化

资料来源：ICI。

---

① U. S. Department of Labor，*Fact Sheet*：*Default Investment Alternatives Under Participant-Directed Individual Account Plans*，2006.

② Callan 2024 DC Trends Survey.

表9-5　　　　　　　　　2023年底美国规模前列目标日期基金情况　　　　　　单位：亿美元

基金名称	基金经理	成立时间	基金规模
Vanguard Target Retirement 2035 Fund	Team Managed	2003 年 10 月	904.1
Vanguard Target Retirement 2030 Fund	Team Managed	2006 年 6 月	884.3
Vanguard Target Retirement 2040 Fund	Team Managed	2006 年 6 月	794.1
Vanguard Target Retirement 2025 Fund	Team Managed	2003 年 10 月	765.0
Vanguard Target Retirement 2045 Fund	Team Managed	2003 年 10 月	762.8
Vanguard Target Retirement 2050 Fund	Team Managed	2006 年 6 月	631.7
American Funds 2030 Trgt Date Retire	Team Managed	2007 年 2 月	448.0
American Funds 2035 Trgt Date Retire	Team Managed	2007 年 2 月	415.7
Vanguard Target Retirement 2050 Fund	Team Managed	2010 年 8 月	415.0
Vanguard Target Retirement 2020 Fund	Team Managed	2006 年 6 月	389.4

资料来源：WRDS。

第三节　ESG 投资基金产品

一、ESG 发展历程概述

ESG 是环境（environmental）、社会（social）和公司治理（governance）三个词的缩写，ESG 投资则是指在投资研究中融入 ESG 理念，对投资标的除了进行传统的财务分析外，还要在 ESG 维度上进行额外的考察。ESG 投资的首要目标并不是获取高额的投资回报，更强调寻找具有积极社会价值和可持续发展能力的公司。

ESG 投资最早可追溯至 19 世纪的社会责任投资（socially responsible investing，SRI）。当时在一些宗教团体看来，某些"有罪的"行业是不能被纳入投资范围的。例如，贵格会拒绝投资于赌博和军火，卫理公会拒绝投资于化工、皮革制造等污染行业。

20 世纪 60 年代以来，越南战争、南非种族隔离制度和环境污染等一系列事件成为社会责任投资发展的重要催化剂，卖出相关企业（如军火商、高污染企业）的股票是群众表达抗议的一种重要方式。第一只社会责任投资基金——世界和平基金（Pax World Fund，"Pax"一词在拉丁语中意为"和平"）也诞生于这一时期。世界和平基金由卫理公会成员卢瑟·泰森（Luther Tyson）和杰克·科尔贝特（Jack Corbett）创立于1971年8月，成立的初衷主要是避免军火领域的投资，后期延伸到烟草、赌博和酒精等其他与卫理公会教义不合的主题。世界和平基金的诞生标志着社会责任投资发展进入了新的时代，通过基金实现社会责任投资成为可能。

20世纪90年代开始，可持续发展理念逐渐成为全球共识，随着各类组织、框架和协议的成立，ESG逐渐走上了制度化和规范化的发展道路。1992年，联合国环境规划署金融倡议组织（United Nations Environment Programme Finance Initiative，UNEP FI）成立，旨在将可持续发展原则融入金融业，并促进金融机构对可持续发展的支持和投资。2004年，时任联合国秘书长科菲·安南亲自给全球50多家主要金融机构的首席执行官写信，邀请他们在联合国全球契约组织（United Nations Global Compact，UNGC）的支持下，参与一项将ESG因素纳入资本市场的倡议。该倡议产生了一份题为《有心者胜》（*Who Cares Wins*）的报告，首次提出了"ESG"这一概念。该报告认为，将ESG因素纳入资本市场具有良好的商业意义。2006年，联合国全球契约组织（UNGC）和联合国环境规划署金融倡议组织（UNEP FI）共同发布了"负责任投资原则"（Principles for Responsible Investment，PRI），标志着ESG投资理念的正式确立和普及。

随着PRI的建立，全球金融机构开始积极拥抱ESG投资。在PRI建立之初，签署机构共有63家，管理着6.5万亿美元资产；到2023年时，PRI已有5372家签署机构，总管理规模超121万亿美元。除了在规模和数量上有大幅增长，PRI还基本做到了不同类型机构的"全覆盖"，签署机构包括养老金计划（如加拿大养老金计划、日本政府养老投资基金等）、公募基金（如富达、太平洋投资等）、对冲基金（如霍华德·马克斯的橡树资本、瑞·达利欧的桥水基金等）、研究机构（如MSCI、晨星等）以及院校（如曼彻斯特大学、墨尔本大学等）等。

总的来说，ESG投资已是全球资产管理行业的主流发展趋势，投资者的投资目标也正在从追求单一财务回报向追求可持续效益转变。随着ESG投资理念的深入和实践，资产管理行业将更加注重长期价值创造和社会责任，从而推动整个经济体系向更加可持续和负责任的方向发展。

二、ESG 投资策略概述

根据全球可持续投资联盟（Global Sustainable Investment Alliance，GSIA）的定义和分类，ESG 投资策略大致可以分为以下七类：整合法、企业参与和股东行动、按规范筛选、负面筛选、正面筛选、可持续主题投资、影响力投资和社区投资（见表 9 - 6）。这几类投资方法中筛选法得到应用的时间最早，世界和平基金拒绝投资军火企业就是一种负面筛选法；影响力投资诞生的时间最晚，由洛克菲勒基金会于 2007 年提出。[①]但从管理规模排名上看，企业参与和股东行动已超过筛选法成为管理规模最高的 ESG策略（见图 9 - 9），表明投资者正在逐步从单纯的筛选转向积极主动地参与公司治理。

表 9 - 6　　　　　　　　　　　　　ESG 的主要投资策略

投资方法	含义
整合法	将 ESG 因素纳入传统分析框架
企业参与和股东行动	利用股东的权力影响公司行为，包括与公司管理层沟通、提交股东提案等
按规范筛选	基于联合国、OECD 等组织发布的国际规范进行筛选投资
负面筛选	将特定行业、公司、国家或个人从投资组合中剔除
正面筛选	投资于 ESG 表现较好的行业、公司或项目
可持续主题投资	投资于对环境和社会有利的可持续解决方案，如可持续农业、绿色建筑等
影响力投资和社区投资	影响力投资是指投资于对环境、社会等具有积极影响的项目；社区投资是指投资于传统上服务不足的个人或社区

资料来源：全球可持续投资联盟。

三、ESG 基金发展近况

近年来，随着社会对 ESG 认识和重视的不断加深，ESG 主题的投资基金也得到了快速发展。以美国公募基金为例，根据美国投资公司协会（ICI）的统计，截至

① 资料来源：Knowledge at Wharton，*Impact Investing：Judith Rodin Takes on the Naysayers*，2014.

2023 年，以 ESG 作为投资主题的美国公募基金共有 913 只，规模达到 5320 亿美元（见图 9 – 10、图 9 – 11）。从类型上看，全面考虑 E、S、G 三个因素的广义 ESG 基金在规模上要高于只考虑单一因素的 ESG 基金。截至 2023 年，美国 ESG 公募基金中广义 ESG 基金的规模占比达到 42.9%，高于只考虑宗教因素或环境因素的 ESG 基金。总体来说，当前美国 ESG 公募基金呈现出明显的增长态势，反映了投资者对 ESG 投资理念的认可和不断高涨的兴趣。

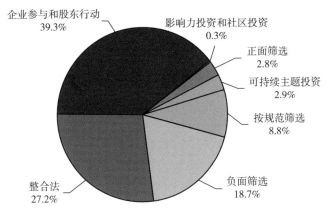

图 9 – 9　2022 年 ESG 投资分策略的规模占比

资料来源：全球可持续投资联盟。

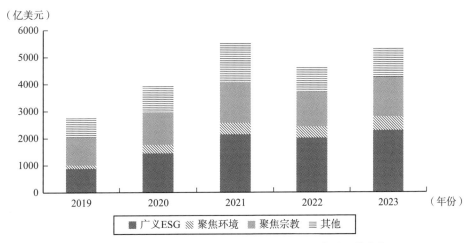

图 9 – 10　2019 ~ 2023 年美国 ESG 公募基金分类别规模变化

资料来源：ICI。

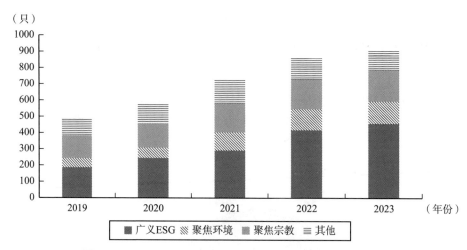

图 9 – 11 2019～2023 年美国 ESG 公募基金分类别数量变化

资料来源：ICI。

第十章
明星基金与基金经理

　　明星基金与明星基金经理在公募基金行业中最为光辉闪耀，本章介绍了美国公募基金历史上多个重要的明星基金与明星基金经理。明星基金的特点主要有两个：一是以长期收益率稳定优秀著称，多数明星基金经理都是依靠十几年以上跑赢标普 500 指数的业绩而闻名。二是在特定的历史行情阶段中，展现出了极强的业绩弹性，如 20世纪 60 年代的"沸腾岁月"以及 90 年代末期的互联网科技行情。其中富达基金的彼得·林奇堪称公募基金发展中的历史奇迹，他在 80 年代前无古人后无来者地实现了基金管理规模和业绩表现双第一。从发展趋势看，80 年代和 90 年代是美国明星基金和明星基金经理发展的黄金阶段。2000 年以后，明星基金和基金经理的重要性开始下降，一方面是权益类基金被动产品开始不断取代主动产品，另一方面是主动管理基金中基金经理团队管理也逐渐成为趋势。

第一节　20世纪50年代与60年代：快速发展

一、基本情况概述

20世纪50年代是美国共同基金快速发展的年代，1949年底美国共同基金只有91只、合计规模约20亿美元，到1959年底共同基金数量增长至155只、合计规模达158亿美元。从长周期维度看，1940~2023年，美国共同基金总规模年化增速为14.0%①，其中50年代共同基金规模年均增速高达23.0%，仅次于80年代的26.4%。

20世纪50年代美国共同基金数量和规模总体有限，行业集中度也非常高。1951年，规模前十大基金合计规模约22.4亿美元（1951年共同基金全行业规模约31亿美元），行业占比达到72%，规模前22只基金合计规模行业占比能够达到近90%。其中，规模最大的马萨诸塞州投资信托（Massachusetts Investors Trust）单只基金规模占全行业的15%以上。而且当时多数基金公司都是单产品运行，基金公司平均产品数不到2个。

---

① 1940~2023年同样时间维度内，美国名义GDP累计增长265倍，年均增速7.0%，共同基金长期发展速度显著高于全社会各行业平均增长速度。

表 10－1 　　　　　　　　　1951 年美国共同基金行业主要基金情况

项目	基金名称	基金规模（百万美元）	合计（百万美元）	行业占比（％）
规模前 十基金	Massachusetts Investors Trust	472	2239	72
	Investors Mutual	365		
	Keystone Funds	213		
	Tri-Continental	209		
	Affiliated Funds	209		
	Wellington Fund	194		
	Dividend Shares	186		
	Fundamental Investors	179		
	State Street Investment	106		
	Boston Fund	106		
其他 基金	Eaton & Howard	90	537	17
	National Securities	85		
	United Funds	71		
	Fidelity	64		
	Group Securities	60		
	Putnam	52		
	Scudder Stevens & Clark	39		
	American	26		
	Franklin	25		
	Loomis Sayles	23		
	T. Rowe Price	1		
	Dreyfus	0.8		

资料来源：John C. Bogle, "'Big Money in Boston'：The Commercialization of the Mutual Fund Industry," *The Journal of Portfolio Management* 40, no. 1 (2013)：133 - 146。

到 20 世纪 60 年代，美国共同基金行业规模增速有所减缓，但依然达到了年均 11.8％的规模增速。1959 年底至 1969 年底，基金产品数量从 155 只增至 269 只、合计规模从 158 亿美元增至 483 亿美元。排序靠前的大基金规模也有显著增长，历史最悠久的马萨诸塞州投资信托不再是"龙头一哥"，取而代之的是投资者多元服务基金（Investors Diversified Services，IDS）。

20 世纪 60 年代美国共同基金全部都是主动管理基金，从收益率表现看，一多半基金能够跑赢标普 500 全收益指数。60 年代美股标普 500 全收益指数年均收益率约 6.6%，规模最大的前 30 个共同基金中有 19 个年化收益率能够跑赢指数（见表 10 - 2），占比 63.3%。

表 10 - 2　　　　　　　　1969 年底净资产规模最大的股票型基金概况

基金名称	指数基金	基金规模（亿美元）	年化收益率（%）	主动超额
IDS Mutual Fund	否	26.8	3.8	×
Dreyfus Fund	否	24.0	9.6	√
IDS Stock Fund	否	22.2	4.3	×
Massachusetts Investors Trust	否	21.2	6.2	×
Affiliated Fund	否	16.0	6.8	√
Wellington Fund	否	14.2	2.8	×
United Accumulative Fund	否	12.6	4.5	×
Mass Investors Growth Stock Fund	否	12.5	7.7	√
Fundamental Investors Fund	否	11.7	5.8	×
Fidelity Trend Fund	否	10.9	12.2	√
Investment Company of America	否	10.7	10.0	√
IDS Variable Payment	否	10.5	5.8	×
Seligman Growth Fund	否	8.2	9.3	√
United Income Fund	否	7.8	6.6	√
American General Enterprise Fund	否	7.7	20.6	√
Fidelity Puritan Fund	否	7.6	9.2	√
Putnam Fund for Growth & Income	否	6.7	6.8	√
Kemper Technology Fund	否	6.3	7.5	√
Price (T. Rowe) Growth Stock Fund	否	6.1	9.5	√
Keystone S-4 (Aggressive Growth)	否	6.1	8.6	√
Hamilton Series Fund	否	5.9	2.9	×
Alliance Fund	否	5.7	11.0	√
Delaware Group Delaware Fund	否	4.5	9.4	√
United Science & Energy Fund	否	4.5	6.1	×
State Street Investment Trust	否	4.2	8.8	√
Putnam (George) Fund	否	4.1	4.8	×

续表

基金名称	指数基金	基金规模（亿美元）	年化收益率（％）	主动超额
Seligman Common Stock Fund	否	4.0	6.6	√
American Mutual Fund	否	3.7	7.1	√
Bullock Dividend Shares	否	3.7	7.6	√
Financial Industrial Fund	否	3.3	5.7	×

注：年化收益率统计区间为1961年底至1969年底；主动超额"√"表示该基金年化收益率高于同期标普500全收益指数，"×"表示低于同期标普500全收益指数。

资料来源：WRDS。

二、马萨诸塞州投资者信托

马萨诸塞州投资者信托（Massachusetts Investors Trust，简称 MIT 基金）在全球公募基金发展史乃至金融史中具有重要历史意义，它是人类历史上第一只开放式基金，标志着现代意义上共同基金行业的开端。

20世纪20年代，美国证券市场监管很不规范，很多投资者在投资中会遇到各种麻烦。当时美国资本市场中已经存在封闭式基金（closed-end funds），作为一种集中投资和资产管理的工具手段，但是其操作很不规范且没有赎回卖出机制，使得投资者体验不佳。1924年3月21日，爱德华·莱弗勒（Edward Leffler）等人在波士顿成立了MIT基金，并同时成立了马萨诸塞州金融服务公司（Massachusetts Financial Services，MFS），将开放式基金和共同基金理念引入市场。这是一个具有革命性的思想，开放式基金具有可以随时申购和赎回的特征，具有更强的透明性以及防范道德风险的优势。

1929年股市崩盘后，MIT基金也承受超过80%的巨大损失，但依旧存活。大萧条后，MIT基金成为第一只依照1933年《证券法》注册的基金。到20世纪50年代，MIT基金成了美国共同基金行业中规模最大的基金，市场占有率一度达到15%（见表10-1）。在50年代，MIT基金所在的波士顿也成为美国基金业中心。据统计，1951年总部在波士顿的共同基金管理了全行业46%的资产规模；其次是纽约，市占率为27%；明尼阿波利斯和宾夕法尼亚市占率分别为13%和7%。[1]

---

[1] John C. Bogle, "'Big Money in Boston'：The Commercialization of the Mutual Fund Industry," *The Journal of Portfolio Management* 40, no. 1 (2013)：133-146.

MIT 基金历史悠久，至今仍然存续运营。从收益率表现来看，从 1961 年底至 2023 年底，基金累计收益率高达 230 倍、年化收益率约 9.2%。但从相对收益表现来看，美股市场整体表现太强，MIT 基金收益相比标普 500 全收益指数，长期来看是持续跑输的（见图 10 - 1）。到 20 世纪 80 年代以后，MIT 基金规模排名不断下降，基本不再出现在美国公募基金规模靠前榜单中。截至 2023 年底，MIT 基金资产规模约为 64 亿美元。

图 10 - 1　1962 ~ 2023 年马萨诸塞州投资者信托累计收益与超额收益走势

注：超额收益计算基准为标普 500 全收益指数。

资料来源：WRDS。

三、投资者多元服务基金

投资者多元服务基金（Investors Diversified Services，简称 IDS 基金）是 20 世纪 50 年代和 60 年代美国重要的基金系列。其旗下的 IDS 共同基金（IDS Mutual Fund，即表 10 - 1 中 1951 年规模排第二的 Investors Mutual 基金）和 IDS 股票基金（IDS Stock Fund），在 1969 年底分别位列全部美国公募基金规模第一和第三位。

IDS 基金的前身是 1894 年在明尼阿波利斯成立的投资者辛迪加（Investors Syndicate）投资公司，其创始人是约翰·艾略特·塔潘（John Elliott Tappan）。1940 年，投资者辛迪加公司发行了第一只共同基金"投资者共同基金（Investors Mutual Fund）"。1949 年，投资者辛迪加公司改名为投资者多元服务公司（Investors Diversified Services，Inc.）。

1979 年，IDS 公司在合并中成为阿勒格尼公司（Alleghany Corporation）的全资子公司。1984 年，美国运通（American Express）从阿勒格尼公司手中收购了 IDS 公司，并在 1995 年将 IDS 更名为美国运通财务公司（American Express Financial Advisors，AEFA）[①]。2003 年，AEFA 收购了英国的创利德资产管理公司（Threadneedle Asset Management）。2005 年，美国运通将 AEFA 独立分拆上市，新公司即当前的阿默普莱斯金融公司（Ameriprise Financial）。

从收益率表现来看，IDS 共同基金和 IDS 股票基金在 20 世纪 60 年代的年化收益率分别为 3.8% 和 4.3%，都没有跑赢标普 500 全收益指数。从更长时间维度看，在 70 年代和 80 年代以后，这两只基金的超额收益也是持续向下的（见图 10 - 2），后续均结束了产品运营。

图 10 - 2　1962 ~ 2010 年 IDS 共同基金和股票基金超额收益走势

注：超额收益计算基准为标普 500 全收益指数。
资料来源：WRDS。

四、爱德华·约翰逊三世（Edward Johnson Ⅲ）

爱德华·约翰逊三世（Edward Johnson Ⅲ），出生于 1930 年，是富达基金公司创始人爱德华·约翰逊二世（Edward Johnson Ⅱ）之子。他 1957 年在富达基金公司开

始从事投资研究工作，1960 年起成为富达趋势基金（Fidelity Trend Fund）的基金经理，并在 1963 年至 1971 年底间管理著名的富达麦哲伦基金（Fidelity Magellan Fund）。约翰逊三世卸任后，麦哲伦基金在 1972～1977 年由理查德·哈伯曼（Richard Habermann）担任基金经理。麦哲伦基金再后一任的基金经理即传奇人物彼得·林奇，管理基金的时间为 1977～1990 年。约翰逊三世在 20 世纪 70 年代后期开始成为富达基金公司的 CEO。

从收益率表现来看，富达趋势基金在 20 世纪 60 年代的表现非常出色，年化收益率高达 12.2%，远高于同期标普 500 全收益指数，并且是 60 年代规模较大基金中收益率表现最好的（见表 10-2）。从长期超额收益走势看（见图 10-3），70 年代后一直到 90 年代末，基金超额收益持续回落，2000 年后富达趋势基金表现更为稳健，20 多年时间里总体能跑赢大盘。从 1961 年底至 2023 年底，富达趋势基金累计上涨 344 倍、年化收益率达 9.9%。

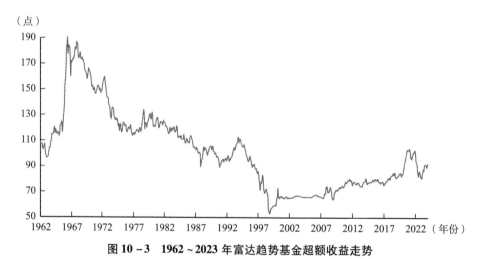

图 10-3　1962～2023 年富达趋势基金超额收益走势

注：超额收益计算基准为标普 500 全收益指数。
资料来源：WRDS。

五、蔡至勇

蔡至勇（Gerald Tsai），1929 年出生于中国上海，是 20 世纪五六十年代美国金融市场中顶流的明星基金经理。他的投资风格以擅长科技类成长股著称，在 60 年代美股电子股"tronics 行情"时代非常吃得开，被誉为投资天才。

蔡至勇 1952 年加入富达基金公司，1958 年发行富达资本基金（Fidelity Capital Fund），这是富达基金公司首只积极成长型基金。1958～1965 年，蔡至勇管理的基金业绩非常好，累计收益率达到了 296%，同时期其他股票类基金平均收益率只有 166%。1960 年蔡至勇被提名为富达基金公司副总裁，时年 31 岁。随着爱德华·约翰逊三世加入公司，蔡至勇也开始明白，他在未来也不太可能成为富达基金公司一把手。

1965 年，蔡至勇自立门户，发起成立了曼哈顿基金（Manhattan Fund），在当时的美国资本市场上引起了很大轰动。曼哈顿基金原本计划募集资金 2500 万美元，最后实际募集了 2.47 亿美元，规模接近原计划的 10 倍，其单只产品资金净流入占到了当年全部基金的 15%。[1] 1967 年曼哈顿基金收益率接近 40%，当年道琼斯工业指数和标普 500 指数收益率分别是 15.2% 和 20.1%。但到 1968 年，曼哈顿基金就显示出了明显颓势，全年基金收益率下跌了约 9.6%（当年标普 500 指数上涨 7.7%），成为收益率表现排序非常靠后的基金。

在 1968 年美股牛市和基金净值高点，蔡至勇将曼哈顿基金的股权卖给了 CAN 金融集团（CNA Financial Corporation），但继续保留该基金的管理权一直到 1973 年。1969～1970 年，美国股市出现了明显下跌调整，以积极成长为特色的曼哈顿基金收益率自然受到了更大冲击，基金净值显著下降，基金规模相比高点缩水 90%，路博迈集团（Neuberger Berman）最终在 1979 年收购了该基金。曼哈顿基金的荣光虽然仅是白驹过隙，但蔡至勇本人在此次高点出售基金股权，以及后来 1997 年出售三角洲人寿（Delta Life）股权[2]的资本运作，还是非常令人津津乐道，显示出了极强的金融判断择时能力。

第二节　20 世纪 70 年代：曲折发展

一、基本情况概述

20 世纪 70 年代美国经济先后经历了布雷顿森林体系解体、第一次石油危机、第

---

[1]　Joe Nocera, "TheGo-GoInvestor," *The New York Time Manazine*, December 24, 2008.

[2]　关于蔡至勇运作三角洲人寿公司的更多内容，可以参见：Carrie Coolidge, "Jerry Tsai's Smart Timing," *Forbes*, January 10, 2000.

二次石油危机等多重冲击，进入到二战后困难重重的"滞胀"时期。美国股市在70年代的表现可谓也非常糟糕，可以算得上是二战后最差的阶段，行情整体波动大年化收益率低。

受此影响，美国公募基金行业在20世纪70年代也是在曲折中发展。从市场整体规模看，从1969年底到1979年底的十年间，美国共同基金总规模从483亿美元增长至945亿美元，年均增速6.9%，相比于50年代的23.0%和60年代的11.8%均有明显下降。由于通货膨胀因素，70年代十年间美国名义GDP增速高达9.9%，公募基金在此期间的发展显然落后于整体经济。

20世纪70年代美国公募基金发展的另一大特点是集中度下降，行业竞争度显著提高。从1969年底到1979年底的十年间，美国共同基金数量从269只上升至526只，年均增速也是6.9%。战后每一个十年维度中，基金规模年均增速一般都是显著高于基金数量增速，70年代是唯一一次例外。对比表10-2和表10-3也可以发现，1979年底时规模最大的股票型基金相比1969年底时，基金规模有明显缩小。

表10-3 1979年底净资产规模最大的股票型基金概况

基金名称	指数基金	基金规模（亿美元）	年化收益率（%）	主动超额
IDS Stock Fund	否	16.0	4.3	×
Lord AbbettAffiliated Fund	否	15.4	9.0	√
Dreyfus Fund	否	15.1	6.0	√
IDS Mutual Fund	否	15.0	4.9	×
Investment Company of America	否	14.4	8.3	√
Massachusetts Investors Trust	否	10.8	4.4	×
Price（T. Rowe）Growth Stock Fund	否	9.4	2.2	×
Alliance Fund	否	8.3	4.8	×
Windsor Fund	否	7.0	9.1	√
Mass Investors Growth Stock Fund	否	7.0	3.0	×
Pioneer Fund	否	6.9	11.2	√
Fidelity Puritan Fund	否	6.7	8.7	√
Wellington Fund	否	6.1	5.1	×
Seligman Growth Fund	否	6.1	4.9	×
Price（T. Rowe）New Horizons Fund	否	6.0	5.4	×

续表

基金名称	指数基金	基金规模（亿美元）	年化收益率（%）	主动超额
Putnam Fund for Growth & Income	否	6.0	7.3	√
United Income Fund	否	5.4	3.9	×
GE S&S Program Mutual Fund	否	5.0	2.6	×
Fidelity Fund	否	4.9	6.5	√
Keystone S-4（Aggressive Growth）	否	4.6	3.4	×
American Capital Enterprise Fund	否	4.5	3.4	×
Putnam Investors Fund	否	4.4	7.4	√
Kemper Technology Fund	否	4.3	8.3	√
Fidelity Trend Fund	否	4.3	3.6	×
IDS Variable Payment	否	4.1	2.4	×
Fundamental Investors Fund	否	3.9	3.2	×
United Accumulative Fund	否	3.8	3.7	×
State Street Investment Trust	否	3.7	6.8	√
New Perspective Fund	否	3.7	8.1	√
American Mutual Fund	否	3.6	10.1	√

注：年化收益率统计区间为 1969 年底至 1979 年底；主动超额"√"表示该基金年化收益率高于同期标普 500 全收益指数，"×"表示低于同期标普 500 全收益指数。
资料来源：WRDS。

从收益率表现来看，20 世纪 70 年代美股标普 500 全收益指数年化收益率为 5.8%[①]，1979 年底规模最大的 30 只股票型基金中有 13 只基金能够跑赢指数（见表 10−3），占比 43%。表 10−4 报告了 70 年代年化收益率最高的股票型基金情况，总体看收益率表现靠前的都是规模较小的基金。

表 10−4   20 世纪 70 年代年化收益率最高的股票型基金情况

基金名称	指数基金	基金规模（亿美元）	年化收益率（%）
Oppenheimer Special Fund*	否	0.6	29.6
Van Eck Int'l Investors	否	1.9	22.8

① 市场大众普遍对 20 世纪 70 年代感受不佳，70 年代美股平均收益率也确实明显低于前后历史时期，但从实际数字上看，"滞胀"期间美股也是上涨的。由于股票市场反映上市公司企业盈利，而企业盈利是包含价格因素的名义变量，这点充分说明，相比通胀，通缩才是股票市场的最大利空。

续表

基金名称	指数基金	基金规模（亿美元）	年化收益率（%）
Evergreen Fund *	否	0.3	18.9
Templeton Growth Fund	否	3.4	18.8
Acorn Fund *	否	0.8	18.3
44 Wall Street Fund	否	1.1	17.3
Mutual Shares Fund	否	0.9	16.3
Pioneer Ⅱ	否	2.1	16.2
Twentieth Century Growth	否	0.6	15.6
Sequoia Fund *	否	0.9	15.3
Hamilton Income Fund *	否	0.5	14.6
MFS Capital Development Fund *	否	0.4	12.6
Kemper Total Return Fund	否	0.5	11.5
Pioneer Fund	否	6.9	11.2
Neuberger Berman Guardian Fund	否	1.3	10.8
Philadelphia Fund	否	0.9	10.7
Financial Industrial Income Fund	否	1.8	10.6
Mathers Fund	否	1.3	10.5
AMCAP Fund	否	1.1	10.4
Vance Sanders Special Fund	否	0.6	10.4
Putnam Voyager Fund	否	0.6	10.4
Comstock Fund	否	1.2	10.2
American Mutual Fund	否	3.6	10.1
Union Capital Fund	否	0.4	10.1
Fidelity Equity Income Fund	否	0.9	10.0
Price (T. Rowe) New Era Fund	否	3.3	9.8
Value Line Income Fund	否	0.6	9.8
Franklin Income Fund	否	0.3	9.7
Kemper Small Cap Equity	否	0.5	9.7
Neuberger Berman Energy Fund	否	2.8	9.7

注：年化收益率统计区间为1969年底至1979年底。标注 * 号基金成立于1970年1月1日以后，计算年化收益率时按照实际持续时间进行计算。

资料来源：WRDS。

二、约翰·聂夫

约翰·聂夫（John Neff），1931 年出生，是全球著名的价值投资者。1964 年，约翰·聂夫加入威灵顿基金管理公司，随后开始管理温莎基金（Winsdor Fund）、双子星基金（Gemini Fund）、高股息基金（Qualified Dividend Fund）等多个产品。

约翰·聂夫被的投资风格概括为几个特点：一是采取了低估值投资策略，约翰·聂夫因此也获得了"市盈率鼻祖""伟大的低市盈率基金经理"等称号。二是乐于采用逆向投资方法（contrarian investing），在经济衰退或上市公司逆境时买入能涅槃翻身的公司，他也经常在公司股价涨幅过大时卖出。三是非常认同净资产收益率（ROE）这个指标，这点与巴菲特非常相似，约翰·聂夫认为 ROE 是度量企业管理效率最有效的单变量指标。

温莎基金①是约翰·聂夫的成名作，从 1964 年开始管理该基金一直到 1995 年退休，约翰·聂夫管理的时间长达 31 年，年化收益率达到了 13.7%，同时期标普 500 指数收益率为 10.6%。② 从长期走势来看，温莎基金表现较好的阶段基本集中在约翰·聂夫管理的时期（见图 10 - 4），在这段时间内，温莎基金基本能保持持续跑赢标普 500 全收益指数的态势，非常难能可贵。

图 10 - 4　1962～2023 年温莎基金超额收益走势

注：超额收益计算基准为标普 500 全收益指数。
资料来源：WRDS。

---

① 先锋领航集团成立后，温莎基金后来更名为先锋领航温莎基金（Vanguard Windsor Fund），关于威灵顿公司与先锋领航集团的历史渊源关系，可以参见本书第六章第三节部分。
② ［美］约翰·聂夫、［美］史蒂文·明茨：《约翰·聂夫的成功投资》，机械工业出版社 2018 年版。

三、德福莱斯基金

德福莱斯基金（Dreyfus Fund）的创始人是 1913 年出生的杰克·德福莱斯（Jack Dreyfus）。1946 年，杰克·德福莱斯在纽约创建了德福莱斯证券经纪公司（Dreyfus & Co.），经纪公司中有一位名叫约翰·奈斯拜特（John Nesbett）的客户，是一家很小规模共同基金的老板，从而引发了杰克·德福莱斯对共同基金生意的兴趣。1951 年，德福莱斯公司收购了奈斯拜特的基金，并将其正式更名为德福莱斯基金。在随后几年中，杰克·德福莱斯将公司的标志从字母"DF"换成了狮子图案，此举使得德福莱斯基金的品牌影响力大幅增加。

1965 年，杰克·德福莱斯打算退休，并选择了 1926 年出生的霍华德·斯坦（Howard Stein）作为其接班人。霍华德·斯坦 1955 年加入德福莱斯基金作为分析师，1965 年接手后他管理德福莱斯基金公司超过 30 年一直到 1996 年退休，将公司带上了新的高度。在 20 世纪 70 年代德福莱斯基金可谓风生水起，1970 年霍华德·斯坦登上了美国《时代》周刊的封面。[①] 德福莱斯基金随后在社会责任投资、无销售费用货币基金投资、税收豁免市政债券基金等方面，作出了很多金融产品创新。

1994 年，德福莱斯基金公司以 18 亿美元的价格卖给了梅隆银行集团（Mellon Bank Corporation），此时基金公司管理资产规模约 900 亿美元[②]，这笔交易是当时历史上最大一笔商业银行和共同基金并购案例。德福莱斯基金公司随之成为梅隆金融公司（Mellon Financial Corporation）的全资子公司。2007 年，纽约银行（The Bank of New York Company）与梅隆金融公司合并成为美国纽约银行梅隆公司（The Bank of New York Mellon，BNY Mellon），德福莱斯基金公司随后成为 BNY Mellon 投资管理公司的子公司。

德福莱斯基金属于 20 世纪 70 年代的明星基金，在 1979 年底其管理规模为 15.1 亿美元，是当时美国规模第三大的公募基金产品。德福莱斯基金的收益率表现也非常不错，在整个 70 年代中基金年化收益率达到了 6.0%，高于标普 500 全收益指数。从超额收益变化趋势看（见图 10 – 5），德福莱斯基金在 1973 ~ 1981 年显著跑赢大盘有

---

① "Dreyfus Fund's Howard Stein," *Time*, August 24, 1970.

② Douglas Martin, "Howard Stein, Who Helped Teach Public to Invest, Dies at 84," *The New York Times*, July 30, 2011.

明显的差额，但之后一直到 1998 年出现了连续十多年跑输大盘。1998 年至今，德福莱斯基金相对收益总体与标普 500 全收益指数相当。德福莱斯基金当前已经更名为 BNY 梅隆大盘证券基金（BNY Mellon Large Cap Securities），从长期收益率表现来看，从 1961 年底至 2023 年底，基金累计上涨 215 倍、年化收益率 9.1%。

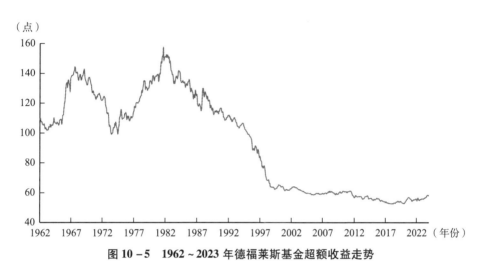

（点）

图 10-5 1962~2023 年德福莱斯基金超额收益走势

注：超额收益计算基准为标普 500 全收益指数。

资料来源：WRDS。

四、诺德·安博特

诺德·安博特（Lord Abbett）投资管理公司成立于 1929 年美国股市大崩盘之后不久，最初的创始人包括安德鲁·詹姆斯·诺德（Andrew James Lord）、利昂·安博特（Leon Abbett）、约翰·韦斯特菲尔德（John Westerfield）、朱利安·贝蒂（Julian Beaty）等几人。公司一开始的名字叫作诺德·韦斯特菲尔德公司（Lord, Westerfield & Co., Inc.），1931 年约翰·韦斯特菲尔德退出公司，同时利昂·安博特增加出资，公司从此更名为诺德·安博特一直延续至今。

诺德·安博特投资管理公司运行历史悠久，其创始人安德鲁·詹姆斯·诺德对 1940 年美国《投资公司法》的出台也有重要贡献。目前公司在全球范围内提供股票、债券、多资产等在内的投资管理服务，而且公司管理费全部来自主动管理收入。截至 2023 年底，诺德·安博特公司管理资产规模达到 1930 亿美元。

诺德·安博特附属基金（Lord Abbett Affiliated Fund，以下简称"诺德附属基金"）成立于 1934 年，是诺德·安博特公司的旗舰共同基金产品，是 20 世纪 70 年代美国公募基金市场中的明星产品。从基金规模来看，诺德附属基金在 1979 年底规模为 15.4 亿美元，在当时美国全部公募基金产品中规模排名第二。从收益率表现来看，诺德附属基金在 70 年代这样一个股市整体表现一般的时代，十年间平均年化收益率达到了 9.0%，既有很好的绝对收益，也明显好于标普 500 指数表现（基金长期超额收益表现见图 10－6）。诺德附属基金也是美国公募基金业常青树，至今依然存续运营，从长期收益率表现来看，从 1961 年底至 2023 年底，诺德附属基金累计上涨 292 倍、年化收益率为 9.6%。

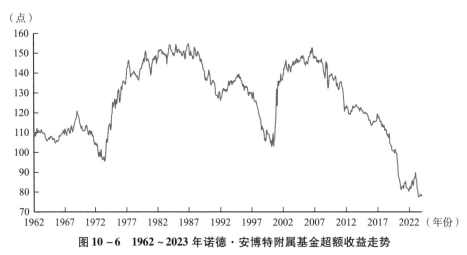

图 10－6　1962～2023 年诺德·安博特附属基金超额收益走势

注：超额收益计算基准为标普 500 全收益指数。
资料来源：WRDS。

　　从持仓情况看，1979 年底诺德附属基金的重仓持股主要包括：德士古石油（Texaco）、联合碳化物公司（Union Carbide，化工企业）、惠通集团（Armco，有色金属公司）、埃克森石油（Exxon）、西方石油（Occidental Petroleum）、IBM、斯佩里公司（Sperry，装备公司）、康诺克石油（Conoco）、高尔夫石油（Gulf Oil）、联合化学（Allied Corporation）等，总体看都是偏能源周期类公司。且诺德附属基金持股相对比较分散，在 80 年代前后，其前十大重仓股合计持仓市值，占全部普通股票持仓市值比例仅有 25%～30% 左右，这种持股分散特征也比较适应当时小盘占优的行情风格。

五、菲利普·卡雷特

菲利普·卡雷特（Philip Carret，1896—1998），1896 年出生于马萨诸塞州，1928 年创建了先锋基金（Pioneer Fund）①，此后持续管理该基金长达 55 年，被巴菲特誉为"所认识的最好的长期投资纪录保持者"。菲利普·卡雷特的著作有《购买债券》（*Buying a Bond*）、《投机的艺术》（*The Art of Speculation*）、《九十岁的金钱头脑》（*A Money Mind at Ninety*）等。

先锋基金是美国历史最悠久的共同基金之一。根据英国《金融时报》报道，美国共同基金平均存续时间在 9 年以内，而第一批成立于 20 世纪 20 年代至今依然存续的共同基金一共有 7 个，分别是 Massachusetts Investors Trust（1924 年 7 月成立）、Pioneer Fund（1928 年 2 月成立）、Congress Large Cap Growth Institutional Fund（1928 年 3 月成立）、Deutsche Total Return Bond Fund（1928 年 4 月成立）、Deutsche Core Equity Fund（1929 年 5 月成立）、Wellington Fund（1929 年 7 月成立）、CGM Mutual Fund（1929 年 11 月成立）。②

先锋基金在菲利普·卡雷特管理期间业绩表现非常出色，以至于巴菲特称卡雷特为他的英雄之一。在 1928～1983 年长达 55 年的投资生涯中，先锋基金获得了平均年化 13% 的惊人业绩，这期间还经历了 1929 年美股崩盘以及随后的"大萧条"。这意味着投入 1 万元会变成 800 万元，而同时期美国股票市场的平均年化收益率是 8.3%。③ 特别是在 20 世纪 60 年代和 70 年代，先锋基金超额收益显著跑赢标普 500 全收益指数（见图 10-7）。

菲利普·卡雷特是一位价值投资者，喜欢购买价格被低估的股票，而且他也崇尚"买入并持有"的投资原则。在其相关著作中，卡雷特对投资者给出了 12 条建议，分别是：（1）投资业务领域不要少于 5 个、投资股票数量不要少于 10 个；（2）每 6 个月重新评估自己的持仓；（3）将至少一半的资金投资于能产生短期现金流的证券；（4）在分析任何股票时，都要将收益作为最后才考虑的因素；（5）果断处理亏损资产，让盈利头寸继续奔跑；（6）在公开信息不足股票上投资头寸不能超过 25%；（7）避免

① 这里的先锋基金（Pioneer Fund）跟先锋领航（Vanguard）没有关系。
② Attracta Mooney，"Secrets of the Longest-Lasting Mutual Funds," *Financial Times*，June 30, 2018.
③ Dr Matthew Partridge，"The World's Greatest Investors：Philip Carret," *MoneyWeek*，September, 2017.

内幕消息交易；（8）寻求客观事实，而不是别人的意见；（9）不要过分依赖机械的估值公式；（10）如果股票估值过高，将至少一半资产投入短期债券；（11）永远不要借太多钱；（12）用适当比例自己购买前景乐观公司的长期期权。

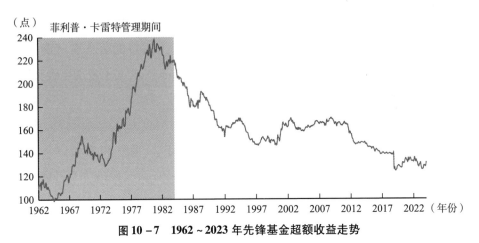

图 10 – 7　1962 ~ 2023 年先锋基金超额收益走势

注：超额收益计算基准为标普 500 全收益指数。
资料来源：WRDS。

第三节　20 世纪 80 年代：黄金时代

一、基本情况概述

20 世纪 80 年代，美国经济在经历了最初两年的高通胀和经济衰退折磨后，逐步走出了滞胀魔咒，通货膨胀率和利率水平双双大幅下降，由此开启了一直到 2008 年国际金融危机前长达几十年的经济"大稳健"（Great Moderation）[①] 时代。美国股市也从 1982 年下半年起开启了"长牛"走势，除 1987 年 10 月"黑色星期一"股灾引发短期快速下跌调整外，80 年代总体是单边上涨行情。

[①] Great Moderation，有时候也译作"大和谐"或"大缓和"，与 Great Depression "大萧条"相对应，主要是指这段时期内美国经济周期波动率大幅下降。这一概念最初由美国经济学家詹姆斯·斯托克（James Stock）和马克·沃森（Mark Watson）在 2002 年的学术论文 "Has the Business Cycle Changed and Why?"（发表于 *NBER Macroeconomics Annual*）中提出，后经美联储主席本·伯南克（Ben Bernanke）提及而为社会大众所熟悉。

美国公募基金行业在 20 世纪 80 年代也迎来了大发展的黄金年代。从 1979 年底到 1989 年底十年间，美国共同基金数量从 526 只快速增长至 2935 只、年均增速 18.8%；基金总规模扩大速度更快，从 945 亿美元上涨至 9807 亿美元，增长了十倍、年均增速 26.4%。80 年代美国共同基金行业，无论是产品数量还是规模，都是二战后以十年维度增长最快的。1989 年底，彼得·林奇管理的富达麦哲伦基金（Fidelity Magellan Fund）管理规模超过 100 亿美元，成为当时规模最大的公募基金（见表 10-5）。

表 10-5　　　　　　　　　1989 年底净资产规模最大的股票型基金概况

基金名称	基金公司	指数基金	规模（亿美元）	年化收益率（%）	主动超额
Fidelity Magellan Fund	Fidelity		127	28.5	√
Windsor Fund	Vanguard		81	20.1	√
Investment Company of America	American Funds		54	18.1	√
Fidelity Equity Income Fund	Fidelity		50	19.3	√
Fidelity Puritan Fund	Fidelity		49	17.9	√
Templeton World Fund	Templeton		47	17.6	√
Washington Mutual Investors Fund	American Funds		45	19.8	√
Pioneer II	Pioneer		44	16.8	×
Affiliated Fund	Lord Abbett		37	16.6	×
Mutual Shares Fund	Franklin		34	18.4	√
American Mutual Fund	American Funds		33	18.2	√
Twentieth Century Select	Twentieth Century		29	20.4	√
Dean Witter Dividend Growth Securities	Dean Witter		28	17.3	×
Dreyfus Fund	Dreyfus Service		27	15.2	×
American Capital Pace Fund	American Capital		25	19.6	√
Templeton Growth Fund	Templeton		25	16.4	×
Pru-Bache Utility Fund	Pru-Bache		23	22.6	√
Windsor II Fund	Vanguard		23	17.6	√
Wellington Fund	Vanguard		21	16.8	×
AMCAP Fund	American Funds		20	16.3	×
Putnam Fund for Growth & Income	Putnam		19	17.3	×

续表

基金名称	基金公司	指数基金	规模（亿美元）	年化收益率（%）	主动超额
Delaware Group Decatur Fund I	Delaware		19	18.0	√
Growth Fund of America	American Funds		18	17.8	√
Vanguard Index Trust--500 Portfolio	Vanguard	是	18	17.0	.
Fidelity Destiny Fund I	Fidelity		18	20.0	√
IDS Mutual Fund	IDS		17	15.7	×
Twentieth Century Growth	Twentieth Century		16	18.0	√
Pioneer Fund	Pioneer		16	14.4	×
Merrill Lynch Basic Value Fund	Merrill Lynch		16	18.1	√
United Income Fund	Waddell & Reed		15	19.3	√

注：年化收益率统计区间为 1979 年底至 1989 年底；主动超额"√"表示该基金年化收益率高于同期标普 500 全收益指数，"×"表示低于同期标普 500 全收益指数，"."表示该基金为被动型基金不涉及超额。

资料来源：WRDS。

从收益率表现来看，20 世纪 80 年代整体是牛市，标普 500 全收益指数年均收益率高达 17.5%，要跑赢这样的基准是有难度的。但 80 年代美国主动管理公募基金产品表现也着实没让人失望，规模最大的 30 只基金中，除先锋领航 500 指数基金这一只被动产品外，其他 29 只主动管理基金中有 19 只跑赢了标普 500 全收益指数，占比达 66%，特别是管理规模最大的前 7 只基金产品，十年间的年化收益率全部跑赢（见表 10 - 5）。

表 10 - 6 报告了 20 世纪 80 年代年化收益率最高的股票型基金情况，除富达麦哲伦基金（Fidelity Magellan Fund）和美林太平洋基金（Merrill Lynch Pacific），收益率靠前基金表现差异度不大，总体年化收益率都在 20% 左右。富达麦哲伦基金在 80 年代末，既是当时管理规模最大的基金、又是收益率表现最好的基金，这一成绩或是前无古人，后无来者了。

表 10 - 6　　　　　　　20 世纪 80 年代年化收益率最高的股票型基金情况

基金名称	基金公司	指数基金	规模（亿美元）	年化收益率（%）
Fidelity Magellan Fund	Fidelity	否	127.0	28.5
Merrill Lynch Pacific	Merrill Lynch	否	3.2	26.4

续表

基金名称	基金公司	指数基金	规模（亿美元）	年化收益率（%）
Pru-Bache Utility Fund*	Pru-Bache	否	23.1	22.6
CGM Capital Development	CGM	否	1.9	21.9
Lindner Fund	Lindner	否	6.0	21.3
TNE Growth Fund	TNE	否	5.6	21.0
Janus Fund	Janus	否	7.0	20.7
Phoenix Stock Fund Series	Phoenix	否	1.3	20.7
AIM Equity-Weingarten Fund	AIM	否	4.4	20.5
Mutual Qualified Income Fund*	.	否	14.7	20.5
Twentieth Century Select	Twentieth Century	否	28.6	20.4
Phoenix Growth Fund Series	Phoenix	否	7.2	20.4
New York Venture Fund	New York Venture	否	3.1	20.3
IDS New Dimensions Fund	IDS	否	7.7	20.3
Fortis Capital Fund	Fortis	否	1.4	20.2
Vanguard World-Int'l Growth	Vanguard	否	6.9	20.2
Windsor Fund	Vanguard	否	80.6	20.1
Fortis Growth Fund	Fortis	否	2.3	20.1
SteinRoe Special Fund	Stein Roe & Farnham	否	3.2	20.1
Vanguard World-U.S. Growth	Vanguard	否	2.0	20.1
Fidelity Destiny Fund I	Fidelity	否	17.5	20.0
United Vanguard Fund	Vanguard	否	7.6	19.9
Washington Mutual Investors Fund	American Funds	否	44.8	19.8
SoGen Int'l Fund	SoGen	否	1.6	19.7
Sequoia Fund	Sequoia	否	9.2	19.6
American Capital Pace Fund	American Capital	否	24.8	19.6
United Int'l Growth Fund	Waddell & Reed	否	2.9	19.5
United Income Fund	Waddell & Reed	否	15.5	19.3
Putnam Global Growth Fund	Putnam	否	5.3	19.3
Alliance Quasar Fund	Alliance	否	2.9	19.3

注：年化收益率统计区间为1979年底至1989年底。标注 * 的基金成立时间分别为1981年8月、1980年9月，计算年化收益率时按照实际持续时间进行计算。

资料来源：WRDS。

二、彼得·林奇：历史奇迹

彼得·林奇（Peter Lynch）[①] 无疑是美国公募基金发展史上的一个传奇，他是公募基金行业在20世纪80年代甚至整个历史中最闪耀的明星基金经理。一般情况下，公募基金管理都会存在"规模不经济"的特征，即随着基金管理规模的增加收益率表现会下降（见前面分析）。即便部分基金管理表现较好，也很难既保持规模领先又保持收益率靠前。但在80年代，彼得·林奇管理的富达麦哲伦基金（Fidelity Magellan Fund）创造了这一奇迹，富达麦哲伦基金既是当时美国规模最大的公募基金（见表10-5），又是80年代美国收益率表现最好的基金（见表10-6），这一成绩可谓是前无古人，后无来者。

富达麦哲伦基金成立于1963年，首任基金经理是爱德华·约翰逊三世，彼得·林奇于1977年5月接管基金一直持续到1990年5月。在13年的职业生涯中，彼得·林奇管理的富达麦哲伦基金累计上涨27倍，年化收益率高达28.9%。从超额收益角度看，富达麦哲伦基金在彼得·林奇管理期间也是持续跑赢标普500全收益指数（见图10-8）。

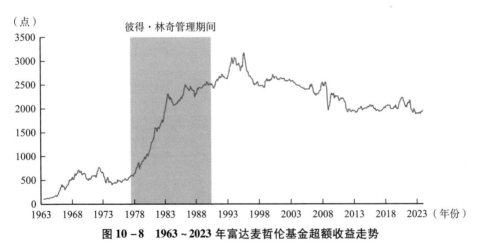

图10-8　1963~2023年富达麦哲伦基金超额收益走势

注：超额收益计算基准为标普500全收益指数。
资料来源：WRDS。

---

① 彼得·林奇退休后，写过多本金融投资书籍，包括《彼得·林奇的成功投资》（*One Up On Wall Street：How to Use What You Already Know to Make Money in the Market*）、《战胜华尔街》（*Beating the Street*）、《彼得·林奇教你理财》（*Learn to Earn：A Beginner's Guide to the Basics of Investing and Business*）等，详细地阐述了他的投资理念。

从持仓情况来看，彼得·林奇的投资风格是喜欢买消费股，这从他写的几本投资著作中可以看出，他也非常提倡从日常生活中获得投资机会的灵感。表 10 - 7 显示了 1981 ~ 1990 年，富达麦哲伦基金每一年持仓金额最多的 10 只股票。消费股里面，汽车股是彼得·林奇的最爱，克莱斯勒（Chrysler）和福特汽车（Ford Motor）长期是重仓持股。在《战胜华尔街》中，彼得·林奇曾经说过，"正是这少数几家汽车公司股票上获得的巨额盈利，才让麦哲伦基金业绩出类拔萃"。

表 10 - 7   1981 ~ 1990 年富达麦哲伦基金历年持仓最多的 10 只股票

序号	1981 年	1982 年	1983 年	1984 年	1985 年
1	Mobil	Chrysler	Chrysler	Chrysler	Fannie Mae
2	Chart House	Horn & Hardart	Ford Motor	IBM	Chrysler
3	Verbatim	Stop & Shop	Texas Instruments	Subaru Amer	IBM
4	Zayre	IBM	IBM	General Motors	Ford Motor
5	IBM	Chase Manhattan	Ryder Systems	Texas Instruments	Kemper
6	Golden Nugget	Ericsson Telephone	Unilever	Honda Motor	Bank New England
7	Storer Broadcasting	Golden Nugget	Horn & Hardart	Ryder Systems	Student LoanMkt
8	Brock Hotel	Genstar	Philips	Jwt Group	Subaru Amer
9	Dibrell Bros	Shaklee	Monsanto	Boeing	Coastal
10	Industrial Natl	Fannie Mae	General Motors	Uslife	American Express

序号	1986 年	1987 年	1988 年	1989 年	1990 年
1	Ford Motor	Ford Motor	Fannie Mae	Fannie Mae	Fannie Mae
2	Fannie Mae	Fannie Mae	Ford Motor	Philip Morriss	Philip Morriss
3	Middle South Utils	IBM	Philip Morriss	Mcimmunications	General Electric
4	Chrysler	Digital Equip	American Express	General Electric	Smithkline Beecham
5	Kemper	Chrysler	Rjr Nabisco	American Express	Royal Dutch Pete
6	Service Intl	Goodyear	IBM	Ford Motor	Time Warner
7	Upjohn	Dow Chem	General Electric	General Pub Utilities	Entergy
8	Bank New England	Eastman Kodak	Loews	General Motors	Pfizer
9	Student LoanMkt	Scott Paper	Digital Equip	Entergy	Pepsico
10	Digital Equip	Merck	Dow Chem	Smithkline Beecham	Texaco

资料来源：WRDS。

造就美国汽车股大行情的逻辑是多方面的，有一种天时地利人和的感觉。一方面，作为可选消费品种贝塔属性加强的品种，汽车股享受到了时代的大红利，利率下降对汽车有很大的刺激作用。另一方面，20世纪80年代以后原油价格的大幅下降，使得汽车股又享受到一层利好。另外，在70~80年代，美国的汽车行业开始出现危机，在欧洲和日本汽车的围攻下，三大汽车公司的市场份额不断下降。市场非常悲观，认为美国汽车产业已经走到了崩溃的边缘。极低的股价使得汽车股后续有了很大的上涨空间。

个股选择上，彼得·林奇主要看好福特汽车和克莱斯勒汽车公司，以及欧洲汽车公司沃尔沃，不看好通用汽车公司。彼得·林奇说过："我从来不会持有太多的通用汽车股票，即使是在当时汽车行业一片大好的年代里。因为我可以把通用汽车公司称为一个糟糕的公司，这种称呼已经算是最客气的了。"事实也确如彼得林奇所言，在1982~1987年的大行情中，克莱斯勒汽车和福特汽车都是十倍股的大牛股，而通用汽车公司股价也有上涨，但上涨幅度逊色太多。

从彼得林奇在汽车股上的巨大成功，也可以看出到底什么是投资中的贝塔，什么是阿尔法。贝塔就是20世纪80年代这段时间内，美国的汽车股板块开始涨了，阿尔法就是彼得林奇选出了汽车股中涨幅最大的股票克莱斯勒。

三、美国投资公司基金

美国投资公司基金（Investment Company of America，ICA）成立于1934年，是美洲基金公司和资本集团旗下的第一只共同基金产品。

作为以主动管理见长的公募基金，美洲基金公司最大的亮点就是在1958年建立起了"资本系统"（Capital System）投资管理架构，其核心要点是采取了多基金经理团队管理。美洲基金产品将投资组合分成几个部分，每个部分由单独基金经理管理，这些基金经理有着不同的个人背景、投资风格和方法。

美洲基金这种管理方法优点是不依赖于明星基金经理个人，团队管理更加稳定。从收益率表现来看，确实表现出了这个特点，美国投资公司基金从20世纪60年代、70年代、80年代相比标普500全收益指数都有明显的超额收益（见图7-9）。从最长时间看其投资收益也非常稳健，截至2023年底，美国投资公司基金管理规模超过1000亿美元。从60年代起一直到2023年底，作为主动权益管理长期典范产品，美国投资公司基金管理规模一直能够位列全部美国公募基金前列，即使2008年后被动管理产品大幅兴起，其商业模式上的成功可见一斑。

除美国投资公司基金外，美洲基金公司还有多只主动管理产品在 80 年代规模排序靠前，包括华盛顿共同投资者基金（Washington Mutual Investors Fund）、美国共同基金（American Mutual Fund）、美国资本步伐基金（American Capital Pace Fund）、AMCAP 基金（AMCAP Fund）、美国成长基金（Growth Fund of America）等，总体看收益率表现都不错，多数在 80 年代都跑赢了标普 500 全收益指数。

美洲基金的基金经理团队管理方式，保证了长期业绩稳定，图 10-9 和图 10-10 分别显示了华盛顿共同投资者基金和美国共同基金的长期超额收益走势，总体看都是相当不错长期能跑赢标普 500 全收益指数的。当然，凡事都有两面，团队管理产品业绩向上的弹性是远小于明星基金的，对比美洲基金的三个产品（见图 7-9、图 10-9、图 10-10）与彼得·林奇的富达麦哲伦基金（见图 10-8），就会发现差异还是很大的。在 20 世纪 60~90 年代美国主动管理基金发展的黄金年代，美洲基金超额收益指数波动范围大体都是从 100 上升至 200，即基金收益率跑赢标普 500 全收益指数约 1 倍，而麦哲伦基金超额收益则是从 100 上升至超过 3000，跑赢标普 500 全收益指数超过了 30 倍。

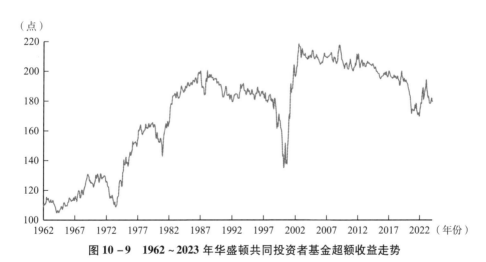

图 10-9 1962~2023 年华盛顿共同投资者基金超额收益走势

注：超额收益计算基准为标普 500 全收益指数。
资料来源：WRDS。

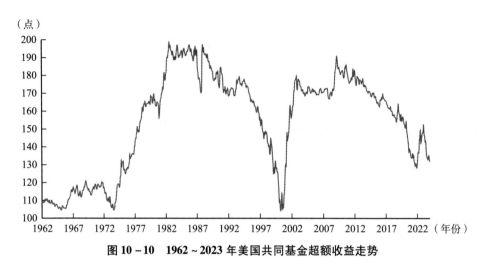

图 10-10　1962～2023 年美国共同基金超额收益走势

注：超额收益计算基准为标普 500 全收益指数。

资料来源：WRDS。

四、二十世纪基金

二十世纪基金公司（Twentieth Century）1958 年由詹姆斯·斯托瓦斯（James Stowers）创立，主要定位服务中小投资者，1997 年公司更名为美国世纪投资公司（American Century Investment）并延续至今。

二十世纪基金公司创始人詹姆斯·斯托瓦斯（1924—2014）是一位非常传奇的人物。他出生于 1924 年，二战期间他加入美国陆军航空兵成为一名战斗机飞行员，直到 1957 年退役。1958 年斯托瓦斯创建了基金投资公司。1987 年他被确诊为前列腺癌，随后他妻子也被确诊为乳腺癌，但所幸夫妻二人最后都成了癌症幸存者。1994 年斯托瓦斯夫妇捐赠了 40% 以上美国世纪投资公司股份以及其他现金资产，合计约 20 亿美元，成立了斯托瓦斯医学研究基金会（Stowers Institute for Medical Research）。2011 年，美国《福布斯》杂志将斯托瓦斯夫妇评选列入"最慷慨捐赠者"名单。[①]

二十世纪基金公司旗下的二十世纪精选基金（Twentieth Century Select）和二十世纪成长基金（Twentieth Century Growth）在 20 世纪 80 年代都是规模领先的主动管理基金，且业绩都非常不错，能够跑赢标普 500 全收益指数。其中二十世纪精选基金在 80 年代取得了年化 20.4% 的收益率，该基金在整个 70 年代和 80 年代都大幅跑赢市

---

① 资料来源："The World's Biggest Givers," *Forbes*, May 27, 2012.

场整体（见图 10 - 11）。二十世纪基金公司在 70～90 年代也主要采取多基金经理团队管理模式，创始人詹姆斯·斯托瓦斯自己也是基金经理之一。

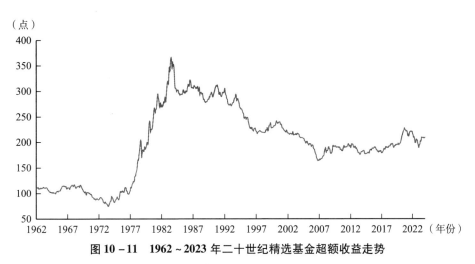

（点）

图 10 - 11　1962～2023 年二十世纪精选基金超额收益走势

注：超额收益计算基准为标普 500 全收益指数。

资料来源：WRDS。

五、约翰·邓普顿

约翰·邓普顿（John Templeton），1912 年出身于美国田纳西州。在 20 世纪 30 年代"大萧条"期间，邓普顿用很低的价格购买了大量纽约证券交易所上市的公司股票，并在随后的二战美国经济景气繁荣中积攒了大量财富。

1954 年邓普顿成立了邓普顿成长基金（Templeton Growth Fund），该基金也在 20 世纪 60 年代成了第一批投资海外日本市场的公司之一。到 1959 年，邓普顿基金公司成功上市，当时基金公司管理了 5 只基金，管理规模超过 6600 万美元。1954～1992 年，约翰·邓普顿管理的邓普顿成长基金，平均年化收益率达到了 14.5%[①]，这意味着一笔 1 万美元的投资，复利将增长到 200 万美元。同时期标普 500 全收益指数年化收益率为 10.9%，在长达 38 年的时间内，邓普顿成长基金能够持续跑赢"长牛典范"的标普 500 全收益指数（基金超额收益长期走势见图 10 - 12），着实堪称奇迹。

[①] Robert D. McFadden, "Sir John M. Templeton, Philanthropist, Dies at 95," *The New York Times*, July 9, 2008.

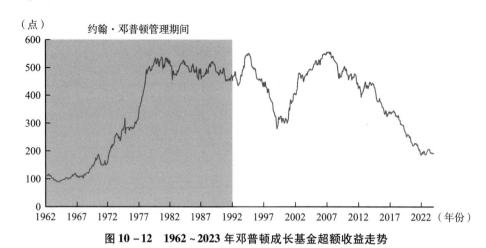

图 10 - 12 1962 ～ 2023 年邓普顿成长基金超额收益走势

注：超额收益计算基准为标普 500 全收益指数。

资料来源：WRDS。

　　1992 年，邓普顿将基金公司卖给了富兰克林集团（Franklin Group），由此成立了富兰克林·邓普顿投资公司（Franklin Templeton Investments）。1999 年，美国《金钱》（*Money*）杂志称约翰·邓普顿为"20 世纪最伟大的全球选股能手"（arguably the greatest global stock picker of the century）。约翰·邓普顿同时还是一位慈善家，1987 年邓普顿成立了约翰·邓普顿基金会（John Templeton Foundation），截至 2023 年底，该基金会累计发放奖金 22.8 亿美元。

　　约翰·邓普顿的投资理念更加偏向于价值投资而非更加激进的成长投资。邓普顿专注于购买价格被严重低估的股票，等到股价回升至市场公允价值后出售。但是邓普顿也不是仅仅局限于选择低估值标的，而是在瞄准股价低估的同时，关注企业的公司治理和长期潜力。从 20 世纪 30 年代起，邓普顿团队就根据市盈率、托宾 Q 值等财务指标，构建了一整套量化选股策略，其持股年限平均约 4 年。[①] 从历史回顾来看，邓普顿的投资理念，经常被冠以"回避羊群效应""在市场出现带血筹码时买入"等标签，具有典型的逆向投资风格。

　　与绝大多数投资明星不同，约翰·邓普顿管理的邓普顿成长基金，其超额收益主要集中在略带混乱状态的 20 世纪 70 年代（见图 10 - 12 基金超额收益走势）。70 年代美国经济先后遭遇两次石油危机，面临滞胀困境，美国股市在"漂亮 50"行情结

---

　　① 对于约翰·邓普顿投资理念感兴趣的读者，更多详细介绍内容可以参阅：Johnathan Davis and Alasdair Nairn，*Templeton's Way With Money：Strategies and Philosophy of a Legendary Investor*，Wiley，2012。

束后风格大逆转，出现了长时间的小盘股占优行情（具体行情特征描述参见本书第二章第一节内容）。在此环境下，邓普顿成长基金在 70 年代获得了年化 18.8% 收益率的傲人成绩。

从持仓情况看，1980 年底邓普顿成长基金重仓持股主要包括：阿尔坎铝业（Alcan Aluminum）、Nu West 集团（Nu West Group，加拿大最大的建筑公司）、荷兰皇家石油公司（Royal Dutch Petroleum）、加拿大帝国商业银行（Canadian Imperial Bank of Commerce）、特利丹（Teledyne，科技企业）、美国阿美拉达赫斯公司（Amerada Hess Corporation，石油勘探生产销售企业）、安泰保险（Aetna Life and Casualty）、加利福尼亚联合石油公司（Union Oil Company of California）、埃克森石油（Exxon）等。总体来看，其持仓主要集中在能源和金融企业。

第四节　20 世纪 90 年代：科技浪潮

一、基本情况概述

20 世纪 90 年代美国经济进入了"新经济时代"，出现了一系列前所未有的繁荣景象，创纪录的长期高增长和低通胀见证了这个时期的荣光。在近乎完美的经济环境中，美国股市持续上涨，公募基金行业也在 90 年代继续高速发展。从 1989 年底到 1999 年底十年间，美国共同基金数量从 2935 只快速上升至 7758 只，年均增速 10.2%；基金总规模上升速度更快，从 9807 亿美元上升至 68338 亿美元，年均增速 21.4%。

20 世纪 90 年代股票型基金发展有几个特点，一是公募基金总规模增长速度显著高于基金数量增速，显示单只基金规模也在持续扩大。1989 年底股票型基金全美规模第一的富达麦哲伦基金管理规模刚刚突破 100 亿美元，规模超过 30 亿美元的屈指可数（见表 10-5）。而到了 1999 年底，规模排名前 30 的股票型基金管理规模均已经显著超过了 100 亿美元，富达麦哲伦基金管理规模更是突破了 1000 亿美元整数关口，再创历史纪录（见表 10-8）。

表 10 – 8 1999 年底净资产规模最大的股票型基金概况

基金名称	基金公司	指数基金	规模（亿美元）	年化收益率（%）	主动超额
Fidelity Magellan Fund	Fidelity		1059	18.9	√
Vanguard 500 Index Fund	Vanguard	是	1047	18.1	.
The Investment Company of America	American Funds		561	16.0	×
Washington Mutual Investors Fund	American Funds		531	14.9	×
Fidelity Growth & Income Portfolio	Fidelity		485	18.4	√
Fidelity Contrafund	Fidelity		469	22.4	√
American Century Mutual Funds	American Century		432	24.4	√
Janus Fund	Janus Capital		423	20.5	√
Putnam Voyager Fund	Putnam		406	22.1	√
Janus Twenty Fund	Janus Capital		369	26.9	√
Putnam Fund for Growth and Income	Putnam		365	14.1	×
Vanguard Institutional Index Fund	Vanguard	是	358	17.9	.
Putnam New Opportunities Fund	Putnam		323	32.1	√
AXP New Dimensions Fund	IDS		287	20.7	√
Fidelity Growth Opportunities Fund	Fidelity		284	18.1	×
AIM Funds Group：AIM Value Fund	AIM		279	21.3	√
Fidelity Blue Chip Growth Fund	Fidelity		279	22.0	√
The Growth Fund of America	American Funds		274	19.2	√
Vanguard Windsor II Fund	Vanguard		269	13.8	×
Vanguard Wellington Fund	Vanguard		255	12.6	×
Fidelity Puritan Fund	Fidelity		244	13.1	×
Fidelity Growth Company Fund	Fidelity		243	23.6	√
Fidelity Equity-Income Fund	Fidelity		228	14.5	×
The Income Fund of America	American Funds		210	11.6	×
Fidelity Spartan U. S. Equity Index Fund	Fidelity	是	198	17.9	.
Vanguard U. S. Growth Fund	Vanguard		191	19.7	√
Oppenheimer Main Street Growth & Income	Oppenheimer Funds		188	22.6	√
Vanguard Total Stock Market Index Fund	Vanguard	是	181	19.6	.
AIM Equity Funds：AIM Constellation Fund	Aim Advisors		179	21.2	√
Vanguard PRIMECAP Fund	Vanguard		179	21.8	√

注：年化收益率统计区间为 1989 年底至 1999 年底；主动超额"√"表示该基金年化收益率高于同期标普 500 全收益指数，"×"表示低于同期标普 500 全收益指数，"."表示该基金为被动型基金不涉及超额。

资料来源：WRDS。

二是被动型基金开始崭露头角。1989 年底美国资产规模最大的股票型基金排名前 30 中仅有先锋领航标普 500 指数基金这一只被动产品，且管理规模排名不算特别靠前。到 1999 年底，规模排名前 30 的股票型基金中被动产品数量已经上升至 4 只，且先锋领航标普 500 指数基金规模已经超过 1000 亿美元，与当时排名第一的富达麦哲伦基金规模差距非常微小，被动基金开始呈现出加速发展的态势。

三是从收益率表现看，收益率表现领先的基本都是行业赛道型产品。管理规模较大的主动性权益基金在 20 世纪 90 年代多数还能跑赢标普 500 全收益指数，但在科技股行情的大浪潮中，综合型、均衡型基金的收益率表现显然跑不赢科技类行业赛道型产品。90 年代年化收益率排名靠前的基金产品，几乎都是互联网科技型行业赛道基金（见表 10-9）。在 90 年代这些行业赛道基金还基本上都是主动管理型产品，不过这也为后续公募基金业发展埋下了伏笔，既然收益率表现最好、弹性最大的基金是聚焦在某个特定行业赛道的，完全可以用指数型被动产品来替代。

表 10-9　　　　　1990 年代年化收益率最高的股票型基金情况

基金名称	基金公司	指数基金	规模（亿美元）	年化收益率（%）
Monument Internet Fund *	Monument		1.5	819
Nicholas-Applegate Global Technology Fund *	Nicholas-Applegate		2.2	436
ProFunds：UltraOTC ProFund *	Profunds		13.5	194
The Internet Fund *	Kinetics		11.5	103
Firsthand Funds：The Technology Value Fund *	Firsthand		13.6	57
First American Investment Funds：Technology Fund *	Us Bank N. A.		3.7	48
Rydex Series Funds：OTC Fund *	Padco Advisors Inc		31.4	46
Fidelity Electronics Portfolio	Fidelity		67.8	37
BT Investment Equity 500 Index Fund	Bankers Trust	是	10.4	37
CMC Small Cap Fund	Columbia		3.8	36
Fidelity Computers Portfolio	Fidelity		32.1	36
Fidelity Technology Portfolio	Fidelity		52.1	35
INVESCO Technology Fund	Invesco		33.8	33
Putnam New Opportunities Fund *	Putnam		323.2	32
Fidelity Aggressive Growth Fund *	Fidelity		152.0	32
Fidelity Software and Computer Services Portfolio	Fidelity		14.1	31

续表

基金名称	基金公司	指数基金	规模（亿美元）	年化收益率（%）
T. Rowe Price Science & Technology Fund	T. Rowe Price		122.7	30
Fidelity Developing Communications Portfolio	Fidelity		22.6	30
Alliance Technology Fund	Alliance		91.8	30
Seligman Communications and Information Fund	Seligman		107.0	30
RS Investment Trust：RS Emerging Growth Fund	Rs Investment		35.8	29
Spectra Fund	Alger		7.9	28
Van Kampen Emerging Growth Fund	Van Kampen		133.1	28
Janus Investment Fund：Janus Twenty Fund	Janus Capital		369.1	27
United Science and Technology Fund	Waddell & Reed		37.9	26
John Hancock Technology Fund	J Hancock		19.5	26
Kemper Technology Fund	Kemper Funds		32.5	26
MAS Funds：Mid Cap Growth Portfolio	MAS		13.0	26
MFS Series Trust Ⅱ：MFS Emerging Growth Fund	MFS		102.5	25
United New Concepts Fund	Waddell & Reed		17.7	25

注：年化收益率统计区间为1989年底至1999年底。标注＊的基金成立时间分别为1998年11月、1998年7月、1997年12月、1996年10月、1994年5月、1994年4月、1994年2月、1990年8月、1990年12月，计算年化收益率时按照实际持续时间进行计算。

资料来源：WRDS。

二、加里·皮尔格雷

加里·皮尔格雷（Gary Pilgrim）是皮尔格雷·巴克斯特基金公司（Pilgrim Baxter & Associates，1982年成立）的创始人之一，另一位创始人是哈罗德·巴克斯特（Harold Baxter），同时他也是PBHG成长基金（PBHG Growth Fund）的基金经理。

PBHG成长基金以专注于寻找盈利快速增长的新兴中小企业闻名，且其投资风格具有动量策略、高换手率的交易特征，这使得基金在20世纪90年代特别是1996～1999年格外引人注目。风险偏好够高、收益率波动弹性够大，很多人将其与60年代的蔡至勇（Gerald Tsai）相类比。从超额收益走势来看，PBHG成长基金具有典型的大起大落、波动性巨大的特征（见图10-13）。1992～1996年，基金超额收益持续上行，但在1997年和1998年大幅回落，1999年互联网泡沫爆发时基金收益率再度以极其陡峭的斜率上行，2000 年后伴随着互联网泡沫的破灭，超额收益曲线从哪儿来又回到哪儿去了。

图 10 - 13　1986 ~ 2008 年 PBHG 成长基金超额收益走势

注：超额收益计算基准为标普 500 全收益指数。

资料来源：WRDS。

互联网泡沫破灭后，PBHG 成长基金星光陨落的不仅是基金净值，同时还有违规事项的暴露。2003 年 11 月，因涉嫌参与可疑的共同基金投资操作，加里·皮尔格雷与哈罗德·巴克斯特同时宣布辞职。2004 年 11 月，美国证券交易委员会 SEC 发出公告，宣布两人同意支付 1.6 亿美元，以达成未披露择时交易欺诈指控的和解。1.6 亿美元中有 1.2 亿美元是罚没，4000 万美元是对其他基民的民事补偿。除此之外，皮尔格雷·巴克斯特基金公司也将另外支付 9000 万美元赔偿。SEC 官员同时表示，此次对基金个人投资者的民事补偿是前所未有的。[①]

被指控的事项主要是违规的基金择时交易。所谓基金择时交易，是指通过申购赎回或转换方式，赚取基金净值与二级市场交易价差。这种交易由于会增加基金管理成本，不利于基金长期持有人，但择时交易本身并不违法，一般基金公司通过设定特定时间内转换交易次数上限而抑制此类交易。根据 SEC 调查发现，1996 年起，PBHG 基金规定每年转换交易不能超过 4 次，而被哈罗德·巴克斯特和加里·皮尔格雷特批的部分特定投资人，一年内交易次数远超过规定的上限。SEC 同时发现，皮尔格雷自己投资了其朋友管理的公司外部对冲基金，这只对冲基金从 2000 年 3 月起在 20 个月

---

① https：//www.sec.gov/news/press/2004-157.htm.

内对 PBHG 基金进行了月 120 次择时交易，获利约 990 万美元。

三、迈克尔·普里斯

迈克尔·普里斯（Michael Price，1951—2022），1973 年毕业于俄克拉何马州大学，1975 年开始管理其职业生涯最重要的产品——互惠股份基金（Mutual Shares Fund）。

互惠股份基金是互惠股份公司（Mutual Shares）旗下产品。互惠股份公司是 1949 年由麦克斯·海涅（Max Heine）创建的共同基金公司，隶属于海涅证券公司。麦克斯·海涅是坚定的价值投资拥护者，互惠股份公司旗下一系列基金都是秉承价值投资原则，去寻找被低估的股票和债券资产。

1975 年，迈克尔·普里斯加入了互惠股份公司和海涅证券公司，并开始管理互惠股份基金。另一位著名的价值投资者赛思·卡拉曼曾在 1978 ~ 1980 年间在海涅证券实习，他表示迈克尔·普里斯聪明敏锐，擅长挖掘资产价值，并帮助他学习掌握购买低估资产的本领。① 1988 年麦克斯·海涅去世后，迈克尔·普里成为海涅证券公司的董事会主席和首席执行官。1996 年海涅证券、互惠股份公司与富兰克林·邓普顿投资公司合并，互惠股份基金也更名为富兰克林互惠股份基金。1998 年迈克尔·普里斯不再担任基金经理从事基金公司日常管理工作。2001 年迈克尔·普里斯离开公司，并创建了自己的投资公司。

迈克尔·普里斯管理期间的互惠股份基金业绩表现非常好，从 1975 年底至 1998 年底的 23 年间，基金回报累计增长 53.5 倍，年化收益率 19.0%；同期标普 500 全收益指数累计增长 31.1 倍，年化收益率 16.3%。从超额收益走势来看，从 1975 年起一直到普里斯管理的最后几年，互惠股份基金持续跑赢标普 500 全收益指数（见图 10 – 14），尤其是在 20 世纪 80 年代中超额收益异常显著，是当之无愧的明星基金。

从投资策略看，迈克尔·普里斯的价值投资理念有两点特色值得注意。一是普里斯喜欢买中小盘股票，他认为相比大盘股中小盘股更容易被市场错误定价从而被低估。他曾经说过这样的观点，当一家上市公司盈利不行陷入困境时，卖方分析师就会因为不希望彼此尴尬而放弃覆盖研究，所以华尔街主流机构也就不会再关注。那么投

---

① Katherine Burton, "Michael Price, Who Saw Value In Companies' Struggles, Dies At 70," *Bloomberg News*, March 15, 2022.

资机会哪里最多呢，是在一个只有几个渔民的池塘，还是一堆渔民聚集的池塘？[1] 二是普里斯也会采取股东积极主义的方式进行投资，即利用自己股东的身份改变被投资企业公司治理，从而提升公司价值获取投资回报，这种投资方式在 20 世纪 80 年代和 90 年代的公募基金业中非常少见。普里斯会买入大幅折扣的不良证券资产，然后通过破产重组的方式提高资产价值。

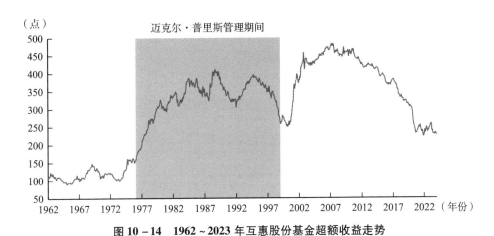

图 10 - 14　1962～2023 年互惠股份基金超额收益走势

注：超额收益计算基准为标普 500 全收益指数。

资料来源：WRDS。

四、乔治·万德海登

乔治·万德海登（George Vanderheiden），是富达基金旗下著名的价值型基金经理。他 1971 年加入富达基金公司，1980 年开始管理富达命运计划一号基金（Fidelity Destiny Plan I），这是万德海登在富达基金公司管理时间最长的一个产品，一直到 2000 年初离任管理时间近 20 年。1987 年万德海登开始管理富达投资顾问增长机会基金（Fidelity Advisor Growth Opportunities），这是其管理规模最大的一个产品。

乔治·万德海登是传统的价值投资型风格基金经理，专注于自下而上挖掘被低估股票机会。从其管理产品的收益率表现来看（图 10 - 15 展示了其管理时间最长的富达命运计划一号基金超额收益走势），在 20 世纪 90 年代后期互联网浪潮行情兴起之

---

[1]　Andrew E. Serwer, "'Mr. Price Is On The Line' Michael Price Is Wall Street's Foremost Value Investor, But With A Twist," *FORTUNE Magazine*, December 9, 1996.

前，万德海登总体保持了持续跑赢市场的优异业绩。富达命运计划一号基金在其管理期间（1980 年 12 月至 2000 年 1 月），年化收益率达到了 19.3%，同期标普 500 指数年化收益率为 16.8%。[1] 但是在彼得·林奇退休之前的 80 年代，乔治·万德海登的成就也一直处在林奇的身影之下，因为后者实在太出色了。

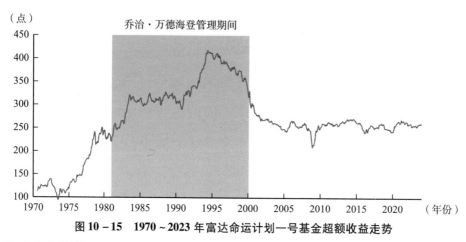

图 10-15　1970~2023 年富达命运计划一号基金超额收益走势

注：超额收益计算基准为标普 500 全收益指数。
资料来源：WRDS。

但真正使乔治·万德海登"出圈"的，是其在 2000 年初互联网行情泡沫的顶点，被富达基金撤换而辞职。在 20 世纪 90 年代后期科技股和成长股显著占优的几年里，乔治·万德海登管理的基金产品持续跑输大盘，富达基金在 2000 年初换上了更加偏向于成长股投资的基金经理。乔治·万德海登曾说过，基金经理比分析师更容易改变投资观点，因为分析师需要面对社会大众，他们会尽力为自己的观点辩护和坚守，但基金经理却可以在神不知鬼不觉的情况下随意调整持仓。

事后来看，乔治·万德海登坚守传统价值的投资理念肯定是对的，2000 年后美股科技股和成长股遭遇了连续多年的大幅下跌。但这个过程是一个典型的"正确判断过早也是错误"悖论，也引发了当时市场对"客户阿尔法"（Client Alpha）问题的讨论，即拥有与管理者理念相同的客户亦是基金所获得的重要优势。

[1]　Richard A. Oppel Jr.，"Conservative Fidelity Fund Manager Resigns," *New York Times*，January 13，2000.

第五节 21世纪第一个十年：发展低谷

一、基本情况概述

美国股市在21世纪第一个十年经历了两次危机冲击，先是2000年互联网泡沫破灭导致市场出现几年熊市，再是2008年发生了"大萧条"以来最严重的金融危机。从十年维度看，21世纪第一个十年美股表现是二战后最差的，甚至比20世纪70年代滞胀时期还差。

股市低迷下美国共同基金业发展速度也显著下降。从1999年底到2009年底十年间，美国共同基金数量从7758只快速下降至7645只，从二战后十年维度看首次出现负增长，基金总规模仍在上升但增速明显趋缓，从68338亿美元上升至111087亿美元、年均增速5.0%，相比于80年代和90年代年均20%以上的规模增速降幅明显。

2000年以后美国公募基金行业发展的最大特点是ETF市场开始崭露头角，1995年底时美国ETF市场总规模仅为10亿美元，到1999年底时增长至339亿美元，但也就相当于一个规模较大的共同基金，到2009年底时ETF市场总规模增长至7771亿美元，十年间年均增速高达36.8%。但在当时ETF相比共同基金市场完全是小巫见大巫，因此即便算上ETF规模，美国公募基金总规模（共同基金加ETF），从1999年底到2009年底年均增速也仅为5.6%。

在2009年底时美国净资产规模最大的30只股票型基金中，被动型基金数量上升至7只，规模最大的5只基金中有3只是被动基金，但主动管理型基金总体依然占据主导地位（见表10-10）。

表10-10 2009年底净资产规模最大的股票型基金概况

基金名称	基金公司	指数基金	规模（亿美元）	年化收益率（%）	主动超额
Growth Fund of America	American Funds		1562	2.3	√
Vanguard Total Stock Market Index Fund	Vanguard	是	1200	-0.3	.

续表

基金名称	基金公司	指数基金	规模（亿美元）	年化收益率（％）	主动超额
SPDR Trust	SSGA	是	849	−1.0	.
Capital Income Builder	American Funds		795	7.3	√
Vanguard 500 Index Fund	Vanguard	是	767	−1.0	.
Vanguard Institutional Index Fund	Vanguard	是	692	−0.9	.
Income Fund of America	American Funds		650	6.0	√
Fidelity Contrafund	Fidelity		639	3.2	√
Investment Company of America	American Funds		617	2.3	√
Washington Mutual Investors Fund	American Funds		502	2.8	√
American Balanced Fund	American Funds		479	5.7	√
Vanguard/Wellington Fund	Vanguard		477	6.1	√
Fundamental Investors	American Funds		451	3.6	√
Dodge & Cox Stock Fund	Dodge & Cox		400	5.7	√
BlackRock Global Allocation Fund	BlackRock Inc		359	8.9	√
Vanguard Windsor Ⅱ Fund	Vanguard		349	4.2	√
Davis New York Venture Fund	Davis Selected		334	2.1	√
Fidelity Growth Company Fund	Fidelity		325	−0.9	√
Vanguard PRIMECAP Fund	Vanguard		288	3.2	√
Fidelity Low-Priced Stock Fund	Fidelity		277	11.0	√
Fidelity Magellan Fund	Fidelity		248	−2.3	×
Spartan US Equity Index Fund	Fidelity	是	230	−1.0	.
iShares S&P 500 Index Fund	BlackRock	是	217	−0.8	.
T Rowe Price Growth Stock Fund	T Rowe Price		208	1.1	√
Fidelity Balanced Fund	Fidelity		203	5.2	√
Fidelity Freedom 2020 Fund	Fidelity		202	1.7	√
First Eagle Global Fund	First Eagle Funds		201	12.1	√
Ivy Asset Strategy Fund	Ivy Investment		200	10.4	√
AMCAP Fund	American Funds		199	2.4	√
Vanguard Mid-Cap Index Fund	Vanguard	是	195	6.3	.

注：年化收益率统计区间为 1999 年底至 2009 年底；主动超额"√"表示该基金年化收益率高于同期标普 500 全收益指数，"×"表示低于同期标普 500 全收益指数，"."表示该基金为被动型基金不涉及超额。

资料来源：WRDS。

从收益率表现情况看，到21世纪第一个十年，业绩领先基金特征比此前发生了巨大变化。一是表10-10中规模领先的股票型基金，没有一个出现在表10-11中成为业绩领先基金，彼得·林奇麦哲伦基金这种规模业绩双领先型基金不复存在，业绩领先的基金产品规模普遍较小。二是业绩领先的基金基本全部是专注于特定细分行业的赛道型基金，而不是过去那种偏向于价值投资自下而上选股的均衡型基金。这个特征其实在20世纪90年代后期已经出现，区别只是当时领涨的是科技型行业赛道基金，而到了21世纪第一个十年领涨的多是贵金属资源型赛道基金。尽管在21世纪第一个十年这些行业赛道型基金大多还是主动管理型，但基本预示了后续被动占主导的行业发展趋势。

表10-11　　　　21世纪第一个十年年化收益率最高的股票型基金情况

基金名称	基金公司	指数基金	规模（亿美元）	年化收益率（%）
USAA Precious Metals & Minerals Fund	USAA		15	24.4
Wells Fargo Advantage Precious Metals Fund	Evergreen Investment		11	21.8
Tocqueville Gold Fund	Tocqueville		11	21.7
Van Eck International Investors Gold Fund	Van Eck		9	21.4
First Eagle Gold Fund	First Eagle Funds		20	21.2
Rydex S&P Equal Weight ETF	Rydex Investments	是	18	21.1
GAMCO Gold Fund	Gabelli		6	20.3
Eaton Vance Worldwide Health Sciences Fund	Eaton Vance		11	20.0
SPDR Dow Jones REIT ETF	SSGA	是	10	19.9
OCM Gold Fund	Orrell		1	19.7
iShares Russell 2000 Value Index Fund	BlackRock Fund Advisors	是	33	19.6
Oppenheimer Gold & Special Minerals Fund	OppenheimerFunds Inc		26	19.6
DWS Gold & Precious Metals Fund	DWS Investments		6	19.3
CGM Realty Fund	Capital Growth Management（CGM）		13	19.0
Franklin Gold & Precious Metals Fund	Franklin Templeton		23	18.6
iShares S&P SmallCap 600 Index Fund	BlackRock	是	53	18.5
AIM Gold & Precious Metals Fund	Invesco AIM		5	18.1

续表

基金名称	基金公司	指数基金	规模（亿美元）	年化收益率（%）
ICON Energy Fund	Icon Funds		6	18.0
World Precious Minerals Fund	US Global Investors		6	17.9
CGM Focus Fund	CGM		36	17.9
Vanguard Precious Metals & Mining Fund	Vanguard Group Inc		40	17.8
Fidelity Select Portfolios：Gold Portfolio	Fidelity		32	17.1
KEELEY Small Cap Value Fund	Keeley		47	16.8
American Century Global Gold Fund	American Century		10	16.6
Gold & Precious Metals Fund	US Global Investors		2	16.5
RiverSource Precious Metals & Mining Fund	RiverSource		2	16.4
iShares Dow Jones US Real Estate Index Fund	BlackRock	是	29	15.8
AIM Energy Fund	Invesco		16	15.4
Robeco Boston Partners Long/Short	Robeco		2	14.4
BlackRock Health Sciences Opportunities	BlackRock		11	14.0

注：年化收益率统计区间为 1999 年底至 2009 年底。

资料来源：WRDS。

二、乔尔·蒂林哈斯特

乔尔·蒂林哈斯特（Joel Tillinghast），1958 年出生，1980 年在维思大学（Wesleyan University）获得经济学学士学位，1983 年在西北大学凯洛格商学院获得工商管理硕士学位。他 1986 年作为分析师加入富达基金公司，主要覆盖烟草、能源、个人用品等领域研究，1989 年开始管理富达低价股基金（Fidelity Low-Priced Stock Fund）至今，管理时间超过 30 年。

乔尔·蒂林哈斯特著有专著《大钱细思：优秀投资者如何思考和决断》（*Big Money Thinks Small：Biases，Blind Spots，and Smarter Investing*），系统地阐述了他的投资理念。乔尔·蒂林哈斯特的投资策略是自下而上关注挖掘中小盘股，从中发现具有成长潜力且被市场低估的股票，他强调公司的持久竞争力优势以及估值合理。从持仓特征看，富达低价股基金持有标的数量非常多，2023 年底基金持有股票超过 700 只，其中有约 36% 资产投资于美国以外的海外股票市场，前十大重仓股单只股票持仓占比均在 2.0% 以下，是典型的分散投资。

富达低价股基金的长期收益率表现也非常不错，从 1989 年成立起到 2023 年底，34 年时间中基金年化收益率约 12.6%，同时期内标普 500 指数年化收益率为 10.4%，小盘股指数罗素 2000 指数年化收益率为 9.2%。从超额收益走势来看，可以看出乔尔·蒂林哈斯特不太擅长科技股行情，在 20 世纪 90 年代后半段以及 2014 年以后至今的科技股浪潮行情中，富达低价股基金基本都是跑输大盘的（见图 10-16）。

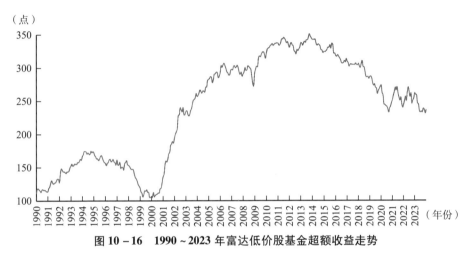

图 10-16 1990~2023 年富达低价股基金超额收益走势

注：超额收益计算基准为标普 500 全收益指数。
资料来源：WRDS。

三、拉尔夫·万格

拉尔夫·万格（Ralph Wanger），橡子基金（Acorn Fund）创始人。万格 1933 年出生，从麻省理工学院商学院毕业后，于 1955 年参军。1960 年起成为证券分析师开始投资研究生涯，他从 1970 年开始担任橡子基金经理，一直到 2003 年 9 月退休，管理橡子基金时间长达 33 年。

橡子基金在拉尔夫·万格管理的 1970~2003 年期间，获得了年化 16.3% 的投资收益率，而同期标普 500 指数年化收益率为 12.1%。[1] 从超额收益走势（见图 10-17）来看，万格管理期间橡子基金总体持续跑赢标普 500 指数，特别是在 20 世纪 70 年代后

① Wayne A. Thorp, *Ralph Wanger's Survival Guide to Investing in Small-Cap Stocks*, American Association of Individual Investors, April, 2008.

半段，当美股呈现出强烈的小盘股行情特征时，橡子基金的超额收益特别明显。拉尔夫·万格的继任者是查尔斯·麦奎德（Charles McQuaid），他于 1995 年加入基金与万格共同管理基金，万格退休后麦奎德继续管理基金至 2014 年。从图 10 - 17 中可以看出，万格退休后在麦奎德管理期间（2004～2014 年），橡子基金收益率表现非常出色，超额收益持续跑赢标普 500 指数。橡子基金后更名为哥伦比亚橡子基金，至今依然存续，截至 2023 年底基金规模约 28 亿美元。

图 10 - 17　1970～2023 年橡子基金超额收益走势

注：超额收益计算基准为标普 500 全收益指数。
资料来源：WRDS。

　　1997 年，万格出版了专著《狮群中的斑马》（*A Zebra in Lion Country：Ralph Wanger's Investment Survival Guide*），对自己的投资理念进行了系统概括。万格把投资比喻成斑马，以此阐述投资中的风险与收益对等原则。在群体外沿的斑马（指购买与众不同的股票），离水草近可以吃到最好的，但一旦狮子袭来也会最先遭殃。躲在群体内部的斑马（指购买大众化的股票），吃不到最好的水草，但在危险来临时可以活下来。

　　不同于大多数基金经理，拉尔夫·万格以擅长投资小盘股闻名。万格将小盘股定义为 10 亿美元市值以下的公司，美国 GDP 平减指数显示，1997～2023 年美国总体价格水平增长 76%，10 亿美元标准放现在看大概就是 18 亿美元。万格认为股票价格上涨的原因包括：（1）企业盈利增长；（2）公司被溢价收购；（3）上市公司回购股票；（4）市场整体估值抬升，大公司一般只会因为第一条原因股价上涨，而小盘股则有可能涉及全部原因，因此小盘股有更好的股价成长空间。万格同时指出，大量学术文献研究都发现了小盘股有长期超额收益，即使考虑到风险调整因素。①

在具体投资方法上，拉尔夫·万格更加强调自上而下（top-down outlook）选股，这其中首先要识别出重要的社会、政治、经济、技术"趋势"，这些趋势一旦形成，持续时间会超过经济周期（一般至少超过5年）。万格认为关注"趋势"可以使基金经理成为更加有利的长期投资者，因为所有投资者短期获得的信息是相似的，因此很难在2年以内短期维度作出超越对手的判断，只有在长期趋势维度下才能获得超前判断和超额投资收益。实践中这类"趋势"包括：政府持续大量投资通信系统，使得墨西哥电信公司充分受益；发展中国家普遍都在进行基础设施建设；老龄化下医疗器械服务需求增加等。

拉尔夫·万格深知小盘股投资最大的问题就是风险更大。要想降低风险，就必须更加仔细地选择个股标的。万格的选股标准强调三个领域要求：成长潜力、财务稳健、基本面价值。而且他建议要投资那些管理层已经证明过自己的企业，尽量避免初创、新上市、困境反转企业。

四、大卫·德雷曼

大卫·德雷曼（David Dreman），1936年出生，1977年创办了自己的投资企业德雷曼价值管理公司（Dreman Value Management）。德雷曼的基金公司先后被转卖给了肯珀公司（Kemper）、斯卡德公司（Scudder）、德意志银行（Deutsche Bank）。

大卫·德雷曼的投资理念以价值投资和逆向投资为特色。其于1980年、1982年、1998年、2012年先后出版了四版关于逆向投资策略的著作，目前最新的一版是第四版的《逆向投资策略》（Contrarian Investment Strategies：The Psychological Edge），中国读者绝大多数也是通过这本书知道的大卫·德雷曼。

德雷曼的逆向投资策略，简单说就是在市场情绪低落时买入、在市场情绪高涨时卖出。其核心理念是否认有效市场假说，他认为投资者并没有那么理性，可以有效定价，而是往往会盲目跟风和过度乐观，而这种情绪往往会导致市场价格偏离真实价值。他还提出了投资者反应过度假说（Investor Overreaction Hypothesis），认为投资者

---

① 美股在1975～1983年出现了历史上时间最长幅度最大的一轮小盘股行情，但从1984年开始一直至今，后续近40年时间里美股大小盘超额收益总体呈现来回波动特征，既没有出现长期小盘占优，也没有出现长期大盘占优（见图2-24及该章节相关论述）。

对自己喜欢的股票会多付很多钱，而对不喜欢的股票则会出价很低。因此逆向投资策略根据市场情绪反向操作可以成功获得超额收益。

逆向投资策略从本质上说是偏交易层面的一种投资理念，并没有去分析判断被投资资产自身价值的变化趋势。这个策略在操作层面难度也不小，一是如何度量判断市场情绪是否过高或过低比较主观；二是市场如果一直没有出现情绪低落或者价值低估状态，那就可能一直没有投资的机会。

从投资收益率表现来看，德雷曼公司旗下基金产品数量也不少。以规模相对较大的德雷曼高收益权益基金（Dreman High Return Equity Fund）为例，其在 20 世纪 90 年代早中期有较为不错的超额收益表现，而在 1998~2000 年的互联网行情中大幅跑输大盘，其相对保守的投资风格在 2000 年以后一直到 2008 年国际金融危机前再度获得非常不错的超额收益回报（长期超额收益走势见图 10-18）。2009 年金融危机刚爆发后初期，德雷曼就选择了购买受冲击最大的银行股，这确实符合他的逆向投资理念。不过由于收益率表现问题，德雷曼被德意志银行管理层取消了旗舰产品高收益权益基金的管理权限。[1]

图 10-18　1988~2023 年德雷曼高收益基金超额收益走势

注：超额收益计算基准为标普 500 全收益指数。
资料来源：WRDS。

---

[1]　Paul Price, "David Dreman, Contrarian Fund Manager, Exits Unbowed," *New York Times*, April 11, 2009.

第六节　21 世纪第二个十年：被动主导

一、基本情况概述

2008 年金融危机过后，美股多少有点出人意料地再度迎来了"慢牛"行情，在 21 世纪第二个十年行情几乎是持续地单边向上。

这一阶段中美国公募基金行业伴随行情好转也是平稳发展，行业发展最大的特点就是权益类被动产品尤其是 ETF 开始不断占据主导地位。从产品数量和规模上看，从 2009 年底到 2019 年底的十年间，美国共同基金数量从 7645 只小幅上升至 7957 只，规模从 11.1 万亿美元增长至 21.3 万亿美元、年均增速 6.7%。而与此同时 ETF 产品继续爆发式增长，合计规模从 2009 年底的 7771 亿美元上升至 2019 年底的 4.4 万亿美元，年均增速达 18.9%。从管理规模领先的股票型基金来看，2019 年底全美规模最大的 30 只基金中有一半是被动型基金，其中管理规模前五的全部都是被动型基金（见表 10 - 12）。且这些被动产品管理规模较之前都有大幅攀升，1999 年底和 2009 年底全美股票型基金管理规模超过 1000 亿美元的都只有 2 只产品，但到 2019 年底被动型产品主导时，规模前五的基金产品都超过了 2000 亿美元。

表 10 - 12　　　　2019 年底净资产规模最大的股票型基金概况

基金名称	基金公司	指数基金	规模（亿美元）	年化收益率（%）	主动超额
Vanguard Total Stock Market Index Fund	Vanguard	是	8976	13.3	.
Vanguard 500 Index Fund	Vanguard	是	5363	13.4	.
SPDR S&P 500 ETF Trust	SSGA	是	3074	13.4	.
Vanguard Institutional Index Fund	Vanguard	是	2422	13.5	.
Fidelity 500 Index Fund	Fidelity	是	2335	11.1	.
Growth Fund of America	American Funds		2016	12.9	×
iShares Core S&P 500 ETF	BlackRock	是	2014	13.5	.
American Balanced Fund	American Funds		1610	10.1	×

续表

基金名称	基金公司	指数基金	规模（亿美元）	年化收益率（%）	主动超额
Washington Mutual Investors Fund	American Funds		1287	12.8	×
Fidelity Contrafund	Fidelity		1201	14.0	√
Income Fund of America	American Funds		1160	9.0	×
Vanguard Wellington Fund	Vanguard		1126	9.9	×
Vanguard Mid-Cap Index Fund	Vanguard	是	1116	13.1	.
American Funds Fundamental Investors	American Funds		1086	12.4	×
Investment Company of America	American Funds		1030	11.4	×
Vanguard Growth Index Fund	Vanguard	是	1016	14.4	.
Vanguard Small-Cap Index Fund	Vanguard	是	968	12.7	.
Vanguard Value Index Fund	Vanguard	是	911	12.3	.
Invesco QQQ Trust	Invesco	是	871	17.8	.
Dodge & Cox Stock Fund	Dodge & Cox		746	12.6	×
Vanguard Extended Market Index Fund	Vanguard	是	745	12.7	.
AMCAP Fund	American Funds		707	12.9	×
Vanguard Real Estate Index Fund	Vanguard	是	701	11.8	.
T Rowe Price Blue Chip Growth Fund	T. Rowe Price		700	16.0	√
Vanguard PRIMECAP Fund	Vanguard		691	14.6	√
American Mutual Fund	American Funds		630	11.5	×
T Rowe Price Growth Stock Fund	T. Rowe Price		579	15.0	√
iShares Core S&P Mid-Cap ETF	BlackRock	是	536	12.6	.
Vanguard Dividend Appreciation Index	Vanguard	是	520	12.6	.
MFS Value Fund	MFS		519	11.6	×

注：年化收益率统计区间为 2009 年底至 2019 年底；主动超额"√"表示该基金年化收益率高于同期标普 500 全收益指数，"×"表示低于同期标普 500 全收益指数，"."表示该基金为被动型基金不涉及超额。

资料来源：WRDS。

从收益率排名来看，在整个 21 世纪第二个十年，年化收益率排名前十的基金产品无一例外全部都是被动型产品（见表 10 - 13）。而且这些收益率排名靠前的产品大多是带有杠杆属性的，例如排名第一的 ProShares UltraPro QQQ 是三倍做多纳斯达克指数的 ETF，又简称 TQQQ，与景顺基金公司旗下的纳斯达克 100 指数 ETF（Invesco

QQQ Trust，简称 QQQ）相对应。排名第二和第三的也分别是三倍做多科技行业指数的被动产品。这说明美国公募基金行业发展到 21 世纪第二个十年，基金产品更多地反映了金融工具属性，各种产品不断对各种市场贝塔进行覆盖，而慢慢放弃了对阿尔法的追求，或者说阿尔法本身可能也追求不到。

表 10－13　　　　　21 世纪第二个十年年化收益率最高的股票型基金情况

基金名称	基金公司	指数基金	规模（亿美元）	年化收益率（%）
ProShares UltraPro QQQ	ProFunds	是	43	46.9
Direxion Daily Semiconductor Bull 3X Shares	Rafferty	是	8	39.1
Direxion Daily Technology Bull 3X Shares	Rafferty	是	11	38.7
ProShares UltraPro Dow30	ProFunds	是	4	33.2
NASDAQ-100 2x Strategy Fund	Rydex	是	5	32.9
ProShares UltraPro S&P500	ProFunds	是	16	32.8
ProShares Ultra QQQ	ProFunds	是	23	32.4
Direxion Daily S&P 500 Bull 3X Shares	Rafferty	是	11	32.3
Direxion Monthly NASDAQ-100 Bull 2x Fund	Rafferty	是	3	32.1
UltraNASDAQ-100 ProFund	ProFunds	是	6	30.0
ProShares Ultra Technology	ProFunds	是	4	28.4
ProShares Ultra S&P500	ProFunds	是	29	23.7
ProShares Ultra Dow30	ProFunds	是	4	23.5
Direxion Daily Small Cap Bull 3X Shares	Rafferty	是	8	21.4
ProShares Ultra Financials	ProFunds	是	8	19.8
T Rowe Price Health Sciences Fund	T. Rowe Price		138	19.1
iShares PHLX Semiconductor ETF	BlackRock Inc	是	23	19.1
Fidelity Software and IT Services Portfolio	Fidelity		79	19.1
Fidelity Semiconductors Portfolio	Fidelity		42	18.9
VALIC Health Sciences Fund	Variable		8	18.8
T Rowe Price New Horizons Fund	T. Rowe Price		279	18.8
John Hancock Health Sciences Trust	John Hancock		3	18.8
Fidelity IT Services Portfolio	Fidelity		42	18.8
First Trust Dow Jones Internet Index Fund	First Trust	是	79	18.7

续表

基金名称	基金公司	指数基金	规模（亿美元）	年化收益率（%）
Virtus KAR Small-Cap Growth Fund	Virtus		55	18.7
Columbia Global Technology Growth Fund	Columbia Funds		17	18.6
Invesco NASDAQ Internet ETF	Invesco	是	5	18.6
SPDR S&P Biotech ETF	SSGA	是	43	18.6
Fidelity Retailing Portfolio	Fidelity		31	18.5
Fidelity Biotechnology Portfolio	Fidelity		73	18.4

注：年化收益率统计区间为 2009 年底至 2019 年底。
资料来源：WRDS。

二、普徕仕主动管理基金

普徕仕资产管理公司（T. Rowe Price），1937 年由托马斯·普徕仕（Thomas Rowe Price Jr.）创建，普徕仕公司在战略选择上一直以主动管理为特色。

托马斯·普徕仕，1898 年出生，在 20 世纪 30 年代就提出了"成长股投资"的理念，他更看中被投资公司的长期成长能力，而且强调要在企业成长的早期进行投资参与。他的投资理念在二战前是具有革命性的，因为当时市场普遍将股票价格视为具有均值回归属性的周期性事物，很少有人认为公司可以持续成长，股价能够长期上涨，托马斯·普徕仕因此也被称为"成长投资之父"。1950 年，普徕仕公司发行了第一只共同基金普徕仕成长股基金（T. Rowe Price Growth Stock Fund），该基金在 20 世纪 50 年代和 60 年代有非常好的业绩表现。1960 年，普徕仕新视野基金（T. Rowe Price New Horizons Fund）发行，这只产品更加专注于中小市值公司的长期成长价值。

进入 21 世纪后，公募基金行业被动产品占比不断提高，普徕仕公司的主动管理产品依然非常有特色。亨利·艾伦伯根（Henry Ellenbogen）管理的普徕仕新视野基金和布莱恩·伯格休斯（Brian Berghuis）管理的普徕仕中盘成长基金（T. Rowe Price Mid-Cap Growth Fund）在 21 世纪第一个十年和第二个十年都有非常出色的业绩表现（见图 7-12 和图 7-13）。如前所述，2000 年以后美国公募基金收益率排名靠前的都是各类规模较小的工具型产品，行业中规模业绩双领先型基金不复存在。而普徕仕基金公司管理的两只产品，普徕仕新视野基金和普徕仕医疗科学基金，是在 21 世

纪第二个十年股票型基金收益率排名前 30 中仅有的 2 只规模超 100 亿美元产品
（见表 10 - 13）。

三、比尔·米勒

比尔·米勒（Bill Miller），1950 年出生，著名的价值投资者，以管理美盛价值信托基金（Legg Mason Value Trust）闻名，曾担任美盛资本管理公司（Legg Mason Capital Management）首席执行官。[①]

美盛资本管理公司也是一家历史悠久的资产管理公司，成立于 1899 年。比尔·米勒 1981 年加入美盛公司担任证券分析师。1982 年美盛公司成立了其旗舰基金产品美盛价值信托基金。1983 年美盛公司首次公开发行（IPO）上市。2020 年富兰克林·邓普顿投资公司以 45 亿元价格收购了美盛资本管理公司。从 1982 年一直到 2012 年退休，比尔·米勒管理美盛价值信托基金累计长达 30 年。

比尔·米勒投资生涯中最大的成就，是其管理的美盛价值信托基金在 1991 年至 2005 年间，连续 15 年跑赢标普 500 指数，创造了历史纪录（基金长期超额收益走势见图 10 - 19）。在此之前，没有一个公募基金经理能够连续 10 年收益率跑赢标普 500 指数，传奇基金经理彼得·林奇最长也就连续 8 年跑赢标普 500。

图 10 - 19　1982 ~ 2023 年美盛价值信托基金超额收益走势

注：超额收益计算基准为标普 500 全收益指数。

资料来源：WRDS。

[①]　关于比尔·米勒的研究著作有珍妮特·洛 2002 年出版的《战胜标准普尔：与比尔·米勒一起投资》（*The Man Who Beats The S&P：Investing With Bill Miller*）。

从投资理念来看，米勒将自己定性为价值风格。但米勒并不是特别传统的价值型选手，他认为只要交易价格相对内在价值有一定折扣，任何股票都可以是价值型股票。米勒曾经总结过投资取得成功的四个基本要素，一是根据估值进行投资，购买那些被低估的股票；二是能够分析清楚那些表面估值昂贵的股票是否真的那么贵，即能够发现公司潜在价值；三是在合适的时候要集中投资；四是需要一些运气。米勒能够接受科技股，他认为关键是在科技股有价值的时候能发现他们便宜，在他们估值很贵的时候能发现他们贵了。因此美盛价值信托基金既能够在 20 世纪 90 年代后期的互联网泡沫中跑赢市场，又能在 2000 年互联网泡沫破灭后几年内继续跑赢市场。

但是比尔·米勒在 2006 年以后也遭遇了投资滑铁卢，核心问题是出在金融和地产方向的投资上。次贷危机出现后，美国金融股票股价大跌，米勒在 2006 年时表示整个金融板块的市净率已经跌至 1990 年以来最低水平，这是几十年以来买入金融股最好的时机。在此期间米勒的投资组合中持有了大量的金融股，包括贝尔斯登、花旗集团、AIG 等，2008 年国际金融危机爆发后其基金净值大幅下跌。米勒的这次失误总体上还是反映了"价值陷阱"问题，即如何看待估值历史分位数在投资中的作用。受此影响，在 2012 年 4 月米勒离开美盛价值信托基金时，其最后十年的收益率明显跑输标普 500 指数，并在同类基金排名中位列后 10%，其 30 年整体业绩平均为年化 11.5%，略低于 11.6% 的基准收益率。[①]

四、威廉·达诺夫

威廉·达诺夫（William Danoff）管理的富达逆向基金（Fidelity Contrafund），也是华尔街的一个传奇，在金融危机后美国公募基金"权益产品被动化、主动管理集体化"行业趋势下，依然坚持单一基金经理投资管理。富达逆向基金是目前美国单一基金经理管理产品中规模最大的，截至 2023 年底管理规模超过 1000 亿美元。

威廉·达诺夫 1986 年加入富达基金公司，当时正是彼得·林奇管理的麦哲伦基金如日中天之时，他的投资理念或多或少必然是受到彼得·林奇的影响。1990 年起威廉·达诺夫独立管理富达逆向基金至今，管理时间超过了 30 年。富达逆向基金成立于 1967 年，最初的产品设计理念与其基金名称相符合，就是要进行逆向投资寻找不被市场看好的冷门股。

---

① "The Bill Miller Era: A Look Back at a 30-Year Record," *Morningstar Manager Research*, April 19, 2012.

1990 年威廉·达诺夫接手管理后，富达逆向基金的投资风格从偏传统保守的价值投资，转向了以寻找具有持续增长潜力的大盘成长股风格。从最近几年的持仓情况来看，富达逆向基金的重仓股主要包括脸书、伯克希尔-哈撒韦、微软、英伟达、亚马逊、礼来、苹果、谷歌、联合健康、再生元制药等，总体都是偏向于信息技术和生物医药领域的龙头成长股公司。也正是通过这些成长股持仓，才使得富达逆向基金在最近十几年中依然能够跟住甚至跑赢极其强势的美股大盘。

富达逆向基金的业绩表现也非常亮眼。从 1990 年底至 2023 年底共计 33 年时间中，富达逆向基金平均年化收益率达 13.2%，同期标普 500 全收益指数年化收益率为 10.7%，而且基金超额收益在多数时间里都能持续跑赢大盘（见图 10 - 20），可见威廉·达诺夫也是一名出色的投资长跑选手。

图 10 - 20　1968~2023 年富达逆向基金超额收益走势

注：超额收益计算基准为标普 500 全收益指数。

资料来源：WRDS。

第七节　21 世纪 20 年代：平稳向前

一、基本情况概述

从 2019 年底到 2023 年底，短短几年间美国经济先后经历了 2020 年一季度疫情冲击和 2022 年四十年未曾遇见的"大通胀"袭扰，在两次冲击中美股都出现了大幅下跌调整，但到 2023 年底时美国三大股指基本都收复了失地，且在 2024 年都创出了历史新高。

美国公募基金行业发展在这一阶段表现出更加成熟稳重的态势。美国共同基金产品数量从 2019 年底的 7957 只下降至 2023 年底的 7222 只，管理规模从 21.3 万亿美元增加至 25.5 万亿美元、年均增速 6.2%，共同基金产品数量减少总规模增加意味着行业集中度进一步提高。ETF 市场增速在这一阶段也有明显下降，从 2019 年底的 4.4 万亿美元上升至 2023 年底的 8.1 万亿美元，年均增速 6.3%，也结束了此前 20 年的高增长阶段。股票型基金产品规模排序特征与 2019 年底时基本类似，排名最靠前的产品全部都是被动型基金（见表 10 – 14），其中先锋领航全市场股票指数基金（Vanguard Total Stock Market Index Fund）单只产品管理规模突破了 1 万亿美元①。

表 10 – 14　　　　　　2023 年底净资产规模最大的股票型基金概况

基金名称	基金公司	指数基金	规模（亿美元）	年化收益率（%）	主动超额
Vanguard Total Stock Market Index Fund	Vanguard	是	14585	11.3	.
Vanguard 500 Index Fund	Vanguard	是	9803	11.9	.
SPDR S&P 500 ETF Trust	SSGA	是	4970	12.0	.
Fidelity 500 Index Fund	Fidelity	是	4719	12.0	.
iShares Core S&P 500 ETF	BlackRock	是	3996	12.0	.
Vanguard Institutional Index Fund	Vanguard	是	2654	12.0	.
Growth Fund of America	American Funds		2490	11.8	×
Invesco QQQ Trust	Invesco	是	2300	18.6	.
American Balanced Fund	American Funds		2113	6.5	×
Vanguard Growth Index Fund	Vanguard	是	2005	14.9	.
Washington Mutual Investors Fund	American Funds		1682	10.4	×
Vanguard Value Index Fund	Vanguard	是	1559	8.3	.
Vanguard Mid-Cap Index Fund	Vanguard	是	1555	8.6	.
Vanguard Small-Cap Index Fund	Vanguard	是	1338	8.0	.

① 先锋领航全市场股票指数基金确实践行了约翰·博格低费率基金产品理念，截至 2024 年年中，该产品每年综合费率（管理费、托管费、销售服务费）合计仅万分之三。

续表

基金名称	基金公司	指数基金	规模（亿美元）	年化收益率（％）	主动超额
Investment Company of America	American Funds		1264	11.7	×
American Funds Fundamental Investors	American Funds		1250	10.2	×
Income Fund of America	American Funds		1199	5.5	×
Fidelity Contrafund	Fidelity		1169	13.3	√
Vanguard Wellington Fund	Vanguard		1077	6.6	×
Dodge & Cox Stock Fund	Dodge & Cox		1010	11.4	×
Vanguard Extended Market Index Fund	Vanguard	是	972	8.1	.
Fidelity US Total Stock Fund	Fidelity		932	12.3	√
American Mutual Fund	American Funds		917	8.1	×
Vanguard Target Retirement 2035 Fund	Vanguard		904	6.1	×
Vanguard Target Retirement 2030 Fund	Vanguard		884	5.4	×
Vanguard Dividend Appreciation Index Fund	Vanguard	是	880	10.2	.
Fidelity Total Market Index Fund	Fidelity	是	834	11.4	.
iShares Russell 1000 Growth ETF	BlackRock	是	819	15.4	.
Schwab S&P 500 Index Fund	Charles Schwab	是	806	12.0	.
AMCAP Fund	American Funds		803	8.8	×

注：年化收益率统计区间为 2019 年底至 2023 年底；主动超额"√"表示该基金年化收益率高于同期标普 500 全收益指数，"×"表示低于同期标普 500 全收益指数，"."表示该基金为被动型基金不涉及超额。

资料来源：WRDS。

收益率表现情况与 2019 年底相似，年化收益率排名靠前的基本是被动型产品，而且都是具有衍生品杠杆属性的工具型产品（见表 10 - 15）。即便是少有的几只主动管理型产品，也都是科技半导体方向明确的行业赛道型产品，管理规模较大的主动管理型权益产品再也无缘收益率排名领先榜单。

表 10 - 15　　　　2019 年底至 2023 年底年化收益率最高的股票型基金情况

基金名称	基金公司	指数基金	规模（亿美元）	年化收益率（％）
MicroSectors FANG + Index 3X Leveraged ETN	BMO	是	30	149.8
Sprott Uranium Miners ETF	URNM	是	17	43.0

续表

基金名称	基金公司	指数基金	规模（亿美元）	年化收益率（%）
ProShares Ultra Semiconductors	ProShares	是	4	37.2
SPDR S&P Oil & Gas Exploration & Production ETF	SSGA	是	36	31.1
Global X Funds：Global X Uranium ETF	Global X	是	24	30.2
Direxion Daily Technology Bull 3X Shares	Direxion	是	30	29.3
Monthly Rebalance NASDAQ-100 2x Strategy Fund	Rydex	是	5	28.4
Baron Select Funds：Baron Partners Fund	Baron	否	69	28.0
ProShares Ultra Technology	ProShares	是	6	27.8
Semiconductors Portfolio	Fidelity	否	122	27.6
Direxion Monthly NASDAQ-100 Bull 1.75x Fund	Direxion	是	4	27.1
SPDR S&P Oil & Gas Equipment & Services ETF	SSGA	是	3	26.4
VanEck Semiconductor ETF	Van Eck	是	117	26.3
Fidelity Advisor Semiconductors Fund	Fidelity	否	16	26.3
ProShares Ultra QQQ	ProShares	是	56	25.8
NASDAQ-100 2x Strategy Fund	Rydex	是	11	25.2
ProFunds：UltraNASDAQ-100 ProFund	ProFunds	是	8	24.8
Baron Select Funds：Baron Focused Growth Fund	Baron	否	13	24.6
iShares Semiconductor ETF	BlackRock	是	103	24.3
iShares US Home Construction ETF	BlackRock	是	24	23.8
First Trust Natural Gas ETF	First Trust	是	5	23.2
Invesco Semiconductors ETF	Invesco	是	7	22.4
Technology Select Sector SPDR Fund	SSGA	是	585	21.5
SPDR S&P Homebuilders ETF	SSGA	是	17	21.5
SPDR S&P Metals & Mining ETF	SSGA	是	20	21.1
SPDR S&P Semiconductor ETF	SSGA	是	15	21.1
Fidelity Advisor Technology Fund	Fidelity	否	51	21.0
iShares US Technology ETF	BlackRock	是	141	21.0
Oberweis Micro-Cap Fund	Oberweis	否	5	20.6
Hennessy Cornerstone Mid Cap 30 Fund	Hennessy	否	7	20.5

注：年化收益率统计区间为2019年底至2023年底。

资料来源：WRDS。

二、罗纳德·巴伦

罗纳德·巴伦（Ronald Baron），1943 年出生，美国非常资深的基金经理，1970～1982 年，巴伦在数家证券经纪公司担任证券分析师，并开始以擅长投资中小公司闻名。1982 年，巴伦创立了巴伦资本管理公司（Baron Capital Management），开始从事资产管理投资。

截至 2024 年，罗纳德·巴伦已经拥有 54 年投资研究经验，且依然作为基金经理管理着多个产品，包括巴伦合伙人基金（Baron Partners Fund）、巴伦成长聚焦基金（Baron Focused Growth Fund）等，罗纳德·巴伦从 1992 年起管理巴伦合伙人基金，管理时间至今已经超过 30 年。

巴伦资本的投资风格是完全偏向于成长股，而且他们是要找那种可以长期成长的潜力公司，他们强调所投资的是人、是企业的管理团队而不是其他资产。罗纳德·巴伦曾说过："我们押注的是人。我们需要了解管理团队是谁，是什么激励了他们，他们的愿景是什么，在过去哪里取得了成功，在过去哪里失败了"。因此罗纳德·巴伦会在某个特定个股上持有极重的仓位，以巴伦合伙人基金为例，最近几年其持仓第一的一直是特斯拉，平均持仓占比都在 30% 以上，高的时候甚至突破过 50%，这种极致集中持股的投资风格也与多数公募基金不同。

罗纳德·巴伦的投资业绩表现也非常不错，其管理的巴伦合伙人基金从 1992 年初至 2023 年底共计 32 年间，年化收益率达到了 15.9%，同期标普 500 全收益指数年化收益率为 10.2%。从超额收益走势来看，1992～2019 年，基金几乎保持稳定跑赢大盘的态势，2020 年后由于重仓特斯拉，基金的超额收益出现了提速和波动加大的特征（见图 10-21）。

三、威灵顿基金

威灵顿基金（Wellington Fund）在 1928 年 12 月由沃尔特·摩根（Walter L. Morgan）创立，1929 年 7 月起正式开始投资运作。基金最初的名字叫作"工业与电力证券公司"（Industrial and Power Securities Company），1935 年摩根以英国将军威灵顿公爵的名字将基金更名为威灵顿基金，与此同时，威灵顿基金管理公司（Wellington Management Company）也于 1933 年成立。

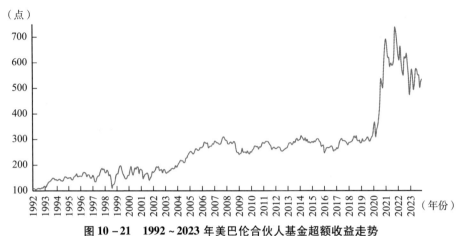

图 10 - 21　1992 ~ 2023 年美巴伦合伙人基金超额收益走势

注：超额收益计算基准为标普 500 全收益指数。
资料来源：WRDS。

　　1951 年，约翰·博格（John C. Bogle）大学毕业后加入沃尔特·摩根麾下，开启了美国基金业传奇旅程。1974 年，约翰·博格创立了先锋领航集团（Vanguard Group），创新发展了共同基金持有人的所有者结构。之后，威灵顿基金在股权层面成为先锋领航集团的一员，基金名称也变更为先锋领航威灵顿基金（Vanguard Wellington Fund）。但威灵顿管理公司（独立于先锋领航集团）依然作为威灵顿基金的长期投资顾问，负责基金的投资组合运作。

　　威灵顿基金是历史上第一只均衡型共同基金（Balanced Mutual Fund），这里的"均衡型"体现在其投资组合中普通股占比一直在 60% 左右，剩余 40% 投资组合由优先股、债券、现金等组成。在 2003 年成立 75 周年纪念之际，约翰·博格提到，从成立之初起，威灵顿基金长期一直保持着三重投资目标：保护本金、合理的当期现金流、不承担过度风险的利润。①

　　威灵顿基金可谓是美国公募基金发展史中的长盛基金，从 20 世纪 50 年代开始直至 2023 年底，基金规模一直位列美国公募基金榜前列，堪称传奇。1928 年成立之初，威灵顿基金资产规模为 10 万美元，1934 年基金资产规模突破 100 万美元，1943 年基金规模达到 1000 万美元，1949 年达到 1 亿美元，1959 年达到 10 亿美元。在 1965 年基金规模达到阶段性高点 20 亿美元后，威灵顿基金的长期增长势头开始停滞。

　　20 世纪 60 年代后期，美股市场进入"沸腾的岁月"（Go-Go Years），市场偏好

---

　　①　关于威灵顿基金历史发展和投资理念方面，更多内容可以参见：John C. Bogle, *Reflections on Wellington Fund's 75th Birthday：From an Investor and Crewmember for 53 Years, and a Chairman for 27 Years*, 2003。

弹性更大的题材主题型股票和基金，像威灵顿基金这种传统偏保守的基金并非市场主流。70 年代美国股市下跌调整中，威灵顿基金也同样受到冲击，到 1982 年中基金规模缩水至 4.7 亿美元相比高点下滑 75%。1982 年后，随着美国股市"长牛"的开启，威灵顿基金凭借其稳健的投资风格，规模再度开始持续上升，到 2023 年底，基金管理规模已经超过了 1000 亿美元。

　　威灵顿基金的一大特色是费率低。1951 年，美国均衡型共同基金平均费率约为 0.74%，威灵顿基金费率为 0.55%，低于市场平均约 19 个基点。1976 年，均衡型基金平均费率为 0.84%，威灵顿基金费率为 0.56%，低于市场平均 28 个基点。从 1970 年起一直到 1995 年左右，美国公募基金市场平均费率持续上升（见图 5 – 5），到 2002 年，均衡型基金平均费率攀升至 1.28%。而在此期间威灵顿基金一直坚守低费率原则，2002 年基金费率已经下降至 0.36%，低于市场平均 92 个基点。

　　从收益率表现来看，威灵顿基金在 20 世纪 60 年代"沸腾的岁月"中表现一般，年化收益率仅 2.8%，低于同时期标普 500 全收益指数收益率。70 年代威灵顿基金表现与市场整体大致相当，在 80 年代后期一直到 2000 年互联网泡沫前，基金表现大幅跑输大盘，但在随后的 2000～2008 年中威灵顿基金获得了明显超额收益，2009～2023 年，威灵顿基金超额收益再度持续下行。从威灵顿基金超额收益总体走势来看（见图 10 – 22），该基金在牛市中一般会跑输大盘，而在熊市或震荡市中往往可能有明显的超额收益，反映出基金投资风格偏稳健保守的特征。从 1961 年底至 2023 年底，威灵顿基金累计上涨 189 倍、年化收益率为 8.8%。

图 10 – 22　1962～2023 年威灵顿基金累计收益与超额收益走势

注：超额收益计算基准为标普 500 全收益指数。
资料来源：WRDS。

第十一章
美国著名非公募基金投资人

美国投资市场中有众多投资大师，其所在机构都不是公募基金，本章重点介绍这些著名非公募基金投资人，希望从对比中更好地理解公募基金发展的规律。从机构类型来看，非公募基金投资者主要包括对冲基金和保险机构，其他还有一些相对小众的如大学基金会等，其中对冲基金是诞生明星投资大师的摇篮。巴菲特和伯克希尔－哈撒韦公司当属最著名的非公募基金投资者，其他众多耳熟能详的大师包括格雷厄姆、赛思·卡拉曼、西蒙斯、达利欧、霍华德·马克斯等。本书从投资策略上将非公募机构分为两类，一类是资产价值挖掘型投资者，其投资策略核心是寻找被低估的资产，包括股票和债券；另一类是宏观对冲和量化交易策略投资者，其投资策略本质是一种交易型思路，即寻找符合经济和市场发展趋势的投资机会。

第一节　美国资产管理行业概况

本章分析讨论美国公募基金以外的著名投资人和投资公司。从美国资产管理行业总体状况来看（见表 11 – 1），当前规模靠前的资产管理公司总体以公募基金管理公司为主。其中，贝莱德公司是当之无愧的领头羊，截至 2023 年底总管理规模突破 10 万亿美元，自 2008 年以来贝莱德资产管理规模年均增长率约为 13%。资产管理规模排在贝莱德之后的先锋领航集团、富达投资、道富基金，也都是重要的头部公募基金公司。

表 11 – 1　　　　　　2023 年美国规模前 20 资产管理公司概况　　　　　　单位：亿美元

序号	资产管理公司名称	资产规模
1	贝莱德（BlackRock）	100090
2	先锋领航集团（Vanguard）	86000
3	富达投资（Fidelity）	48800
4	道富基金（SSGA）	41280
5	摩根士丹利（Morgan Stanley）	34420
6	摩根大通（JPMorgan Chase）	34220
7	高盛（Goldman Sachs）	28120
8	美国资本集团（Capital Group）	25000
9	纽约梅隆银行（BNY Mellon）	19740
10	太平洋投资（PIMCO）	18600

续表

序号	资产管理公司名称	资产规模
11	美国银行（Bank of America）	16180
12	富兰克林邓普顿（Franklin Templeton）	16020
13	景顺（Invesco）	15850
14	Prudential Financial	14500
15	普徕仕（T. Rowe Price）	14450
16	北方信托（Northern Trust）	14350
17	纽文投资（Nuveen）	12000
18	威灵顿资管（Wellington）	11800
19	Geode 资本（Geode Capital）	11550
20	阿默普莱斯金融（Ameriprise）	10810

资料来源：ADV Ratings。

公募基金以外的投资主体包括对冲基金、养老金、基金专户、保险公司等。其中除对冲基金外，其他投资主体一般既不公开投资业绩信息也没有广为人知的投资经理，因此不太为世人所了解。对冲基金是美国市场中除公募基金外最重要的投资机构类别，虽然对冲基金整体规模远低于公募基金，但很多时候这两者会被同等对待①。

表11-2列示了2023年底全球资管管理规模最大的20家对冲基金基本情况。这其中绝大多数都是美国公司，排序最靠前的对冲基金中非美国公司主要是英国的英仕曼集团（Man Group）和 TCI 基金（全称是 The Children's Investment Fund Management，简称 TCI Fund Management）。对比表5-1和表11-2可以发现，对冲基金资产管理规模远低于公募基金，数量级差距远不止10倍以上，但对冲基金中投资英雄人物众多故事也很精彩。除对冲基金和公募基金以外，其他举世闻名的投资家类别相对较少，最重要的可能就是保险公司代表人巴菲特以及慈善基金管理人史文森。

不同于公募基金产品相关数据完全公开，对冲基金领域并没有统一的规模业绩发布平台，其最为敏感的业绩表现数据大多来自媒体报道，不同源头的数据存在不一致的情况。本书后续在使用对冲基金业绩数据时，会仔细标出相关信息具体出处，力求尽量客观呈现基本事实。此外，例如文艺复兴科技的大奖章基金等产品，是只对内部

---

① 例如在非常重要的学术综述性文献《金融经济学手册》（*Handbook of the Economics of Finance*）中，共同基金是第15章、对冲基金是第16章，两者各列一章显示研究重要性相同。

合伙人开放而并不对外销售。因此读者在比较公募基金和对冲基金收益率时需要格外留心上述问题。

表 11 – 2　　　　　　　　**2023 年全球规模前 20 对冲基金概况**　　　　单位：亿美元

序号	对冲基金名称	规模
1	桥水（Bridgewater Associates）	972
2	英仕曼集团（Man Group）	699
3	城堡投资（Citadel）	595
4	埃利奥特（Elliott Management）	592
5	千禧管理（Millennium Management）	573
6	TCI 基金（TCI Fund Management）	560
7	德劭集团（D. E. Shaw Group）	477
8	文艺复兴科技（Renaissance Technologies）	420
9	双西格玛投资（Two Sigma Investments）	394
10	法拉龙资本（Farallon Capital）	391
11	戴维森·肯普钠（Davidson Kempner）	371
12	马歇尔伟世（Marshall Wace）	347
13	布雷文·霍华德（Brevan Howard）	329
14	鲁费尔（Ruffer）	313
15	Point72 资产管理（Point72 Asset）	306
16	AQR 资本（AQR Capital）	297
17	安克雷奇资本（Anchorage Capital）	273
18	卡普拉投资（Capula Investment）	269
19	太平洋投资（PIMCO）	267
20	包普斯特（Baupost Group）	239

资料来源：Pensions & Investments。

本章后续部分将美国著名非公募基金投资人分为两个类别，一是专注于研究挖掘股票、债券等传统类资产投资价值型选手，其主要投资方法论是发现资产价格和内在价值的差距。二是专注于多元资产的宏观对冲和量化交易选手，这类投资方法论更多是基于自上而下的模型创设和理论探索，投资策略具有很大的原创性，由于其投资方法很多都是商业机密，自然也更具有神秘性。

第二节　资产价值挖掘型投资

一、格雷厄姆与价值投资

本杰明·格雷厄姆（Benjamin Graham，1894—1976），著名的美国证券投资家、"价值投资"理念创造者。格雷厄姆 1894 年出生于英国伦敦，随后移民至美国，20 岁从美国哥伦比亚大学毕业后在华尔街开始投资生涯，并在随后与另一位资深投资人杰罗姆·纽曼（Jerome Newman）合伙创办了格雷厄姆 – 纽曼投资公司（Graham-Newman Corp）。格雷厄姆从 1936 年开始至 1956 年退休 20 年间，格雷厄姆 – 纽曼投资公司年化投资收益率不低于 14.7%（未扣除管理费之前年化收益率或在 20%）[①]，同时期市场整体收益率年化在 12.2%。从投资业绩看，格雷厄姆这一成绩可以在华尔街长期投资收益率排行榜中名列前茅。

格雷厄姆对后世更大的影响，不在其投资本身，而在于创建了"价值投资"（value investment）理念，成为"价值投资之父"，其所撰写的两本专著也成了价值投资领域的教科书[②]。在经历了 1929 年美国股市大崩盘以及随后的美国经济大萧条后，1934 年格雷厄姆与大卫·多德（David Dodd）合著的《证券分析》（*Security Analysis*）一书正式出版，由此奠定了他华尔街证券分析大师的地位。《证券分析》在投资分析领域具有划时代意义，在此之前华尔街主流研究分析方法主要是"道氏理论"（Dow theory）等技术分析方法，格雷厄姆将证券投资正式带入基本面分析时代。此书绝对堪称投资界经典，历久弥新至今已经 90 余年依然在投资界流传甚广[③]。1949 年格雷厄姆出版了另一本专著《聪明的投资者》（*The Intelligent Investor*），旨在为普通人投资决策提供相应指导，巴菲特曾评价称"这是有史以来投资领域最好的书"。

[①]　数据来源：本杰明·格雷厄姆：《聪明的投资者（第 4 版）》，人民邮电出版社 2016 年版。

[②]　关于格雷厄姆投资理念更多内容，可以参见：《一个聪明的投资者：本杰明·格雷厄姆》（*The Einstein of Money：The Life and Timeless Financial Wisdom of Benjamin Graham*）、《格雷厄姆经典投资策略》（*Value Investing Made Easy：Benjamin Graham's Classic Investment Strategy Explained for Everyone*）、《格雷厄姆成长股投资策略》（*Benjamin Graham and the Power of Growth Stocks：Lost Growth Stock Strategies from the Father of Value Investing*）等。

[③]　《证券分析》一书后续不断更新再版，并增加了包括沃伦·巴菲特、赛思·卡拉曼等一众价值投资大佬的评语批注序言，目前英文版于 2023 年出版了最新的第 7 版。

"价值投资"理念一句话概括就是要购买资产价格低于内在价值的资产，资产价格与内在价值之间的差就是安全边际（margin of safty），这个差值越大投资安全性也就越大。至于什么是内在价值，早期格雷厄姆和多德认为的内在价值主要局限在有形资产价值和企业净资产账面价值，因此格雷厄姆特别强调要选择低市盈率和低市净率的"打折资产"。这种对内在价值的定义忽视了企业潜在的成长价值，20 世纪 80 年代以后巴菲特和芒格扩充了内在价值的内涵，将企业的长期成长属性纳入内在价值考量，在此基础上评价资产价格是否低于内在价值。

巴菲特经常说对他形成价值投资理念有深远影响的是两个人，本杰明·格雷厄姆和菲利普·费雪（Philip Fisher），费雪著有《怎样选择成长股》（*Common Stocks and Uncommon Profits and Other Writings*）。我们可以看到，前者是强调资产价格要低于内在价值，后者是强调内在价值本身要增长。菲利普·费雪另著有《成长股获利之道》（*Paths to Wealth through Common Stocks*）。其子肯尼思·费雪（Kenneth Fisher）也是一位证券投资家，他于 1984～2017 年在《福布斯》杂志上连续 33 年撰写"投资组合策略"专栏，成为该杂志历史上持续时间最长的专栏作家[1]。

股票投资中，"价值"与"成长"是一对最常涉及的范畴。这里我们想通过图 11–1 阐述一下价值投资与成长投资的联系与区别。图 11–1 中有两条曲线"价值"和"价格"，其走势反映了"价格围绕价值波动"的基本原理。当"价格"显著低于"价值"时就出现了资产价格低估和"安全边际"；反之，当"价格"显著高于"价值"时就会出现资产价格高估。价值投资派更注重图 11–1 中"价格"与"价值"的差异，而成长投资派更注重图 11–1 中"价值"曲线本身的上行趋势。

在格雷厄姆时代，传统的价值投资可以理解为图 11–1 中"价值"曲线是一根水平线不变化，变化的只是"价格"和"价值"的差异。而现代的价值投资派和成长投资派都认同企业"价值"曲线需要增长，两者的区别主要体现在对资产价格高估的容忍程度上（即投资中估值的重要性）。在成长投资派看来，只要"价值"曲线上升斜率足够陡峭、上升时间足够长，短期的资产价格高估是不要紧的，因为成长后的企业价值势必会创新高超过当前价格。但在价值投资派看来，多数情况下资产价格被高估后，"价值"曲线不会如预期般增长，估值始终是投资中首要关注的。

① 肯尼思·费雪还著有多部专著，包括：《投资丛林法则：跑赢大多数的逆向投资法》（*Beat the Crowd：How You Can Out-Invest the Herd by Thinking Differently*）、《超级强势股》（*Super Stocks*）、《投资中最重要的三个问题》（*The Only Three Questions That Count：Investing by Knowing What Others Don't*）等。

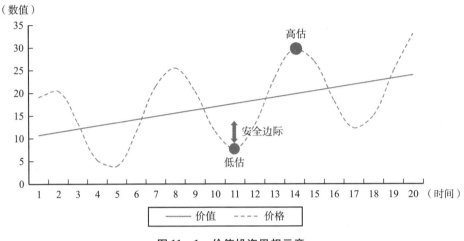

（数值）

图 11 - 1　价值投资思想示意

资料来源：笔者整理。

　　这里还有一个非常重要的问题值得思考，如果图 11 - 1 中因为各种原因出现了"价格始终高于价值"情况，那么价值投资派该怎么办？从金融危机后的美股实践看，确实出现了市场整体持续高估值的状况，而价值投资派选手往往采取了相对谨慎的投资策略，从而导致了投资收益率低于市场整体，进而引发了关于"价值投资是否已死"的争论。[1]

二、巴菲特与伯克希尔 – 哈撒韦

　　沃伦·巴菲特（Warren Buffett，1930 年出生），或许是全球最著名的投资人，伯克希尔 – 哈撒韦（Berkshire Hathaway）公司的董事会主席与首席执行官。根据《福布斯》公布的数据，截至 2024 年 3 月，巴菲特个人净资产 1330 亿美元。[2]

　　巴菲特研究生毕业于哥伦比亚大学商学院，他在那里接受了价值投资先驱本杰明·格雷厄姆的课程和理念。1954 年巴菲特加入了格雷厄姆的合伙投资企业，1956 年格雷厄姆退休并关闭了他的合伙投资企业，巴菲特随即设立了自己的投资企业。1965年，巴菲特收购了伯克希尔 – 哈撒韦公司，伯克希尔 – 哈撒韦最早是一家纺织企业，

---

　　[1]　典型论文如：Ronen, Israel, Kristoffer Laursen and Scott Richardson, "Is（Systematic）Value Investing Dead?" *The Journal of Portfolio Management* 47, no. 2（2021）：38 – 62。三位作者均来自著名对冲基金 AQR 资本。

　　[2]　"Forbes World's Billionaires List 2024," *Forbes*, April 4, 2024.

巴菲特收购整合后，将其转型为保险投资公司，并从此之后正式成为巴菲特开展投资的主体。

1978 年，查理·芒格（Charlie Munger）正式担任伯克希尔 – 哈撒韦公司的董事会副主席[①]。查理·芒格（1924—2023），是巴菲特投资生涯中重要的合作伙伴，其很多投资理念对巴菲特以及整个投资界都有重要影响。巴菲特曾说过："查理用思想的力量拓展了我的视野，在他的帮助下我以不可思议的速度从猿变成了人""如果不是他，我会比今天穷得多""在芒格的推动下，巴菲特从格雷厄姆传授的'关注企业现有资产清算价'的投资体系，转化为'关注企业未来自由现金创造能力'的投资体系"等对芒格的看法。2023 年 11 月 28 日，查理·芒格在其 100 周岁生日前 33 天遗憾离世。

格雷厄姆所提倡的，寻找股价明显低于内在价值企业的投资方法（这种寻找极其便宜资产的方法，也被巴菲特称为"烟蒂型投资"理念），在美国市场 20 世纪 60 年代以后越来越难以操作了，因为随着市场有效性增加，很难出现大量严重被低估的资产。相比于传统价值投资理念，伯克希尔 – 哈撒韦后来的投资，更加注重企业内在价值和现金流的增长，而不仅仅看价格是否大幅低于内在价值。

巴菲特的投资阶段大体可以划分为四个时期：第一阶段是 1950 ~ 1956 年，其间巴菲特师从格雷厄姆，并深刻学习了格雷厄姆"价值投资"的思想，以及"捡烟蒂"的投资方法，这些思想方法贯穿了巴菲特之后的投资活动。第二阶段是 1957 ~ 1969 年，巴菲特成立了合伙基金，这一期间巴菲特投资了桑伯恩地图、邓普斯特等公司，其中对邓普斯特农机制造公司的出售引发当地居民抗议，让巴菲特对"捡烟蒂"的投资方法产生厌倦，并由此将所有的"烟蒂股"一次性打包出售。第三阶段是 1972 ~ 1999 年，这一阶段巴菲特创下了众多投资神话，如喜诗糖果、华盛顿邮报等，而喜诗糖果的投资标志着巴菲特投资理念的转变，从最初的"捡烟蒂"转向了"用一般价格购买好公司"的投资方法。第四阶段是 2000 年至今，这期间巴菲特由于管理的资金规模巨大，开始大量投资公用事业型公司。这一阶段美股经历了气势磅礴的科技股牛市，因此巴菲特在这段时期的收益表现显得较为平凡。同期也能看到巴菲特在积极拓展"能力圈"，投资领域从金融、消费开始向科技股拓展，投资了科技成长型的

---

① 关于巴菲特和芒格的著作，市场上非常多，中文著作中，关于巴菲特的有：《奥马哈之雾》《巴菲特之道》《巴菲特的投资组合》《巴菲特致股东的信：投资者和公司高管教程》《投资的本质：巴菲特的 12 个投资宗旨》等，关于芒格的有：《芒格之道：查理·芒格股东会讲话 1987—2022》《查理·芒格的智慧：投资的格栅理论》《查理·芒格传：巴菲特幕后智囊》等。更多内容感兴趣的读者可见本书参考文献相关内容。

比亚迪公司以及具备消费属性的科技股苹果公司等。苹果公司目前已成为巴菲特在二级市场上赚钱最多的公司。

从长期收益率表现来看，巴菲特的表现无疑是独步天下的。根据相关学术研究，巴菲特的业绩如果放在所有共同基金中，则可以在所有基金中排名位列前3%、在所有股票中排名前7%，而且比巴菲特夏普比率高或业绩更好的共同基金往往存续时间很短。[①] 从 1964 年至 2023 年底，巴菲特管理的伯克希尔 - 哈撒韦公司市值累计上涨有近43000 倍，年化收益率高达 19.8%；同期标普 500 全收益指数累计上涨 312 倍，年化收益率 10.2%（伯克希尔 - 哈撒韦公司与标普 500 指数历年收益率对比见表 11 -3）。

表 11 -3　　　　1965 ~ 2023 年伯克希尔 - 哈撒韦与标普 500 收益率对比　　　单位：%

年份	伯克希尔 -哈撒韦	标普 500全收益	年份	伯克希尔 -哈撒韦	标普 500全收益	年份	伯克希尔 -哈撒韦	标普 500全收益
1965	49.5	10.0	1982	38.4	21.4	1999	-19.9	21.0
1966	-3.4	-11.7	1983	69.0	22.4	2000	26.6	-9.1
1967	13.3	30.9	1984	-2.7	6.1	2001	6.5	-11.9
1968	77.8	11.0	1985	93.7	31.6	2002	-3.8	-22.1
1969	19.4	-8.4	1986	14.2	18.6	2003	15.8	28.7
1970	-4.6	3.9	1987	4.6	5.1	2004	4.3	10.9
1971	80.5	14.6	1988	59.3	16.6	2005	0.8	4.9
1972	8.1	18.9	1989	84.6	31.7	2006	24.1	15.8
1973	-2.5	-14.8	1990	-23.1	-3.1	2007	28.7	5.5
1974	-48.7	-26.4	1991	35.6	30.5	2008	-31.8	-37.0
1975	2.5	37.2	1992	29.8	7.6	2009	2.7	26.5
1976	129.3	23.6	1993	38.9	10.1	2010	21.4	15.1
1977	46.8	-7.4	1994	25.0	1.3	2011	-4.7	2.1
1978	14.5	6.4	1995	57.4	37.6	2012	16.8	16.0
1979	102.5	18.2	1996	6.2	23.0	2013	32.7	32.4
1980	32.8	32.3	1997	34.9	33.4	2014	27.0	13.7
1981	31.8	-5.0	1998	52.2	28.6	2015	-12.5	1.4

① Andrea, Frazzini, David Kabiller and Lasse Heje Pedersen, "Buffett's Alpha," *Financial Analysts Journal* 74, no. 4 (2018): 35 -55.

续表

年份	伯克希尔 – 哈撒韦	标普 500 全收益	年份	伯克希尔 – 哈撒韦	标普 500 全收益	年份	伯克希尔 – 哈撒韦	标普 500 全收益
2016	23.4	12.0	2019	11.0	31.5	2022	4.0	– 18.1
2017	21.9	21.8	2020	2.4	18.4	2023	15.8	26.3
2018	2.8	– 4.4	2021	29.6	28.7	年化	19.8	10.2

资料来源：伯克希尔 – 哈撒韦公司致股东的信。

巴菲特很少关注宏观经济等总量问题，更在意上市公司微观情况，巴菲特曾表示对股债平衡资产配置理论并不感兴趣。伯克希尔 – 哈撒韦公司的收益可以分解为两部分，即上市公司股票投资和非上市公司投资，从数据结果中发现上市，股票的投资组合表现更好，这表明巴菲特的技能主要体现在选股方面。巴菲特的股票投资选股总体有这样几个基本特征：他购买安全（低贝塔值和低波动性）、便宜（即市净率低的价值股票）和高质量（盈利、稳定、成长性高的股息率股票）的股票。

从持仓特征看，巴菲特对行业配置集中于金融与日常消费，2011 年之后巴菲特逐渐进军信息科技领域，当前已经形成了信息科技、金融、消费为前三大持仓行业的格局。在 2008 年金融危机发生前后，巴菲特对工业、能源、医疗保健、可选消费等行业增加投资，提升了投资组合的分散程度与抗风险能力。表 11 – 4 报告了巴菲特历史上持仓最多的 30 个重仓股情况。

表 11 –4 巴菲特历史主要重仓股概览

序号	公司名称	英文名称	序号	公司名称	英文名称
1	苹果公司	Apple	10	飞利浦	Phillips
2	美国银行	Bank of America	11	宝洁	P&G
3	富国银行	Wells Fargo	12	穆迪	Moody
4	可口可乐	Coca-Cola	13	比亚迪	BYD
5	美国运通	American Express	14	沃尔玛	Wal-Mart
6	IBM	IBM	15	伯灵顿铁路	Burlington
7	美国合众银行	U. S. Bancorp	16	吉列	Gillette
8	威瑞森电信	Verizon	17	慕尼黑再保险	Munich Re
9	摩根大通	JPMorgan	18	康菲石油	ConocoPhillips

续表

序号	公司名称	英文名称	序号	公司名称	英文名称
19	强生	Johnson&Johnson	25	房地美	Freddie Mac
20	埃克森美孚	Exxon Mobil	26	特许通讯	Charter Communications
21	达美航空	Delta AirLines	27	中国石油	Petro China
22	纽约梅隆银行	Bank of New York Mellon	28	高盛	Goldman Sachs
23	雪佛龙	Chevron Corporation	29	西南航空	Southwest Airlines
24	卡夫食品	Kraft Foods	30	艾伯维	AbbVie

注：按每只股票在历史上的最大持仓市值由高到低排序。
资料来源：伯克希尔－哈撒韦公司致股东的信。

从持仓品种看，巴菲特赚钱的股票主要是消费和金融这两大行业。回顾美股行情的历史进程，美国消费股的超额收益最好的时间段是1981～1992年，核心背景是美国消费公司的全球化红利，之后整体上没有超额收益（见图2－15）。美股金融板块的超额收益，主要集中在1991～2006年，对应的是美国历史上最大的一轮房地产周期，2006年以后美股金融股持续跑输大盘（见图2－17）。金融危机以后，美股表现较好的板块主要是信息技术和医疗保健，而伯克希尔－哈撒韦公司投资组合中，除苹果公司外，对这些高科技行业涉及较少。因此从伯克希尔－哈撒韦公司的相对收益走势来看，大体上从2002年开始至今，巴菲特投资收益相比标普500就没有明显超额收益了（见图11－2）。

图11－2　1968～2023年伯克希尔－哈撒韦公司股价超额收益走势
资料来源：彭博。

三、赛思·卡拉曼与鲍波斯特

赛思·卡拉曼（Seth Klarman），出生于 1957 年，是全球著名的价值投资型基金经理。对冲基金公司鲍波斯特集团（Baupost Group）1982 年由威廉·普尔武（William Poorvu）与其他合伙人共同创立，当时年仅 25 岁的赛思·卡拉曼被威廉·普尔武邀请至公司运营管理基金，后来赛思·卡拉曼成为鲍波斯特集团的最高管理者并一直持续至今。

赛思·卡拉曼投资理念被普遍认为遵循格雷厄姆和多德的价值投资理念，即由于市场不是完全有效的，当价格低于内在价值时投资，市场价格会回归价值上升，这样就实现了价值投资。反之，资产价格太高大大超过价值就应该卖出。赛思·卡拉曼实践中践行一般性的价值投资原则，关注更广泛的资产类别，投资领域不仅仅是股票，还关注债券信贷等方向。2008 年，《阿尔法》（*Alpha*）杂志 50 周年纪念时，将赛思·卡拉曼选入其对冲基金名人堂①，表彰对当时规模 2 万亿美元对冲基金行业演变、发展和成功产生重大影响的个人。1991 年，赛思·卡拉曼出版了截至目前唯一的专著《安全边际：献给思而后定者避险型价值投资策略》（*Margin of Safety：Risk Averse Investing Strategies for the Thoughtful Investor*）。

赛思·卡拉曼认为，价值投资是一种精致的思想，买入有吸引力的打折便宜货，等待时间的推移，这些折扣将被"纠正"，持有者将获得收益，而且所有研究都表明价值投资这套方法是有效的。而追求高成长的人，因为付出了高估值溢价，最后会不可避免地失败。因此，赛思·卡拉曼认为在某种意义上，投资不需要特别准确地判断未来 10 年公司会发展成什么样。只需要判断在当下，一只股票的价值是否被低估了30%、40% 或 50%。但是价值投资需要很好的耐心，价值投资最难的地方在于，投资者可能长期（5~10 年）持有一个不被市场纠正的股票，这种过早入场会让投资者怀疑自己的投资方法论。总体看，塞思·卡拉曼价值投资这套理念似乎又是融入血液的，有些人可以做到，有些人就是没有纪律和耐心去做到，让人感觉这像是一种遗传品质。

---

① 《阿尔法》杂志 2008 年评选的首批对冲基金名人堂成员共 14 人，除赛思·卡拉曼外，其他包括：Louis Bacon（Moore Capital Management）、Steven Cohen（SAC Capital Advisors）、Kenneth Griffin（Citadel Investment）、Alfred Winslow Jones（A. W. Jones & Co.）、Paul Tudor Jones Ⅱ（Tudor Investment）、Bruce Kovner（Caxton Associates）、Leon Levy（Odyssey Partners）、Jack Nash（Odyssey Partners）、Julian Robertson Jr.（Tiger Management）、James Simons（Renaissance Technologies）、George Soros（Soros Fund Management）、Michael Steinhardt（Steinhardt Partners）、David Swensen（Yale University）。

从业绩表现看，根据财经媒体报道，鲍波斯特集团自 1982 年成立到 2009 年近 30 年时间有平均 20% 的年化收益率[①]，长期收益率表现可谓非常出色。金融危机之后，赛思·卡拉曼对美国持续货币刺激的经济状况是持谨慎态度的，在 2010 年的《致投资者的信》中，他认为"世上没有免费的午餐，如果美国没有节制地印钞，美元未来将是一个什么样的结局？"并进一步指出："如果美元贬值，利率以及通货膨胀上升，股市在未来的 20 年里都将会是'零回报'"[②]。在 2013 年的《致投资者的信》中，卡拉曼表示美股泡沫仍在继续，由于缺少投资机会，最近已将 40 亿美元现金退回投资者，目前他的投资组合中有 40% 为现金。[③] 偏谨慎下 2010 年之后鲍波斯特收益率表现相比之前有所下降，2013 年全年收益率约 15%，2021 年收益率或在 10% ~ 15% 之间，并且是 2013 年以后 8 年间表现最好的年份。[④]

四、霍华德·马克斯与橡树资本

霍华德·马克斯（Howard Marks），1946 年出生，美国橡树资本管理公司（Oaktree Capital Management）创始人，他所撰写的投资备忘录（investment memo）在投资界非常出名。1990 年，霍华德·马克斯撰写了第一个投资备忘录，题目为《通往投资业绩之路》（*The Route to Performance*），强调只要能很好规避亏损自然就能成为赢家，这点至今仍然是橡树资本重要的投资理念。从 1990 年起至今，霍华德·马克斯三十多年里笔耕不辍，投资备忘录一直在持续。[⑤]

霍华德·马克斯早年的投资生涯从花旗集团开始，1969 ~ 1978 年，他在花旗担任股票分析师并随后成为公司的研究主管。之后霍华德·马克斯的研究重心从股票转到了债券，1978 ~ 1985 年，他在花旗成为管理高收益债以及可转债产品的基金经理。1985 年，霍华德·马克斯加入了 TCW 资产管理公司（TCW Group），开始管理高收益债和可转债投资团队，并在随后几年里尝试了不良债权（distressed debt）投资。

1995 年，霍华德·马克斯与布鲁斯·卡什（Bruce Karsh）等共 5 人团队一起离

① "Baupost's Klarman Sees Poor Outlook for Stocks," Reuters, May 19, 2010.
② 张慜、张岚：《赛思·卡拉曼：未来 20 年股市可能"零回报"》，《第一财经日报》2011 年 4 月 2 日。
③ 资料来源：陈予燕：《卡拉曼：美股泡沫仍在继续》，《理财》，2014 年 5 月。
④ Stephen Taub, "Baupost Just Had Its Best Year in Nearly a Decade," *Institutional Investor*, January 13, 2022.
⑤ 除了投资备忘录外，霍华德·马克斯另外还有两本关于投资的专著，分别是：《投资最重要的事：顶尖价值投资者的忠告》（*The Most Important Thing: Uncommon Sense for the Thoughtful Investor*）和《周期：投资机会、风险、态度与市场周期》（*Mastering the Market Cycle: Getting the Odds on Your Side*）。

开了 TCW 资产管理公司，并创建了橡树资本管理公司。2012 年橡树资本在纽约证券交易所上市，2019 年经过资本运作后，加拿大的布鲁克菲尔德资产管理公司（Brookfield Asset Management）收购了橡树资本 62% 股权，霍华德·马克斯及其团队拥有橡树资本 38% 股权以及公司日常经营管理权，橡树资本公司也随之退市。

橡树资本管理其资金来源较为分散，包括公众基金、主权基金、保险公司、家族基金、企业年金等多个渠道。公司成立后成长速度很快，1995 年成立之初公司管理资产规模约 50 亿美元，到 2005 年公司成立第一个十年时资产管理规模达 300 亿美元，2015 年公司成立二十年之际资产管理规模突破 1000 亿美元，到 2023 年底公司资产管理规模上升至 1890 亿美元。

公司目前的投资策略大体分为四类：信用债权（credit）、私募股权（private equity）、实物资产（real assets）、上市公司股票（listed equities）。根据公司官网数据，截至 2024 年一季度末，公司在这四类投资策略中资产占比分别为 75%、9%、12%、4%。橡树资本从起家至今一直以信用债权投资最为见长，在宏观经济周期中做好企业的基本面信用分析，可以说是公司的核心竞争力。

尤其是不良债权投资策略，在高风险中寻求高回报，更是橡树资本的旗舰产品。公司创始团队从 1988 年便开始进行不良债权投资策略，可谓是行业发展的先驱者。橡树资本在 2008 年国际金融危机期间曾募集 110 亿美元规模的不良债权投资基金，并且后来多次因为募集资金达到上限而暂停购买。橡树资本的不良债权产品有很好的长期收益率表现，2011 年公司上市前夕，《华盛顿邮报》报道称公司管理的 17 个不良债权基金在过去 22 年中获得了平均 19% 的费后收益率。[①] 2019 年公司退市前公布的 2018 年年报显示，不良债权基金自 1988 年成立以来至 2018 年底，平均年化收益率费前是 21.9%、费后是 16.0%。2021 年，橡树资本将不良债权（distressed debt）产品系列品牌调整为投机级信用债权（opportunistic credit），以更好地适应未来市场需要。

除不良债权产品外，橡树资本还有很多高收益债和可转债的开放式基金产品（不良债权产品和私募股权产品一般都是有固定合同期限的封闭式基金产品），其投资收益率表现也普遍都能跑赢基准（见表 11－5）。成立时间最早管理规模最大的产品美国高收益债券基金（U. S. High Yield Bonds），从 1986～2018 年年化收益率费前

---

① Gillian Wee, "Oaktree Capital Chairman Howard Marks has Firm Looking to Invest in Europe," *The Washington Post*, June 25, 2011.

有 8.9%、费后有 8.3%，都超过了同期基准表现。

表 11-5 　　　　橡树资本主要开放式基金产品管理规模与投资收益率表现

产品名称	成立时间	管理规模（亿美元）	成立至 2018 年底年化收益率（%）		
			费前	费后	基准
U. S. High Yield Bonds	1986	138.2	8.9	8.3	8.0
Global High Yield Bonds	2010	31.5	6.1	5.6	5.9
European High Yield Bonds	1999	4.2	7.7	7.1	6.0
U. S. Convertibles	1987	16.6	9.0	8.5	8.0
Non-U. S. Convertibles	1994	10.0	7.8	7.3	5.2
High Income Convertibles	1989	10.2	11.0	10.1	7.8
U. S. Senior Loans	2008	6.4	5.6	5.1	4.8
European Senior Loans	2009	11.4	7.0	6.5	7.6
Emerging Markets Equities	2011	42.2	1.2	0.4	0.1

资料来源：2018 年度橡树资本上市公司年报。

第三节　宏观对冲与量化交易

一、肯·格里芬与城堡投资

城堡投资（Citadel）是当前美国资产管理规模最大的对冲基金之一，截至 2024 年 6 月底管理规模约 630 亿美元。城堡投资由肯·格里芬（Ken Griffin）于 1990 年创立，肯·格里芬出生于 1968 年，成立对冲基金时年仅 22 岁。除城堡投资外，肯·格里芬还开办了城堡证券（Citadel Securities），这是一家做市商公司，与城堡投资是独立的不同法律主体。根据美国《福布斯》杂志 2023 年全球对冲基金经理富豪榜排名，肯·格里芬净资产排名第一，排名第二和第三的分别是文艺复兴科技基金的詹姆斯·西蒙斯和桥水基金的瑞·达利欧。

城堡投资在全球范围内进行多资产类别投资，目前公司产品涵盖五大类资产策略：大宗商品、信用债转债、股票权益、宏观固收（利率债、汇率等）、全球量化策略。城堡投资的历史投资业绩非常出色，根据英国《金融时报》统计，从 1990 年成立至 2018 年，其旗舰产品威灵顿基金（Wellington Fund）的收费后年化复合收益率高达 19.1%。在 1990 年投入城堡投资 1 万美元，到 2018 年可以增长至 130 万美元，而同时期投资 1 万美元至伯克希尔 – 哈撒韦公司可以增长至 31.5 万美元、投资至标普 500 全收益指数则增长至 13.1 万美元。[①]

2022 年美股市场大跌，标普 500 指数和纳斯达克指数分别下跌 19.4% 和 33.1%，而城堡投资的旗舰产品威灵顿基金则逆势大涨 38%，城堡投资当年获得了 160 亿美元投资收益。[②] 全球著名对冲基金研究机构 LCH Investments 每年会发布全球有史以来最赚钱对冲基金排行榜，在 2010 年之后很多年时间里榜首位置由桥水基金的达利欧占据。根据 LCH Investments 研究测算，2022 年城堡投资的成立后累计收益额达到了 659 亿美元，超越桥水基金成为历史上投资收益金额最大的对冲基金。2023 年城堡投资继续斩获 81 亿美元投资收益，累计盈利达到 740 亿美元，继续位列历史最赚钱对冲基金榜首（见表 11 – 6）。

表 11 – 6　　　　有史以来全球最赚钱对冲基金排序（截至 2023 年底）　　单位：亿美元

序号	对冲基金	基金经理（创始人）	成立后累计收益
1	Citadel	Ken Griffin	740
2	D. E. Shaw	David E. Shaw	561
3	Millennium	Izzy Englander	561
4	Bridgewater	Ray Dalio	558
5	Elliott	Paul Singer	476
6	Soros *	George Soros	439
7	TCI	Chris Hohn	413
8	Viking	Ole Andreas Halvorsen	409
9	Baupost	Seth Klarman	370
10	Farallon	Tom Steyer	357
11	Lone Pine	Stephen Mendel	356

① Chris Flood, "Citadel Converts $10000 Investment in 1990 into $1.3m," *Financial Times*, August 13, 2018.
② Hank Tucker, "Citadel's $16 Billion Gain in 2022 Makes Ken Griffin's Flagship the Top-Earning Hedge Fund Ever," *Forbes*, January 22, 2023.

续表

序号	对冲基金	基金经理（创始人）	成立后累计收益
12	Appaloosa	David Tepper	350
13	Point 72	Steve Cohen	330
14	Och Ziff/Sculptor	Daniel Och	322
15	Brevan Howard	Alan Howard	285
16	Egerton	John Armitage	239
17	Davidson Kempner	Anthony Yoseloff	210
18	King Street	Brian Higgins	195
19	Caxton	Andrew Law	195
20	Pershing Square	Bill Ackman	188

注：＊基金退还投资者资金后，基金累计收益不再更新。

资料来源：LCH Investments。

二、西蒙斯与文艺复兴科技

詹姆斯·西蒙斯（James Simons），是全球著名的量化交易传奇投资者，被认为是最会赚钱的数学家。西蒙斯 1938 年出生，1958 年本科毕业于麻省理工学院（MIT）数学系，1961 年获得加州大学伯克利分校（UC Berkeley）数学博士学位，随后西蒙斯开始了自己的数学学术研究生涯。1978 年 40 岁的西蒙斯离开学术圈，创立了名为"Monemetrics"的对冲基金，1982 年基金更名为文艺复兴科技（Renaissance Technologies）。2009 年西蒙斯退休但仍担任公司非执行主席，一直到 2021 年彻底退下来，2024 年 5 月西蒙斯去世，享年 86 岁。

文艺复兴科技公司团队中集聚了大量的数学家、物理学家、计算机学家，强调数学能力、编程能力、数据分析能力，而不是传统的金融财务专业人士，这与大多数投资公司不同。1988 年，文艺复兴科技成立了其最著名的产品大奖章基金（Medallion Fund）。大奖章基金的投资策略绝非传统的价值投资长期持有，而是完全的量化交易思路，其投资范围非常广泛，包括全球范围的股票、大宗商品、货币，而且利用量化交易手段，基金还会使用大量的高频交易和杠杆交易策略。大奖章基金的收费也很贵，最开始成立时是 5% 的固定费率加 20% 的业绩提成，2002 年以后费率上升至 5% 的固定费率加 44% 的业绩提成。

　　大奖章基金的长期业绩可谓逆天，甚至被认为是"有效市场假说的终极反例"[①]，从 1988 年成立到 2018 年，在长达 31 年时间里，基金扣费前年化收益率高达 66.1%、扣费后年化收益率也有 39.1%（见表 11 − 7），同时期标普 500 全收益指数的年化收益率是 10.2%。大奖章基金扣费后 39.1% 的年化收益率，相比于彼得·林奇 28.9% 的长期年化收益率、巴菲特 19.8% 的长期年化收益率，确实是明显高出一个等级，而如果要对比扣费前收益率则更惊人。而且在这 31 年中，大奖章基金的扣费前表现居然没有一年是亏损的，这简直不可思议，哪怕在 2000 年和 2008 年的美国股市"大熊市"中，基金扣费前都有超过一倍的收益率表现。

表 11 − 7　　　　　　　　　　大奖章基金历年收益率表现情况

年份	扣费前收益率（%）	扣费后收益率（%）	基金规模（亿美元）	年份	扣费前收益率（%）	扣费后收益率（%）	基金规模（亿美元）
1988	16.3	9.0	0.2	2004	49.5	24.9	52
1989	1.0	− 3.2	0.2	2005	57.7	29.5	52
1990	77.8	58.2	0.3	2006	84.1	44.3	52
1991	54.3	39.4	0.4	2007	136.1	73.4	52
1992	47.0	33.6	0.7	2008	152.1	82.4	52
1993	53.9	39.1	1.2	2009	74.6	39.0	52
1994	93.4	70.7	2.8	2010	57.5	29.4	100
1995	52.9	38.3	4.6	2011	71.1	37.0	100
1996	44.4	31.5	6.4	2012	56.8	29.0	100
1997	31.5	21.2	8.3	2013	88.8	46.9	100
1998	57.1	41.7	11.0	2014	75.0	39.2	95
1999	35.6	24.5	15.4	2015	69.3	36.0	95
2000	128.1	98.5	19.0	2016	68.6	35.6	95
2001	56.6	33.0	38.0	2017	85.4	45.0	100
2002	51.1	25.8	52.4	2018	76.4	40.0	100
2003	44.1	21.9	50.9	平均	66.1	39.1	

　　资料来源：Gregory Zuckerman，*The Man Who Solved the Market*，Portfolio/Penguin，2019。

---

　　① Bradford Cornell，"Medallion Fund：The Ultimate Counterexample？" *Journal of Portfolio Management*，46，no. 4（2020）：156 − 159.

但是大奖章基金只对内部合伙人开放，并不对外开放。文艺复兴科技除大奖章基金外其他对外开放的产品，包括机构股票基金（Renaissance Institutional Equities Fund）、机构多元阿尔法（Renaissance Institutional Diversified Alpha）、机构多元全球股票基金（Renaissance Institutional Diversified Global Equities Funds）等，其收益率表现对比一般基金也均尚可，但对比大奖章基金则逊色不少。收益率差异背后的原因，主要是交易策略不同，大奖章基金运用多空、多资产、高频、杠杆等诸多交易手段，可以适应各种经济环境和市场环境，而后续其他产品总体都是股票多头策略，熊市中无论如何不太可能有大的收益。但归根结底，这也说明了本质上大奖章基金的量化交易策略容量应该是有限的，从表11-7中也可以看出，大奖章基金规模一直是在控制的，2010~2018年，无论收益率表现再好，管理规模一直控制在100亿美元。

三、英格兰德与千禧管理

千禧管理（Millennium Management）是一家总部位于美国纽约的资产管理公司，截至2024年上半年在全球办公网点超过140处、员工总数超过5600人，其提供的对冲基金产品在全球规模位列前五（见表11-2）。

千禧管理公司是由伊斯雷尔·英格兰德（Israel Englander）和罗纳德·希尔（Ronald Shear）在1989年创立，开始时公司运营境况不好，希尔在半年后便匆匆离去。英格兰德出生于1948年，1970年毕业于纽约大学金融系，在创立千禧管理公司之前，英格兰德还开办过证券经纪公司。

千禧管理采取的也是多资产多元化量化策略，包括基本面权益投资、股权套利、固定收益、大宗商品、量化交易等多重交易策略。在具体投资操作上，千禧管理的一大特点是并非由一个或几个基金经理管理，而是将资金交由不同的专业团队负责管理，每个交易团队都是在具有约束性的风险管理框架内寻找具体的机会，目前公司有超过330个投资团队。从这个角度讲，千禧管理采取的是一种类似FOF的投资策略。

千禧管理在管理费收取上也与众不同，不同于一般对冲基金"2%固定管理费+20%业绩提成"收费模式，千禧管理不收取固定管理率只收业绩提成，因为其创始人英格兰德认为固定管理费会让基金管理人懒惰懈怠，失去追求更高收益率的动机。

从收益率表现看，虽然千禧管理没有公开其具体每年各个产品收益率表现，但总体应该还是相当不错的。根据英国《金融时报》报告，从1990年正式经营一直到

2021 年，千禧管理除 2008 年金融危机外没有一年出现投资亏损[1]，2022 年千禧管理在美股熊市中再度斩获 12% 收益率[2]，2023 年公司收益率约为 10%[3]。从表 11 - 6 中可以看到，成立于 1989 年的千禧管理，到 2023 年末其历史累计收益已经位列所有对冲基金第三。

四、保罗·辛格与埃利奥特

埃利奥特投资管理公司（Elliott Investment Management），由保罗·辛格（Paul Singer，1944 年出生）于 1977 年创立。根据第三方机构研究统计，无论是管理资产规模还是累计收益金额，埃利奥特公司目前在全球对冲基金领域均名列前茅（见表 11 - 2 和表 11 - 6）。埃利奥特投资策略上最开始主要进行可转债套利和不良资产交易，后期以股权投资领域的股东积极主义（Activist Investor）和债权投资领域的"秃鹫基金"（Vulture Fund）风格闻名。

所谓股东积极主义，有时也称激进主义或维权主义，是指机构投资者凭借其持有的公司股份，以股东的身份积极介入公司内部管理运营，通过改变公司原有决策甚至改革公司架构，实现公司价值提升并获得投资回报。相比美国华尔街传统的"用脚投票"原则（即资本主动离开投资价值不佳的企业），股东积极主义从被动选择转为主动参与公司治理，因此也被称为"用手投票"，其兴起也反映了机构投资者在美国资本市场中影响力越来越大。埃利奥特公司 2000 年以后开始大举采取股东积极主义方式投资，采取的措施包括公开谴责公司高管、呼吁进行或取消某项投资决策、提议更换公司 CEO 等。埃利奥特公司通过股东积极主义参与的投资案例非常多，包括投资亿贝（eBay）推动公司剥离了 StubHub 和 Classifieds 业务、投资美国电话电报公司（AT&T）推动公司出售部分非核心业务调整公司战略、推动韩国现代汽车公司取消原有重组机会增加股息分红等，被媒体称为"华尔街最令人害怕的基金"。

股东积极主义的部分行为，甚至能引发公司治理体系理念和法律层面的系统性变

---

① Laurence Fletcher, "Hedge Fund Millennium Returns Billions to Clients in Shift to Long-Term Assets," *Financial Times*, November 10, 2021.

② Svea Herbst-Bayliss, "Macro Hedge Funds end 2022 on High, Many Others Lose Big, Investors Say," Reuters, January 11, 2023.

③ "Citadel, Millennium and AQR Post Double-Digit Gains for 2023," Bloomberg, January 4, 2024.

革，其中较为典型的就是由对冲基金创造的"金带"（Golden Leash）① 补偿机制。"金带"机制是指对冲基金向与其没有附属关系的被投资公司董事候选人提供金钱补偿激励，使其努力获得公司董事席位，并承诺如果上位后公司完成超额经营业绩可以获得进一步奖金激励。"金带"机制的目的是用市场化方式让能者上位，激励候选人成功上任后推动公司业绩的上升，但是这也造成了公司部分董事与部分股东之间有利益关系。目前美国并没有禁止"金带"机制，但实践中争议也非常大，2016 年美国证券交易委员会（SEC）批准了纳斯达克提交的"金带"机制披露规则，要求上市公司每年披露第三方向公司董事或董事候选人提供的、与其在公司董事会任职有关的任何薪酬或其他款项。

埃利奥特公司于 2013 年介入了赫斯公司（Hess）的代理权斗争。赫斯公司是美国一家综合性石油能源公司，埃利奥特持有赫斯 4.5% 股份，并提出任命 5 名董事加入赫斯公司共计 14 人的董事会。被提名的董事候选人都是石油天然气领域业务专家，而非埃利奥特公司员工。埃利奥特公司对这些董事候选人给出了奖金激励计划，包括一次性 5 万美元当选现金奖励，以及未来三年赫斯公司股票收益率每跑赢同行业大型石油公司组合 1%，额外再给 1 万美元奖励一直到 900 万美元封顶②，这就是非常典型的"金带"补偿机制。经过一番激烈斗争之后，赫斯公司与埃利奥特达成妥协，给予埃利奥特 3 个董事席位以换取对冲基金对公司另外 5 名董事的支持。但是"金带"机制争议过大，赫斯公司几位董事最后都放弃了相关补偿。

所谓"秃鹫基金"，是指通过低价收购已经违约或即将违约的不良债券，然后再通过恶意诉讼巨额赔偿谋求高利润的基金。这些对冲基金往往都是在他人哀鸿遍野时获得巨额利润，具有嗜血的本性，因此被视为吃食腐肉的"秃鹫"。埃利奥特公司历史上在多个发展中国家主权债务（sovereign debt）中进行投机收割，保罗·辛格因此也被称为"秃鹫资本家"。其中比较有名的案例，包括埃利奥特通过其旗下的 NML 资本"收割"秘鲁和阿根廷。

1996 年埃利奥特旗下对冲基金以 1140 万美元的折扣价购买了秘鲁的违约债务，并要求秘鲁政府全额偿付。2000 年，在美国法院的支持下，最终通过诉讼迫使秘鲁

---

① "金带"（Golden Leash）这个提法是 2012 年正式被提出，这里的"带"（Leash）原意是皮带表示奖金激励跟公司经营业绩挂钩的意思，公司管理中类似的名称还有"黄金降落伞""金手铐"等。

② Anna L. Christie，"The New Hedge Fund Activism: Activist Directors and the Market for Corporate Quasi-Control," *Journal of Corporate Law Studies*, 19（2019）: 1, 1－41.

政府向埃利奥特支付约 5800 万美元的款项。[①] 阿根廷政府在 20 世纪 90 年代大幅举债，2001 年金融危机爆发后无法偿还于 2002 年宣布债务违约，"秃鹫基金"则趁机低价购入违约债券，埃利奥特旗下的 NML 资本以约 4800 万美元的价格购买了面值 6.3 亿美元（即实际支付为面值的 7.6%）的阿根廷政府美元债券。[②] 当时已经有 92% 的债权人接受了阿根廷政府的债务重组机会，但埃利奥特依然通过美国司法诉讼要求阿根廷全额偿付。2012 年，NML 资本甚至依据美国法院判决，要求加纳查扣阿根廷经停的护卫舰以此要挟阿根廷政府偿还违约债务。最终在美国司法干预下，阿根廷政府与多个"秃鹫基金"达成协议偿付巨额本息，"秃鹫基金"赚得盆满钵满。"秃鹫基金"的成功，本质上反映了美国的金融霸权和"长臂管辖"。

五、瑞·达利欧与桥水基金

瑞·达利欧（Ray Dalio），1949 年出生于美国，1975 年创建了桥水基金（Bridge-water）。桥水成立之初主要从事财富咨询工作，集中在利率和汇率管理等领域，客户包括麦当劳、柯达、世界银行等。其出版的收费研究报告《日度观察》（*Daily Obser-vation*），以深度分析全球宏观经济形势著称，经常出现动辄几十页的日报，在市场中广受好评。20 世纪 90 年代以后桥水逐步转变为专业的机构投资者。桥水基金是目前全球规模最大的对冲基金（见表 11 - 2），也是有史以来累计赚钱排名前五的对冲基金（见表 11 - 6）。达利欧著有多部著作，包括：2017 年出版的《原则》（*Principles：Life and Work*）、2018 年出版的《债务危机：我的应对原则》（*Principles for Navigating Big Debt Crises：The Archetypal Big Debt Cycle*）、2021 年出版的《原则：应对变化中的世界秩序》（*Principles for Dealing with the Changing World Order：Why Nations Succeed and Fail*）等。

桥水区分了两类投资策略：一是"阿尔法投资"（Alpha Investments），其收益率来源于通过主动管理获得一般市场波动以外的超额收益；二是"贝塔投资"（Beta In-vestment），其收益来源于市场本身的波动。桥水目前最主要的两个对冲基金产品，纯阿尔法基金（Pure Alpha Fund）和全天候基金（All Weather Fund），分别对应前述第

---

① 阚山等：《低买高收打官司美国"秃鹫基金"这样收割债务国》，载《环球时报》2023 年 8 月 3 日，第 7 版。

② 《"经济恐怖分子"——起底美国"秃鹫基金"》，新华社 2022 年 9 月 29 日。

一和第二类投资策略。从 20 世纪 90 年代起，桥水基金规模增长迅速且获得了众多对冲基金投资奖项。

1991 年，桥水成立了旗舰产品纯阿尔法基金。1991~2005 年，纯阿尔法基金表现出色发展迅猛，这期间基金平均年化收益率应该有 15% 以上[1]，且最大年度下跌没有超过 4%，同时间段内标普 500 指数在 2002 年单年度下跌 22.1%[2]，纯阿尔法基金表现出了收益率稳健、熊市中回撤小的特征。但从之后的相关媒体报道来看，后续纯阿尔法基金表现似乎一般，2005~2020 年，纯阿尔法基金年化收益率仅 4.5%，低于其基准约 2.5%[3]。2021 年底前十年平均年化收益率可能仅 1.6%[4]。

1996 年，桥水成立了全天候基金，在投资组合管理中使用了风险评价方法。全天候基金采取的大类资产配置思想在投资界很有影响被广泛研究，其核心理念就是通过分散化投资各类别资产，使得组合无论在什么经济周期环境中，都能够获得稳定回报收益，因此称之为"全天候策略"，也就是能适应各种环境的策略。根据相关测算，在达到与股票相同预期收益率情况下，全天候策略组合的波动率只有纯股票组合波动率的 1/3。截至 2021 年底，全天候基金过去十年的平均年化收益率超过 10%[5]，当然这类投资策略更大的优势在于波动小，能适应不同的经济环境。

从"全天候策略"的基本思想来看，达利欧将经济周期划分为四种宏观状态：经济上行、经济下行、通胀上行、通胀下行，然后根据金融理论和历史经验，提出了不同经济周期的不同资产配置思路。（1）经济上行期配置：股票、大宗商品、信用债、新兴市场债；（2）经济下行期配置：普通债券、通胀挂钩债券；（3）通胀上行期配置：通胀挂钩债券、大宗商品；（4）通胀下行期配置：股票、普通债券等。随后达利欧根据每种经济周期环境出现的可能性，配置相关资产的风险敞口和权重。当然，这里说的都是原则性思路，具体风险和权重计算的公式方法和参数设定，是桥水公司的看家本领商业机密，外人自然不得而知。

此外，桥水基金于 2016 年成立了桥水中国，并于 2018 年发行投资产品。截至 2023 年底，桥水中国管理的资产规模达到 400 多亿元人民币（约合 56 亿美元），比

① Stephen Taub, "Here's What Ray Dalio Made in Bridgewater's Impressive 2018," *Institutional Investor*, January 15, 2019.

② "Bridgewater's Dalio Lures Pension Funds With 13.3 Percent Gains," Bloomberg News, November 6, 2012.

③ "Dalio's Hedge Fund Risks Being Dumped by Pension on Weak Returns," Bloomberg News, September 2, 2021.

④⑤ "Bridgewater, World's Largest Hedge Fund, Names New Chief Executives," *New York Times*, January 3, 2022.

两年前翻了两番。而且通过多元化大类资产配置，在 2021～2023 年三年间获得了年化收益率 15% 的好成绩。①

六、史文森与耶鲁基金会

大卫·史文森（David Swensen，1954—2021），以管理耶鲁捐赠基金（Yale Endowment）投资收益率出色而闻名，并开创了"耶鲁模式"（又称"捐赠基金模式"）投资方法论。史文森在耶鲁大学攻读经济学博士由此与耶鲁结缘，其论文导师之一是詹姆斯·托宾（James Tobin）。托宾是 1981 年诺贝尔经济学奖得主，对资产组合选择理论也有重要研究贡献。史文森从 1985 年开始一直到 2021 年去世担任耶鲁大学首席投资官，2008 年被《阿尔法杂志》选入首批对冲基金名人堂。史文森著有 2 本专著，分别是：2000 年出版的《机构投资的创新之路》（*Pioneering Portfolio Management：An Unconventional Approach to Institutional Investment*）和 2005 年出版的《非凡的成功：个人投资的制胜之道》（*Unconventional Success：A Fundamental Approach to Personal Investment*）。

耶鲁捐赠基金历史超过 300 年，是目前全球第二大高校捐赠基金。耶鲁捐赠基金每年大约有 5% 左右的支出需求，如果再叠加 3% 左右的通货膨胀率，则意味着基金需要保持年均 8% 以上的投资收益率，才能保证基金始终保持相同购买力支出水平。在史文森管理基金之前，耶鲁捐赠基金表现平平。1985～2021 年史文森管理期间，耶鲁捐赠基金获得了年化收益率 13.4% 的惊人表现（历年收益率见表 11－8），管理规模也从 10 亿美元增长至超过 400 亿美元。高校基金的特殊属性决定了其更加关注绝对收益，投资风格更偏稳健以避免大幅回撤，在这点上耶鲁捐赠基金表现也非常出色，1985～2023 年，只有 1988 年和 2009 年两个财务年度出现投资亏损。最近一二十年，耶鲁捐赠基金的投资收益率均高于高校捐赠基金平均投资收益约为 3%。②

表 11－8　　　　　　　　　**1985～2023 财年耶鲁大学捐赠基金投资收益率**

年份	年收益率（%）	年份	年收益率（%）	年份	年收益率（%）	年份	年收益率（%）
1985	25.8	1987	22.8	1989	17.3	1991	2.0
1986	36.0	1988	－0.2	1990	13.1	1992	13.2

① "Explainer：How Hedge Fund Bridgewater Delivers Strong Returns in China," Xinhua, February 7, 2024.

② "Yale Reports Investment Return for Fiscal 2023," Yale Investments Office, October, 2023.

续表

年份	年收益率（%）	年份	年收益率（%）	年份	年收益率（%）	年份	年收益率（%）
1993	17.3	2001	9.2	2009	-24.6	2017	11.3
1994	12.0	2002	0.7	2010	8.9	2018	12.3
1995	15.7	2003	8.8	2011	21.9	2019	5.7
1996	25.7	2004	19.4	2012	4.7	2020	6.8
1997	21.8	2005	22.3	2013	12.5	2021	40.2
1998	18.0	2006	22.9	2014	20.2	2022	0.8
1999	12.2	2007	28.0	2015	11.5	2023	1.8
2000	41.0	2008	4.5	2016	3.4	平均	13.4

注：耶鲁大学捐赠基金财务年度从上年7月至当年6月。

资料来源：Yale Investments Office。

所谓"耶鲁模式"，可以概括为长时间、多元化的大类资产配置投资。史文森认为机构投资者应该减少对传统本土股票和债券的投资，用更长时间维度投资包括海外股票、房地产、大宗商品、油气林矿、私募股权等在内的各类资产，以求分散风险。这种投资方法论充分反映了马科维茨（Markowitz）开创的现代投资组合理论思想，是标准的学院派现代金融投资理论代表。

"耶鲁模式"有两个核心要点：一是重视多元化资产配置。1985~2020年，耶鲁捐赠基金资产配置中，美国普通股票资产占比从60%下降至5%左右、美国债券资产占比从15%下降至5%左右。与传统股债资产占比下降对应的是，杠杆收购、私募股权、绝对收益类策略、自然资源、房地产等另类资产配置占比持续提升。二是用流动性换取超额收益。前述另类投资资产普遍流动性较低，对于普通机构投资者而言很难大比例配置。而高校捐赠基金其负债久期几乎是无限长，可以承受相关资产的低流动性风险。由于流动性较低的资产市场定价一般不充分，这使得投资者可以发现更高的超额收益回报。"耶鲁模式"可谓充分发挥了高校捐赠基金投资优势。

第十二章
中美基金业比较与启示

　　中国公募基金业诞生于 1998 年，二十多年来发展取得了长足进步，基金数量、管理规模、产品类别等均快速大幅增长。本章对中美公募基金行业一些发展数据指标进行比较分析，也希望通过美国经验给国内基金业发展带来更多有益的启示。从总量指标看，目前中国在总量规模上与美国仍有不小差距，截至 2023 年底，中国公募基金总管理规模约只有美国的 11%，未来中国公募基金业仍有非常大的增长空间。从产品结构看，国内公募基金与美国最大的不同，在于国内基金产品债券和货币类规模占比很大，而权益类产品占比显著较低。从业绩表现看，国内权益类公募基金业绩表现整体上是要明显好于美国公募基金业的，到目前为止相对大盘仍有长期明显的超额收益。从发展特征看，2000 年以后在美国市场中出现的被动占比超过主动的态势，2021 年以后在国内市场加速进行。本章最后讨论了笔者对于未来国内主动管理基金发展的一些看法。

第一节　行业发展：整体概况与产业结构

一、中国公募基金发展概况

根据中国证券投资基金业协会统计，截至 2024 年 9 月底，我国境内公募基金管理机构共 163 家，其中基金管理公司 148 家，取得公募资格的资产管理机构 15 家，管理的公募基金资产净值合计人民币 32.07 万亿元。

在具体展开讨论之前，先要对中国公募基金的产品分类做简要介绍。首先是不同于美国基金行业中 ETF 和共同基金分开，中国的公募基金是包括 ETF 的，因此从口径上说，中国的公募基金等于美国的共同基金加上 ETF。中国的权益类开放式基金主要包括股票型基金和混合型基金两大类，其他权益性质基金包括封闭型基金和 FOF 基金等规模较小、QDII 基金主要投资海外，可以暂时不纳入考量。

两大类权益基金中，股票型基金包括普通股票型基金（这类基金全部是主动管理）、被动指数型基金（包括 ETF 和场外被动基金）、增强指数型基金（也算被动型产品）三种类型。混合型基金全部属于主动管理性质，包括偏股混合型基金、平衡混合型基金、偏债混合型基金、灵活配置型基金四种类型。其中，偏股混合型基金是目前国内权益类主动管理型发行的主要产品形式，其规模占全部混合型基金比例最大超过一半，且远超普通股票型基金。后续分析中，我们所称的"权益基金"（或称"权益类公募基金"）是指全部普通股票型基金，加上混合型基金中除偏债混合型基金外的另三种。我们所称"主动管理权益基金"则是指"普通股票型基金＋偏股混

合型基金 + 平衡混合型基金 + 灵活配置型基金"，这四小类合计。

　　从产品数量上看，全部公募基金产品数量从 2000 年的 45 只增长至 2023 年底的 11514 只，年均增速 27.3%，其中，2010~2023 年年均增速 24.0%，依然保持非常高的增长速度。分产品看，目前国内公募基金中混合型和债券型产品数量最多，同时也是增长速度最快的，截至 2023 年底分别有 4542 只和 3469 只产品，其中，2010~2023 年两类基金的年均增速分别为 28.6% 和 31.0%。

　　从产品规模上看，全部公募基金资产净值从 2000 年的 870 亿元增长至 2023 年底的 27.3 万亿元、年均增速 28.4%，其中，2010~2023 年间年均规模增速 20.2%。分产品看，货币型基金和债券型基金规模最大且是增长速度最快的，截至 2023 年底规模分别为 11.3 万亿元和 9.0 万亿元，货币型基金和债券型基金规模合计占全部公募基金的 74.5%，2010~2023 年两类基金的年均增速分别为 399.2% 和 37.0%。股票型基金和混合型基金 2023 年底时合计规模 6.3 万亿元，占全部公募基金规模的 23.0%。各类别公募基金历年产品数据和规模见表 12-1。

表 12-1　　　　　　　2000~2023 年中国公募基金数量和规模变化概览

年份	全部基金		股票型基金		混合型基金		债券型基金		货币型基金	
	数量（只）	净值（亿元）	数量（只）	净值（亿元）	数量（只）	净值（亿元）	数量（只）	净值（亿元）	数量（只）	净值（亿元）
2000	45	870	45	870	0	0	0	0	0	0
2001	53	818	50	700	3	118	0	0	0	0
2002	71	1207	54	719	15	410	2	77	0	0
2003	110	1716	62	938	36	612	11	123	1	43
2004	161	3258	69	1072	72	1490	11	50	9	645
2005	218	4691	93	1310	87	1282	12	232	26	1868
2006	308	8565	135	4500	113	3094	19	175	40	795
2007	346	32756	153	17980	126	11921	22	662	40	1110
2008	439	19389	186	7574	144	5534	59	1873	40	3892
2009	557	26695	261	14371	164	8170	79	823	43	2595
2010	704	24972	354	13533	172	7663	104	1515	46	1533
2011	914	21681	460	10551	198	5970	154	1635	51	2949
2012	1174	27972	556	11215	225	5934	231	3120	95	7075

续表

年份	全部基金 数量（只）	全部基金 净值（亿元）	股票型基金 数量（只）	股票型基金 净值（亿元）	混合型基金 数量（只）	混合型基金 净值（亿元）	债券型基金 数量（只）	债券型基金 净值（亿元）	货币型基金 数量（只）	货币型基金 净值（亿元）
2013	1552	29294	626	10591	291	5899	399	3391	148	8802
2014	1891	44499	699	12170	395	6454	469	3482	229	21874
2015	2687	83478	568	7017	1205	22821	535	7056	262	45761
2016	3821	91070	633	6427	1771	20962	943	17870	327	44687
2017	4692	115508	755	6716	2188	20693	1186	15619	395	71315
2018	5153	129254	868	7380	2282	14763	1428	24478	383	81629
2019	6091	146966	1079	11365	2457	20668	1913	39212	374	74106
2020	7403	200502	1276	18519	3060	48458	2370	50009	333	80536
2021	9175	254527	1752	23515	3906	61890	2683	68833	333	94497
2022	10491	257499	1995	22505	4316	47834	3124	76574	371	104549
2023	11514	272725	2281	25706	4542	37147	3469	90437	370	112780

资料来源：Wind。

从基金公司管理规模角度看（见表12-2），2023年底中国基金公司总管理规模超过1万亿元的共有5家，分别是易方达基金、华夏基金、广发基金、天弘基金、南方基金。如果看非货币型基金管理规模，则2023年底均未超过1万亿元，管理规模超过5000亿元的共有7家。目前头部基金公司管理规模与美国头部公司相比依然很小，规模排名第一的易方达基金公司，2023年底全部规模1.6万亿元（折合约2279亿美元），如果放在美国市场基金公司规模排名约在第22名，仅相当于美国规模第一的先锋领航集团8.6万亿美元管理规模的2.7%。

表12-2   中国非货币型基金管理规模前三十大基金公司（截至2023年底）   单位：亿元

序号	基金公司	全部规模	非货币型
1	易方达基金管理有限公司	16161	9527
2	华夏基金管理有限公司	12584	8178
3	广发基金管理有限公司	11860	6353
4	招商基金管理有限公司	8606	5756
5	富国基金管理有限公司	8840	5710

续表

序号	基金公司	全部规模	非货币型
6	嘉实基金管理有限公司	8495	5398
7	博时基金管理有限公司	9517	5337
8	南方基金管理股份有限公司	10442	4889
9	汇添富基金管理股份有限公司	8177	4476
10	鹏华基金管理有限公司	8051	4228
11	工银瑞信基金管理有限公司	7296	3429
12	景顺长城基金管理有限公司	5138	3370
13	华安基金管理有限公司	5890	3369
14	国泰基金管理有限公司	5907	3254
15	天弘基金管理有限公司	10747	3004
16	交银施罗德基金管理有限公司	4872	2998
17	中银基金管理有限公司	4846	2858
18	华泰柏瑞基金管理有限公司	3738	2849
19	中欧基金管理有限公司	4637	2831
20	兴证全球基金管理有限公司	5615	2753
21	永赢基金管理有限公司	3596	2480
22	平安基金管理有限公司	5635	2256
23	银华基金管理股份有限公司	5003	2149
24	建信基金管理有限责任公司	7321	2070
25	兴业基金管理有限公司	2618	1928
26	大成基金管理有限公司	2417	1794
27	上海东方证券资产管理有限公司	1834	1665
28	万家基金管理有限公司	3938	1575
29	浦银安盛基金管理有限公司	3346	1560
30	国投瑞银基金管理有限公司	2716	1482

注：按非货币型规模排序。

资料来源：Wind。

二、中美公募基金业总体对比

从中国和美国公募基金行业整体指标对比来看（见表 12 - 3），目前中国在总量规模上与美国仍有不小差距，未来中国公募基金业仍有非常大的增长空间。2023 年底美国公募基金总规模约 33.6 万亿美元，包括 25.5 万亿美元规模的共同基金和 8.1

万亿美元规模的 ETF 产品。按照 2023 年底人民币兑美元汇率折算（即 1 美元 = 7.092 元人民币），中国公募基金总规模为 3.85 万亿美元，仅为美国的 11%。如果剔除货币基金，中美公募基金非货币产品规模比例则要进一步下降至 8.1%。从基金公司数量上看，2023 年底中国公募基金管理人为 157 家（包括 145 家基金公司和 12 家取得公募基金管理资格的证券公司及资管子公司），基金管理人数量是美国的 20%。但中国公募基金产品数量已经超过了美国，显示目前国内基金产品总体呈现"多而小"的特点。

表 12 - 3　　　　　中国和美国公募基金行业总量对比（截至 2023 年底）

指标名称	中国	美国	中美比例
基金产品数量（个）	11514	10330	111%
基金公司数量（家）	157	772	20%
全部基金规模（亿美元）	38455	336045	11%
非货币基金规模（亿美元）	22553	276851	8.1%

注：按照 2023 年底人民币兑美元汇率折算。
资料来源：Wind、WRDS、ICI。

从公募基金行业产业结构来看，目前中国公募基金业基金公司市场集中度也明显低于美国。以全部基金管理规模计算，目前中国头部基金公司规模前五名、前十名、前二十五名市场份额分别是 23%、39%、69%，低于美国 56%、65%、89% 的市场集中度（见表 12 - 4），特别是头部前五名基金公司的市场份额，集中度差距更大。如果以非货币型基金规模计算，则国内基金业市场集中度会进一步下降，规模前五名、前十名、前二十五名基金公司市场份额为 20%、37%、63%。

表 12 - 4　　　　　中美公募基金行业集中度对比（截至 2023 年底）　　　　　单位：%

国家	头部基金公司全部规模占比		
	前五名	前十名	前二十五名
中国公募基金业	23	39	69
美国公募基金业	56	65	89

资料来源：Wind、WRDS、ICI。

从产品结构来看，中美两国公募基金行业差异较大（见表 12 - 5），具体表现在：

一是美国公募基金中权益类产品占比远高于中国。中国公募基金根据前述"权益基金"定义（即股票型基金和混合基金中非偏债混合），权益基金占全部基金规模约21.7%，而美国公募基金中权益基金占比高达58.7%（包括权益类共同基金和权益类ETF）。

表12-5　　　　　中美公募基金主要产品类别规模占比（2023年底）　　　单位：%

产品类别	中国	美国	产品类别	中国	美国
权益	21.7	58.7	债券	34.5	18.6
权益：主动管理	14.4	25.2	货币	41.4	17.6
权益：被动型产品	7.3	33.5	ETF	7.5	24.1

注：1. 表中既没有将美国混合基金规模算入权益类产品也没有算入债券类产品，从统计口径上与中国公募基金算法略有差异。但这样处理影响不大，美国公募基金市场中混合基金占比较小，2023年底全部混合基金（混合型共同基金+混合型ETF）规模占比仅4.7%。2. 分母为全部公募基金规模。

资料来源：Wind、WRDS、ICI。

二是中国公募基金中债券和货币类基金占比远高于美国。中国公募基金中货币型基金与债券类基金（包括债券型基金与混合型基金中偏债混合型基金）占比分别达到了41.4%和34.5%，合计占比高达75.9%。[①] 而美国公募基金中债券类基金与货币类基金合计占比仅36.2%，不到中国一半。

三是美国公募基金产品中ETF占比显著高于中国。2023年底中国ETF总规模首次突破2万亿元大关，增速非常快，但其占全部公募基金总规模比例只有7.5%。与之对应的美国公募基金中ETF产品规模比例已经达到了24.1%。ETF占比背后本质上还是被动产品的重要性特征，从国内外基金业发展趋势看，预计未来几年中国ETF产品规模占比仍会不断提升。

四是权益产品中，美国被动产品占比高，中国主动产品占比高。中国的"主动管理权益基金"（即"普通股票型基金+偏股混合型基金+平衡混合型基金+灵活配置型基金"）占全部基金规模比例为14.4%，而被动型产品占比为7.3%，意味着权益类产品内部主动型产品占比达到了66%、被动型产品占比为34%。与之对比，美国被动管理权益类产品（指数型权益共同基金和权益类ETF）占比达到了全部基金规模的33.5%，也就是在权益类产品内部被动型产品占比达57%，超过一半主动型

① 除权益类基金、货币类基金、债权类基金外，中国公募基金其他类别基金产品还包括另类投资基金、QDII基金、FOF基金、REITS基金等，这些规模占比都非常小。

产品占比为43%。不过从发展趋势中可以发现，目前中国公募基金市场权益类产品中被动型产品规模快速上升，权益类被动型与主动型产品占比差距正快速缩小。

从基金持有人结构来看，中美公募基金行业也有明显不同。目前中国公募基金持有人中机构投资者和个人投资者大体各占一半，个人投资者占比略高一些（机构46.4%、个人53.6%）。而美国共同基金（不含ETF）在2000年至2023年间，个人投资者持有比例平均约为87%左右（机构投资者平均比例13%），且这个持有人结构比例一直较为稳定（见图4-12）。

从不同公募基金类别看（见图12-1），中国债券型基金机构投资者占比尤其高，2023年底达到了84.3%，而美国的债券型公募基金中个人投资者占比高达93%。这个巨大差异的背后，部分原因也在于目前国内债券型公募基金相比其他机构投资者享有了税收优惠，因此对于机构投资者而言，通过公募基金投资债券市场比自营投资更有优势。根据《财政部、国家税务总局关于证券投资基金税收政策的通知》规定："自2004年1月1日起，对证券投资基金（包括封闭式基金、开放式基金）管理人运用基金买卖股票、债券的差价收入，免征营业税和企业所得税"，此处"证券投资基金"即"公募基金"。而《财政部、国家税务总局关于全面推开营业税改征增值税试点的通知》规定："证券投资基金（封闭式证券投资基金，开放式证券投资基金）管理人运用基金买卖股票、债券暂免征收增值税"。由于公募基金巨大的税收优惠，使得商业银行、保险公司等机构投资者非常有动力把资金委托给公募基金管理，使债券型公募基金成为机构投资者投资债券市场的绝佳工具。

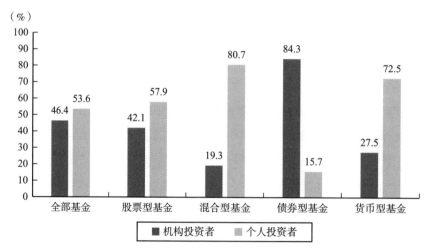

图12-1　2023年底中国公募基金市场持有人结构

资料来源：Wind。

第二节　投资行为：收益率与持仓风格

一、主动管理超额收益

从目前国内公募基金主动管理权益产品的收益率来看，其相对市场指数的超额收益表现，整体上是要明显好于美国公募基金业的。

表 12－6 报告了 2005~2023 年历年中国主动管理权益基金收益率中位数与沪深 300 全收益指数年收益率对比[①]。在这 19 年中，主动管理权益基金收益率中位数跑赢沪深 300 全收益指数的有 9 年，占比 47%。另外可以发现，在市场整体大牛市中，一般主动管理权益基金很难战胜沪深 300 全收益指数（如 2006 年、2007 年、2009 年、2014 年、2017 年、2019 年等），而在市场整体一般结构性行情突出的年份中，公募基金主动管理权益往往都有非常突出的超额收益（如 2010 年、2013 年、2015 年、2020 年、2021 年等）。

表 12－6　　　　2005~2023 年历年主动权益基金收益率中位数　　　单位：%

年份	主动权益基金收益率中位数	沪深 300 全收益年收益率	年份	主动权益基金收益率中位数	沪深 300 全收益年收益率
2005	3.4	－7.7	2013	13.8	－5.3
2006	114.0	125.2	2014	21.7	55.8
2007	117.7	163.3	2015	43.1	7.2
2008	－49.3	－65.6	2016	－9.3	－9.3
2009	65.1	98.6	2017	9.1	24.3
2010	4.0	－11.6	2018	－19.5	－23.6
2011	－23.4	－24.0	2019	37.9	39.2
2012	4.5	9.8	2020	51.4	29.9

[①] 沪深 300 全收益指数（H00300）从 2004 年底开始有数据，2005 年是拥有完整收益率表现的第一个年度。

续表

年份	主动权益基金 收益率中位数	沪深 300 全收益 年收益率	年份	主动权益基金 收益率中位数	沪深 300 全收益 年收益率
2021	7.0	− 3.5	2023	− 12.3	− 9.1
2022	− 20.0	− 19.8			

资料来源：Wind。

  另外从每年跑赢大盘的主动管理权益基金数量来看（见图 12 - 2），目前国内公募基金主动权益产品，平均而言跑赢大盘取得超额收益的比例，还是要明显高于美国同行的（对比图 3 - 2）。过去 19 年里有近一半年份中跑赢沪深 300 全收益指数的主动权益基金比例超过 50%，而 2001 ~ 2023 年，美国公募基金市场中只有 3 年有超过 50% 的主动权益基金跑赢标普 500 全收益指数。

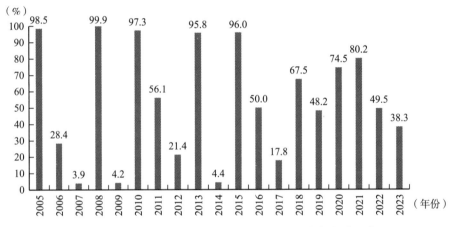

图 12 - 2　2005 ~ 2023 年中国主动管理权益基金取得超额收益率比例

  注：图中超额收益比例为主动权益基金收益率高于沪深 300 全收益指数比例。
  资料来源：Wind。

  从主动权益基金获得超额收益的年份看，同表 12 - 6 情况一样，存在显著的"结构能赢、牛市跑输"特征。特别是在 2016 年以前，每年能够跑赢沪深 300 全收益指数的主动权益基金占比大起大落，经常是要么高达 90% 以上、要么低于 30% 甚至好几年低于 10%，显示出主动管理权益基金内部差异度并不大，2016 年以后这个这种收益率分布特征有明显改变。

二、主动管理持仓特征

国内主动管理公募基金持仓特征，从市值风格看，首先总体喜欢持有大市值公司。无论是中国市场还是美国市场，公募基金总体都是喜欢大市值公司和大盘股风格行情，一是从投资逻辑看，公募基金的股票入库标准、交易换手率限制、合规要求等，显然是要明显高于私募基金和个人投资者的，小微盘风格对于公募基金与生俱来较难操作。二是从商业逻辑看，大盘股风格投资策略容量大，更容易把产品规模做大，很多小微盘选股和交易策略，一旦产品规模扩大可能就会失效。

从行业配置看，公募基金持仓主要更多集中在偏成长方向（见表12-7）。最近十年中，国内主动管理权益基金持仓最多的行业，主要集中在 TMT（即电子、计算机、通信、传媒）、食品饮料（主要是白酒）、医药生物、新能源四大板块。我们认为，无论是市场行情风格还是基金持仓特征，总体上都是一直追求成长的，变化的不是成长的风格而是成长的内容。不同发展阶段代表成长的行业板块是不同的，前述四大行业板块是 2008 年国际金融危机以后国内资本市场的主要成长性行业板块，而在此之前，银行、钢铁、交通运输等行业在"五朵金花""煤飞色舞"① 年代也都是成长股，也都成为过公募基金重仓板块。

表 12-7　　　　　　　　中国主动管理权益基金全部持仓行业分布　　　　单位：%

行业板块	2003 年	2007 年	2010 年	2013 年	2017 年	2020 年	2023 年
电子	1.2	0.3	3.0	5.1	9.6	10.0	13.1
医药生物	2.9	3.7	12.0	17.4	10.1	14.2	15.1
电力设备	0.8	1.7	4.4	4.7	5.2	9.6	8.3
食品饮料	4.0	5.6	8.5	8.2	10.6	14.7	8.6
传媒	1.2	0.8	0.8	4.6	3.9	4.0	2.6
通信	8.3	2.4	3.4	1.2	2.3	0.7	2.9
计算机	0.2	1.0	3.5	8.3	3.8	5.6	6.1
社会服务	0.1	0.4	0.8	0.9	0.9	2.4	1.3

① "五朵金花"是 2003 年前后 A 股市场五大主力板块，分别是煤炭、汽车、电力、银行、钢铁，代表重工业发展特征。"煤飞色舞"主要指 2007~2009 年，煤炭和有色金属板块领涨特征。

续表

行业板块	2003 年	2007 年	2010 年	2013 年	2017 年	2020 年	2023 年
汽车	12.0	2.8	4.0	4.9	3.3	3.1	5.1
家用电器	0.5	1.3	3.2	4.9	5.9	3.9	2.5
有色金属	2.9	4.0	4.3	0.7	3.3	2.9	3.9
基础化工	2.3	4.5	3.7	4.1	2.6	2.3	3.3
房地产	1.6	9.2	4.5	4.1	3.8	2.0	1.3
石油石化	4.6	2.7	1.6	1.4	1.3	1.0	1.2
国防军工	0.1	1.8	1.7	2.5	1.5	3.3	3.5
银行	6.3	15.8	5.6	2.5	5.1	2.9	1.5
交通运输	18.3	7.5	2.2	1.1	2.1	1.8	2.0
农林牧渔	0.6	0.5	2.2	2.2	1.5	1.3	1.9
美容护理	0.0	0.1	0.4	0.9	0.1	0.5	0.5
机械设备	4.3	3.5	5.9	5.5	3.4	3.6	5.3
建筑材料	1.1	1.3	2.8	1.2	2.4	1.5	0.6
非银金融	0.1	7.1	4.5	3.8	6.6	3.4	1.7
纺织服饰	0.3	0.3	1.3	0.9	0.8	0.6	1.0
建筑装饰	0.1	0.9	2.6	2.0	1.6	0.3	0.7
商贸零售	0.8	4.6	6.2	1.6	1.6	2.0	0.6
公用事业	12.2	2.4	0.7	1.4	1.3	0.3	1.8
轻工制造	1.4	1.0	0.4	0.9	2.2	1.4	1.2
煤炭	2.7	4.9	3.6	0.1	0.8	0.2	1.4
钢铁	8.6	7.3	0.9	0.3	1.0	0.2	0.6
环保	0.6	0.1	1.1	2.5	1.5	0.2	0.5
综合	0.0	0.2	0.3	0.1	0.0	0.0	0.1

注：表中灰色部分表示持仓占比超过5%。
资料来源：Wind。

持仓特征除了行业和风格外，另一个重要关注点是集中度。基金持仓集中度越高说明基金经理之间投资分歧较小，持有的股票标的相似度高，反之则说明大家分歧很大，各买各的。从 A 股市场情况来看，主动管理型基金持仓集中度还是很高的（见图 12-3），2008 年之前基金重仓持股的前 100 只股票合计持仓市值，占全部基金持仓市值的比例一直在 90% 以上，意味着当时阶段公募基金主要买的就是这 100 只股票。之后随着上市公司总体数量的上升，基金持仓集中度趋势上有所下降，到 2023

年底时前 100 只股票合计持仓市值占比大约在 55% 左右。

与持仓集中度高度相关的是机构"抱团"与核心资产问题。2019～2021 年，A
股市场中核心资产概念大行其道，与 20 世纪 70 年代美股市场"漂亮 50"行情形成
对照。但是核心资产并没有一个明确的列表，市场投资者一个朴素的看法，就是基金
重仓的抱团股票都是核心资产。但实际情况是，核心资产一直在变，可谓是"铁打
的机构、流水的抱团"。如果我们以公募基金重仓持股的前 100 只股票来定义机构抱
团重仓股，就会发现这个抱团股票是一直在变的。连续三年出现在基金重仓前 100 只
个股的股票数量是 23 只，连续五年出现在机构重仓前 100 只个股的股票数量只有 10
只，连续 7 年出现的只有 4 只，连续 10 年出现的只有 3 只。这个特征与前述公募基
金持仓行业占比变化背后逻辑是一致的。

图 12-3　2003～2024 年中国主动管理公募基金占重仓持股总市值比重

注：数据截至 2024 年二季度末。
资料来源：Wind。

第三节　产品特征：主动被动与明星基金

一、中国头部权益基金产品概况

从中国权益类公募基金产品发展情况来看，有如下主要特点：

一是权益基金产品数量众多小基金占比很大。按照前述四种基金（普通股票型基金加上混合型基金中除偏债混合型基金外的另三种）定义为权益基金，则截至2023 年底我国共有 6079 只权益基金产品（不同份额进行合并），数量不可谓不多。

权益基金合计管理规模共 61840 亿元，平均单只产品 10.2 亿元。从产品管理规模分布上看，有一半以上的产品管理规模在 5 亿元以下（见图 12 - 4），规模小于 1 亿元的基金产品占比高达 29.3%。50 亿元以上管理规模产品合计占比仅 3.3%，其中 100 亿元规模以上产品仅 58 只。

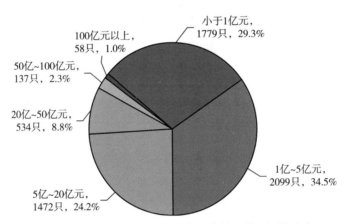

图 12 - 4   2023 年底中国权益类公募基金管理规模分布

注：图中数值区间均含下限数值不含上限数值。
资料来源：Wind。

二是头部权益基金产品单体管理规模相较美国还有很大距离。表 12 - 8、表 12 - 9、表 12 - 10 分别列示了 2015 年底、2020 年底、2023 年底中国规模最大的权益基金情况。从中可以看到，一直到 2020 年底还没有出现管理规模超过 1000 亿元的产品，2023 年底华泰柏瑞沪深 300ETF 管理规模超过了 1000 亿元。对比表 10 - 14 中 2023 年底美国头部股票类基金情况，有 20 只产品管理规模超过了 1000 亿美元，管理规模最大的单只产品甚至超过了 1 万亿美元。

表 12 - 8 　　　　　　　　2015 年底中国权益类公募基金规模前 30 名产品概况 　　　　　单位：亿元

序号	基金简称	主被动	规模
1	易方达瑞惠	主动	477
2	南方消费活力	主动	437

续表

序号	基金简称	主被动	规模
3	招商丰庆	主动	433
4	嘉实新机遇	主动	425
5	华夏新经济	主动	413
6	富国中证军工	被动	312
7	华夏上证 50ETF	被动	302
8	华泰柏瑞沪深 300ETF	被动	219
9	汇添富医疗服务	主动	211
10	嘉实沪深 300ETF	被动	206
11	南方中证 500ETF	被动	205
12	富国国企改革	被动	196
13	华安上证 180ETF	被动	192
14	嘉实沪深 300ETF 联接	被动	182
15	华夏沪深 300ETF	被动	179
16	易方达新丝路	主动	166
17	华夏红利	主动	138
18	鹏华中证国防	被动	125
19	嘉实事件驱动	主动	121
20	华夏沪深 300ETF 联接	被动	114
21	工银瑞信互联网加	主动	112
22	嘉实元和	主动	110
23	中邮战略新兴产业	主动	109
24	汇添富移动互联	主动	108
25	申万菱信中证申万证券	被动	105
26	易方达科讯	主动	104
27	富国改革动力	主动	103
28	中邮核心成长	主动	100
29	广发聚丰	主动	98
30	国泰国证医药卫生	被动	93

资料来源：Wind。

三是 2020～2023 年，国内权益基金主被动地位发生快速变化。2020 年底以前，规模排名靠前的权益基金总体是主动管理型居多。2015 年底规模前 30 名权益基金中主动产品 17 只、被动产品 13 只，2020 年底时主动产品 19 只、被动产品 11 只。但到了 2023 年底时，规模前 30 名权益基金中主动产品数量缩减至 9 只，被动产品数量上升至 21 只，且表 12 - 10 中规模前五的权益基金已经全部都是被动产品了。

表 12 - 9　　　　2020 年底中国权益类公募基金规模前 30 名产品概况　　单位：亿元

序号	基金简称	主被动	规模
1	易方达蓝筹精选	主动	677
2	华夏上证 50ETF	被动	566
3	招商中证白酒	被动	485
4	华泰柏瑞沪深 300ETF	被动	457
5	易方达中小盘	主动	401
6	景顺长城新兴成长	主动	393
7	国泰中证全指证券公司 ETF	被动	389
8	南方中证 500ETF	被动	382
9	兴全趋势投资	主动	353
10	易方达消费行业	主动	347
11	诺安成长	主动	328
12	富国天惠精选成长	主动	307
13	华夏沪深 300ETF	被动	306
14	睿远成长价值	主动	304
15	兴全合宜	主动	303
16	鹏华匠心精选	主动	293
17	兴全新视野	主动	291
18	招商瑞智优选	主动	284
19	广发稳健增长	主动	282
20	易方达科润	主动	278
21	易方达上证 50 增强	被动	277
22	汇添富中盘价值精选	主动	276
23	嘉实沪深 300ETF	被动	251
24	广发科技先锋	主动	240
25	华安上证 180ETF	被动	239

续表

序号	基金简称	主被动	规模
26	华夏国证半导体芯片 ETF	被动	239
27	中欧医疗健康	主动	232
28	华安聚优精选	主动	232
29	华宝中证全指证券 ETF	被动	230
30	南方成长先锋	主动	220

资料来源：Wind。

表 12－10　　　2023 年底中国权益类公募基金规模前 30 名产品概况　　　单位：亿元

序号	基金简称	主被动	规模
1	华泰柏瑞沪深 300ETF	被动	1311
2	华夏上证科创板 50ETF	被动	934
3	华夏上证 50ETF	被动	803
4	招商中证白酒	被动	563
5	易方达沪深 300ETF	被动	488
6	南方中证 500ETF	被动	467
7	中欧医疗健康	主动	461
8	易方达蓝筹精选	主动	417
9	嘉实沪深 300ETF	被动	413
10	易方达创业板 ETF	被动	408
11	华夏沪深 300ETF	被动	377
12	国泰中证全指证券公司 ETF	被动	325
13	易方达上证科创板 50ETF	被动	310
14	景顺长城新兴成长	主动	285
15	富国天惠精选成长	主动	283
16	华宝中证医疗 ETF	被动	265
17	华夏国证半导体芯片 ETF	被动	262
18	国联安中证全指半导体 ETF	被动	262
19	兴全合润	主动	231
20	华宝中证全指证券 ETF	被动	219
21	易方达消费行业	主动	215

续表

序号	基金简称	主被动	规模
22	睿远成长价值	主动	208
23	易方达沪深300医药卫生ETF	被动	204
24	诺安成长	主动	196
25	易方达上证50增强	被动	196
26	华安上证180ETF	被动	189
27	华安创业板50ETF	被动	186
28	国泰CES半导体芯片ETF	被动	172
29	华泰柏瑞红利ETF	被动	166
30	兴全趋势投资	主动	159

资料来源：Wind。

2024年国内被动权益基金产品呈爆发式增长，合计规模从2023年底的20231亿元增长至2024年9月底的34409亿元，9个月时间里增长70%，由此带来头部被动基金产品规模也迅速放大。2023年底中国权益基金产品中仅华泰柏瑞沪深300ETF一只产品规模超1000亿元，而到了2024年9月，管理规模超1000亿元的权益产品达到了6只，且全部为被动型权益产品，排名第一的华泰柏瑞沪深300ETF规模近4000亿元。

二、主动与被动权益发展趋势

从国内权益基金发展趋势来看，2021年之前主动产品和被动产品总体共同发展，主动管理产品发展速度更快。特别是2019~2021年间，主动管理基金规模迎来了爆发式快速增长阶段，全部主动管理权益基金规模从2019年初的16069亿元上升至2021年底的61592亿元，三年间增长近3倍。

2021年底前后是一个重要转折点，主动与被动发展呈现出"此消彼长"态势（见图12-5）。主动管理产品规模开始大幅下滑，从2021年底的61592亿元下降至2024年中的35436亿元。而与此同时，被动产品规模继续大幅增长，从2021年底时的15131亿元上升至2024年中的23761亿元。2024年9月下旬，在一系列政策刺激下，A股市场行情快速启动，场外增量资金大量涌入，在此过程中被动型基金产品成为了居民入市的主要工具，被动权益产品规模短期内陡增超过 1 万亿元，至 9 月末达 34409 亿元，存量规模与主动产品基本旗鼓相当。按照目前的发展态势，被动基金规模应该很快就会超过主动管理规模，未来更有可能大幅领先。

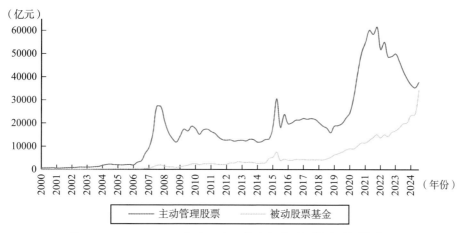

图 12 - 5　2000 ~ 2024 年中国股票基金主动型与被动型规模对比

注：数据截至 2024 年 9 月。

资料来源：Wind。

　　导致 2021 年以后国内权益类公募基金主动、被动产品发展趋势变化的原因是什么？首先能想到的自然是收益率表现。从主动权益基金超额收益变化趋势看，2005 ~ 2023 年，总体超额收益是明显趋势向上的（见图 12 - 6）。这里计算超额收益使用的是万得偏股混合型基金指数（代码 885001. WI），超额收益计算的基准依然是沪深 300 全收益指数。从过去近 20 年的历史经验看，国内主动管理权益基金长期看总体一直能跑赢大盘。

　　但 2021 年以后主动管理权益基金收益率特征出现一个重大变化，那就是此前主动产品跑输大盘都是在大牛市中出现的（如图 12 - 6 中的 2007 年、2009 年、2014 年、2017 年、2019 年等）。这意味着主动权益产品在牛市中虽然跑输大盘，但依然有非常不错的绝对收益；而在熊市中虽然也会亏钱，但却有超额收益能够明显跑赢大盘指数。这种"要么有绝对收益、要么有相对收益"的状态，在 2021 年以后被打破，偏股混合型基金指数出现既亏钱又跑输大盘情况，投资者收益率体验非常不好。

　　除收益率表现外，市场投资逻辑不断从"阿尔法"向"贝塔"转换，是导致被动权益产品加速发展的另一个重要原因，在这一点上国内发展趋势与美国基本一样。

如前文所述，美国基金市场到 20 世纪 90 年代末期时，收益率排名靠前的基金全部都是科技型行业赛道基金（虽然当时还都是主动管理的行业基金），传统的全市场覆盖的自下而上选股基金在收益率排行榜中均不见踪影。这也就意味着，投资收益率中选择个股"阿尔法"的重要性，开始让位于选择行业的"贝塔"。在 90 年代的美股市场中，只要选择了科技行业，收益率表现都非常不错，反之如果没有选择科技行业，精选个股"阿尔法"的收益率也比较一般。这种情况下，作为工具属性布局行业"贝塔"的被动基金产品，在 2000 年以后开始快速发展。

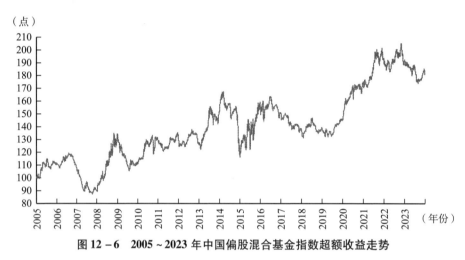

图 12 - 6　2005～2023 年中国偏股混合基金指数超额收益走势

注：超额收益计算基准为沪深 300 全收益指数。
资料来源：Wind。

国内的情况同样如此，2016～2020 年，主动管理权益基金选择食品饮料、医药、大金融、科技等不同领域的"核心资产"标的。在刚开始时并不太好区分收益率决定因素，是个股"阿尔法"还是行业"贝塔"更重要。2021 年后，国内市场也出现了行业"贝塔"对整体收益率的影响要远高于个股"阿尔法"。典型的赛道型行情机会如半导体、光伏、锂电池等均如此，决定收益率的是选择能够跑赢市场整体的行业赛道，而不是在赛道内精选个股跑赢行业指数，这种情况下选择行业赛道更重要。

国内被动权益产品布局的不断完善，本质上就是在各个行业赛道的"贝塔"上都设置了可投资的金融产品，但被动产品不解决哪个"贝塔"可以起来的问题。而在主动管理这边，又出现了一个悖论，就是行业研究员和行业主题基金经理优势是在行业内选择优质标的个股，而并不擅长于判断行业指数是否能跑赢大盘[①]。因此，从目前国内外的发展情况看，主动权益基金也不具备很强的"贝塔"选择能力。所以最后行业发展的结果就是，被动产品提供合适的投资工具，投资者自己做决策。

三、中国被动产品分布特征

2019 年以后，中国公募基金行业被动管理产品迎来了加速发展阶段，截至 2023 年底，全部被动管理公募基金产品合计规模约 3.1 万亿元，其中 ETF 产品形式规模约 2.1 万亿元，其他约 1 万亿元规模被动产品为场外产品。从被动产品的资产类别分布看（见图 12 - 7），股票型 ETF 居主导地位，规模占比约七成。

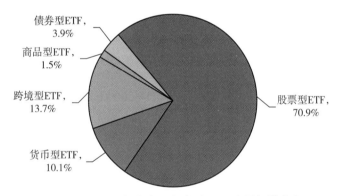

图 12 - 7　2023 年底中国各类型 ETF 产品规模分布

资料来源：Wind。

从股票类 ETF 基金细分类别来看（见图 12 - 8），截至 2023 年底，宽基类指数 ETF（沪深 300ETF、上证 50ETF、中证 500ETF 等）占比最大，接近一半。行业指数类 ETF（医药 ETF、半导体 ETF、新能源 ETF 等）占比 29.1%。除此之外，股票类 ETF 还包括跨境型 ETF 产品（QDII，标普 500ETF 等）、主题指数 ETF（央企改革 ETF 等）、Smart Beta ETF（低波红利 ETF 等）、指数增强 ETF。

对于美国市场而言，中国被动产品中行业类产品占比明显较高。在 2023 年底规模靠前的权益产品中有不少行业类被动产品（见表 12 - 10），相比之下，美国规模

---

① A 股市场中最典型的例子，就是券商指数涨不涨，取决于市场整体情绪和风险偏好，非银研究员说了不算。在市场不断发展过程中，越来越多的行业具有了这样的投资属性，如房地产、半导体等。

靠前的权益产品主要是由宽基被动产品和一些老牌主动产品构成（见本书第十章表 10 - 14）。这与国内投资者极度重视股票市场结构性机会有重要关系，就笔者研究来看，A 股市场投资者或许是全球最看重结构性机会的群体。在过去几年的发展中，国内公募基金被动产品基本已经完全覆盖所有重要的行业细分赛道。

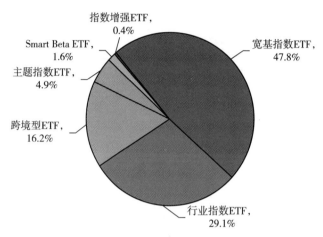

图 12 - 8　2023 年底中国股票类 ETF 基金细分类别规模分布

资料来源：Wind。

四、主动管理明星基金特征

明星基金是金融市场最璀璨的星辰，散发着独特而耀眼的光芒，成为众多投资者瞩目的焦点，承载着无数人的财富梦想与期望。明星基金与明星基金经理既是资本市场最火的焦点，同时也是公募基金公司规模聚集的载体。对比美国公募基金行业，国内明星基金发展有如下特点：

一是国内目前仍在明星基金快速发展阶段。美国的明星基金发展辉煌时期主要在 20 世纪 80 年代和 90 年代，诞生了诸如彼得·林奇这样具有传奇色彩的明星基金经理。2000 年以后，美国公募基金的发展特征主要有两个，一是主动权益产品团队管理占比不断提升，二是被动产品市场份额大幅提高。而从国内情况看，至少到 2021 年为止，主动管理的明星基金效应依然非常强烈，很多明星产品出现了配售现象①。

① 基金配售是指在基金募集期内，投资者认购的金额超过了基金募集规模上限时，基金公司按照一定比例对投资者的认购申请进行确认的一种方式。

二是国内明显基金管理规模仍相对较小。表 12 – 11 列示了 2023 年底国内主动管理权益基金规模前 30 名的产品，从中可以看到单只基金产品管理规模没有超过 500 亿元的，这与美国市场多只头部主动权益产品管理规模超过 1000 亿美元相去甚远。当然部分读者可能认为 2023 年底相对处在市场行情和基金行业发展低点，但即使从历史发展角度看，曾经一度历史管理规模最大的单只产品易方达蓝筹精选，其管理规模最大时也没有超过 1000 亿元。

表 12 – 11　　　　　2023 年底中国主动管理权益基金规模前 30 名产品概况　　　单位：亿元

序号	证券简称	成立时间	规模
1	中欧医疗健康	2016 年 9 月	461
2	易方达蓝筹精选	2018 年 9 月	417
3	景顺长城新兴成长	2006 年 6 月	285
4	富国天惠精选成长	2005 年 11 月	283
5	兴全合润	2010 年 4 月	231
6	易方达消费行业	2010 年 8 月	215
7	睿远成长价值	2019 年 3 月	208
8	诺安成长	2009 年 3 月	196
9	兴全趋势投资	2005 年 11 月	159
10	兴全合宜	2018 年 1 月	145
11	工银瑞信前沿医疗	2016 年 2 月	145
12	广发稳健增长	2004 年 7 月	144
13	汇添富消费行业	2013 年 5 月	139
14	银河创新成长	2010 年 12 月	138
15	景顺长城鼎益	2005 年 3 月	128
16	华夏能源革新	2017 年 6 月	126
17	泉果旭源三年持有	2022 年 10 月	125
18	广发多因子	2016 年 12 月	122
19	睿远均衡价值三年	2020 年 2 月	122
20	中欧时代先锋	2015 年 11 月	122
21	易方达国防军工	2015 年 6 月	120
22	前海开源公用事业	2018 年 3 月	120
23	银华富裕主题	2006 年 11 月	120

序号	证券简称	成立时间	规模
24	华泰柏瑞鼎利	2016 年 12 月	115
25	华商新趋势优选	2015 年 5 月	112
26	安信稳健增值	2015 年 5 月	110
27	兴全商业模式优选	2012 年 12 月	108
28	东方新能源汽车主题	2011 年 12 月	108
29	农银汇理新能源主题	2016 年 3 月	107
30	国金量化多因子	2018 年 10 月	102

资料来源：Wind。

　　三是国内头部主动管理基金变化很快。表 12 – 12 列示了 2005 年底、2010 年底、2015 年底、2020 年底时国内主动权益基金管理规模最大的产品名称。根据笔者统计，2005 年底时规模排名前 30 的产品，到 2010 年时依然在前 30 名榜单中的仅有两只产品（博时价值增长和华夏回报），留存率为 0.67%。2010 年底规模排名前 30 的产品到 2015 年底时依然还在前 30 的有 8 只产品，留存率为 26.7%。2015 年底规模排名前 30 的产品到 2020 年底时依然还在前 30 的一只没有，留存率为 0。这也就意味着从最近十年维度看，国内明星基金产品基本全部换了一遍。

表 12 – 12　　　　　　2005～2020 年主动管理权益基金规模前 30 名产品名单

序号	2005 年底	2010 年底	2015 年底	2020 年底
1	海富通收益增长	广发聚丰	易方达瑞惠	易方达蓝筹精选
2	华夏经典配置	易方达价值成长	南方消费活力	易方达中小盘
3	建信恒久价值	中邮核心成长	招商丰庆	景顺长城新兴成长
4	嘉实服务增值行业	华夏优势增长	嘉实新机遇	兴全趋势投资
5	国联安小盘精选	华夏红利	华夏新经济	易方达消费行业
6	申万菱信盛利精选	汇添富均衡增长	汇添富医疗服务	诺安成长
7	博时精选	诺安先锋	易方达新丝路	富国天惠精选成长
8	工银瑞信核心价值	博时价值增长	华夏红利	睿远成长价值
9	基金科瑞	兴全趋势投资	嘉实事件驱动	兴全合宜
10	银河银泰理财分红	博时新兴成长	工银瑞信互联网加	鹏华匠心精选

续表

序号	2005 年底	2010 年底	2015 年底	2020 年底
11	基金安顺	银华核心价值优选	嘉实元和	兴全新视野
12	南方稳健成长	长盛同庆	中邮战略新兴产业	招商瑞智优选
13	基金天元	大成蓝筹稳健	汇添富移动互联	广发稳健增长
14	基金丰和	嘉实主题精选	易方达科讯	易方达科润
15	华宝多策略	融通新蓝筹	富国改革动力	汇添富中盘价值精选
16	基金银丰	华宝行业精选	中邮核心成长	广发科技先锋
17	基金裕隆	嘉实稳健	广发聚丰	中欧医疗健康
18	基金金鑫	嘉实策略增长	富国低碳环保	华安聚优精选
19	基金同盛	中邮核心优选	中邮信息产业	南方成长先锋
20	基金汉兴	广发策略优选	华夏优势增长	中信证券红利价值一年持有
21	博时价值增长	华安策略优选	易方达价值成长	南方优势产业
22	易方达平稳增长	华商盛世成长	汇添富民营活力	兴全合润
23	易方达策略成长	广发大盘成长	易方达新常态	中欧时代先锋
24	海富通精选	大成价值增长	宝盈资源优选	汇添富开放视野中国优势
25	交银精选	华夏盛世精选	融通领先成长	广发双擎升级
26	华安创新	华商策略精选	华夏回报	万家行业优选
27	长盛动态精选	华夏蓝筹核心	嘉实策略增长	汇添富价值精选
28	广发聚富	南方绩优成长	汇添富均衡增长	银河创新成长
29	华夏回报	光大核心	博时主题行业	汇添富消费行业
30	基金久嘉	华夏回报	华商盛世成长	汇添富核心精选

资料来源：Wind。

第四节　未来展望：主动管理出路在哪里

公募基金作为极其重要的机构投资者，因其公开业绩与公众产品属性，对资本市场的发展具有示范和引领意义。尤其是权益类公募基金产品和基金经理，其投资行为对资本市场投资理念、投资方式具有重要影响。

2022 年以来，国内公募基金主动管理权益产品规模和超额收益双降，而与此同时，以 ETF 为主要载体的被动权益产品规模大幅上升。目前国内主动管理权益基金发展遇到的还不仅仅是一个行情问题，更是一个行业问题。国外长期经验表明，主动管理产品收益率跑不赢被动产品。国内这几年发展也表明，纯粹自下而上选股找"阿尔法"也遇到了美国发展中同样出现过的"瓶颈"。众多投资者在"石头"里挖"金子"，甚至挖"金子"的人比"石头"还多，整体上看就会出现超额收益消失的状况。过去几年特别火爆的行业赛道型选手，也可以用费率更低的被动 ETF 产品作为替代品。

2024 年第四季度，国内公募基金权益类产品被动规模正式超过主动，新的行业发展阶段已经到来。那么，未来主动管理权益基金能够寻找的发展优势在哪儿？结合国内外基金业发展趋势，笔者认为有以下三个方向值得关注。

一是绝对价值投资策略。所谓绝对价值有时候也称深度价值（deep value），绝对价值投资策略是指选择绝对低估值标的，更加关注稳定的绝对收益，长期收益率曲线稳健回撤小，缺点是成长属性不足，牛市中弹性不够。这种投资策略更偏向于前文中介绍的格雷厄姆式价值投资，与当前国内公募基金主流的价值投资方法论并不相同。格雷厄姆式价值投资第一位必须选择低估值标的，这样才有安全边际，第二位才是公司基本面。当前国内公募基金主流价值投资方法论是认为第一位必须考虑公司基本面和成长属性，只要公司长期基本面好，估值是可以有容忍度的。

从量化研究分析来看，无论国内还是美国市场，低估值的绝对价值投资策略都是有效的，平均年化收益率约在 10% ~ 12%。这种绝对价值的投资策略在 2010 年以后的美国市场中越来越难以为继，甚至出现了"价值投资之死"的观点[①]，这背后的主要原因是美股市场实在太强了，国际金融危机后从 2008 年底到 2023 年底标普 500 全收益指数年化收益率高达近 14%，绝对价值策略完全跑不过。但从国内角度来看，行业逻辑则完全不同，沪深 300 全收益指数国际金融危机后（2008 年底至 2023 年底）的年化收益率是 6.9%，这还包含了 2008 年底为市场绝对低点的因素，如果从 2009 年底起算年化收益率则更低。在 A 股市场宽基指数整体收益率表现不突出的情况下，绝对价值投资风格产品在国内的发展空间比美国更大。

二是局部行业个股"阿尔法"。无论是美股还是 A 股市场的发展经验都已经发现，在很多"贝塔"属性较强的行业中，主动管理要做出跑赢行业指数的"阿尔法"

---

① 参见 Ronen Israel，Kristoffer Laursen and Scott Richardson，"Is（Systematic）Value Investing Dead？" *Journal of Portfolio Management*，47，no. 2（2021）：38 – 62。论文的三位作者均来自一直坚守传统价值投资的 AQR 基金，该论文被杂志选为年度精选论文奖。

是非常困难的。例如，人工智能板块能不能跑赢大盘，这个问题 TMT 研究员说了不算，如果人工智能板块能够跑赢大盘，选股其实不是一个特别困难的事情，要么根据基金重仓持股，要么根据卖方研报覆盖最多的选择标的，基本都会有不错的收益率表现。类似的情况在很多行业板块中都有体现，比如白酒、房地产、券商等，行业指数能否跑赢大盘行业研究员无法判断，一旦行业指数起来，具体选股则不是太困难，这是一个典型的"贝塔"投资逻辑。

但在其他一些偏中游的行业中，情况则完全不同，典型的行业如化工、机械、汽车等。这类行业内部公司业务差异性大，甚至可能彼此没有联系，往往会出现"板块没行情、个股有机会"的走势特征。这种情况下，被动指数类行业赛道产品长期超额收益可能纹丝不动，而个股上牛股频出，因此特别容易给主动管理基金创造"阿尔法"的机会。这种类型的局部行业，总体可能呈现出两种特征：一是行业内公司业务同质化属性小，二是行业指数走势不会完全由少数几家龙头公司决定。

三是多资产配置策略。从前文的分析中我们已经看到，国际金融危机以后至今，美国市场中不管是公募基金还是对冲基金，传统的依靠挖掘单一低估资产（股票和债券）的投资策略都在慢慢失效。这种失效本质上反映了信息高速流动时代，超额收益贡献因素从"阿尔法"不断转向"贝塔"的趋势。股票市场中投资"贝塔"的思路主要是三个：择时、板块轮动、大小盘风格切换①。其中板块轮动是大家最向往的，但从目前国内外公募基金发展经验来看，似乎极少见到有以板块轮动见长的基金经理。

多资产配置策略从本质上说，是在交易不同类型资产的"择时贝塔"。但不同于每个单类资产的多空择时选择，多资产配置策略利用不同资产间的相关性特征，可以改变整个投资者组合的收益率风险分布，这也是现代投资组合理论的核心思想。目前对冲基金中排名规模和业绩排名靠前的，多数是使用多资产多空对冲或者量化交易作为核心策略。使用多资产配置策略，对机构投资者而言具有两方面优势。从投资逻辑看，多资产配置策略可以解决资产价值下行期投资标的选择问题②。从商业逻辑看，个人投资者技术上就很难完成多资产配置，机构投资者有与生俱来的优势。

---

①　不少观点认为大小盘风格切换背后本质是价值成长风格切换，我们认为这两者在定义和逻辑上是不同的。价值风格总体以低估值进行定义，A 股市场上常见的各类"价值指数"（指数名称中包含"价值"），包括国证价值指数、沪深 300 价值指数等，指标编制的主要依据都是估值类指标，美国市场中标普 500 价值指数也类似。成长风格是没有明确事前定义的，市场上的各种"成长指数"，主要参考公司（过去的）收入和盈利的增长率等指标，但过去的高增长不代表未来的高增长。因此，小盘股是一个可以事前投资下注的风格，但是成长股不行，成长股是一个事后验证的结果，成长起来的公司就是成长股，没成长起来的就不是。

②　经济下行或者衰退期，当股票类资产整体价值持续下行，即使价格一直低于价值，也很难形成投资机会。

附　　录

附表 1　　　　　　　　　　巴菲特与美国著名公募基金经理收益率汇总

基金经理	基金产品	起始时间	结束时间	管理期限（年）	年化收益率（%）
彼得·林奇	富达麦哲伦基金	1977 年 5 月	1990 年 5 月	13.0	28.9
约翰·聂夫	温莎基金	1964 年 6 月	1995 年 12 月	31.5	13.7
菲利普·卡雷特	先锋基金	1928 年 2 月	1983 年 12 月	55.8	13.0
约翰·邓普顿	邓普顿成长基金	1954 年 11 月	1992 年 10 月	37.9	14.5
迈克尔·普里斯	互惠股份基金	1976 年 1 月	1998 年 12 月	22.9	19.0
乔治·万德海登	富达命运一号基金	1980 年 12 月	2000 年 1 月	19.1	19.3
乔尔·蒂林哈斯特	富达低价股基金	1987 年 12 月	2023 年 12 月	36.0	12.6
拉尔夫·万格	橡子基金	1970 年 6 月	2003 年 5 月	32.9	16.3
比尔·米勒	美盛价值信托基金	1982 年 4 月	2012 年 4 月	30.0	11.5
威廉·达诺夫	富达逆向基金	1990 年 9 月	2023 年 12 月	33.3	13.2
罗纳德·巴伦	巴伦合伙人基金	1992 年 1 月	2023 年 12 月	31.9	15.9
科洛科特罗尼斯	PRIMECAP 基金	1985 年 6 月	2023 年 12 月	38.5	13.4
布莱恩·伯格休斯	普徕仕中盘成长基金	1992 年 6 月	2023 年 12 月	31.5	13.0
沃伦·巴菲特	伯克希尔－哈撒韦	1965 年 1 月	2023 年 12 月	59.0	19.8

资料来源：WRDS，伯克希尔－哈撒韦公司致股东的信。

附表 2　　　　　　　　　　1960～2023 年美国主要经济与市场数据

年度	GDP 同比（%）	CPI 同比（%）	PPI 同比（%）	失业率（%）	M2 同比（%）	十年国债利率（%）	标普 500 收益率（%）	标普 500 市盈率（倍）
1960	2.6	1.7	0.0	5.5	4.9	3.8	－3.0	17.4
1961	2.6	1.0	－0.3	6.7	7.4	4.1	23.1	22.5

续表

年度	GDP 同比（%）	CPI 同比（%）	PPI 同比（%）	失业率（%）	M2 同比（%）	十年国债利率（%）	标普 500 收益率（%）	标普 500 市盈率（倍）
1962	6.1	1.0	0.3	5.6	8.1	3.9	−11.8	17.1
1963	4.4	1.3	−0.3	5.6	8.4	4.1	18.9	18.5
1964	5.8	1.3	0.0	5.2	8.1	4.2	13.0	18.5
1965	6.5	1.6	2.2	4.5	8.1	4.7	9.1	17.7
1966	6.6	2.9	3.1	3.8	4.5	4.6	−13.1	14.7
1967	2.7	3.1	0.3	3.8	9.2	5.7	20.1	17.9
1968	4.9	4.2	2.4	3.6	7.9	6.2	7.7	18.5
1969	3.1	5.5	4.1	3.5	3.6	7.9	−11.4	15.8
1970	0.2	5.7	3.7	5.0	6.4	6.5	0.1	17.6
1971	3.3	4.4	3.3	6.0	13.3	5.9	10.8	17.4
1972	5.3	3.2	4.5	5.6	12.9	6.4	15.6	18.3
1973	5.6	6.2	13.1	4.9	6.7	6.9	−17.4	11.6
1974	−0.5	11.0	18.9	5.6	5.5	7.4	−29.7	7.5
1975	−0.2	9.1	9.2	8.5	12.7	7.8	31.5	11.1
1976	5.4	5.8	4.6	7.7	13.3	6.8	19.1	10.6
1977	4.6	6.5	6.2	7.1	10.4	7.8	−11.5	8.6
1978	5.5	7.6	7.7	6.1	7.7	9.2	1.1	7.8
1979	3.2	11.3	12.6	5.9	7.9	10.3	12.3	7.3
1980	−0.3	13.5	14.1	7.2	8.5	12.4	25.8	9.0
1981	2.5	10.3	9.1	7.6	9.7	14.0	−9.7	8.1
1982	−1.8	6.2	2.0	9.7	8.7	10.4	14.8	11.0
1983	4.6	3.2	1.3	9.6	11.5	11.8	17.3	11.7
1984	7.2	4.3	2.4	7.5	8.7	11.6	1.4	9.9
1985	4.2	3.6	−0.5	7.2	8.0	9.0	26.3	14.2
1986	3.5	1.9	−2.9	7.0	9.5	7.2	14.6	17.2
1987	3.5	3.6	2.6	6.2	3.6	8.8	2.0	13.8
1988	4.2	4.1	4.0	5.5	5.7	9.1	12.4	11.6
1989	3.7	4.8	5.0	5.3	5.5	7.9	27.3	15.2
1990	1.9	5.4	3.7	5.6	3.8	8.1	−6.6	15.4
1991	−0.1	4.2	0.2	6.9	3.1	6.7	26.3	24.3
1992	3.5	3.0	0.6	7.5	1.6	6.7	4.5	22.8

续表

年度	GDP 同比（%）	CPI 同比（%）	PPI 同比（%）	失业率（%）	M2 同比（%）	十年国债利率（%）	标普 500 收益率（%）	标普 500 市盈率（倍）
1993	2.7	3.0	1.5	6.9	1.6	5.8	7.1	21.3
1994	4.0	2.6	1.3	6.1	0.4	7.8	-1.5	14.9
1995	2.7	2.8	3.6	5.6	4.2	5.6	34.1	18.1
1996	3.8	3.0	2.4	5.4	5.1	6.4	20.3	19.2
1997	4.4	2.3	-0.1	4.9	5.6	5.8	31.0	24.2
1998	4.5	1.6	-2.5	4.5	8.5	4.7	26.7	31.6
1999	4.8	2.2	0.9	4.2	6.0	6.5	19.5	29.7
2000	4.1	3.4	5.7	4.0	6.2	5.1	-10.1	26.6
2001	1.0	2.8	1.1	4.7	10.3	5.1	-13.0	46.4
2002	1.7	1.6	-2.3	5.8	6.2	3.8	-23.4	32.6
2003	2.8	2.3	5.3	6.0	5.1	4.3	26.4	22.2
2004	3.8	2.7	6.2	5.5	5.7	4.2	9.0	20.5
2005	3.5	3.4	7.3	5.1	4.1	4.4	3.0	18.1
2006	2.8	3.2	4.6	4.6	5.8	4.7	13.6	17.4
2007	2.0	2.8	4.8	4.6	5.7	4.0	3.5	22.4
2008	0.1	3.8	9.8	5.8	9.7	2.3	-38.5	59.0
2009	-2.6	-0.4	-8.8	9.3	3.8	3.9	23.5	21.8
2010	2.7	1.6	6.8	9.6	3.7	3.3	12.8	16.1
2011	1.6	3.2	8.8	8.9	9.8	1.9	0.0	14.3
2012	2.3	2.1	0.6	8.1	8.3	1.8	13.4	16.4
2013	2.1	1.5	0.6	7.4	5.4	3.0	29.6	18.0
2014	2.5	1.6	0.9	6.2	5.9	2.2	11.4	20.1
2015	2.9	0.1	-7.3	5.3	5.7	2.3	-0.7	23.7
2016	1.8	1.3	-2.6	4.9	7.0	2.5	9.5	23.8
2017	2.5	2.1	4.4	4.4	4.9	2.4	19.4	24.3
2018	3.0	2.4	4.4	3.9	3.6	2.7	-6.2	19.4
2019	2.6	1.8	-1.1	3.7	6.7	1.9	28.9	22.8
2020	-2.2	1.2	-2.7	8.1	24.8	0.9	16.3	39.3
2021	6.1	4.7	17.0	5.4	12.6	1.5	26.9	23.6
2022	2.5	8.0	16.3	3.6	-1.0	3.9	-19.4	22.7
2023	2.9	4.1	-3.3	3.6	-2.7	3.9	24.2	24.4

资料来源：Wind。

参考文献

［1］［美］阿斯沃斯·达摩达兰：《达摩达兰论投资（第二版）：成功的策略和成功的投资者》，东北财经大学出版社 2015 年版。

［2］［英］爱德华·钱塞勒：《资本回报：一个资产管理人的报告》，中国金融出版社 2017 年版。

［3］［芬兰］安蒂·伊尔曼恩：《预期收益：投资者获利指南》，格致出版社 2018 年版。

［4］［美］安东尼·波顿：《安东尼·波顿的成功投资》，机械工业出版社 2010 年版。

［5］巴曙松等：《2023 年中国资产管理行业发展报告》，中国财政经济出版社 2023 年版。

［6］［美］本杰明·格雷厄姆：《聪明的投资者（第 4 版)》，人民邮电出版社 2016 年版。

［7］［美］本杰明·格雷厄姆、［美］戴维·多德：《证券分析（第 6 版)》，中国人民大学出版社 2013 年版。

［8］［美］彼得·林奇、［美］约翰·罗瑟查尔德：《彼得·林奇的成功投资》，机械工业出版社 2010 年版。

［9］［美］彼得·林奇、［美］约翰·罗瑟查尔德：《彼得·林奇教你理财》，机械工业出版社 2010 年版。

［10］［美］彼得·林奇、［美］约翰·罗瑟查尔德：《战胜华尔街》，机械工业出版社 2010 年版。

［11］［美］布鲁斯·C. N. 格林沃尔德等：《价值投资（第 2 版)：从格雷厄姆到巴菲特》，中国人民大学出版社 2024 年版。

［12］曹泉伟等：《2023 年中国公募基金研究报告》，经济科学出版社 2023 年版。

［13］［美］查尔斯·埃利斯：《赢得输家的游戏：精英投资者如何击败市场（原书第 6 版）》，机械工业出版社 2014 年版。

［14］［美］查尔斯·埃利斯：《指数革命：跟大师学指数投资》，中国人民大学出版社 2018 年版。

［15］［美］查理·芒格：《芒格之道：查理·芒格股东会讲话 1987—2022》，中信出版社 2023 年版。

［16］［美］大卫·德雷曼：《逆向投资策略（原书第 4 版）》，机械工业出版社 2013 年版。

［17］［美］大卫·史文森：《非凡的成功：个人投资的制胜之道》，中国人民大学出版社 2020 年版。

［18］［美］大卫·史文森：《机构投资的创新之路》，中国人民大学出版社 2020 年版。

［19］［美］戴安娜·亨里克斯：《富达风云：一个基金巨头的沉浮》，上海远东出版社 2010 年版。

［20］［美］丹尼尔·斯特拉克曼：《老虎基金朱利安·罗伯逊（纪念版）》，中国人民大学出版社 2022 年版。

［21］［美］丹尼斯·让－雅克：《价值投资的五大关键》，机械工业出版社 2021 年版。

［22］［美］菲利普·A. 费舍：《怎样选择成长股》，地震出版社 2017 年版。

［23］［美］菲利普·A. 费雪：《成长股获利之道》，机械工业出版社 2023 年版。

［24］［美］菲利普·L. 凯瑞特：《投机的艺术》，天津社会科学院出版社 2012 年版。

［25］［美］弗朗索瓦·塞尔·拉比唐：《对冲基金手册》，上海交通大学出版社 2014 年版。

［26］［西］弗朗西斯科·加西亚·帕拉梅斯：《长期投资：平凡之人缔造不平凡投资之道》，中信出版社 2020 年版。

［27］［美］弗雷德里克·马丁、［美］尼克·汉森、［美］斯科特·林克、［美］罗布·尼可斯基：《格雷厄姆成长股投资策略》，机械工业出版社 2020 年版。

［28］［美］盖伊·斯皮尔：《与巴菲特共进午餐时，我顿悟到的 5 个真理：探寻财富、智慧与价值投资的转变之旅》，中国青年出版社 2015 年版。

［29］［美］格里高利·祖克曼：《征服市场的人：西蒙斯传》，天津科学技术出版社2021年版。

［30］［美］洪崇理：《资产管理：因子投资的系统性解析》，中国发展出版社2017年版。

［31］［美］霍华德·马克斯：《投资最重要的事：顶尖价值投资者的忠告》，中信出版社2012年版。

［32］［美］霍华德·马克斯：《周期：投资机会、风险、态度与市场周期》，中信出版社2019年版。

［33］［美］吉姆·罗杰斯：《街头智慧：罗杰斯的投资与人生》，机械工业出版社2013年版。

［34］［美］吉姆·罗杰斯：《旅行，人生最有价值的投资：跟吉姆·罗杰斯一起环游世界》，中信出版社2011年版。

［35］［美］吉姆·罗杰斯：《热门商品投资：量子基金创始人的投资真经》，中信出版社2010年版。

［36］［美］杰克·D.施瓦格：《不为人知的金融怪杰：11位市场交易奇才的故事》，机械工业出版社2023年版。

［37］［美］杰克·D.施瓦格：《对冲基金奇才：常胜交易员的秘籍》，机械工业出版社2013年版。

［38］［美］杰克·D.施瓦格：《金融怪杰：华尔街的顶级交易员》，机械工业出版社2018年版。

［39］［美］杰里米·J.西格尔：《股市长线法宝》，机械工业出版社2018年版。

［40］［美］杰里米·J.西格尔：《投资者的未来》，机械工业出版社2018年版。

［41］金融界：《突围：88位基金经理的投资原则》，中信出版社2018年版。

［42］［美］卡萝尔·卢米斯：《跳着踢踏舞去上班：巴菲特的快乐投资与人生智慧》，北京联合出版公司2017年版。

［43］［美］凯文·R.布莱恩、［美］玛丽·普维：《美国金融体系：起源、转型与创新》，中信出版社2022年版。

［44］［美］科尼利厄斯·C.邦德：《投资成长股：罗·普莱斯投资之道》，机械工业出版社2020年版。

［45］［美］肯·费雪、［美］劳拉·霍夫曼斯、［美］珍妮弗·周：《投资大师肯·费雪说：投资中最重要的三个问题》，中国青年出版社2020年版。

［46］［美］肯·费雪、伊丽莎白·德林杰：《投资丛林法则：跑赢大多数的逆向投资法》，机械工业出版社 2018 年版。

［47］［美］肯尼思·L. 费雪：《超级强势股：如何投资小盘价值成长股》，机械工业出版社 2013 年版。

［48］赖小鹏：《公募基金：竞争与创新》，中国金融出版社 2022 年版。

［49］［美］劳伦·C. 邓普顿、斯科特·菲利普斯：《邓普顿教你逆向投资：牛市和熊市都稳赚的长赢投资法》，中信出版社 2010 年版。

［50］［美］李勉群、［美］苏子英：《阿尔法经济学：赢取资本超额收益的法则》，北京大学出版社 2019 年版。

［51］［美］李易斯·布雷厄姆：《约翰·博格传：一个基金行业的批判者》，机械工业出版社 2012 年版。

［52］［美］理查德·C. 格林诺德：《主动投资组合管理：创造高收益并控制风险的量化投资方法》，机械工业出版社 2014 年版。

［53］［挪威］罗宾·威格斯沃思：《万亿指数》，中信出版社 2024 年版。

［54］［美］罗伯特·哈格斯特朗：《巴菲特的投资组合》，机械工业出版社 2013 年版。

［55］［美］罗伯特·哈格斯特朗：《巴菲特之道（原书第 3 版)》，机械工业出版社 2015 年版。

［56］［美］罗伯特·哈格斯特朗：《查理·芒格的智慧：投资的格栅理论》，机械工业出版社 2015 年版。

［57］［美］罗伯特·哈格斯特朗：《投资的本质：巴菲特的 12 个投资宗旨》，机械工业出版社 2020 年版。

［58］［美］罗杰·洛温斯坦：《赌金者：长期资本管理公司的升腾与陨落》，机械工业出版社 2017 年版。

［59］［美］罗伊·R. 纽伯格：《至善之路：共同基金之父罗伊·纽伯格的投资艺术人生》，上海财经大学出版社 2021 年版。

［60］［美］帕特·多尔西：《股市真规则：站在巴菲特和晨星公司的肩上投资》，中信出版社 2018 年版。

［61］［美］乔尔·蒂林哈斯特：《大钱细思：优秀投资者如何思考和决断》，机械工业出版社出版 2020 年版。

［62］［美］乔·卡伦：《一个聪明的投资者：本杰明·格雷厄姆》，中信出版社

2017 年版。

[63] [美] 乔纳森·戴维斯、阿拉斯戴尔·奈恩：《约翰·邓普顿的投资之道》，机械工业出版社 2013 年版。

[64] 任俊杰、朱晓芸：《奥马哈之雾》，机械工业出版社 2019 年版。

[65] [美] 瑞·达利欧：《原则：应对变化中的世界秩序》，中信出版社 2022 年版。

[66] [美] 瑞·达利欧：《原则》，中信出版社 2018 年版。

[67] [美] 瑞·达利欧：《债务危机：我的应对原则》，中信出版社 2019 年版。

[68] [美] 塞巴斯蒂安·马拉比：《富可敌国：对冲基金与新精英的崛起》，中国人民大学出版社 2011 年版。

[69] [美] 赛思·卡拉曼：《安全边际：献给思而后定者避险型价值投资策略》，中国青年出版社 2016 年版。

[70] 石川、刘洋溢、连祥斌：《因子投资：方法与实践》，电子工业出版社 2020 年版。

[71] [美] 史蒂芬·L. 麦基：《玩转公募基金和 ETF》，上海财经大学出版社 2021 年版。

[72] [美] 斯科特·帕特森：《宽客：华尔街顶级数量金融大师的另类人生》，中国人民大学出版社 2011 年版。

[73] [荷] 斯万·卡林：《现代价值投资的安全边际：为慎思的投资者而作的 25 个避险策略和工具》，中国青年出版社 2020 年版。

[74] [美] 图兰·G. 巴利等：《实证资产定价：股票横截面收益》，中国人民大学出版社 2020 年版。

[75] [英] 威廉·格林：《更富有、更睿智、更快乐：世界顶尖投资者是如何在市场和生活中实现双赢的》，中国青年出版社 2022 年版。

[76] [美] 沃伦·巴菲特、[美] 劳伦斯·A. 坎宁安：《巴菲特致股东的信（原书第 4 版）：投资者和公司高管教程》，机械工业出版社 2018 年版。

[77] 巫云仙：《美国金融制度的历史变迁》，社会科学文献出版社 2017 年版。

[78] 忻海：《对冲基金暴利真相》，中国人民大学出版社 2014 年版。

[79] 忻海：《解读量化投资：西蒙斯用公式打败市场的故事》，机械工业出版社 2010 年版。

[80] 燕翔、金晗：《全球股市启示录：行情脉络与板块轮动》，经济科学出版社

2022 年版。

[81] 燕翔、战迪、许茹纯、朱成成：《美股 70 年：1948～2018 年美国股市行情复盘》，经济科学出版社 2020 年版。

[82] 燕翔、战迪：《追寻价值之路：1990～2023 年中国股市行情复盘》，经济科学出版社 2024 年版。

[83]［美］约翰·博格：《共同基金常识（10 周年纪念版）》，北京联合出版有限公司 2017 年版。

[84]［美］约翰·博格：《投资稳赚：博格谈指数基金》，世界图书出版公司 2020 年版。

[85]［美］约翰·博格：《投资先锋：基金教父的资本市场沉思录》，机械工业出版社 2012 年版。

[86]［美］约翰·博格：《约翰·博格的投资 50 年》，机械工业出版社 2014 年版。

[87]［美］约翰·布鲁克斯：《沸腾的岁月：20 世纪 60 年代美国股市狂飙突进崩盘与兴起并存的 10 年》，中信出版社 2006 年版。

[88]［美］约翰·聂夫、［美］史蒂文·明茨：《约翰·聂夫的成功投资》，机械工业出版社 2018 年版。

[89]［美］珍妮特·洛尔：《查理·芒格传：巴菲特幕后智囊》，中国人民大学出版社 2021 年版。

[90]［美］珍妮特·洛：《格雷厄姆经典投资策略》，机械工业出版社 2019 年版。

[91]［美］珍妮特·洛：《战胜标准普尔：与比尔·米勒一起投资》，上海财经大学出版社 2008 年版。

[92] 中国证券投资基金业协会、晨星资讯（深圳）：《中美公募基金发展情况比较与研究》，中国财政经济出版社 2020 年版。

[93] Andreas Mattig, *Industrial Dynamics and the Evolution of Markets in the Mutual Fund Industry*, Gabler, 2009.

[94] Baker, et al., *Mutual Funds And Exchange-Traded Funds：Building Blocks to Wealth*, Oxford University Press, 2016.

[95] Benjamin Graham, David Dodd, et al., *Security Analysis*, *Seventh Edition：Principles and Techniques*, McGraw Hill, 2023.

[96] Charles D. Ellis, *Capital：The Story of Long-Term Investment Excellence*, John Wiley & Sons, 2004.

［97］ Charles D. Ellis, *Wall Street People*： *True Stories of Today's Masters and Moguls*, John Wiley & Sons, 2001.

［98］ Charles Schwab Corp, *he Age of Independent Advice*： *The Remarkable History of the Independent Registered Investment Adviser Industry*, Charles Schwab Corp, 2007.

［99］ Daniel Pecaut, Corey Wrenn, *University of Berkshire Hathaway*： 30 *Years of Lessons Learned from Warren Buffett & Charlie Munger at the Annual Shareholders Meeting*, Pecaut and Company, 2017.

［100］ E. Denby Brandon, Jr. , H. Oliver Welch, *The History of Financial Planning*： *The Transformation of Financial Services*, Wiley, 2009.

［101］ Edward T. Branson, *The Secret Empire BlackRock*： *The Emergence of BlackRock and its Domination of the World of Finance*, Independently published, 2024.

［102］ G. M. Constantinides, M. Harris, R. M. Stulz, *Handbook of the Economics of Finance*, *Volume 2B*： *Asset Pricing*, North Holland, 2013.

［103］ Gregory Zuckerman, *The Man Who Solved the Market*, Portfolio/Penguin, 2019.

［104］ Gunnar Lang, *Macro Attractiveness and Micro Decisions in the Mutual Fund Industry*： *An Empirical Analysis*, Springer, 2014.

［105］ G. V. Satya Sekhar, *The Management of Mutual Funds*, Palgrave Macmillan, 2017.

［106］ Investment Company Institute, *Investment Company Fact Book*, Annual Report 1997 － 2024.

［107］ Janet Lowe, *The Triumph of Value Investing*： *Smart Money Tactics for the Postrecession Era*, Portfolio Hardcover, 2010.

［108］ Joe Carlen, *The Einstein of Money*： *The Life and Timeless Financial Wisdom of Benjamin Graham*, Prometheus, 2012.

［109］ Johnathan Davis and Alasdair Nairn, *Templeton's Way With Money*： *Strategies and Philosophy of a Legendary Investor*, Wiley, 2012.

［110］ John C. Bogle, Arthur Levitt Jr. , *The Clash of the Cultures*： *Investment vs. Speculation*, John Wiley & Sons, 2012.

［111］ John P. Reese, Jack M. Forehand, *The Guru Investor*： *How to Beat the Market Using History's Best Investment Strategies*, Wiley, 2009.

［112］ John Templeton, *Templeton Plan*：21 *Steps to Personal Success and Real Happiness*, *Templeton Press*, 1996.

［113］ Lee Gremillion, *Mutual Fund Industry Handbook*：*A Comprehensive Guide for Investment Professionals*, Wiley, 2005.

［114］ Matthew P. Fink, *The Rise of Mutual Funds*：*An Insider's View*, Oxford University Press, 2008.

［115］ Michael Batnick, *Big Mistakes*：*The Best Investors and Their Worst Investments*, Wiley, 2018.

［116］ Michael D. Maloy, *Ken Griffin*：*A Titan of Finance*：*A Financial Maverick's Rise to Billionaire*, Independently published, 2023.

［117］ Nikki Ross, *Lessons from the Legends of Wall Street*：*How Warren Buffett, Benjamin Graham, Phil Fisher, T. Rowe Price, and John Templeton Can Help You Grow Rich*, Kaplan Publishing, 2000.

［118］ Peter Bevelin, *Seeking Wisdom*：*From Darwin to Munger*, Post Scriptum AB, 2007.

［119］ Peter Lückoff, *Mutual Fund Performance and Performance Persistence*, Gabler, 2011.

［120］ Peter W. Madlem, Thomas K. Sykes, *The International Encyclopedia of Mutual Funds, Closed-End Funds and Real Estate Investment Trusts*, Routledge, 2013.

［121］ Ralph Wanger, Everett Mattlin, *A Zebra in Lion Country*：*Ralph Wanger's Investment Survival Guide*, Simon & Schuster, 1997.

［122］ R. Glenn Hubbard, et al. , *The Mutual Fund Industry*：*Competition and Investor Welfare*, Columbia University Press, 2010.

［123］ Richard H. Johnson, *Inside the World of Ken Griffin*：*A Tale of Risk, Resilience, and Reward*, Independently published, 2024.

［124］ R. J. Shook, *The Winner's Circle*：*Wall Street's Best Mutual Fund Managers*, John Wiley, 2005.

［125］ Rob Copeland, Will Damron, et al. , *The Fund*：*Ray Dalio, Bridgewater Associates, and the Unraveling of a Wall Street Legend*, St. Martin's Press, 2023.

［126］ Robert Slater, *John Bogle and the Vanguard Experiment*：*One Man's Quest to Transform the Mutual Fund Industry*, Irwin Professional Publishing, 1996.

［127］ Ronald N. Kahn, *The Future of Investment Management*, CFA Institute Research Foundation, 2018.

［128］ Seth C. Anderson, Parvez Ahmed, *Mutual Funds: Fifty Years of Research Findings*, Springer, 2005.

［129］ Steven Drobny, *Inside the House of Money: Top Hedge Fund Traders on Profiting in the Global Markets*, John Wiley & Sons, 2016.

［130］ Tobias E. Carlisle, *Deep Value: Why Activist Investors and Other Contrarians Battle for Control of Losing Corporations*, Wiley, 2014.

［131］ Todd A. Finkle, *Warren Buffett: Investor and Entrepreneur*, Columbia University Press, 2023.

［132］ William J. Baumol, Stephen M. Goldfeld, Lilli A. Gordon, Michael F. Koehn, *The Economics of Mutual Fund Markets: Competition Versus Regulation*, Springer, 1990.